REVISTA TRIMESTRAL DE

DIREITO PÚBLICO

11/1995

MALHEIROS EDITORES

Revista Trimestral de Direito Público

Órgão do

IDEPE
INSTITUTO INTERNACIONAL
DE DIREITO PÚBLICO E EMPRESARIAL

INSTITUTO DE DIREITO ADMINISTRATIVO PAULISTA
IDAP

REVISTA TRIMESTRAL
DE DIREITO PÚBLICO
publicação trimestral de
MALHEIROS EDITORES LTDA.
Rua Paes de Araújo, 29, cj. 171
CEP 04531-940
São Paulo, SP - Brasil - Tel. 822-9205
Fax: 829-2495

Assinaturas e comercialização:
CATAVENTO DISTRIBUIDORA DE LIVROS S.A.
Rua Conselheiro Ramalho, 928
CEP 01325-000
São Paulo, SP - Brasil - Tel. 289-0811
Fax: 251-3756

Diretor Responsável: Álvaro Malheiros
Diretora: Suzana Fleury Malheiros
Supervisão Gráfica: Vânia Lúcia Amato

Composição: PC Editorial Ltda.
Impressão: Gráfica e Editora FCA
(Fundação de Ciências Aplicadas)

SUMÁRIO

DOUTRINA

O DEVIDO PROCESSO LEGAL E A RESPONSABILIDADE DO ESTADO POR DANO DECORRENTE DO PLANEJAMENTO
— *Lucia Valle Figueiredo* 5

A CONSTITUIÇÃO E O CONFLITO DE NORMAS NO ESPAÇO — DIREITO CONSTITUCIONAL INTERNACIONAL
— *Luís Roberto Barroso* 21

O PRINCÍPIO DA MORALIDADE PÚBLICA E O DIREITO TRIBUTÁRIO
— *Marçal Justen Filho* 44

CONTROLES DO PODER POLÍTICO
— *Celso Antônio Bandeira de Mello* 59

LEI ESTADUAL DE CONCESSÕES E LEGISLAÇÃO FEDERAL SUPERVENIENTE
— *Adílson Abreu Dallari* 68

PARECERES

PARTICIPAÇÃO DA INICIATIVA PRIVADA NO TRANSPORTE DE GÁS NATURAL — MONOPÓLIO
— *Caio Tácito* 75

PRINCÍPIO FEDERAL — BENS ESTADUAIS NÃO PODEM SER DESAPROPRIADOS — CASO BANESPA
— *Fábio Konder Comparato* 82

PERMISSÃO DE USO DE BEM PÚBLICO
— *Diógenes Gasparini* 87

FUNCIONÁRIO — ESTABILIDADE — CONCURSO PÚBLICO
— *Aderbal Torres de Amorim* 99

CONTRATO ADMINISTRATIVO — PAGAMENTO ANTECIPADO
— *Floriano P. de Azevedo Marques Neto e Marcos Augusto Perez* 105

REGIME CONSTITUCIONAL DA REMUNERAÇÃO DOS VEREADORES E PREFEITOS MUNICIPAIS — RETARDAMENTO DO REPASSE DE DUODÉCIMO PARA CÂMARA MUNICIPAL — PRINCÍPIO DA QUANTIFICAÇÃO DAS VERBAS ORÇAMENTÁRIAS
— *Paulo Modesto* 113

ÁREA DE PROTEÇÃO AMBIENTAL
— *José Rubens Costa* 122

ESTUDOS E COMENTÁRIOS

DESENVOLVIMENTO URBANO
— *Clóvis Beznos* 139

RECURSO ESPECIAL E CONCEITO DE "CAUSAS DECIDIDAS"
— *Derly Barreto e Silva Filho* 159

MEDIDA PROVISÓRIA: A MISÉRIA DA LEI
— *Marcello Cerqueira* 162

CONTRATO ADMINISTRATIVO — PLANO REAL E CORREÇÃO MONETÁRIA POR ATRASO NO PAGAMENTO
— *Benedicto Pereira Porto Neto* 170
DIGNIDADE HUMANA, SOBERANIA POPULAR E PENA DE MORTE
— *Eduardo Talamini* 178
EXPROPRIAÇÃO DOS BENS UTILIZADOS PARA FINS DE TRÁFICO ILÍCITO DE ENTORPECENTES
— *Edílson Pereira Nobre Júnior* 196

CONFERÊNCIAS E DEBATES

EFETIVIDADE DA PRESTAÇÃO JURISDICIONAL
— *José Néri da Silveira* 207
SEGURANÇA PÚBLICA NO ÂMBITO MUNICIPAL
— *José Afonso da Silva* 223
A ADMINISTRAÇÃO PÚBLICA COMO LOCATÁRIA
— *Alice Gonzalez Borges* 229
IX CONGRESSO BRASILEIRO DE DIREITO ADMINISTRATIVO
— EM HOMENAGEM A HELY LOPES MEIRELLES,
FORTALEZA — CEARÁ, 24 A 28 DE SETEMBRO DE 1995 243

JURISPRUDÊNCIA ANOTADA

SUPREMO TRIBUNAL FEDERAL — INCONSTITUCIONALIDADE DA LEI POR DESVIO ÉTICO-JURÍDICO DO LEGISLADOR (Comentários a acórdão do STF na ADIn 1.158-8-AM)
— *Marcelo Figueiredo* 245

DOUTRINA

O DEVIDO PROCESSO LEGAL E A RESPONSABILIDADE DO ESTADO POR DANO DECORRENTE DO PLANEJAMENTO

LUCIA VALLE FIGUEIREDO

Professora Titular de Direito Administrativo da PUC, São Paulo.
Professora do Curso de Mestrado da Cadeira de Direito Urbanístico e Ambiental. Professora da Cadeira de Processo e procedimento administrativo-tributário do Curso de Mestrado. Juíza do Tribunal Regional Federal da 3ª Região

1. Conceito de Estado de Direito: 1.1 Estado Democrático de Direito. 2. O devido processo legal no Estado Democrático de Direito: 2.1. A igualdade material e o due process. *3. A vinculação do legislador, do Executivo e do Judiciário à lei: 3.1 Legalidade e atos políticos. 4. A responsabilidade do Estado como decorrência do Estado Democrático de Direito: 4.1 Breve escorço histórico da responsabilidade do Estado. 5. Responsabilidade do Estado por atos omissivos. 6. Excludentes da responsabilidade. 7. Responsabilidade pelos atos praticados pelo Legislativo e Judiciário. 8. Responsabilidade por dano decorrente do planejamento. 9. Modificação dos planos. 10. O princípio da segurança jurídica, da confiança, da lealdade e da boa-fé: 10.1 Razoabilidade; 10.2 Proporcionalidade e congruência; 10.3 Motivação. 11. Divisor entre atos controláveis e não controláveis pelo Judiciário: 11.1 O controle possível dos atos políticos decorrentes da própria evolução do controle dos atos administrativos com parcela de discricionariedade; 11.2 Sindicabilidade ou não do "mérito" do ato. Síntese conclusiva.*

1. Conceito de Estado de Direito

No tema a ser enfrentado, responsabilidade do Estado por dano decorrente do planejamento, cabe inicialmente, como noção propedêutica, tentar situar o que entendemos por Estado de Direito. Esta a premissa essencial ao desenvolvimento do tema.

Qualquer Estado poderá ser Estado de Direito? Ou à noção de Estado de Direito deverá corresponder pressupostos mínimos? Se não entendermos que ao Estado de Direito seja necessária a *rule of law*, tal seja a existência de lei à qual o poder estatal se submeta, sequer poderíamos cogitar estarmos em face de Estado submisso a ordenamento jurídico.

Todavia, a sujeição à lei é insuficiente para caracterizar o Estado de Direito; há necessidade da existência de determinadas outras características absolutamente essenciais, tais sejam, a separação de poderes para a existência dos "freios e contrapesos", do "juiz natural", ou, em outras palavras, de juiz não de exceção ou *post facto*, e, além disso e certamente, de juiz imparcial, dotado de prerrogativas para o exercício da magistratura independente.

Enfim, não poderá a lei ser aparentemente respeitada e os conflitos entre administração e administrados não serem dirimidos imparcialmente, sem que a administração em juízo seja uma parte igual às outras.

Sem tais requisitos fundamentais não estaremos em face de *Estado de Direito*, porém ainda estaremos, na verdade em arremedo, em aparência de legalidade. Se não fora assim, quaisquer regimes de exceção, como, por exemplo, o regime nazista, estaria amplamente justificado.[1]

José Afonso da Silva enfatiza que se não pode apenas considerar Estado de Direito pela legalidade. Afirma o eminente publicista: "Por outro lado, se se concebe o Direito apenas como um conjunto de normas estabelecido pelo Legislativo, o Estado de Direito passa a ser o Estado da legalidade, ou Estado legislativo, o que constitui uma redução. Se o princípio da legalidade é um elemento importante do conceito de Estado de Direito, nele não se realiza completamente".[2]

Como se depreende o Estado de Direito não precisa, ou não lhe é essencial a organização democrática. Se houver democracia, estaremos em face do Estado Democrático de Direito, ao qual, em seguida, referir-nos-emos. Mas, como se verifica, também, ao Estado de legalidade apenas não é suficiente o respeito à lei, pois, como já dissemos anteriormente, este grande equívoco validaria qualquer Estado, mesmo aquele em que atrocidades e desprezo total à liberdade e cidadania existissem.

1.1 Estado Democrático de Direito

O Estado democrático de direito, como inserido na Constituição em seu artigo 1º, necessita, além desses requisitos, que o *poder emane do povo*. Em nossa Constituição, este é exercido direta ou indiretamente (parágrafo único do art. 1º).

Portanto, o Estado somente poderá ser democrático se e quando o povo exercer efetivamente o poder por meio de seus representantes, ou, em algumas circunstâncias diretamente. Além disso, e efetivamente sobremais disso, mister que direitos fundamentais constem das cartas políticas e sejam efetivamente respeitados.

Enumera o ilustre constitucionalista precitado, José Afonso da Silva, os princípios necessários para existência efetiva do Estado democrático de direito. São eles: princípio da constitucionalidade, princípio democrático; princípio da justiça social, sistema de direitos fundamentais; como já assinalamos, princípio de justiça social, princípio da igualdade, princípio da *Divisão de Poderes*, princípio da legalidade e da segurança jurídica.[3]

Considerando que essas noções foram necessárias como propedêuticas ao tema, embora sejam núcleo fundamental, haveremos de discorrer sobre alguns desses princípios na medida em que diretamente

1. Vejam-se a respeito as obras de Geraldo Ataliba, *República e Constituição*, pp. 93 e ss., bem como Biscaretti di Ruffia, *Direito Constitucional*, traduzido por Maria Helena Diniz, cap. I, ainda Santi Romano, tradução de Maria Helena Diniz, *Princípios de Direito Constitucional*, principalmente, cap. VI, VII, VIII e IX, Carlos Roberto de Siqueira Castro, *O Devido Processo Legal e a Razoabilidade das Leis na Nova Constituição do Brasil*, cap. I, II, III. Também consulte-se a importante obra de Sampaio Dória: *Direito Constitucional Tributário e "Due Process of Law"*, cap. II.

2. José Afonso da Silva. *Curso de Direito Constitucional Positivo*, 6ª ed. revista e ampliada, p. 101.

3. Idem, ibidem, pp. 107-108.

referidos à responsabilidade do Estado e, sobretudo à responsabilidade do Estado por *danos decorrentes do planejamento* e, mais ainda, das *modificações do planejamento.*

2. O devido processo legal no Estado Democrático de Direito

Devemos inicialmente recordar a extensão da cláusula do "devido processo legal". Lembremo-nos que o devido processo legal aparece em acepção meramente formal, ainda no tempo de João-Sem-Terra, em que o Estado era a lei. Na verdade, fazia a lei, cumpria a lei — ele mesmo — mas a lei era o que o soberano ditava.

Destarte, aparece nessa época, o devido processo legal, exatamente para que o baronato tivesse a proteção da *law of the land*, a lei da terra, ou, como também conhecido mais tarde, da *rule of the law*. Quer dizer, o baronato deveria conhecer qual era a lei a seguir, a se submeter. Mas, vê-se que, ainda, o devido processo legal tinha conteúdo meramente formal. Formal e sem a expressão com que, depois, passa do Direito Inglês para as colônias americanas e, mais tarde, para a Federação Americana.

É, todavia, depois das Emendas 5 e 14, que o devido processo legal toma outro corpo. A Emenda 5 deixa claro que o direito à liberdade e à propriedade obedecem o devido processo legal, o *due process of law*. Mas ainda persiste o caráter formal durante a Emenda 5.

Na Emenda 14, há grande transformação, isso porque já não mais se fala apenas do devido processo legal, mas da igual proteção da lei: *equal protection of law*. Então, depois da Emenda 14, sobretudo com a aplicação que a Suprema Corte Americana faz da cláusula, dá-se abrangência muito maior. O devido processo legal passa a significar a *igualdade na lei*, e não só *perante a lei.*

É uma distância enorme entre *respeitar-se a igualdade em face da lei e outra coisa*, como a breve passo nos referiremos, é se atentar para a *igualdade dentro da lei*.

Assim, o *due process of law* passa a ter conteúdo material e não mais apenas formal — passa a ter duplo conteúdo e vamos ver que, também, em alguns princípios processuais, aparece com duplo conteúdo, com conteúdo substancial e com conteúdo formal. Somente será *due process of law* aquela lei — e assim poderá ser aplicada pelo Magistrado — que não agredir, não entrar em confronto, não entrar em testilha com a Constituição, com os valores fundamentais consagrados na Lei das leis.

Barbosa Moreira, e também Michelle Taruffo, processualistas eméritos, abordando o problema de controle, dizem que as questões políticas devem ser controladas pelo Judiciário. E as questões políticas seriam *o que sobra, o que fica, o que remanesce* da determinação desses conceitos. Vamos dar exemplo prático: a medida provisória — que, como já o era o decreto-lei — deve surgir apenas diante de situações tais que envolvam necessidade urgente e relevância da matéria.

Quando o texto constitucional prescreve no art. 5º, inc. LV, a obrigatoriedade do devido processo legal, e é o primeiro texto constitucional que a contém expressamente, não é por acaso. É um texto constitucional absolutamente moderno, é o texto constitucional da cidadania.

Deveras, depois da declaração de direitos individuais e coletivos, traz em seu bojo o "devido processo legal" e, para que não quede dúvida, traz duas vezes. Os outros textos referiam-se à ampla defesa, mas *ampla defesa* no Processo Penal. Claro que o Judiciário já havia feito a aplicação para o Processo Civil, mas é a primeira vez que a cláusula do devido processo legal aparece em texto constitucional brasileiro, com a acepção expressa para os processos em geral, inclusive o administrativo.

De conseguinte, impõe-se a conclusão que o conteúdo é o mesmo do Direito americano, isto é, o devido processo legal abrigando a *igualdade substancial e formal*.

Não é possível pensar-se que, no final do século, a evolução do Direito americano desde as primeiras décadas deste mesmo século, quando incorpora-se a cláusula em nossa Constituição equiparável às melhores constituições do Primeiro Mundo, à Constituição espanhola, à Constituição portuguesa, à Constituição alemã — não é possível, repito, supor-se que o texto constitucional empregasse o "devido processo legal" apenas com o seu aspecto formal, com o aspecto do século passado.

Em outras palavras, somente no caso concreto — em face de lei concreta ou da aplicação concreta que um juiz ou administrador faça, em procedimentos, ou processos administrativos ou judiciais — é que veremos se foi cumprido o *due process of law*, que dependerá das circunstâncias, como dizia Holmes.

Passemos a enfrentar o *due process* em seu aspecto material, de grande importância para o fulcro de nossas atenções — a responsabilidade resultante da intervenção na economia.

2.1 A igualdade material e o "due process"

O princípio da igualdade temos a averbar que se coloca como vetor fundamental no Texto Constitucional.

A generalidade da norma jurídica deve conduzir à igualdade *perante* a lei, porém também a *equal protection of law*, tal seja, à igualdade na lei.

O princípio da igualdade é a mola propulsora do Estado de Direito, sem seu cumprimento o exercício da função administrativa seria realmente sem sentido. Não se concebe possa estar a função administrativa debaixo da lei e sem respeitar o princípio da igualdade.

Em conseqüência, o princípio da igualdade deve nortear, de ponta a ponta, toda atividade da Administração e os provimentos, por esta emanados, só serão válidos à medida que estejam atendendo o princípio.

A exata dimensão do princípio da igualdade é de cabal importância ao entendimento da discricionariedade, pois, se atento se estiver ao cumprimento do princípio, ver-se-á quando a Administração pode desigualar, quando pode agir adotando certos discrímenes e quando não pode como, por exemplo, em atos administrativos gerais.

Em San Thiago Dantas vamos encontrar o exato conceito do que seja a igualdada na lei. E esta é muito importante.

O que significa a igualdade na lei?

Primeiro, San Thiago Dantas — in "Problemas de Direito Positivo. O Conteúdo Jurídico do Princípio da Igualdade" — diz que a lei, quando discrimina, não pode escolher aleatoriamente as situações. Tem de haver *razoabilidade nas classificações*. Caso não haja, não se poderá dizer cumprido o *due process of law*, mas, antes, haverá *undue process of law*, se não houver a predita razoabilidade das classificações.

Destarte, somente se concebe a igualdade na lei, se as classificações forem lógicas, razoáveis, obedientes a discrímenes próprios. Por outro lado, também se refere San Thiago Dantas ao respeito aos princípios explícitos e implícitos da Constituição.

Aqui, lembraria que a nossa Constituição da República Federativa do Brasil, logo no seu pórtico, no art. 1º, tem por fundamentos a *soberania*, a *cidadania*, a *dignidade da pessoa humana*, os *valores sociais do trabalho e da livre iniciativa*, bem como o *pluralismo político*.

Já se referia Canotilho, na *Constituição Dirigente*,[4] que a chamada discricio-

4. José Joaquim Gomes Canotilho, *Constituição Dirigente e Vinculação do Legislador*, Coimbra, Coimbra Editora, 1982, p. 74.

nariedade do Legislativo tem de ser aferida diante dos princípios constitucionais. Não é o legislador livre. Deve respeitar os princípios constitucionais, ainda que implícitos. Tudo, que estiver na Constituição como vetor, terá de ser respeitado pelo legislador.

O princípio da legalidade está, pois, atrelado ao devido processo legal, em sua faceta substancial e não apenas formal. Em sua faceta substancial — igualdade substancial — não basta que todos os administrados sejam tratados da mesma forma. Na verdade, deve-se buscar a meta da igualdade na própria lei, no ordenamento jurídico e em seus princípios.

A Constituição da República Federativa do Brasil, de 1988, em seu artigo 5º, LV, vez primeira, vai trazer expressamente a garantia do "devido processo legal", tanto nos processos judiciais quanto nos administrativos.

Com efeito, na literalidade do mencionado inciso LV:

"Art. 5º (...)

"LV — Aos litigantes, em processo judicial *ou administrativo*, e aos acusados em geral são assegurados o contraditório e ampla defesa, com os meios e recursos a ela inerentes" (grifamos).

O respeito ao devido processo legal deverá informar *todos os procedimentos judiciais e também os administrativos*.

Antes da atual Constituição era, no processo penal, por estar em jogo bem de vida supremo, a liberdade do indivíduo, que se verificava com maior facilidade o respeito ao *devido processo legal*.

O processo judicial, claro está, compreende o cível e o penal. A grande novidade, como dissemos, ficou por conta da inclusão do processo administrativo, lado a lado com o judicial.

Vamos verificar que quaisquer dos "poderes" do Estado vinculam-se inteiramente à lei em seu sentido amplo.

3. *A vinculação do legislador, do Executivo e do Judiciário à lei*

Enfatize-se, ainda, o princípio da legalidade surge como conquista do Estado de Direito, a fim de que os administrados não sejam obrigados a se submeterem ao abuso de poder. Por isso, "ninguém é obrigado a fazer ou deixar de fazer alguma coisa senão em virtude de lei" A Administração deverá agir *sub legem*.

Enterría e Tomás-Ramón Fernandez, a respeito do princípio da legalidade, entendem:

"Trata-se, simplesmente, de fazer coerente o sistema legal, que há de se supor que responda a uma ordem de razão e não a um casuísmo cego, o qual, de outra parte, está claro desde a doutrina geral do ordenamento, que, mais atrás se expôs, e que impede identificar a este como lei escrita. Nesse difícil fio entre uma proibição de extensões analógicas e uma exigência de coerência legal move-se a doutrina de poderes inerentes ou implícitos, que são, definitivamente, poderes efetivamente atribuídos à administração pelo ordenamento, ainda que não pelo componente escrito do mesmo"[5] (tradução nossa).

3.1 *Legalidade e atos políticos*

Não se poderia, ao falar da subsunção à legalidade, deixar de enfrentar o problema dos atos políticos.

Na verdade não se vêem diferenças, no que tange à legalidade em sentido amplo, dos atos políticos diretamente subsumidos à Constituição, como, por exemplo, a decretação do estado de sítio, a declaração de estado de defesa, ou, ainda, a adoção de políticas econômicas, de outros atos administrativos.

5. García de Enterría, Tomás-Ramón Fernandez, *Curso de Derecho Administrativo*, 4ª ed. I/426.

Deveras, o ato político está também inserido no conceito de ato administrativo, pois é norma concreta emanada pelo Estado debaixo da legalidade, entendida, esta, em termos amplos. Lembremos a concepção kelseniana: no ápice da pirâmide encontra-se a Constituição, depois as normas gerais, fundamentos de validade das normas individuais (sentenças e atos administrativos).

Os atos políticos estão diretamente subsumidos ao topo da pirâmide — à Constituição. Portanto, também estão os atos políticos abrigados no conceito de ato administrativo, pois são *normas individuais*, susceptíveis de controle pelo Poder Judiciário. Apenas sua *fonte de validade* é outra, a Constituição. O ato administrativo está imediatamente referido à lei, enquanto que o ato político, embora espécie dos atos administrativos, subsume-se à Constituição.

4. *A responsabilidade do Estado como decorrência do Estado Democrático de Direito*

Já pontuamos os postulados do Estado de Direito e cumpre, agora, lembrar, como diz Celso Antônio Bandeira de Mello,[6] que todo Direito Administrativo se constrói sobre duas pilastras: de um lado as competências do Estado, as funções estatais, e de outro, as garantias dos administrados. Desse postulado, constrói-se o regime jurídico administrativo, com o desdobramento dos princípios.

O princípio da boa-fé, de importância vital para o Direito Administrativo, foi magistralmente exposto por Jesús González Peres[7] exatamente no livro *El Principio de la Buena Fé en Derecho Administrativo*.

Aos princípios do Estado de Direito[8] deve corresponder necessariamente a obrigação de se *responsabilizar o Estado por condutas que atinjam os administrados, sejam estas lícitas ou ilícitas*.

4.1 *Breve escorço histórico da responsabilidade do Estado*

Necessário se faz breve histórico da evolução da responsabilidade estatal no Direito brasileiro.

Se inicialmente, vigia, no tocante à responsabilidade máxima *The king can not do wrong*, no Direito brasileiro a coisa passou-se um pouco diferente. É verdade que, somente no Estado de Direito — Estado que faz as leis e a elas se submete — começa a surgir, palidamente, a responsabilidade do Estado.

Primeiramente, atribuindo-se responsabilização ao funcionário e indiretamente a Coroa respondendo. Entretanto, no Direito brasileiro, podemos dizer que o princípio da responsabilidade sempre esteve presente.

Assim, aparece na Constituição do Império (de 24.3.1824) como responsabilidade pessoal do servidor. A alínea 29, do art. 179 daquela Constituição dispunha:

"os empregados públicos são estritamente responsáveis pelos abusos e omissões praticados no exercício das suas funções, e por não fazerem efetivamente responsáveis aos seus subordinados".

Na Constituição de 1891, no art. 82, encontra-se dispositivo do mesmo teor, acrescido da obrigação de o funcionário, por compromisso formal no ato de posse, cumprir seus deveres legais.

6. Celso Antônio Bandeira de Mello, *Curso de Direito Administrativo*, 6ª ed., revista e ampliada, Malheiros Editores, 1995, pp. 15-42.

7. Jesús González Peres, *El Princípio General de la Buena Fé en Derecho Administrativo*, Madri, Civitas, 1983.

8. Ruy Cirne Lima, *Princípios de Direito Administrativo*, 5ª ed., Ed. RT, p. 51.

De seu turno, a Lei Federal 221, de 1894, admitia, implicitamente, a obrigação para o Estado de indenizar os prejuízos causados pelos atos de seus agentes. O art. 15 do Código Civil atribui responsabilidade às pessoas jurídicas de direito público pelos danos de seus representantes.

O Decreto 24.216, de 9.5.34, procurou afugentar a responsabilidade do Estado, fazendo com que esta remanescesse, apenas, na hipótese de o funcionário, causador do dano, ser mantido. Todavia, a Constituição de 1934, em seu art. 171, atribuiu responsabilidade solidária ao Estado e ao funcionário; o mesmo dispôs a de 1937.

Finalmente, *na de 1946*, vemos consagrada a *responsabilidade objetiva*, como hoje conhecemos. Já contemplava, também, o parágrafo único do art. 194 daquele texto o dever de o Estado acionar regressivamente o funcionário, que tivesse agido com *culpa* ou *dolo*.

Implementada, pois, a responsabilidade objetiva que — diga-se de passagem — em nossos Tribunais esteve sempre acolhida mercê do trabalho de juristas ilustres como Pedro Lessa e tantos outros.

Semelhantes são as redações da Constituição de 1967 e de sua Emenda n. 1, art. 107. A Constituição de 1988 dispôs em seu art. 37, § 6º:

"Art. 37. (...).

"§ 6º. As pessoas jurídicas de direito público e as de direito privado prestadoras de serviços públicos responderão pelos danos que seus agentes, nessa qualidade, causarem a terceiros, assegurado o direito de regresso contra o responsável nos casos de dolo ou culpa."

Impende verificar, desde logo, que a responsabilidade, acolhida pelo Texto Constitucional atual, é objetiva quanto ao Estado. E, também, objetiva no que tange àqueles que exercem funções estatais. É dizer: ocorrendo dano, prescinde-se do dolo ou culpa, bastando ficar provado o nexo de causalidade entre esse dano e a conduta estatal. Todavia, relativamente ao funcionário é subjetiva.

Entretanto, se é intuitiva a captação de ter optado o texto pela responsabilidade objetiva, estamos a pensar, sem dúvida, nos atos ilícitos ou lícitos, praticados por ação. Quanto à omissão, o problema aparece um pouco diferente.

5. *Responsabilidade do Estado por atos omissivos*

No tocante aos atos ilícitos, decorrentes de omissão, devemos admitir que a responsabilidade só poderá ser inculcada ao Estado, se houver prova de culpa ou dolo do funcionário. Esta é a posição dos professores Celso Antônio Bandeira de Mello e do ilustre, querido e saudoso mestre, Oswaldo Aranha Bandeira de Mello.[9]

Deveras, ainda que consagre o texto constitucional a responsabilidade objetiva, *não há como se verificar a adequabilidade da imputação ao Estado na hipótese de omissão, a não ser pela teoria subjetiva.*

Assim é porque, para se configurar a responsabilidade estatal pelos danos causados, há de se verificar (na hipótese de omissão) se era de se esperar a atuação do Estado.

Em outro falar: se o Estado omitiu-se, há de se perquirir se havia o dever de agir. Ou, então, se a ação estatal teria sido defeituosa a ponto de se caracterizar insuficiência da prestação de serviço.

Não há como provar a omissão do Estado, sem antes conferir se houve *faute de service*. É dizer: não ter funcionado o serviço, ter funcionado mal ou tardiamente.

Em conclusão: verificamos que o princípio da responsabilidade do Estado por

9. Oswaldo Aranha Bandeira de Mello, *Princípios de Direito Administrativo*, v. 2/480-487; também Celso Antônio Bandeira de Mello, *Curso de Direito Administrativo*, 6ª ed., Malheiros Editores, 1995, p. 515.

atos ilícitos aparece como conseqüência lógica do princípio da legalidade. Sobremais disso, as prerrogativas especiais dadas à Administração impõem a responsabilidade objetiva do Estado.

De seu turno, a responsabilidade por atos lícitos decorre do princípio da igualdade, da divisão equânime das cargas públicas. E, sobremais disso, a responsabilidade por atos ilícitos não se confina aos atos comissivos, porém também se estende aos omissivos.

6. *Excludentes da responsabilidade*

Se no Direito brasileiro a responsabilidade é objetiva, tal seja, bastam o dano e o nexo causal, devemos assinalar situações não possibilitadoras de indenização. É dizer: excludentes da responsabilidade estatal.

Claro está que se a culpa for *exclusivamente* do lesado não responderá o Estado. Cautelas, entretanto, devem ser tomadas para que se não afaste a responsabilidade estatal quando seria devida.

Em outro falar: se o dano não ocorreria, caso a conduta da vítima não tivesse provocado o agravo, não se há de cogitar em responsabilização estatal.

Doutra parte, exclui-se também a responsabilidade estatal nas hipóteses de força maior. Se, houver, por acaso, tomando-se como exemplo, terremoto de graves proporções, absolutamente incontrolável e inevitável, não se poderá pretender obrigar o Estado a indenizar.

A força maior há de ser entendida dentro de seus limites próprios. Tais sejam, ocorrências *naturais, imprevistas e imprevisíveis que, ao ocorrerem, provocam danos*. Não se pode, entretanto, cogitar na existência de força maior quando, por exemplo, ocorram inundações na cidade previsíveis e que demandariam obras de infra-estrutura não realizadas.

Doutra parte, também não se poderia dizer ter ocorrido força maior se tombasse árvore sobre carro estacionado por ocasião de tempestade, se a árvore, por hipótese, estivesse sem exame de suas raízes por muito tempo. Ou, ainda, se já fora condenada por agrônomos. Somente a análise da hipótese concreta poderá resolver o problema.

Conseqüentemente insculpida no nosso Texto Constitucional a responsabilidade objetiva, *postulado do verdadeiro Estado de Direito*, no qual a Administração age manietada, coartada, ao "influxo de uma finalidade cogente", como nos diz Cirne Lima, cumpre, efetivamente, haja contrapartida dos agravos que devam ser suportados pelos administrados para implementação do interesse público. E, ademais e principalmente, não sejam suportadas ilicitudes em franca agressão ao ordenamento jurídico.

Derradeiramente, a respeito desse tópico, deve-se acrescentar que, à míngua de disposição constitucional expressa, o *princípio da legalidade e da igualdade*, como já acentuado, consubstanciado em todas as "Declarações de Direitos", seria o suficiente a suportar a existência da responsabilidade por atos ilícitos, mesmo à míngua de regra expressa. E, quanto aos lícitos, bastaria como fundamentação o *princípio da igualdade*.

7. *Responsabilidade pelos atos praticados pelo Legislativo e Judiciário*

Os atos praticados pelo Legislativo e Judiciário, consoante nosso entender, também empenham responsabilidade estatal.

Na doutrina brasileira, devemos citar a magnífica monografia da professora Maria Emília Mendes Alcântara[10] como

10. *Responsabilidade do Estado por Atos Legislativos e Judiciais*, São Paulo, 1988.

também a do professor Kazuo Watanabe[11] que a admitem francamente. Na doutrina estrangeira podemos trazer a contexto Ramón Real[12] e Soto Kloss[13] que admitem a responsabilidade por atos praticados pelo Legislativo. Não obstante entendam de difícil caracterização a responsabilidade do Judiciário, a não ser nos casos expressamente assinalados nas legislações.

Note-se, ainda, a posição de Enterría e Ramón Fernandez no mesmo sentido, assinalando todavia a dificuldade.[14]

Quanto a nós, não vemos empeços para responsabilizar o Estado por atos praticados por suas funções, tais sejam a judiciária e a legislativa. Efetivamente encarna o Judiciário também a figura do agente público, de alguém que diz o Direito em normas concretas e por conta do Estado. Se assim é, dentro de certas comportas, que o regime jurídico da função postula, há de ser também responsabilizado na hipótese de lesão.

É evidente que se hão de colocar *standards* e critérios de razoabilidade para decisões judiciárias. Entretanto, se houver decisões lesivas desconcertadas do Direito, certamente deverá o Estado responder, além da responsabilidade por erro judiciário penal, já consagrada pela jurisprudência.

Nosso posicionamento é, pois, no sentido de que o Estado responde e, sobretudo pela prestação jurisdicional retardada que acaba por configurar denegação de Justiça.

11. Kazuo Watanabe, *Responsabilidade por Atos Jurisdicionais.*

12. Alberto Ramón Real, *Responsabilidad del Estado.* Universidad del Norte Santo Tomás Aquino, 1982, p. 81.

13. Soto Kloss, "El Derecho Administrativo de Latinoamérica" in *Contencioso Administrativo y Responsabilidad del Estado.* Colômbia, Bogotá, 1978.

14. García de Enterría e Thomás-Ramón Fernandez, *Curso de Derecho Administrativo*, v. 2. pp. 343-346.

Doutra parte, por que não responderia também o Estado, por leis discriminatórias, que não guardam qualquer correspondência com as situações discriminadas? Por que não pelas leis inquinadas de desvio de poder manifesto?

Ainda no que concerne à legislação declarada inconstitucional, parece-nos, sem sombra de dúvida, deva o Estado responder, e, aliás, quanto a isso já há decisões jurisprudenciais.

Entendemos que a evolução para um verdadeiro Estado Democrático de Direito, encarregar-se-á, por certo, de resolver as distorções ainda existentes. Ainda, na *Constituição Dirigente* de Canotilho, sobretudo no capítulo referente à discricionariedade do Legislativo, fica bem claro que esta também é bastante limitada. O Legislativo tem suas peias e amarras hauridas da Constituição de seus princípios vetoriais. Portanto, os fundamentos do Estado Democrático brasileiro têm de ser aferidos para se saber da constitucionalidade ou inconstitucionalidade de determinados atos.

8. *Responsabilidade por dano decorrente de planejamento*

Tema apaixonante e tormentoso — fulcro de nossas preocupações neste estudo — concerne à responsabilidade estatal por ato decorrente do planejamento quer seja ele econômico ou urbano. *Este o ponto fulcral de nossa meditação.*

Versou com maestria o tema Almiro Couto e Silva,[15] intitulando seu trabalho "Responsabilidade por dano decorrente do planejamento" e defendendo-o em Canela, em 1981, no III Congresso de Direito Administrativo, e, posteriormente, publicando-o.

15. Almiro Couto e Silva, "Responsabilidade por dano decorrente do planejamento econômico", *RDP* 63/129, item 4.

Em suas palavras: "Fica assim claramente visto que, nos regimes de corte democrático, o primeiro problema jurídico que o planejamento projeta no plano lógico — o da sua admissibilidade em face da Constituição — é hoje, senão uma indagação de valor puramente histórico, pelo menos uma questão de simples medida.

Efetivamente, não se discute mais que o planejamento seja possível dentro dos regimes democráticos. O que se pode discutir é se determinado plano, sob suspeita de violar direitos e garantias individuais, será ou não conciliável com a Constituição".

Sua conclusão é no sentido de que o Estado não pode deixar de indenizar quando provoca dano ao administrado por descumprir planos a que se obrigara.

Claro é que não está o autor a se referir a qualquer espécie de planejamento. O autor precitado, o professor Almiro Couto e Silva, refere-se a três tipos de planos, a saber: 1) planos indicativos, em que não há nota de obrigatoriedade; 2) planos incitativos ou estimulativos: a responsabilidade dependerá do que já tiver sido feito; 3) planos imperativos,[16] como *verbi gratia* o Plano Cruzado adotado no Brasil, em 1986, ou o famigerado Plano Collor.

Tanto nos planos incitativos como nos imperativos pode haver responsabilidade estatal. E, também, nos meramente indicativos, cogentes para a pessoa pública, art. 174 da Constituição da República, que ora reproduzimos:

"Art. 174. Como agente normativo e regulador da atividade econômica, o Estado exercerá, na forma da lei, as funções de fiscalização, incentivo e planejamento, sendo este determinante para o setor público e indicativo para o setor privado."

Cabe, em brevíssimas palavras, referir o que sejam planos indicativos, incitativos ou imperativos.

16. O autor, posteriormente, em outra palestra proferida, discriminou os tipos de planos que enumeramos.

Planos *indicativos* são aqueles em que o governo apenas assinala em alguma direção, sem qualquer compromisso, sem pretender o engajamento da iniciativa privada.

De outra parte, planos *incitativos* são aqueles em que o Governo não somente *sinaliza*, mas pretende também o *engajamento* da iniciativa privada para lograr seus fins. Nesses planos há não apenas a indicação como também, e, muitas vezes, promessas com várias medidas, quer por meio de incentivos, ou por qualquer outra forma para que a iniciativa privada colabore. Nessas hipóteses, contam os administrados que aos planos aderem com a confiança, a boa-fé e a lealdade da administração. Portanto, se modificações houverem, certamente, em casos concretos existirão prejuízos.

Já os planos *imperativos* falam por si próprios, ou seja, a própria palavra define-os. Imperativo é o que deve ser observado.

O problema será aferir, no caso concreto, a conduta estatal, a conduta do lesado para verificação se há de se colocar algum excludente e o dano causado e, também, se o ato foi lícito ou ilícito. Todavia, mesmo lícito, dependendo das circunstâncias poderá haver responsabilidade estatal, conforme já averbamos no item 4 deste estudo.

Por seu turno, Jesús González Peres, em seu já citado *El Princípio de la Buena Fé*,[17] diz que o administrado tem o direito de confiar na Administração. Administração leal, portanto, é a que age com boa-fé.[18]

17. González Peres, ob. cit. p. 31.

18. No desempenho de nossa judicatura tivemos ocasião de decidir (decisão esta confirmada) em favor de administrado que concertara com o Governo Federal, mediante o que foi chamado de "Protocolo de intenções e Acordo Befiex", determinado programa, auferindo, doutra parte, determinados incentivos. Implementada a obrigação estatuída, pretendeu, entretanto, o Ministro do Planejamento, modificar, mediante Portaria, a contrapartida do Governo, uma vez que o plano havia sido modificado:

"Tributário. IPI. Incentivos fiscais BEFIEX. Decretos-leis ns. 1.219, de 15.5.72, arts. 16, e 491, de

Em termos de Administração concertada, como dizem, Gordillo, Laubadère, Vidal Perdomo,[19] tal seja a participação do administrado nos planos, é totalmente inviável excluir a responsabilidade do Estado por atos decorrentes de *modificação do planejamento*, sejam estes responsáveis (portanto, lícitos), sejam irresponsáveis como acontece, muitas vezes, em países em que o grau de responsabilidade dos supremos governantes ainda deixa muito a desejar. E, ademais disso, em que o país, na verdade, passa a ser laboratório de experiências. É dizer, planos são elaborados sem a necessária previsão das conseqüências, tanto assim é que são modificados em brevíssimo prazo levando de roldão a iniciativa privada para graves conseqüências.

Ora, mesmo em governos com preocupação social, marcada como determina a Constituição Brasileira, não se poderia justificar mudanças descriteriosas a pretexto, à invocação do *interesse público*, chamado a contexto sem qualquer suporte.

Damos, também, como exemplo que deveria empenhar responsabilidade do Estado, a maxidesvalorização do cruzeiro, ocorrida nos idos de 1979, no Brasil. Havia o Plano Nacional de Desenvolvimento Econômico em vigor. O Governo, em jornais, televisões, reafirmava sua intenção de manter a minidesvalorização, de conseguinte, de não proceder modificação na política adotada.

Entretanto, como também acontecia com freqüência, apesar de todos os desmentidos ocorreu a maxidesvalorização levando, de roldão, várias firmas à ruína, uma vez que deviam em dólares, incentivadas também pelo governo. Poder-se-ia falar em irresponsabilidade diante de situações tais? Entendemos que não e, em nosso abono invocamos a lição autorizada de Celso Antônio Bandeira de Mello versando o mesmo assunto.[20]

9. *Modificação dos planos*

As modificações de planos, também os econômicos, certamente podem e devem ocorrer, sobretudo em função de novos interesses públicos a concretizar. Todavia, é de se procurar assentar quais os limites de tais mudanças.

Em Canotilho, em trabalho de 1974, *Responsabilidade Decorrente de Atos Lícitos*, vamos encontrar a seguinte passagem: "(...) Não discutiremos aqui se o plano é uma realidade jurídica autônoma ou se não passa de um conjunto de instrumentos diversos que não ganham qualquer qualificação jurídica especial pelo facto da sua reunião.

(...) Especialmente, importa enfrentar a questão de saber qual a tutela do particular afetado pela mudança de planos económicos à sombra dos quais tinha feito os seus prognósticos e criado situações económicas irreversíveis" (p. 203).

E, ainda, vai afirmar serem necessárias a proporcionalidade e utilidade da modifi-

15.5.72, art. 1º, §§ 1º e 2º, Portaria n. 89/81, do Sr. Ministro da Fazenda.

I — A sistemática de compensação de créditos relativos ao IPI, reconhecida a impetrante, através de 'termo de garantia de manutenção de incentivos fiscais a programas especiais de exportação', por prazo certo, não pode ser alterada, unilateralmente, pela administração, tanto mais através de simples Portaria, pois tal proceder 153, § 3º, da Constituição.

II — Sentença confirmada. Apelação desprovida" (AMS Reg. 01.03391-SP, rel. Min. Antônio de Pádua Ribeiro, j. 10.12.84, v. u., 4ª T da 1ª Reg. *DJ* 21.2.85).

19. Agustín Gordillo. *Problemas del Control de la Administración Pública en América Latina*, Cuadernos Civitas, 1981; Laubadère, "Contratos de la Administración Pública", in *Contratos Públicos*, Universidad Nacional de Cuyo, 1986; Vidal Perdomo, *El Contrato de Obras Públicas*, Universidad Externado de Colombia, 1979.

20. Celso Antônio Bandeira de Mello, *Responsabilidade do Estado por Dano Decorrente do Planejamento*, trabalho sem publicação. Também parecer inédito do autor respondendo à consulta da Autolatina.

cação. E, finalmente conclui: "(...) Estas promessas podem ser medidas de direcção, originadoras de um grau de confiança e boa-fé nos destinatários que os leve, ancorados na protecção administrativa, a arriscarem-se a negócios financeiramente ruinosos. Parece-nos seguro ser de exigir à administração o exacto conhecimento das suas possibilidades a fim de evitar que, através de promessas não mantidas, leve os particulares a compromissos e a riscos que eles não dominam e que não correriam se não fossem as garantias dos entes públicos. Mas a demonstração da falta de cumprimento da promessa ou promessa será, talvez, elemento imprescindível ao desencadeamento do fenómeno indemnizatório" (p. 208).

A licitude ou ilicitude de tais modificações dependerá certamente da observância de determinados postulados essenciais. Aliás, quaisquer medidas restritivas da liberdade deverão estar fincadas na ausência de proibição constitucional e na necessidade de salvaguarda de outros valores substanciais do ordenamento jurídico.

Trata-se, então de saber se a decisão administrativa política teria observado outros direitos igualmente protegidos constitucionalmente e, sobretudo a não-retroatividade a situações consumadas.[21]

10. O princípio da segurança jurídica, da confiança, da lealdade e da boa-fé

Os princípios da segurança jurídica, da lealdade e da boa-fé são de primordial importância para verificação de ter a Administração permanecido dentro dos lindes de sua competência discricionária ao tomar decisões administrativas de cunho político.

Deveras, a segurança jurídica e a certeza do direito são sobreprincípios de todo Estado que se pretenda Democrático de Direito. Fazem efetivamente parte da possibilidade de existência do *due process*.

Canotilho, em seu *Direito Constitucional* precitado, faz questão de dar especial ênfase ao requisito de não retroatividade de *lei restritiva*. Que se dirá, então de ato administrativo restritivo de direitos?

Lembremos que a não retroatividade é cláusula "pétrea" da Constituição. Ou, para os que preferirem nomenclatura diversa, a irretroatividade integra o cerne fixo da Constituição.

Investiguemos, pois, a necessidade de tais modificações serem razoáveis, motivadas e proporcionais.

10.1 Razoabilidade

A seguir, enfrentemos o princípio da *razoabilidade*, implícito na Constituição e de cabal importância, no que concerne à intervenção do Estado no domínio econômico.

Salienta o prof. Récasens Siches[22] a necessidade da razoabilidade no referente ao raciocínio jurídico. Consoante penso, não se pode conceber a função administrativa, o regime jurídico administrativo, sem se inserir o princípio da razoabilidade. É por meio da razoabilidade das decisões tomadas, que se poderá contrastar atos administrativos e verificar se estão dentro da moldura comportada pelo Direito.

Ver-se-á, mais adiante, que não é lícito ao administrador, quando tiver de valorar situações concretas, depois da interpretação, valorá-las a lume dos seus *standards* pessoais, a lume da sua ideologia, a lume do que acha ser bom, certo, adequado no momento, mas, deverá valorá-los a

21. V., por todos, Gomes Canotilho, em seu *Direito Constitucional*, 6ª ed. revista, 1993, cap. VIII. Também Fhorstoff, citado por Almiro Couto e Silva, ob. cit., p. 36, ns. 25 e 26.

22. Luis Récasens Siches, *Nueva Filosofia de la Interpretación del Derecho*, cap. tercero.

lume de princípios gerais, a lume da razoabilidade, do que, em direito civil, se denominam *valores do homem médio*.

Em síntese: razoabilidade vai se atrelar à congruência lógica entre as situações postas e as decisões administrativas. Vai se atrelar às necessidades da coletividade, à legitimidade, à economicidade, isto é, à relação de custos e benefícios.

10.2 Proporcionalidade e congruência

Ao lado da razoabilidade traz-se à colação, também, como princípio importantíssimo, o da *proporcionalidade*. Com efeito, resume-se o princípio da proporcionalidade em que as medidas tomadas pela Administração estejam na direta adequação das necessidades administrativas. Vale dizer: somente se sacrificam interesses individuais em função de interesses coletivos, de interesses primários, na medida da estrita necessidade, não se desbordando do que seja realmente indispensável para a implementação da necessidade pública.

Traduz o princípio da razoabilidade, pois, a relação de congruência lógica entre o fato (o motivo) e a atuação concreta da Administração.

10.3 Motivação

Traga-se a contexto o saudoso mestre Alberto Ramón Real, ao se referir à tese autoritária de que a Administração, em princípio, não necessitaria motivar seus atos.

Diz, o Professor, "(...) O sentido progressista da extensão das garantias tende a sepultar esta tese tradicional, vestígio de autoritarismos, condenados pela História".

Com relação à motivação, diríamos, que cumpre dois princípios.

Cumpre o *due process of law* formal — porque está expressa no texto constitucional, art. 93, X, ou implícita por força do art. 5º, XXXV, ou, ainda do mesmo artigo, inc. LV — e cumpre o *due process of law* substancial. Sem motivação não há possibilidade de aferir-se a justiça ou a injustiça de decisão, porque não saberemos se a decisão é boa ou má. Quais foram as razões dadas para tal decisão? As razões puramente subjetivas do administrador não deveriam contar muito, porque, na verdade, o administrador deve aplicar o direito no caso concreto, não à luz dos seus *standards* pessoais, mas à luz, sim, dos *standards* da comunidade, à luz do que é direito, aqui e agora, na comunidade, à luz do que é princípio, aqui e agora, na comunidade.

É a motivação fundamental no tocante aos princípios constitucionais da função administrativa, algo que se nos afigura da maior relevância, mormente em face da Constituição. Assinala-se, pois, a imprescindibilidade da motivação da atividade administrativa (embora muitos autores, é verdade que atualmente já ultrapassados, neguem-na, asseverando, equivocadamente, ser a motivação obrigatória, apenas e tão-somente, quando texto de lei expressamente previr).

Em outras palavras, as modificações repentinas de planos com prejuízo devem ter fase intermediária (Canotilho).

A motivação, como forma de controle da atividade administrativa, é de extrema importância. Lembro frase feliz de Bentham, citada por Michelle Taruffo: "good decisions are such decisions for which good reasons can be given". Boas decisões são aquelas decisões para as quais boas razões podem ser dadas.

A motivação será, pois, a pedra de toque para o controle da discricionariedade dos atos políticos de planejamento.

11. Divisor entre atos controláveis e não controláveis pelo Judiciário

Estabeleceu-se no que tange ao controle, nítido divisor de águas entre os atos emanados dentro da competência vinculada, quando só caberia à Administração Pública a rigorosa subsunção dos atos chamados *discricionários*, em que a concreção da norma ficaria a critério de conveniência e oportunidade administrativas.

Ainda, seria a liberdade administrativa a mais abrangente possível, quando se tratasse de atos políticos ou de governo, categoria que se apartava atribuindo-se-lhe regime jurídico diverso.

Quanto aos atos políticos já os abordamos no item 3.1, o que torna despicienda sua repetição.

Todavia, enfatizamos com Celso Antônio Bandeira de Mello: os atos políticos, como o planejamento, se ocasionarem danos não estão isentos de controle.

11.1 O controle possível dos atos políticos decorrentes da própria evolução do controle dos atos administrativos com parcela de discricionariedade

Consoante entendemos, e, já afirmamos, *a discricionariedade consiste na competência-dever de o administrador, no caso concreto, após a interpretação, valorar, dentro de critério de razoabilidade e afastado de seus próprios "standards" ou ideologias, portanto, dentro de critério da razoabilidade geral, dos princípios e valores do ordenamento, qual a melhor maneira de concretizar a utilidade pública postulada pela norma.*

O intérprete, o aplicador, para concretizar a norma geral deverá primeiramente interpretá-la, depois terá de valorar qual a melhor maneira de atender a utilidade pública. *Tal valoração, entretanto, não é livre*, no sentido de que possa o administrador, se assim o entender, *preencher o conceito com seus critérios próprios.*

Examine-se a hipótese de intervenção do Estado no domínio econômico. A exata dimensão do conceito de suplementariedade da atividade estatal (Constituição anterior) jamais foi questionada.

O art. 173, da Constituição da República, afirma que a atividade econômica cabe à iniciativa privada e que somente será permitida a intervenção estatal, quando necessária aos imperativos de *segurança nacional* ou de *relevante interesse coletivo*. O texto anterior referia-se ao caráter supletivo da atividade estatal.

Na vigência da antiga Constituição, o Estado criou as empresas que quis, e ninguém as questionou. Ninguém submeteu a questão ao crivo do Judiciário. Algumas delas, parece claro a qualquer um de nós, ao primeiro súbito de vista, jamais deveriam ter sido criadas. Outras, decorrido algum tempo, com a iniciativa privada suficiente, deveriam ter sido extintas ou ter passado ao domínio privado, o que se está a pretender agora com as privatizações.

É possível que se objete com a dificuldade de prova. Todavia, há outras provas difíceis, e que são aferidas pelo Judiciário. A suficiência ou insuficiência de determinada atividade é questão de prova pericial. Todavia, tal prova nunca foi pedida ao Judiciário, pelo menos não é de nosso conhecimento.

A jurisprudência brasileira, acompanhada pela doutrina tradicional, considerava que os atos discricionários não se submeteriam a controle, no atinente a seu *mérito*. O caminho da evolução foi — sem dúvida — a afirmação de que, ao Judiciário caberia controlar toda a atividade administrativa desde que não invadisse o *mérito* das decisões discricionárias.

Em nossa judicatura vimos diversos exemplos de controle judicial, sobretudo pela motivação. No início, o antigo Tribunal Regional Federal de Recursos, admitia e até sumulou, a necessidade de motivação quando se tratasse de pauta de valor mínimo (Resoluções do Conselho de Política Aduaneira). Posteriormente ampliou reconhecendo que, em outras situações ainda que não prevista expressamente a motivação, diante de conceitos indeterminados, cumpria fundamentar as razões que levaram à adoção de determinados atos administrativos, muitas vezes veiculados por Resoluções (aliás, também atos administrativos).

A propósito, trago à colação acórdão de minha relatoria na REO no Mandado de Segurança n. 6.856, Reg. n. 89.03.09050-0, j. 29.11.89, maioria de votos, publicado no *Diário Oficial do Estado* em 23.4.90, *verbis*.

"TRIBUTÁRIO e ADMINISTRATIVO. CPA. — Resolução — Majoração da alíquota de 15% para 30% do imposto de importação sobre filmes, com fundamento no art. 4º do Decreto-lei 63/66 (motivos econômicos de ordem global).

— Razões econômicas de ordem global, constituem o pressuposto fático do ato administrativo. Entretanto, não basta sua menção. Necessária a indicação, ainda que resumida, das *situações econômicas de ordem global*. Vacuidade do termo. Precedentes jurisprudenciais do antigo Tribunal Federal de Recursos.

— As condutas administrativas devem ser motivadas para segurança e certeza do direito.

— Remessa oficial a que se nega provimento."

Portanto, verifica-se que em jogo está o problema da sindicabilidade ou não dos atos administrativos para estabelecimento do amplo controle, sobretudo de atos que comportariam, como se sói dizer, ampla discricionariedade quanto a seu mérito, assunto que trataremos no próximo tópico.

11.2 Sindicabilidade ou não do "mérito" do ato

Negava a jurisprudência também alicerçada na doutrina, como já nos referimos, a necessidade de motivação[23] dos atos discricionários. E isto porque, na competência discricionária administrativa de pôr e dispor, estaria entranhada a possibilidade de valoração sem contraste jurisdicional.

E por *mérito* do ato compreendiam-se as razões de conveniência e oportunidade, que teriam fundamentado a decisão do administrador.

O saudoso prof. Oswaldo A. Bandeira de Mello[24] divergia da afirmativa, dizendo, com muita propriedade, que não se furtariam os atos de governo do controle jurisdicional em face da norma insculpida no art. 5º, inc. XXXV do Texto Constitucional, antigo art. 153, § 4º, quando escrita a obra do autor.

Ademais, observou não prescindirem de motivação alguns atos também praticados dentro da competência discricionária.[25]

Seabra Fagundes, o querido mestre de todos nós, em seu precioso *O Controle dos Atos Administrativos*,[26] desde sua primeira edição, admitiu, às claras, que todos os atos administrativos eram subsumíveis ao controle jurisdicional, embora o *mérito* do ato não pudesse ser sindicado.

Aliás, diante da Lei da Ação Popular (Lei 4.717, de 29.6.65), verifica-se, claramente, que a afirmação de impossibilidade de controle residia muito mais em ar-

23. Sobre a necessidade de motivação do ato, consultem-se as seguintes obras: De la Vallina Velarde. *La Motivación del Acto Administrativo*, cap. VI; *El princípio General de la Buena Fé en el Derecho Administrativo*, caps. II e III, de Jesús González Peres, Celso Antônio Bandeira de Mello, *Ato Administrativo e Direito dos Administrados*, pp. 75-77, como também Lucia Valle Figueiredo, *Curso de Direito Administrativo*, 2ª ed., cap. IV, pp. 105-106.

24. *Princípios Gerais...*, cit., p. 417.

25. Oswaldo Aranha Bandeira de Mello, *Princípios Gerais...*, cit., pp. 471-472.

26. Pp. 148 e ss. Deveras, o art. 1º da mencionada lei afirma: "Qualquer cidadão será parte legítima para pleitear a anulação ou a declaração de nulidade de *atos lesivos* ao patrimônio da União, do Distrito Federal (...)" (grifamos).

raigado preconceito, do que em decorrência de qualquer imposição normativa.

Dessume-se, pois, que o problema de se responsabilizar a Administração por danos decorrentes do planejamento — *e sobretudo das alterações do planejamento* — estão diretamente referidos à evolução penosa do controle da chamada discricionariedade administrativa. Tais limites, sem qualquer sombra de dúvidas, foram erigidos da mesma forma em que se admitia a desnecessidade da motivação, em resquícios autoritários que nada têm a ver com o *Estado Democrático de Direito* e com o *Due Process of Law* em seu mais genuíno sentido material.

Síntese conclusiva

Chegou a hora de traçarmos breve síntese conclusiva.

1. A *motivação* passa a ser, como já frisado e refrisado, princípio de cabal importância, pois não se pode dizer que a avaliação, feita pela Administração no que concerne ao planejamento ou a mudanças de planos, seja discricionária, com total margem de liberdade.

1.1 É por meio da motivação que será possível verificar a *razoabilidade*, a *congruência lógica* entre ato emanado e seu motivo (pressuposto de fato), a *boa-fé* da Administração etc.

E, somente por meio desse controle é que poderemos verificar quais os danos *certos, especiais* e *anormais* resultantes do planejamento caso estejamos diante de atos lícitos, isso porque se estivermos diante de atos ilícitos, bastará a relação de causalidade e a não imputação ao lesado de culpa ou, então, a não ocorrência de força maior (excludentes da responsabilidade).

2. A responsabilidade do Estado, princípio basilar do Estado verdadeiramente de direito, postula que o controle jurisdicional torne-se mais amplo a fim de se efetivarem as garantias constitucionais, consagradas na "Declaração de direitos individuais e coletivos".

3. Estado responsável é o que prevê para prover, o que abriga às escâncaras a lealdade, a boa-fé e vela pela segurança jurídica.

4. O planejamento pode e deve ser modificado sem porém atritar-se com garantias fundamentais, com o atropelo dos valores fundamentais consagrados pela Constituição, sobretudo com a *dignidade da pessoa humana*, os *valores sociais do trabalho* e da *livre iniciativa.*

DOUTRINA

A CONSTITUIÇÃO E O CONFLITO DE NORMAS NO ESPAÇO — DIREITO CONSTITUCIONAL INTERNACIONAL*

LUÍS ROBERTO BARROSO

Professor Titular de Direito Constitucional da UERJ. *Master of Laws* pela Universidade de Yale

I — Conflitos de normas no espaço e no tempo. II — Direito Constitucional Internacional: 1. O tratado internacional e a Constituição; 2. A norma estrangeira e a Constituição: a) a norma estrangeira e a Constituição de origem; b) a norma estrangeira e a Constituição brasileira.

I — CONFLITOS DE NORMAS NO ESPAÇO E NO TEMPO

A ordem jurídica de cada Estado constitui um sistema lógico, composto de elementos que se articulam harmoniosamente. Não se amolda à idéia de sistema a possibilidade de uma mesma situação jurídica estar sujeita à incidência de normas distintas, contrastantes entre si. Justamente ao revés, no ordenamento jurídico não podem coexistir normas incompatíveis. O Direito não tolera *antinomias*.[1]

Um dos critérios comumente utilizados para evitar as antinomias, solucionando o conflito entre normas, é o critério hierárquico: a norma superior prevalece sobre a norma inferior. Assim, pois, se a Constituição e uma lei ordinária divergirem, é a Constituição que prevalece. Se um decreto regulamentar desvirtuar o sentido da lei, será inválido nesta parte. Se a resolução deixar de observar o teor do regulamento, não poderá prevalecer. E assim por diante.

Um segundo critério de que se vale o sistema normativo para selecionar a regra aplicável, em meio a preceitos incompatíveis, é o da especialização. Havendo, em relação a dada matéria, uma regra geral e uma especial (ou excepcional), prevalece a segunda: *lex specialis derogat generalis*.[2]

Existem, no entanto, duas espécies de conflitos de normas cuja solução, ao me-

*Este é o primeiro trabalho que envio à *RTDP* após o falecimento precoce de Geraldo Ataliba, homem de idéias e de ação, cuja maestria foi capaz de promover a conciliação implausível entre a ciência e a paixão. Geraldo era um ponto de referência intelectual que fará muita falta e um ser humano que deixará perene saudade.

1. Sobre antinomias e critérios para solucionálas, v. Norberto Bobbio, *Teoria do Ordenamento Jurídico*, 1990, pp. 81 e ss.

2. Idem.

nos em princípio, não se socorre dos critérios hierárquico ou de especialização, mas, sim, de outro instrumental teórico. São os conflitos de leis no *espaço* e no *tempo*, cujo equacionamento percorre caminhos complexos e acidentados, que passam por diversos ramos do Direito.

As normas jurídicas positivas existentes no mundo não são universais nem perpétuas.[3] Ao contrário, cada Estado tem suas próprias leis, que emanam de sua soberania; e cada época tem os seus próprios valores, que se consubstanciam em regras vigentes. Porque assim é, as normas variam infinitamente, no tempo e no espaço, e são suscetíveis de gerar conflitos diversos.

Ordinariamente, determinada relação jurídica se constituirá, produzirá seus efeitos e se extinguirá sob a vigência da mesma lei. E, neste caso, inexistirá qualquer conflito de natureza temporal. Por igual, será mais comum que uma relação jurídica tenha o seu nascimento e todo o seu ciclo de existência no âmbito do mesmo Estado, sendo regida, pois, por um único sistema de normas. Inexistirá, em tal hipótese, qualquer conflito de natureza espacial.

Todavia, ocasiões existem em que esta relação sofre a incidência de lei nova ou entra em contato com o ordenamento jurídico de outro Estado. Tais hipóteses, aliás, se tornam mais corriqueiras por força da mudança acelerada da técnica e dos costumes — provocando a modificação das leis — aliada à internacionalização das atividades humanas, gerando obrigações em que alguns de seus elementos (sujeitos, objeto, fato jurídico) estão em conexão com Estados diferentes.

Pois bem: os conflitos de leis no tempo, que geralmente se observam no âmbito de um mesmo sistema jurídico, são equacionados e resolvidos dentro de um domínio científico denominado *direito intertemporal*. Os conflitos de leis no espaço, isto é, os que exigem a definição de qual ordenamento jurídico regerá a espécie, constituem objeto do *direito internacional privado*. Cada um deles tem princípios e regras peculiares, que, singularmente, não se aglutinam em um texto normativo único, mas se espalham difusamente pelos diferentes documentos legais.[4]

O direito intertemporal e o direito internacional privado, cujas regras integram o chamado "sobredireito",[5] desempenham papel de destaque na missão do Direito de assegurar a continuidade e a estabilidade das relações jurídicas. Com efeito, funda-se o primeiro no princípio da não-retroatividade da lei e no respeito às situações jurídicas preexistentes. De forma análoga, o direito internacional privado repousa sobre o princípio da territorialidade, bem como no reconhecimento das situações jurídicas constituídas no âmbito de eficácia de uma lei estrangeira.[6]

Sem embargo do que foi dito acima, hipóteses há de aplicação retroativa e de aplicação extraterritorial do Direito. A seguir se estudam os princípios, as regras e as exceções que regem a aplicação de normas constitucionais no espaço.

3. Haroldo Valladão, *Direito Internacional Privado*, v. I/4, 1974.

4. Nada obstante, existe uma especial concentração destas normas na Lei de Introdução ao Código Civil. São de direito intertemporal os arts. 1º, 2º e 6º. São de direito internacional privado a maior parte das normas remanescentes, notadamente do art. 7º em diante.

5. V. Pontes de Miranda, "Direito Supra-estatal, Direito Inter-estatal, Direito Intra-estatal e Sobredireito", in *Estudos Jurídicos em Homenagem ao Professor Oscar Tenório*, 1977, p. 458. V. também Jacob Dolinger, ob. cit., p. 25: "Acima das normas jurídicas materiais destinadas à solução dos conflitos de interesses, sobrepõem-se as regras sobre o campo da aplicação destas normas. São as regras que compõem o chamado *sobredireito*, que determinam qual a norma competente na hipótese de serem potencialmente aplicáveis duas normas diferentes à mesma situação jurídica".

6. João Batista Machado, *Lições de Direito Internacional Privado*, 1982, pp. 9-10.

II — DIREITO CONSTITUCIONAL INTERNACIONAL

Como ficou assentado, o direito internacional privado visa a solucionar o conflito de leis no espaço, vale dizer, o entrechoque de normas que emanam de soberanias diferentes.[7] Ele regula os fatos em conexão com leis autônomas e divergentes.[8] A despeito da denominação imprecisa,[9] sua atuação não se restringe ao campo do direito privado, estendendo-se a diferentes domínios do direito público, haja vista existirem conflitos potenciais entre normas constitucionais, penais, fiscais e financeiras dos diferentes Estados.

O direito internacional privado abrange os conflitos de leis, sem qualquer cogitação a respeito da natureza das normas da divisão clássica.[10] Seu papel não é o de formular a regra que vai reger o caso concreto, mas, sim, indicar, dentre as normas que dispõem diferentemente sobre uma mesma matéria, qual deverá prevalecer em uma dada situação. Por tal razão, diz-se que as normas de direito internacional privado são indiretas.[11]

As regras de direito internacional privado são, normalmente, disposições de direito interno, de vez que cada ordenamento jurídico estabelece suas próprias regras de solução de conflitos. Tais preceitos, que se denominam regras de conexão, indicam qual dos ordenamentos jurídicos em contato com uma dada relação deverá prevalecer e discipliná-la.

Paralelamente a isto, e ingressando em faixa de intensa conexão com o direito internacional público, existem normas que não são criadas pelo órgão legislativo interno, mas, sim, resultam de acordos entre Estados: são os tratados e convenções internacionais. Surge, aí, nova possibilidade de conflito: o que venha a contrapor a norma internacional e os princípios e regras de direito interno. É o chamado conflito entre fontes. Para os fins do estudo aqui desenvolvido, interessa especialmente a incompatibilidade entre o tratado e a Constituição.

7. Sobre o tema, na literatura nacional mais recente, vejam-se, além do livro de Haroldo Valladão, já citado, Jacob Dolinger, *Direito Internacional Privado (Parte Geral)*, 1994; Oscar Tenório, *Direito Internacional Privado*, 1976; Amílcar de Castro, *Direito Internacional Privado*, 1987; Irineu Strenger, *Curso de Direito Internacional Privado*, 1978; Wilson de Souza Campos Batalha, *Tratado de Direito Internacional Privado*, 1977; e Agustinho Fernandes Dias da Silva, *Introdução ao Direito Internacional Privado*, 1975. Na literatura internacional, são fontes de referência clássicas as obras seguintes: Savigny, *Traité de Droit Romain* (1855-1860); Story, *Comentarios sobre el Conflicto de las Leyes* (1834); Pillet, *Principes de Droit Internacional Privé* (1903); Nyboyet, *Traité de Droit International Privé Français* (1944); Ferrer Correia, *Lições de Direito Internacional Privado* (1963); Battifol & Lagarde, *Droit International Privé* (1981-1983).

8. Haroldo Valladão, ob. cit., p. 4, e Oscar Tenório, ob. cit., p. 13. Existe vasta controvérsia acerca do objeto do Direito Internacional Privado, não sendo esta a sede própria para reeditá-la. Conforme o país ou o autor, tem sido incluído no domínio do direito internacional privado o estudo da nacionalidade, da condição jurídica do estrangeiro, da teoria dos direitos adquiridos, do conflito de jurisdição e do reconhecimento de sentenças estrangeiras. Há consenso, todavia, em que a solução do conflito de leis é sua principal razão de existir. V. amplo levantamento sobre o tema em Jacob Dolinger, ob. cit., pp. 1 e ss.

9. A denominação Direito Internacional Privado foi utilizada pela primeira vez por Joseph Story *(Comentarios sobre el Conflicto de las Leyes*, 1834, p. 12) e adotada na França por M. Foelix *(Traité du Droit International Privé ou du Conflit des Lois de Différentes Nations, en Matière de Droit Privé*, 1843). Embora se mantenha fiel à denominação tradicional, a doutrina é unânime em condenar o termo *internacional* — o direito internacional privado é predominantemente interno e não disciplina relações entre nações — e o termo *privado*, já que abrange conflitos regidos pelo direito público, sendo o seu próprio papel de solução de conflitos de leis de natureza eminentemente pública.

10. Oscar Tenório, ob. cit., p. 13.

11. V. Jacob Dolinger, ob. cit., p. 48: "Estas normas do Direito Internacional Privado apenas indicam qual, dentre os sistemas jurídicos de alguma forma ligados à hipótese, deve ser aplicado". O autor refere, também, alguns casos em que, excepcionalmente, a regra de direito internacional privado terá caráter direto, substancial.

Há, ainda, outro ponto relevante na determinação de qual lei vai reger a hipótese. É que ao solucionar um conflito de leis, a regra de direito internacional privado pode indicar como aplicável uma lei de seu próprio ordenamento — a *lex fori* — ou pode apontar para a aplicação de norma de outro ordenamento jurídico. Disto resulta que aos juízes e tribunais de um Estado caberá, por vezes, aplicar direito estrangeiro. Ao fazê-lo, terão de apreciar alguns aspectos importantes desta interação de duas ordens legais. Dentre eles se inclui a verificação da compatibilidade entre a norma estrangeira e a Constituição, seja a do Estado de origem, seja a do foro.

A expressão direito constitucional internacional, que abre este tópico, é aqui empregada em associação com a idéia de direito internacional privado acima exposta. Por tal designação se identifica o conjunto de princípios e de regras que envolvem a solução dos conflitos existentes entre as normas internacionais e estrangeiras, de um lado, e as normas constitucionais, de outro.

Na acepção adotada, o conceito de direito constitucional internacional não se confunde com o estudo dos preceitos constitucionais que, genérica e difusamente, tenham algum reflexo internacional, como os que versam a nacionalidade, a condição jurídica do estrangeiro ou as relações externas do País.[12] O objeto de que aqui se cuida é mais restrito: trata-se tão-somente de encontrar a solução para os conflitos do tipo acima descritos.

1. *O tratado internacional e a Constituição*

O tema do conflito entre as normas internacionais e a ordem interna evoca duas grandes correntes doutrinárias que disputam o melhor equacionamento da questão: o dualismo, pregado no âmbito internacional por Triepel e Anzilotti,[13] e seguido no Brasil por Amílcar de Castro; e o monismo, concepção desenvolvida por Hans Kelsen, e seguido no Brasil pela maior parte da doutrina, inclusive Valladão,[14] Tenório,[15] Celso Albuquerque Mello[16] e Marotta Rangel.[17]

Para os dualistas, inexiste conflito possível entre a ordem internacional e a ordem interna simplesmente porque não há qualquer interseção entre ambas. São esferas distintas, que não se tocam. Assim, as normas de direito internacional disciplinam as relações entre Estados, e entre estes e os demais protagonistas da sociedade internacional. De sua parte, o direito interno rege as relações intra-estatais, sem qualquer conexão com elementos externos. Nesta ordem de idéias, um ato internacional qualquer, como um tratado normativo, somente operará efeitos no âmbito interno de um Estado se uma lei vier incorporá-lo ao ordenamento jurídico positivo. Os autores se referem a esta lei como "ordem de execução".[18]

O monismo jurídico afirma, com melhor razão, que o Direito constitui uma unidade, um sistema, e que tanto o direito internacional quanto o direito interno integram este sistema. Por assim ser, torna-se imperativa a existência de normas que co-

12. É nesta acepção mais ampla que a expressão foi empregada por Celso Albuquerque Mello, em seu *Direito Constitucional Internacional*, 1994.

13. V.: Heinrich Triepel, *Völkerrecht und Landesrecht*, 1899, pp. 169 e ss., e Dionisio Anzilotti, *Cours de Droit International*, 1929, pp. 49 e ss. V., também, Triepel, *Recueil des Cours* (Cursos proferidos na Academia de DIP da Haia) 1/79 e ss., *apud* Haroldo Valladão, ob. cit., p. 51, e Anzilotti, *Curso de Derecho Internacional*, p. 48, *apud* Amílcar de Castro, ob. cit., p. 123.

14. Ob. cit., pp. 53 e 94.

15. Ob. cit., pp. 93 e ss.

16. Ob. cit., p. 344.

17. V. "Os Conflitos entre o Direito Interno e os Tratados Internacionais", in *Boletim da Sociedade Brasileira de Direito Internacional* 44-45/29.

18. Amílcar de Castro, ob. cit., p. 123, citando Morelli, *Nozioni di Diritto Internazionale*, pp. 91 e ss.

ordenem estes dois domínios e que estabeleçam qual deles deve prevalecer em caso de conflito. Kelsen admite, em tese, o monismo com prevalência da ordem interna e o monismo com prevalência da ordem internacional, embora seja partidário deste último.[19] A superioridade do direito internacional sobre o direito interno de cada Estado foi afirmada, desde 1930, pela Corte Permanente de Justiça Internacional.[20]

A Constituição da maior parte dos Países europeus contém regras sobre as relações entre o direito interno e o direito internacional, normalmente no sentido de considerar este último como parte integrante do primeiro.[21] Não, assim, a Constituição da França, de 1958, que é expressa no sentido da superioridade do direito internacional, bem como a da Holanda, de 1983.[22] A verdade, no entanto, é que a jurisprudência restritiva dos tribunais tende a neutralizar esta supremacia formal,[23] salvo quanto ao direito comunitário europeu, que tem desfrutado de primazia sobre o direito interno.[24]

Nos Estados Unidos, a jurisprudência, de longa data, considerou os tratados e convenções internacionais incorporados ao direito interno, na interpretação dada ao art. 6º, 2ª seção, da Constituição. Aos atos internacionais adequadamente aprovados pelo Congresso reconhece-se o mesmo nível das leis federais, de forma tal que o posterior prevalece sobre o anterior.[25] Paradoxalmente, na prática, o direito internacional é freqüentemente privilegiado, por força de uma atitude de deferência dos tribunais americanos, que somente consideram derrogados os atos internacionais quando seja evidente a intenção do Legislativo neste sentido.[26]

No Brasil não existe disposição constitucional a respeito do tema, o que tem suscitado críticas diversas.[27] Não obstante, no que diz respeito ao conflito entre tratado internacional e norma interna *infraconstitucional*, a doutrina, como assinalamos pouco atrás, é amplamente majoritária no sentido do monismo jurídico, com

19. Hans Kelsen, *Teoria Pura do Direito*, 1979, pp. 437 e ss., especialmente 442 a 447.

20. Em parecer consultivo proferido em 31.7.30, assim pronunciou-se a Corte: "É princípio geral reconhecido, do direito internacional, que, nas relações entre potências contratantes de um tratado, as disposições de uma lei não podem prevalecer sobre as do tratado" (*apud* Hildebrando Accioly, *Manual de Direito Internacional Público*, 1978, p. 6).

21. V. Constituição da Áustria, de 1929, art. 9º; Constituição da Alemanha, de 1949, art. 25; Constituição da Itália, de 1947, art. 10.

22. Constituição da França, art. 55: "Os tratados ou acordos regularmente ratificados ou aprovados têm, a partir de sua publicação, uma autoridade superior à das leis, desde que respeitadas pela outra parte signatária". Constituição da Holanda, art. 94: "As disposições legais em vigor no Reino deixarão de se aplicar quando colidirem com disposições de tratados obrigatórias para todas as pessoas ou com decisões de organizações internacionais". No mesmo sentido é o art. 15, n. 4, da nova Constituição russa, aprovada por referendo popular em 12.12.93 (v. Gennady M. Dalilenko, "The New Russian Constitution and International Law", in *American Journal of International Law* 88/451 (1994), pp. 464 e ss.)

23. Jacob Dolinger, ob. cit., p. 83.

24. Idem. V. também Celso Albuquerque Mello, ob. cit., p. 325: "Quanto ao D. Comunitário ele tem sido visto como um ramo do DIP com características próprias, por exemplo, a supranacionalidade, a cessão de competências soberanas à comunidade. Ele é considerado uma categoria especial dentro da ordem jurídica dos Estados-membros. Esta é a posição da Corte de Justiça das Comunidades Européias". Sobre o tema, v. infra, acórdão do Tribunal Constitucional Federal da Alemanha, nota 46. J J. Gomes Canotilho *(Direito Constitucional*, 1991, pp. 915-916) assinala que os tratados institutivos das comunidades européias e as disposições comunitárias dotadas de aplicabilidade direta impõem-se sobre a legislação interna, quer com base no princípio da especialidade ou no da *competência prevalente*. Note-se que, nesta segunda hipótese, a prevalência não implica ab-rogação das normas internas precedentes ou na invalidade das subseqüentes *(Anwendungsvorrang)*.

25. V. *Cherokee Tobacco*, 78 U.S. (11 Wall) 616 (1871); *The Paquete Habana*, 175 U.S. 677 (1900); *Cook v. United States*, 288 U.S. 102 (1933); *Diggs v. Schultz*, 470 F. 2d 461 (D.C. Circuit) (1972), cert. den., 411 U.S. 931.

26. V. *Reestatement (Third) of Foreign Relations Law of the United States* (1988), § 14.

27. Celso Albuquerque Mello, ob. cit., p. 343, e Luís Roberto Barroso, *A Brief Guide to Brazil's New Constitution and Some International Issues Arising Under It*, p. 22, mimeo, 1989.

primazia para o direito internacional. Por tal postulado, o tratado prevalece sobre o direito interno, de forma a alterar a lei anterior, mas não pode ser alterado por lei superveniente. Este entendimento é positivado no art. 98 do Código Tributário Nacional.[28]

Curiosamente, os autores, à unanimidade, vislumbravam esta mesma orientação na jurisprudência constante e reiterada do Supremo Tribunal Federal. Por tal razão, causou imensa reação a decisão proferida pela Corte no RE n. 80.004, que teria quebrado longa tradição ao decidir: "Embora a Convenção de Genebra que previu uma lei uniforme sobre letras de câmbio e notas promissórias tenha aplicabilidade no direito interno brasileiro, não se sobrepõe ela às leis do País, disso decorrendo a constitucionalidade e conseqüente validade do Decreto-lei n. 427/69 que instituiu o registro obrigatório da Nota Promissória em Repartição Fazendária, sob pena de nulidade do título".[29]

Decisões posteriores da Suprema Corte mantiveram a mesma linha de entendimento, consoante fundamentação do Ministro e internacionalista José Francisco Rezek: "O STF deve garantir prevalência à última palavra do Congresso Nacional, expressa no texto doméstico, não obstante isto importasse o reconhecimento da afronta pelo país de um compromisso internacional. Tal seria um fato resultante da culpa dos poderes políticos, a que o Judiciário não teria como dar remédio".[30]

A verdade é que, em exame detido da jurisprudência, Jacob Dolinger constatou que a leitura que a maioria dos autores fazia das decisões do STF era antes reflexo de sua própria crença no primado do direito internacional do que expressão da realidade dos julgados. Ao contrário do sugerido, a orientação da mais alta Corte é a do monismo moderado, em que o tratado se incorpora ao direito interno no mesmo nível hierárquico da lei ordinária, sujeitando-se à regra geral: em caso de conflito, não se colocando a questão em termos de regra geral e regra particular, prevalece a norma posterior sobre a anterior.

Existem apenas duas ordens de exceções a esta equiparação entre tratado e lei ordinária na jurisprudência do Supremo. A primeira dá-se em matéria fiscal, onde o CTN (art. 98), como visto, é expresso quanto à prevalência da norma internacional. A segunda exceção colhe os casos de extradição, onde se considera que a lei interna (Lei n. 6.815, de 19.8.80), que é geral, cede vez ao tratado, que é regra especial. Confira-se o afirmado, em palavras do próprio Dolinger, Professor Titular da Universidade do Estado do Rio de Janeiro: "Nossa conclusão é que, excetuadas as hipóteses de tratado-contrato,[31] nada havia

28. CTN, art. 98: "Os tratados e as convenções internacionais revogam ou modificam a legislação tributária interna, e serão observados pela que lhes sobrevenha".

29. *RTJ* 83/809 (1978). A decisão foi criticada por José Carlos de Magalhães, que lavrou: "O que fica dessa decisão, contudo, é a impressão de recuo do Supremo à aceitação da prevalência do direito internacional. (...) Afastando-se da orientação anterior, não atentaram aqueles Ministros para a problemática da responsabilidade do Estado na ordem internacional" ("O Supremo Tribunal Federal e as Relações entre Direito Interno e Direito Internacional", in *Boletim Brasileiro de Direito Internacional* 61-69/53 (1975-79), p. 56). Celso Albuquerque Mello também condenou o julgado: "Entretanto, houve no Brasil um grande retrocesso no RE n. 80.004, decidido em 1978, em que o STF decidiu que uma lei revoga tratado anterior. Esta decisão viola também a Convenção de Viena sobre direito dos tratados (1969) que não admite o término do tratado por mudança de direito superveniente" (ob. cit., p. 344).

30. *RTJ* 115/969, 973 (1986) e *RTJ* 119/22, 30 (1987). Também a legislação ordinária desprezou a preferência dos doutrinadores pelo primado das normas internacionais. Assim é que a Lei n. 7.357, de 9.2.85, passou a reger os cheques sem atenção à Lei Uniforme de Genebra, fruto de convenção que fora firmada pelo Brasil e promulgada pelo Decreto n. 57.595, de 7.1.66.

31. Sobre a distinção entre tratado-contrato e tratado-normativo, v. infra.

na jurisprudência brasileira quanto à prevalência de tratados sobre lei promulgada posteriormente, e, portanto, equivocados todos os ilustres autores acima citados que lamentaram a alegada mudança na posição da Suprema Corte. A posição do STF através dos tempos é de coerência e resume-se em dar o mesmo tratamento a lei e a tratado, sempre prevalecendo o diploma posterior, excepcionados os tratados fiscais e de extradição, que, por sua natureza contratual, exigem denúncia formal para deixarem de ser cumpridos".[32]

Posta a questão das relações entre o direito internacional e as disposições internas infraconstitucionais, cumpre agora investigar o tópico mais relevante para os fins aqui propostos: como se situa o Direito em face do conflito entre o direito internacional e a Constituição. O tema é envolto em controvérsias.

Seria possível cogitar, em um primeiro lance de vista, da invalidade de norma constitucional que se encontrasse em confronto com determinadas normas internacionais fundamentais, emanadas dos princípios gerais do direito e dos costumes dos povos civilizados.[33] Tal seria o caso de preceitos que estabelecessem a submissão jurídica de um País vizinho, prescrevessem sua anexação ou por qualquer outra via ofendessem a soberania de um outro Estado. Igual juízo recairia sobre uma disposição que pregasse o genocídio.[34] Os exemplos poderiam multiplicar-se, embora sempre tangenciando o absurdo. Nas hipóteses aventadas, afirmar-se-ia a supremacia do direito internacional sobre o direito constitucional.

De fato, a idéia da soberania ilimitada do poder constituinte não merece abrigo. Não é possível emprestar à Constituição todo e qualquer conteúdo, sem atender a quaisquer princípios, valores e condições.[35] A questão acima delineada — confronto da ordem constitucional com certos valores universais —, embora suscite a interessantíssima discussão acerca dos limites materiais do poder constituinte originário, é mais teórica do que real, pelo que se situa fora do objeto de um estudo mais preocupado com a aplicação concreta do direito constitucional.

A análise a seguir desenvolvida concentra-se no confronto entre o ordenamento interno superior e o direito internacional convencional. E muito embora haja quem sustente que todo direito verdadeiramente internacional repousa sobre o consentimento,[36] interessa-nos aqui, particularmente, o específico ato de vontade, convencional por excelência, que é o tratado internacional,[37] e como ele se coloca diante da Constituição do Estado que o celebrou.

Assim como no direito interno uma norma sujeita-se ao contraste constitucio-

32. Ob. cit., p. 102. Sobre a distinção entre tratado-lei e tratado-contrato, v. infra.

33. O Estatuto da Corte Internacional de Justiça prevê como fontes do direito internacional público — isto é, normas internacionais — os tratados (convenções internacionais), o costume internacional e os princípios gerais do direito. Faz referência, ainda, à jurisprudência e à doutrina como fontes auxiliares, e facultou o emprego da eqüidade (art. 38).

34. Agustinho Fernandes Dias da Silva (ob. cit., p. 33) sugere alguns outros exemplos, como o de norma constitucional que estabelecesse o domínio universal como objetivo nacional, que afirmasse a hegemonia nacional sobre um continente ou elegesse a guerra como meio de solução de conflitos. E averbou: "As normas internacionais básicas são indenunciáveis e irrevogáveis, por isso prevalecerão sempre".

35. V. Jorge Miranda, *Manual de Direito Constitucional*, t. II, 86, 1983.

36. José Francisco Rezek, *Direito Internacional Público*, 1989, p. 3.

37. Os tratados são atualmente a fonte mais importante do direito internacional (v. Celso D. de Albuquerque Mello, *Direito Internacional Público*, v. I, p. 157). A Convenção sobre Direito dos Tratados (Viena, 1969) fornece a seguinte definição (art. 1º, *a*): "Tratado significa um acordo internacional celebrado entre Estados em forma escrita e regido pelo direito internacional, que conste, ou de um instrumento único ou de dois ou mais instrumentos conexos, qualquer que seja sua denominação específica".

nal tanto do ponto de vista formal quanto material, também os tratados internacionais submetem-se a esta dupla apreciação. Por via de conseqüência, é possível avaliá-los sob dois aspectos: o de sua constitucionalidade extrínseca e o de sua constitucionalidade intrínseca.

A inconstitucionalidade, na primeira hipótese, também denominada ratificação imperfeita, ocorre quando o tratado aprovado viola as regras constitucionais de competência e de procedimento para sua celebração, aprovação parlamentar, ratificação e entrada em vigor.[38] A doutrina oscilou entre admitir-lhe a validade, a despeito do vício formal, ou proclamar-lhe a nulidade.[39] A Convenção sobre Direito dos Tratados (Viena, 1969) tomou partido na controvérsia, afirmando a validade do tratado em tal hipótese, salvo manifesta violação de norma fundamental sobre competência.[40]

A doutrina monista do primado do direito internacional só admite esta hipótese de inconstitucionalidade do tratado, rejeitando qualquer possibilidade de seu exame intrínseco para verificação da compatibilidade com a Lei maior. Diversos são os autores de reputação que sustentam a primazia do tratado sobre a própria Constituição.

Hildebrando Accioly é taxativo ao afirmar que a lei constitucional não pode isentar o Estado de responsabilidade por violação de seus deveres internacionais. Invoca, em favor de seu ponto de vista, decisão da Corte Permanente de Arbitragem, de Haia, onde se deliberou que "as disposições constitucionais de um Estado não poderiam ser opostas aos direitos internacionais de estrangeiros".[41] E cita, também, julgado da Corte Permanente de Justiça Internacional, de 4 de fevereiro de 1932, onde se declarou: "Um Estado não pode invocar contra outro Estado sua própria constituição para se esquivar a obrigações que lhe incumbem em virtude do direito internacional ou de tratados vigentes".[42]

Haroldo Valladão, nesta mesma linha de entendimento, sustenta que a disposição interna, mesmo de natureza constitucional, não poderá ser observada se contraria preceito em vigor de direito internacional básico, geral ou de direito internacional convencional, isto é, de tratado válido e vigente.[43] Acompanha-o, neste passo, Agustinho Fernandes da Silva, para quem o tratado deve ser observado até extinguir-se ou ser denunciado. Enfatiza que a forma própria de revogação de um tratado por vontade de uma das partes é a denúncia, e não a previsão constitucional em contrário.[44]

Os dois autores, todavia, fazem uma distinção clara e relevante, de natureza temporal: as proposições enunciadas acima somente se aplicam quando o tratado já se encontre em vigor no momento de promulgação da Constituição. Na hipótese inversa, em que o tratado é celebrado na

38. Na Constituição brasileira, a celebração de tratados, convenções e atos internacionais é competência privativa do Presidente da República, sujeita a referendo do Congresso Nacional (art. 84, VIII), ao qual incumbe resolver definitivamente sobre quaisquer acordos e atos internacionais que acarretem encargos ou compromissos gravosos ao patrimônio nacional (art. 49, I). Sobre o tema, embora referente ao regime constitucional anterior, v. José Francisco Rezek, *Direito dos Tratados*, 1984, pp. 185 e ss. Já sob a Constituição atual, v. Celso D. de Albuquerque Mello, *Direito Internacional Público*, cit., pp. 156 e ss.

39. V. Celso D. de Albuquerque Mello, *Direito Constitucional Internacional*, cit., p. 321.

40. Convenção, art. 46: "Um Estado não poderá invocar o fato de que seu consentimento em obrigar-se por um tratado foi expresso em violação de uma disposição de seu direito interno sobre competência para concluir tratados, a não ser que essa violação seja manifesta e diga respeito a uma regra de seu direito interno de importância fundamental".

41. Hildebrando Accioly, ob. cit., p. 56.

42. Idem.

43. Haroldo Valladão, ob. cit., p. 94.

44. Agustinho Fernandes Dias da Silva, ob. cit., p. 33.

vigência de uma dada Carta, sendo com ela incompatível, aí não prevalecerá, por não se haver constituído legitimamente. Em palavras de Valladão: "Assim, prevalecem as regras dos tratados anteriores ao texto constitucional; só não prevalece a norma internacional que vier a ser aprovada e ratificada após vigência do texto constitucional que a ela se opõe, pois nesse caso decorreria dum ato internacional inválido, não vigorante, pois não podia ter sido aprovado nem ratificado. É distinção necessária para os atos convencionais internacionais".[45]

Em sentido diverso, e com melhor razão, parte substancial da doutrina brasileira. Aurelino Leal, já em 1925, averbava: "A mim me parece que se os assuntos regulados nos tratados forem compatíveis com as alterações introduzidas no regime constitucional, nada há que se oponha a que as mesmas continuem em vigor. Se, porém, as modificações feitas na lei suprema colidirem com a matéria regulada nos acordos internacionais, não se me afigura que os mesmos prevaleçam contra a nova orientação constitucional, a menos que o poder constituinte consigne na reforma uma disposição garantindo a sua vigência".[46]

Na mesma linha é o magistério de Carlos Maximiliano: "A Constituição é a lei suprema do país; contra a sua letra, ou espírito, não prevalecem resoluções dos poderes federais, constituições, decretos ou sentenças federais, nem tratados, ou quaisquer outros atos diplomáticos".[47]

Também internacionalistas da melhor linhagem endossam a idéia de prevalência da Constituição, quando não por opção doutrinária, ao menos por constatação da realidade e do princípio da supremacia constitucional. Veja-se, em seqüência, a opinião de Oscar Tenório e José Francisco Rezek, respectivamente:

"A decretação da inconstitucionalidade dos tratados pelo Supremo Tribunal Federal não se limita aos elementos de validade, como a ratificação e a promulgação, mas se estende ao confronto entre a letra do tratado e a letra da Constituição. Uma nova Constituição cria uma nova ordem jurídica. Subsistem apenas as normas pretéritas não incompatíveis com ela. Assim, os tratados anteriores a ela perdem sua eficácia desde que contrários à Constituição".[48]

"A constituição nacional, vértice do ordenamento jurídico, é a sede de determinação da estatura da norma jurídica convencional. Dificilmente uma dessas leis fundamentais desprezaria, neste momento histórico, o ideal de segurança e estabilidade da ordem jurídica a ponto de subporse, a si mesmo, ao produto normativo dos compromissos exteriores do Estado. Assim, posto o primado da Constituição em confronto com a norma *pacta sunt servanda*, é corrente que se preserve a autoridade da lei fundamental do Estado, ainda que isto signifique a prática de um ilícito pelo qual, no plano externo, deve aquele responder".[49]

No direito comparado europeu, à exceção de Portugal, que adota um regime híbrido,[50] e da Holanda, onde a aprovação do tratado por três quartos dos Estados Gerais modifica a Constituição, a regra é que tratados que conflitem com a Lei

45. Haroldo Valladão, ob. cit., p. 94.
46. Aurelino Leal, *Teoria e Prática da Constituição Federal Brasileira*, 1925, p. 628.
47. Carlos Maximiliano, *Hermenêutica e Aplicação do Direito*, 1981, p. 314.

48. Oscar Tenório, ob. cit., p. 94.
49. José Francisco Rezek, *Direito Internacional Público*, cit., pp. 103-04.
50. Dispõe o art. 277, 2, da Constituição portuguesa: "A inconstitucionalidade orgânica ou formal de tratados internacionais regularmente ratificados não impede a aplicação das suas normas na ordem jurídica portuguesa, desde que tais normas sejam aplicadas na ordem jurídica da outra parte, salvo se tal inconstitucionalidade resultar de violação de uma disposição fundamental".

Fundamental não possam ser aprovados sem prévia revisão constitucional. É o que dispõem, expressamente, *v.g.* as Constituições da França (art. 54), da Espanha (art. 95, I) e da Alemanha (art. 79, I).[51]

A este propósito, aliás, o Tribunal Constitucional Federal da Alemanha (*Bundesverfassungsgericht*) apreciou, recentemente, recurso constitucional contra a participação da Alemanha na União Européia, apresentado por um grupo de políticos e professores, incluindo um ex-dirigente da Comunidade Econômica Européia, e por membros do Partido Verde alemão que integram o Parlamento Europeu.[52]

Os requerentes alegaram, dentre outras coisas, que o Ato de Adesão ao Tratado e o Ato que emendara a Constituição violavam seus direitos políticos de representação, seus direitos individuais (pela transferência de atribuições para sua proteção à União Européia), bem como ofendiam o princípio democrático, a soberania nacional e o direito de serem pagos em *Deutsche Mark* (e não em uma futura moeda comum), além de deverem ser submetidos a referendo popular.

Em decisão longamente fundamentada, datada de 12.10.93, a Corte rejeitou a impugnação e permitiu a entrada em vigor do Tratado da União Européia (também conhecido como *Tratado de Maastricht*), em novembro de 1993. Não obstante isto, o Tribunal Constitucional Federal cuidou de qualificar diversas questões e assentou relevantes premissas a propósito de sua interpretação das relações entre o direito constitucional e o direito comunitário. Os referentes aspectos da decisão podem ser sintetizados nas proposições seguintes:

1. o Direito alemão proíbe a diminuição do poder do Estado através da transferência de deveres e responsabilidades do Parlamento Federal, na extensão em que isto importar em violação do princípio democrático;

2. o princípio democrático não impede que a República Federal da Alemanha se torne membro de uma comunidade intergovernamental organizada em base supranacional.

3. se uma comunidade de Estados assume poderes e responsabilidades de soberania, os povos dos Estados-membros precisam legitimar este processo através dos seus parlamentos nacionais;

4. o princípio democrático impõe limites à extensão de funções e poderes a serem transferidos para a comunidade européia. O Parlamento Federal deverá reter funções e poderes de importância substancial;

5. o programa de integração e os direitos transferidos à comunidade européia supranacional devem ser especificados com precisão. Cabe ao Tribunal Constitucional Federal determinar se os direitos de soberania exercidos pelas instituições e entidades dirigentes européias estão dentro dos limites ou se extrapolam os que lhes foram conferidos.

6. a interpretação das regras de competência do Tratado de Maastricht não deverá importar em extensão do tratado. Se tal ocorrer, a Alemanha não ficará vinculada.

7. o Tribunal Constitucional Federal e a Corte Européia de Justiça exercem jurisdição em uma "relação cooperativa";

8. o Tratado de Maastricht estabelece uma comunidade intergovernamental para criação de uma unidade mais estreita entre os povos da Europa. Cada um desses po-

51. Com relação especificamente ao direito comunitário, v. nota 18.

52. *Neue Juristische Wochenschrift*, v. 47/3.047 e ss. A íntegra do acórdão, vertido para o inglês, está publicada no *International Legal Materials*, v. XXXIII/388 e ss. (1994).

vos é organizado em um Estado próprio, inexistindo, pois, um Estado da Europa, com seu próprio povo;

9. a) o Tratado de Maastricht não confere à União Européia autodeterminação na obtenção de recursos, financeiros ou de qualquer outra natureza, destinados a atender seus objetivos. É necessário o consentimento dos Estados;

b) a ratificação do tratado não sujeita a República Federativa da Alemanha a um processo incontrolável e imprevisível que conduza inexoravelmente à unificação monetária. O Tratado de Maastricht simplesmente prepara o caminho para a integração gradual da Comunidade Européia em uma comunidade de leis. Qualquer passo adiante depende do consentimento do Governo Federal, sujeito à deliberação do Parlamento.[53]

Nos Estados Unidos, muito embora seja indiscutível a superioridade da Constituição sobre os atos internacionais,[54] a Suprema Corte jamais declarou um tratado inconstitucional.[55] Tal fato pode ser creditado, em parte, a uma associação exagerada, quando não equivocada, que os tribunais fazem entre questões internacionais e "questões políticas", o que excluiria aquelas do controle judicial.[56]

De modo que, a despeito do imenso prestígio e independência do Poder Judiciário nos Estados Unidos, há uma persistente tradição de os juízes e tribunais cederem o passo à avaliação dos Poderes Políticos, notadamente ao Presidente da República, sempre que a matéria envolva relações internacionais de qualquer natureza. Há toda uma linha de casos ratificando esta atitude de deferência ao Executivo.[57] Esta orientação, aliás, chegou ao extremo de chancelar, em mais de um caso, as decisões do Poder Executivo de seqüestrar, em Estado estrangeiro, pessoas contra as quais se houvesse instaurado processo criminal nos Estados Unidos, para sujeitá-las a julgamento naquele País. A questão, por sua gravidade e relevância, merece breve digressão.

Em *United States v. Verdugo Urquidez*, a Suprema Corte, reformando decisão do Tribunal Federal do 9º Circuito, decidiu

53. *International Legal Materials*, cit., pp. 393-397. Resumo e tradução para o português de responsabilidade do autor.

54. V. *Restatement (third) of Foreign Relations Law of the United States* (1988), § 111 (p. 43): "In their character as law of the United States, rules of international law and provisions of international agreements of the United States are subject to the Bill of Rights and other prohibitions, restrictions, and requirements of the Constitution, and cannot be given effect in violation of them. However, failure of the United States to carry out an obligation on the ground of its unconstitutionality will not relieve the United States of responsability under international law".

55. Sobre o tema, v. Louis Henkin, *Foreign Affairs and the Constitution*, 1975. Para um painel amplo e atualizado das relações entre direito interno e direito internacional na perspectiva norte-americana, v. John H. Jackson, "Status of Treaties in Domestic Legal Systems: a Policy Analysis", in *American Journal of International Law*, v. 86/310 e ss. (1992).

56. E assim se passa a despeito da advertência do Justice Brennan, ao relatar e julgar *Baker v. Carr* (369 U.S. 186) (1962), um dos principais precedentes que delineou a "political question doctrine": "It is error to suppose that every case or controversy which touches foreign relations lies beyond judicial cognizance" (É equívoco supor que qualquer litígio que tangencie as relações internacionais situa-se fora do conhecimento judicial).

57. V., por exemplo, *United States v. Curtiss — Wright Corp* (299 U.S. 304) (1936); *Banco Nacional de Cuba v. Sabbatino* (376 U.S. 398) (1964); *First National Citibank v. Banco Nacional de Cuba* (406 U.S. 759) (1972); *Alfred Dunhill of London, Inc. v. Republic of Cuba* (425 U.S. 682) (1976); *Goldwater v. Carter* (444 U.S. 996) (1979); *Dames & Moore v. Reagan* (453 U.S. 654) (1981). V., também, o interessantíssimo caso *United States v. Palestine Liberation Organization* (U.S. District Court, Southern District of New York, 1988). O caso mais recente julgado pela Suprema Corte foi *Barquero v. United States* (*International Legal Materials* 33/904) (1994), onde se afirmou a constitucionalidade do tratado celebrado entre Estados Unidos e México sobre troca de informações tributárias. O tratado permite que, mediante requerimento do outro País, a autoridade governamental requisite a qualquer banco comercial informações sobre determinado correntista.

que a Constituição americana, ou ao menos a 4ª Emenda (que assegura a inviolabilidade das pessoas, suas casas, documentos e bens contra buscas e apreensões ilegais) não se aplicava fora dos Estados Unidos. Como conseqüência, não poderia ser invocada por cidadão mexicano levado à força para julgamento nos Estados Unidos (com a concordância do Governo mexicano), cuja casa, no México, havia sido objeto de busca ilegal por agentes norte-americanos.[58]

Pouco mais adiante, em decisão que estarreceu a comunidade jurídica internacional, a Suprema Corte, por maioria, e reformando decisão de duas instâncias inferiores, admitiu ser possível submeter a julgamento nos Estados Unidos cidadão mexicano que fora seqüestrado no México, sem anuência do Governo daquele País, que formulou protesto diplomático veemente. Servindo-se de um argumento primário — o de que o tratado de extradição entre Estados Unidos e México não proibia expressamente o seqüestro —, a Suprema Corte afastou a incidência do tratado (que teria força de lei, como já vimos) e aplicou uma antiqüíssima jurisprudência pela qual admitia que, uma vez apresentado à Justiça, um acusado pudesse ser submetido a julgamento, independentemente de haver sido conduzido por meio lícito ou ilícito. Em desfecho, a Corte admitiu que o seqüestro violava princípios de direito internacional, mas entendeu que a decisão sobre a restituição ou não do acusado ao seu País, de onde fora retirado à força, era uma questão da competência discricionária do Executivo. Já que ele estava nos Estados Unidos, cabia à Justiça julgá-lo.[59]

Retomando a linha de raciocínio, e passando ao caso brasileiro, vai-se constatar que, entre nós, desde a primeira Constituição republicana[60] se admite a verificação da constitucionalidade intrínseca de um tratado. Em acórdão de 15 de setembro de 1977, o STF declarou a inconstitucionalidade, em parte, de alguns artigos da Convenção da OIT n. 110, referentes às condições de trabalhadores em fazenda.[61] A Constituição de 1967-69 ensejava tal tipo de pronunciamento, em regra que foi reproduzida na Carta atual. De fato, no art. 102, III, *a*, da Constituição de 1988, prevê-se o cabimento de recurso extraordinário quando a decisão recorrida declarar a inconstitucionalidade de tratado ou lei federal.[62]

É bem de ver que a dicção pura e simples da cláusula constitucional, tal como vem sendo reproduzida nos diferentes Diplomas, não infirma, *prima facie*, a tese defendida por Haroldo Valladão e acima exposta. É que, em verdade, ao prever declaração de inconstitucionalidade de tratado, o texto constitucional só pode estar se referindo àquele que seja posterior à Constituição. Isto porque, consoante regra consolidada do direito constitucional intertemporal brasileiro, não se declara a in-

58. 110 S. Ct. 1056 (1990). Sobre este caso especificamente, v. Andreas F. Lowenfeld. "U.S. Law Enforcement Abroad: The Constitution and International Law, Continued", in *AJIL* 84/444 (1990), especialmente pp. 491-493.

59. *United States v. Alvarez Machain*, 31 I.L.M. 900 (1992). Na conclusão de seu veemente voto dissidente, consignou Justice Stevens: "Eu suspeito que a maior parte dos tribunais do mundo civilizado ficará perplexa pela decisão 'monstruosa' que esta Corte anuncia hoje. Toda nação que tem interesse em preservar o estado de direito (*The Rule of the Law*) é afetada, direta ou indiretamente, por uma decisão deste caráter". Para uma crítica igualmente contundente de tal acórdão, v. Michael J. Glennon, "State Sponsored Abduction: A Comment on *United States v. Alvarez-Machain*", in *AJIL* 86/756 (1992).

60. Constituição Federal de 24.2.1891, art. 59, § 1º, *a*.

61. *RTJ* 84/724 (1978), Rep. 803-DF, rel. Min. Djaci Falcão. Veja-se, também, Celso D. de Albuquerque Mello, *Direito Constitucional Internacional*, cit., p. 324.

62. "Art. 102. Compete ao Supremo Tribunal Federal (...) III — julgar, mediante recurso extraordinário, as causas decididas em única ou última instância, quando a decisão recorrida: (...) b) declarar a inconstitucionalidade de tratado ou lei federal."

constitucionalidade de preceito anterior à Constituição (v. infra capítulo II). Portanto, a letra expressa da Lei Maior não dirime a dúvida sobre a possibilidade de o tratado anterior prevalecer, mesmo que contraste com a nova norma constitucional.

Todavia, o Supremo Tribunal Federal, no apagar das luzes do regime constitucional anterior, afastou, de forma taxativa, quaisquer incertezas que pudessem existir. A questão se impôs relativamente à cobrança do imposto sobre circulação de mercadorias (ICM) na importação de bens de capital de Países membros do GATT. À vista do entendimento consolidado, Corte editou o verbete n. 575 da Súmula, com o seguinte teor: "À mercadoria importada de país signatário do GATT ou membro da ALALC, estende-se a isenção do Imposto de Circulação de Mercadorias concedida a similar nacional".

Sobreveio, todavia, a Emenda Constitucional n. 23, de 1.12.83, que acrescentou um § 11 ao art. 23 do Texto, determinando a incidência do tributo sobre as mercadorias importadas, sem qualquer distinção quanto ao país de origem.[63] O Tribunal de Justiça de São Paulo proferiu decisão mantendo a isenção, nos casos de importação de bem de capital de países signatários do GATT. A Fazenda do Estado de São Paulo interpôs recurso extraordinário, sob o fundamento de que o Tribunal *a quo* prestigiara o acordo internacional em detrimento do texto constitucional emendado.

Ao apreciar o caso, o STF firmou posição estreme de dúvida ao decidir: "Inadmissível a prevalência de tratados e convenções internacionais contra o texto expresso da Lei Magna (...) Os acordos internacionais, como é o caso do GATT *(General Agreement on Tariffs and Trade)*, protegem os produtos originários dos países contratantes. Todavia, não há como admitir, como deixou entender a decisão recorrida, que na nova tributação autorizada pela Emenda Constitucional n. 23, deva ser atendido o que prescreve um tratado internacional (...) Hierarquicamente, tratado e lei situam-se abaixo da Constituição Federal. Consagrar-se que um tratado deve ser respeitado, mesmo que colida com o texto constitucional, é imprimir-lhe situação superior à própria Carta Política.[64]

Em decisões posteriores, o STF atenuou o resultado prático de tal decisão, passando a entender inexistir incompatibilidade entre o acordo do GATT e o texto constitucional resultante da EC n. 23/83.[65] Assentou-se, no RE 114.784, que "a Emenda Constitucional não visou a retirar fundamento a essa avença internacional".[66] Mas o princípio da supremacia da Constituição sobre os atos internacionais convencionais restou intangido.

Em síntese apertada de tudo que se vem de expor, é possível assentar que, no conflito de fontes interna e internacional, o estágio atual do direito brasileiro, consoante a jurisprudência constitucional e a melhor doutrina, é no sentido de que:

a) os tratados internacionais são incorporados ao direito interno em nível de igualdade com a legislação ordinária. Inexistindo entre o tratado e a lei relação de hierarquia, sujeitam-se eles à regra geral

63. Ficou assim a redação do texto constitucional: "Art. 23. Compete aos Estados e ao Distrito Federal instituir impostos sobre: (...) § 11. O imposto a que se refere o item II (ICM) incidirá, também, sobre a entrada, em estabelecimento comercial, industrial ou produtor, de mercadoria importada do exterior por seu titular, inclusive quando se tratar de bens destinados a consumo ou ativo fixo do estabelecimento".

64. *RTJ* 121/270 (1987), RE 109.173-SP, rel. Min. Carlos Madeira.

65. *RTJ* 124/358 (1987).

66. *RTJ* 126/804, 806 (1987). Não se está, no particular, de acordo com a leitura que faz deste acórdão o Professor Jacob Dolinger, ao extrair dele o sentido de que os tratados contratuais, como o do GATT, em contraposição aos tratados normativos, não são afetados por normas de direito interno, inclusive constitucionais (ob. cit., p. 101).

de que a norma posterior prevalece sobre a anterior. A derrogação do tratado pela lei não exclui eventual responsabilidade internacional do Estado, se este não se valer do meio institucional próprio de extinção de um tratado, que é a denúncia;

b) o tratado celebrado na vigência de uma Constituição e que seja com ela incompatível, do ponto de vista formal (extrínseco) ou material (intrínseco), é inválido e sujeita-se à declaração de inconstitucionalidade *incidenter tantum*,[67] por qualquer órgão judicial competente, sendo tal decisão passível de revisão pelo Supremo Tribunal Federal, em sede de recurso extraordinário. O tratado que se encontrar em vigor quando do advento de um novo texto constitucional, seja este fruto do poder constituinte originário ou derivado, será tido como ineficaz,[68] se for com ele incompatível.

2. *A norma estrangeira e a Constituição*

Como já assinalado anteriormente, o direito internacional privado tem por objeto principal a indicação da lei aplicável, sempre que uma dada relação jurídica esteja em contato com mais de um ordenamento. Por vezes, a norma indicada será a do próprio Estado do juiz ou tribunal que esteja apreciando a questão. Neste caso, diz-se que a lei aplicável é a lei do foro, a *lex fori*.[69]

Outras vezes, todavia, a regra de conexão do direito internacional privado apontará para a aplicação de uma lei estrangeira. Vale dizer: conforme seja a questão submetida a juízo, os sistemas jurídicos civilizados admitem a aplicação, no território do Estado, de lei estrangeira para a solução de uma controvérsia.[70] Por evidente, inexiste qualquer violação da soberania do Estado em tal hipótese, de vez que a aplicação do direito estrangeiro é consentida, voluntariamente, pela norma interna.

A aplicação do direito estrangeiro pelos tribunais é capítulo obrigatório de todos os livros de direito internacional privado.[71] Não cabe, aqui, aprofundar esta questão em nível teórico. Faz-se, todavia, a seguir, uma breve síntese do conhecimento convencional e cristalizado sobre o tema, cujas implicações práticas são mais relevantes do que aparentam a um primeiro lance de vista.

A primeira indagação de relevo que surgiu acerca da aplicação do direito estrangeiro foi a de saber se ele deveria ser encarado como um fato ou como direito. Os efeitos de tal distinção são evidentes: fatos dependem de alegação pela parte e de prova; o direito, ao contrário, presume-se de conhecimento do juiz *(iura novit curia)* e pode ser aplicado de ofício, independentemente de alegação ou prova. Diversos Estados tratam o direito estrangeiro como fato.[72] Não assim, porém, o orde-

67. Embora não haja precedente, é possível cogitar-se do cabimento de ação direta de inconstitucionalidade contra o decreto que o promulga, haja vista seu *status* equiparado ao de ato normativo federal.

68. Não parece própria a referência a revogação, porque, a rigor técnico, o tratado não deixa de viger até o momento da denúncia.

69. Atente-se, aqui, para a distinção óbvia que existe entre *lei* aplicável e *tribunal* competente para aplicá-la. Não obstante, o mais comum é que a regra de direito internacional privado indique a *lex fori*.

70. Dois exemplos corriqueiros de aplicação da lei estrangeira por Tribunal brasileiro: a) de acordo com o art. 9º da LICC, as obrigações se regem pela lei do país em que se constituírem. Portanto, se duas empresas litigarem no Brasil acerca de um contrato firmado em Londres, aplica-se à questão a lei inglesa. (Aliás, em matéria contratual, onde vigora a autonomia da vontade, as partes podem simplesmente eleger a lei a ser aplicada, independentemente do local de celebração do ajuste); b) um indivíduo domiciliado na Itália morre deixando bens no Brasil. Aberto o inventário perante o foro brasileiro, o juiz aplicará a lei italiana para disciplinar a ordem de vocação hereditária, porque o art. 10 da LICC estabelece que a sucessão por morte se rege pela lei do domicílio.

71. A propósito, v., por todos: Haroldo Valladão, ob. cit., pp. 450 e ss.; Oscar Tenório, ob. cit., pp. 145 e ss.; e Jacob Dolinger, ob. cit., pp. 223 e ss.

72. Tal é o caso da França e do Reino Unido. Na Itália há decisões em ambos os sentidos. V. Jacob Dolinger, ob. cit., pp. 224-226.

namento brasileiro, onde o direito estrangeiro tem *status* de lei, embora o juiz possa transferir para a parte o ônus de provar-lhe o teor e a vigência.[73]

A segunda questão que mobilizou os estudiosos foi a da interpretação e aplicação do direito estrangeiro. É que diante da lei de outro País, ao juiz se impõe determinar: a) se deve equipará-la a qualquer outra norma interna, integrando-a ao sistema jurídico do foro; b) ou se deve tratá-la com o sentido que lhe é dado pelo sistema jurídico estrangeiro.

Normalmente, a segunda proposição é a que prevalece. Por vezes, no entanto, o direito estrangeiro há de curvar-se aos princípios e valores do foro. Logo à frente se voltará ao ponto.

a) A norma estrangeira e a Constituição de origem

A maior parte da doutrina e mesmo alguns precedentes internacionais convergem no sentido de que, ao aplicar o direito estrangeiro, o magistrado deverá fazê-lo em sua integralidade, acolhendo-lhe os preceitos e as remissões. Nesta ordem de idéias, caber-lhe-á levar em conta a legislação estrangeira em seus diferentes níveis, o que inclui a Constituição.

É neste sentido a jurisprudência da Corte Permanente de Justiça. Em decisões proferidas em 1929, a propósito de casos conhecidos como *Serbiam Loans* e *Brazilian Loans*, a Corte firmou os princípios que a orientam. Estabeleceu, assim, que, uma vez determinada a aplicação da lei de um dado Estado, deve ela ser aplicada como o seria naquele Estado. Aplicar uma norma diferentemente de como procederiam os tribunais do País cuja lei foi indicada entraria em colisão com toda a teoria de adequada aplicação da lei estrangeira. A Corte, portanto, deve empenhar-se em fazer uma justa apreciação da jurisprudência dos tribunais locais.[74]

No mesmo sentido dispõe o art. 2º da Convenção aprovada pela Conferência Internacional Especializada sobre Direito Internacional Privado (Montevidéu, 1979), que determina que o direito estrangeiro será aplicado da mesma forma que o seria pelos juízes do País do qual emana a regra aplicada.[75] Bem assim, igualmente, o art. 409 do Código de Bustamante, que é norma positiva no Brasil, e que determina que na aplicação do direito estrangeiro deve-se atentar para o sentido que se lhe dá no País de sua origem.[76] Ou seja: deve-se respeitar a interpretação doutrinária e jurisprudencial que lá se produz.

Embora em diferente cenário, a questão se põe com grande significação nos Estados Unidos. É que lá a parte mais expressiva do direito substantivo é estadual, pelo que as regras de direito de família, sucessões, contratos, comerciais, penais etc. variam de Estado para Estado. Como conseqüência, a disciplina dos *conflicts of laws*, que corresponde ao direito internacional privado dos países de tradição romano-germânica, concentra-se na indicação da lei aplicável às relações que man-

73. V. CPC, art. 337: "A parte, que alegar direito municipal, estadual, estrangeiro ou consuetudinário, provar-lhe-á o teor e a vigência, se assim determinar o juiz".

74. P.C.I.J., Ser. A, ns. 20/21, pp. 5, 40-47, 93, 120-125 (1929), *apud* Henkin, Pugh, Schachter e Smit, *International Law*, 1987, p. 139: "Once the Court has arrived at the conclusion that it is necessary to apply the municipal law of a particular country, there seems to be no doubt that it must seek to apply it as it would be applied in that country. (...) Of course, the Court will endeavour to make a just appreciation of the jurisprudence of municipal courts".

75. V. a íntegra da Convenção em Jacob Dolinger e Carmen Tiburcio, *Vade-Mécum de Direito Internacional Privado*, 1994, pp. 627-630. O art. 2º dispõe: "Os juízes e as autoridades dos Estados Partes ficarão obrigados a aplicar o direito estrangeiro tal como o fariam os juízes do Estado cujo direito seja aplicável, sem prejuízo de que as partes possam alegar e provar a existência e o conteúdo da lei estrangeira invocada".

76. Idem, p. 568.

têm conexões com os ordenamentos jurídicos de mais de um Estado da Federação.

Além disso, de acordo com as regras próprias sobre jurisdição e competência lá vigentes,[77] cabe muitas vezes à Justiça Federal solucionar litígios que envolvem a aplicação de direito estadual. Pois bem: a Suprema Corte firmou, de longa data, orientação no sentido de que, ao aplicar lei estadual, deve o juiz ou tribunal federal dar-lhe o sentido que lhe confere o mais alto tribunal do Estado cuja lei está sendo aplicada.[78]

Ficou assinalado, linhas atrás, que ao aplicar o direito estrangeiro o intérprete deve fazê-lo integralmente, observando, inclusive, as regras próprias de hierarquia das leis e de direito intertemporal vigentes no País de origem. Dentro desta lógica, deverá prestigiar, em primeiro lugar, as normas constitucionais, cuja supremacia é princípio generalizadamente aceito. E se constatar que uma dada norma inferior é incompatível com a Constituição, deverá cogitar de pronunciar-lhe a inconstitucionalidade, nos limites e com os efeitos que o juiz estrangeiro poderia fazê-lo.

Se no direito estrangeiro, por exemplo, se considerar que a norma anterior à Constituição e com ela incompatível fica revogada, igual tratamento à questão deverá dar-lhe o juiz brasileiro que eventualmente devesse aplicá-la a um caso concreto. Mas se a lei editada já na vigência de uma dada Constituição for com ela incompatível, é de indagar-se: pode o juiz ou tribunal do foro declarar-lhe a inconstitucionalidade perante a Constituição estrangeira e, por via de conseqüência, deixar de aplicá-la?

Haroldo Valladão responde afirmativamente, sem opor qualquer restrição.[79] A questão, todavia, exige uma certa qualificação. É que, como já ficou assentado, o juiz que aplica direito estrangeiro há de interpretá-lo de acordo com as práticas do País de origem, atentando para a legislação, doutrina e jurisprudência. Ora bem: nem todos os Estados admitem o controle de constitucionalidade das leis pelo Judiciário. Na França e na Suíça, para citar dois exemplos, esta possibilidade não existe.[80] Ao contrário, nos Estados Unidos e na Alemanha, tal exame é corriqueiro.

Assim, então, o controle da constitucionalidade de lei estrangeira em face da Constituição estrangeira há de ser exercido, pelo órgão jurisdicional do foro, nos mesmos moldes e limites em que o faria o juiz ou tribunal do ordenamento de origem. Quando se tratar da aplicação de lei estrangeira de País onde não seja legítimo ao Poder Judiciário pronunciar, *in concreto* ou *in abstracto*, a inconstitucionalidade de uma lei, não poderá o juiz ou tribunal do foro fazê-lo.[81]

77. Nos termos do art. 3º da Constituição, as duas grandes categorias de casos que recaem na competência das cortes federais são: a) os que envolvem a aplicação da Constituição, das leis federais e dos tratados internacionais (*federal question jurisdiction*) e b) os que têm como partes cidadãos de Estados diferentes da federação (*diversity jurisdiction*). Nesta segunda hipótese, as cortes federais se vêem rotineiramente na contingência de aplicar direito estadual. V. Charles Alan Wright, *Law of Federal Courts*, 1983, capítulos 3 e 4, e Louisell, Hazard Jr. e Tait, *Pleading and Procedure*, 1983, pp. 16-17.

78. V. *Eric R. Co. v. Tompkins*, 304 U.S. 64 (1938).

79. Ob. cit., pp. 460-461.

80. Note-se, todavia, que na França o Comitê Consultivo para a revisão constitucional, constituído pelo Presidente da República por Decreto de 2.12.92, e presidido pelo Professor Georges Vedel, propôs a instituição do controle repressivo de constitucionalidade em tema de direitos fundamentais. Pela proposta, a alínea 12 do art. 62 passaria a ter a seguinte redação: "Une disposition déclarée inconstitutionelle sur le fondement de l'article 61-1 est abrogée. Elle ne peut être appliquée aux procédures en cours". Veja-se *Propositions pour une Révision de la Constitution*, 1993. Na Suíça, inexiste o controle de constitucionalidade das leis federais, mas faz-se o controle das normas cantonais. Sobre o tema, v. Philippe Maystadt, "Le contrôle de constitutionnalité en Suisse", in *Actualité du Contrôle Juridictionnel des Lois*, 1973, pp. 161 e ss., e Pedro Cruz Villalón, *La Formación del Sistema Europeo de Control de Constitucionalidad*, 1987, pp. 53 e ss.

81. No mesmo sentido, v. João Batista Machado, ob. cit., p. 244. Em sentido diverso, v. Luiz An-

Desnecessário remarcar a evidência de que o órgão judicial brasileiro, ao pronunciar a inconstitucionalidade de uma lei, o fará sempre em caráter incidental, para o fim exclusivo de negar-lhe aplicação ao caso concreto. Jamais se cuidará de uma decisão em tese, mesmo que isto seja possível à luz do ordenamento de origem, porque não se pode reconhecer tal competência a qualquer tribunal que não seja do País do qual promana a lei. No Brasil, tudo que se pode pretender é negar *eficácia* à norma estrangeira, sem que isto afete sua *validade* e sua *vigência*.

A questão do reconhecimento da inconstitucionalidade de norma estrangeira perante o ordenamento de origem já foi apreciada pelo Supremo Tribunal Federal. Na vigência da Carta de 1988, pelo menos dois acórdãos abordaram o tema, embora sem maior aprofundamento.

O primeiro deles diz respeito ao controvertido caso de extradição requerida pela República Argentina do ex-líder dos *Montoneros* Mario Eduardo Firmenich.[82] O Governo requerente imputava ao extraditando um longo elenco de práticas delituosas, em relação às quais havia decretos de custódia cautelar expedidos pela Justiça argentina, e que incluíam associação ilícita, diversos homicídios, atentado com lesões corporais, posse de explosivos e armas e uso de documento público falsificado.

Toda a discussão gravitou em torno de duas questões básicas: a) a interpretação, vigência e validade de Lei de Anistia editada pelo Congresso argentino, e posteriormente revogada pelo próprio Legislativo, com efeitos retroativos, sob o fundamento de que era inconstitucional;[83] b) a natureza dos delitos imputados ao extraditando — comum ou política —, tendo em vista o disposto no inc. LII do art. 5º da Constituição brasileira, que veda a extradição por crime político ou de opinião.

Em meio a outros argumentos, a defesa do extraditando, além de procurar remarcar o caráter político das infrações, fundou-se:

a) na inconstitucionalidade da lei que revogou retroativamente a anistia;

b) na inconstitucionalidade do art. 2º da própria Lei da Anistia, que, discriminatoriamente, excluía do benefício pessoas na situação do extraditando.

As duas inconstitucionalidades argüidas eram em face da Constituição argentina.

O Tribunal Pleno do STF, em votação dividida, concedeu a extradição, com ressalvas,[84] concluindo que: a) a Lei de Anistia do País requerente era inaplicável à hipótese, não atingindo o extraditando, consoante previsão expressa no seu próprio texto; b) havia prevalência dos crimes comuns sobre os políticos; c) era improcedente a alegação de que o extraditando seria julgado em seu País por tribunal de exceção.

Os três votos vencidos, contrários à extradição, foram da lavra do próprio relator, Ministro Alfredo Buzaid, e dos Ministros José Francisco Rezek e Aldir Passarinho. Os dois primeiros enfrentaram dire-

tonio Severo da Costa, *Da Aplicação do Direito Estrangeiro pelo Juiz Nacional*, 1968, p. 40: "Se tem dúvidas sobre a constitucionalidade do diploma legal, mas se aquela Corte (N.A.: refere-se ele à Suprema Corte do País estrangeiro) ainda não se manifestou a respeito, deve considerar válida tal lei, pois não pode chamar a si atribuição específica daquele órgão".

82. *RTJ* 111/16 (1984), Extradição 417, rel. Min. Oscar Dias Corrêa.

83. Era importante ter em linha de conta, na apreciação do tema, que, por força do tratado de extradição entre Brasil e Argentina, não seria concedida a extradição quando, pelo mesmo fato, o *delinqüente* tivesse sido anistiado no Estado requerente ou requerido (art. III).

84. Foram excluídas as imputações de caráter político puramente (liderança de movimento político, porte de armas e explosivos e uso de documentos falsos), bem como ressalvou-se que não poderiam ser impostas ao extraditando penas superiores a trinta anos de prisão em relação a cada crime.

tamente a questão da inconstitucionalidade da lei que cassara a anistia.

Em seu voto, o Ministro Buzaid rechaçou o argumento do Estado requerente de que a Corte não teria competência para apreciar a validade da lei argentina, e concluiu: "A declaração de inconstitucionalidade é atribuição privativa do Poder Judiciário no Brasil ou das Cortes Constitucionais nos países que as adotaram (...). Não a pode exercer o Legislativo, porque a sua função consiste em elaborar ou revogar leis, não em apreciar a sua validade. (...) A conclusão a que se chega é que o legislador não tem competência constitucional para declarar a inconstitucionalidade de uma lei".[85]

Acompanhou-o, no particular, o Ministro Rezek, pronunciando igualmente a invalidade da lei argentina, nos termos seguintes: "Os tribunais derrubam, *ex tunc*, leis que padecem do vício de inconstitucionalidade. O parlamento, em toda parte, tem o poder de revogar normas com efeito *ex nunc*; jamais o de declará-las nulas, com efeito retroativo, sob o argumento de inconstitucionalidade".[86]

O Ministro Aldir Passarinho negou a extradição por considerar os crimes de natureza política. É bem de ver que ele e todos os demais Ministros — Oscar Corrêa, Néri da Silveira, Rafael Mayer, Decio Miranda, Soares Muñoz, Moreira Alves e Djaci Falcão — deixaram de discutir, especificamente, a questão da validade ou não da lei que anulara a anistia. Curiosamente, todos, sem exceção, fundamentaram seus votos no art. 2º da sobredita Lei de Anistia, que excluía o extraditando de seus benefícios. Veja-se que nenhum dos Ministros deixou de aplicar a lei por reputá-la revogada ou anulada pela lei superveniente. Justamente ao contrário, interpretaram-na para concluir que não aproveitava ao extraditando. Disto resulta que, embora não de forma expressa — mas com implícita evidência —, negaram validade e eficácia à lei posterior que cassava retroativamente a anistia.

Por lapso do relator originário, que a ele não fez menção, nenhum dos Ministros apreciou um outro fundamento da defesa: o da inconstitucionalidade do próprio art. 2º da Lei de Anistia, que ao prevê-la parcial e excludente, violava preceito expresso da Carta argentina. Tal omissão ensejou a interposição, pelo extraditando, de embargos de declaração, apreciados, igualmente, pelo Tribunal Pleno.[87]

Sem atentar para a imensa contradição em que incorriam, diversos Ministros, ao julgar os embargos, negaram a possibilidade de apreciação da constitucionalidade ou não de lei argentina perante sua própria Constituição. Confiram-se tais pronunciamentos.

Ministro Oscar Corrêa: "Não lhe cabia (ao STF), substituindo-se ao juízo do País requerente, examinar a inconstitucionalidade da Lei revocatória, que, aliás, não interferiu no julgamento, saliente-se. Seria indébita e inadmissível invasão de esfera de competência".[88]

Ministro Néri da Silveira: "Penso que não cabe ao STF enfrentar a alegação de inconstitucionalidade da lei argentina. Certo está que o Poder Judiciário argentino não declarou inconstitucional o art. 2º da discutida Lei de Anistia".[89]

Ministro Rafael Mayer: "Entendo (...) que é impossível ao Supremo Tribunal exercer um controle de constitucionalidade sobre uma lei argentina, pois é o exercício de jurisdição que não temos, mas tão-somente aquele País, pelo seu Supremo Tribunal, com relação às suas leis".[90]

85. *RTJ* 111/16 (1985), 28.
86. Idem, 30-31.
87. *RTJ* 113/1 (1985).
88. Idem, p. 4.
89. Idem, pp. 5-6.
90. Idem, p. 6.

Ministro Djaci Falcão: "O texto de lei estrangeira não é passível de exame interpretativo no plano constitucional, para que seja declarada a sua inconstitucionalidade. Entendimento em sentido contrário poderia conduzir-nos a uma divergência interpretativa com a própria Corte Suprema do País requerente da extradição".[91]

Ministro Cordeiro Guerra: "Não há que considerar a interpretação do Direito Constitucional Argentino porque não temos jurisdição na Argentina, nem somos um Tribunal supranacional, para dizer como os outros devem julgar. (...) O que poderíamos examinar, em matéria constitucional, é se a Lei de Anistia, tal como foi concebida e vige na Argentina, violaria a ordem jurídica ou constitucional brasileira".[92]

Ministro Moreira Alves: "A meu ver, em processo de extradição, não cabe ao Supremo Tribunal Federal examinar a compatibilidade, ou não, da legislação do país requerente com a Constituição ali vigente".[93]

É de interesse observar que o voto do Ministro Moreira Alves sugere que, *a contrario sensu*, fora do processo de extradição, é possível examinar a constitucionalidade da lei estrangeira perante o ordenamento de origem.

Melhor incluindo a evidência, o Ministro Soares Muñoz, reformulando seu voto anterior que concedia a extradição, assim decidiu: "No que diz respeito à lei posterior, que havia revogado a anistia, entendi que era ela ineficaz, visto que, uma vez concedida a anistia, não era mais possível revogá-la. Ora, se assim entendi com relação à lei revocatória, não vejo razão para me omitir no que diz respeito à argüida inconstitucionalidade da lei, enquanto restringe aquilo que a Constituição Federal estabelece de maneira imperativa, que deve ser geral. A Constituição argentina determina que a anistia deve ser geral, isto é, não pode ser concedida anistia restrita. Se a lei desrespeitou a Lei Maior, é ineficaz. Não estou declarando a inconstitucionalidade da lei. Estou apenas afastando-a do caso concreto. Não preciso fazer nenhuma comunicação à Corte argentina, como não faz o juiz singular, quando afasta uma lei inconstitucional. A lei continua em vigor; ela é apenas arredada no caso concreto. Eu a afasto. Afasto-a, como já afastei a lei revocatória".[94]

Do estudo de caso que se vem de empreender, chega-se a uma conclusão paradoxal. De fato, o STF estabeleceu, como premissa, que não lhe cabia apreciar a constitucionalidade de norma estrangeira em face do ordenamento de origem. Em seguida, e contraditoriamente, fugindo ao silogismo natural, julgou a questão deixando de aplicar, por inconstitucional, lei que revogara a Lei de Anistia argentina.

Na verdade, a premissa é que era equivocada. O STF, bem como qualquer juiz ou tribunal, pode pronunciar, *in concreto*, a inconstitucionalidade de lei estrangeira em face da Constituição sob a qual foi editada, desde que o possam fazer as autoridades judiciárias do Estado de origem da lei perante sua própria Constituição.

Alguns anos depois, já na vigência da Constituição de 1988, o STF examinou um pedido de extradição de um brasileiro naturalizado, fundado no permissivo constitucional do art. 5º, LI, que admite tal medida em caso de "comprovado envolvimento em tráfico ilícito de entorpecentes, na forma lei".[95] O requerimento foi formulado pelo Governo da Itália, Estado com o qual o Brasil não mantém tratado de ex-

91. Idem, pp. 7-8.
92. Idem, p. 8.
93. Idem, p. 7.

94. Idem, p. 7. Em idêntico sentido foi o voto do Ministro José Francisco Rezek, p. 5.
95. *RDA* 190/94 (1992), Extradição 541, rel. Min. Sepúlveda Pertence.

tradição. Para legitimar o pedido,[96] o Estado requerente apresentou promessa de reciprocidade.

Curiosamente, o relator para acórdão neste caso foi o Ministro José Paulo Sepúlveda Pertence, que havia sido, exatamente, o advogado de defesa de Mario Firmenich na Extradição 417, acima apreciada. O relator observou que o art. 26 da Constituição da Itália impedia que o Estado requerente oferecesse reciprocidade naquela hipótese, por isso que só admite a extradição de nacionais se houver previsão expressa em convenção internacional.[97] O acórdão, quanto à parte aqui relevante, veio assim ementado: "Extradição de brasileiro e promessa de reciprocidade do Estado requerente: invalidade desta, à luz da Constituição italiana, que o STF pode declarar: A validade e a conseqüente eficácia da promessa de reciprocidade ao Estado requerido, em que fundado o pedido de extradição, pressupõem que, invertidos os papéis, o ordenamento do Estado requerente lhe permita honrá-la: não é o caso da Itália, quando se cuida de extraditando brasileiro, pois o art. 26 da Constituição italiana só admite a extradição do nacional italiano quando expressamente prevista pelas convenções internacionais, o que não ocorre na espécie. (...) Compete exclusivamente ao Supremo Tribunal Federal, juiz da extradição passiva, no Brasil, julgar da invalidade, perante a ordem jurídica do Estado requerente, da promessa de reciprocidade em que baseado o pedido, a fim de negar-lhe a eficácia extradicional pretendida".[98]

É interessante observar que a questão da inconstitucionalidade da promessa de reciprocidade, que constou de breve passagem do voto do relator e mereceu especial destaque na ementa do acórdão, não foi objeto de maior discussão ou aprofundamento. Aliás, o Ministro Carlos Mario Velloso, ao proferir seu voto, assinalou que, precisamente quanto à questão da reciprocidade, guardava "dúvidas a respeito".

De todo modo, a posição mais recente do STF é no sentido de que pode a Corte apreciar a constitucionalidade dos atos estrangeiros à luz do ordenamento de origem, negando-lhes aplicação quando seja o caso. Tal entendimento tem nossa adesão.[99]

b) A norma estrangeira e a Constituição brasileira

A norma que soluciona um conflito de leis no espaço indica a regra que vai reger uma relação que se encontrava sob a incidência potencial de mais de um ordenamento. Ao fazê-lo, apontará como aplicável (a) ora a lei do foro, (b) ora a lei estrangeira. Quando a indicação recai sobre a lei do foro, não se apresentam maiores dificuldades, haja vista que ela integra o sistema e com ele se harmoniza. Quando a lei indicada é estrangeira, a regra é que o juiz acate a indicação e a aplique.

Não é difícil intuir, no entanto, que podem surgir dificuldades na aplicação, no foro, de lei emanada de outro sistema jurídico. Para neutralizar certos contrastes mais contundentes, praticamente todos os Estados estabelecem uma grande categoria de limitação à aplicação do direito estrangeiro. Esta restrição se consubstancia em um instituto amplo, fluido e de difícil apreensão conceitual que é a *ordem pública*.[100]

96. Lei 6.815/80, art. 76: a extradição exige tratado ou promessa de reciprocidade.

97. Constituição italiana, art. 26. "L'estradizione del cittadino può essere consentita soltanto ove sia espressamente prevista dalle convenzioni internazionali. Non può in alcun caso essere ammessa per reati politici" (A extradição do cidadão somente pode ser consentida quando seja expressamente prevista pelas convenções internacionais. Em hipótese alguma pode ser admitida por crimes políticos).

98. *RDA* 190/94 (1992), cit.

99. V. sobre o tema, José Carlos Barbosa Moreira, "Le Juge Brésilien et le Droit Étranger", in *Temas de Direito Processual*, 4ª série, 1989, pp. 299 e ss., especialmente 309.

100. Sobre o tema, v. a tese clássica de Jacob Dolinger, *A Evolução da Ordem Pública no Direito*

O princípio recebe abrigo expresso no art. 17 da Lei de Introdução ao Código Civil em vigor, com a dicção seguinte: "Art. 17. As leis, atos e sentenças de outro país, bem como quaisquer declarações de vontade, não terão eficácia no Brasil, quando ofenderem a soberania nacional, *a ordem pública* e os bons costumes".

Sem embargo da tríplice referência do dispositivo, é certo que a soberania nacional e os bons costumes expressam variações da ordem pública. O conceito é antigo[101] e de trânsito universal.[102] Trata-se de uma cláusula geral, de conteúdo elástico e variável, que tem levado os autores a se referirem a ela como um conceito indeterminado *a priori*, e mesmo indefinível.[103] Sem embargo, é possível identificar a ordem pública como um princípio geral de preservação de valores jurídicos, morais e econômicos de determinada sociedade política.

Fundados em distinção formulada por Brocher,[104] os autores costumam fazer referência à ordem pública *interna* e à ordem pública *internacional*. No fundo, a ordem pública constitui princípio único, que irradia seus efeitos em planos diversos. Internamente, ele opera no sentido de limitar a autonomia de vontade das partes em domínios nos quais devem prevalecer, cogentemente, os comandos estatais.[105]

No plano internacional, que é o que interessa aqui, o princípio se manifesta de forma dúplice: (a) ora envolve a aplicação *direta* da lei estrangeira indicada pela regra de conexão; (b) ora envolve a aplicação *indireta* da lei estrangeira, pelo reconhecimento de direitos adquiridos e de situações constituídas no exterior. Nas duas hipóteses, a ordem pública opera no sentido de impedir a eficácia dos atos jurídicos contrastantes com os valores do foro, embora sua aplicação seja mais rígida no primeiro caso.

Não é difícil ilustrar o afirmado. A ordem pública brasileira jamais admitiria que um indivíduo domiciliado na Arábia Saudita, onde a poligamia é legítima, pudesse contrair no Brasil um segundo ou terceiro casamento simultâneo. Esta é uma situação. Por outro lado, diante de um fato já consumado no exterior, será possível, sem afronta à ordem pública, reconhecer efeitos ao segundo ou terceiro casamentos para os fins, por exemplo, do recebimento de pensão alimentícia ou de atribuição da

Internacional Privado, bem como seu *Direito Internacional Privado*, cit., pp. 323 e ss. V., também: Clóvis Beviláqua, *Direito Internacional Privado*, pp. 77 e ss.; Haroldo Valladão, ob. cit., pp. 472 e ss.; Oscar Tenório, ob. cit., pp. 315 e ss.; Amílcar de Castro, ob. cit., pp. 273 e ss.; Irineu Strenger, ob. cit., pp. 510 e ss.; Agustinho Fernandes Dias da Silva, ob. cit., pp. 131 e ss.; João Batista Machado, ob. cit., pp. 253 e ss.

101. Embora diversos autores atribuam a primazia do tratamento do tema a Savigny, que sobre ele escreveu em 1849 (ano da 1ª edição de sua obra), é certo que dele cuidou anteriormente Joseph Story in *Comentarios sobre el Conflicto de las Leyes*, v. I/32-33, 1834, *apud* Jacob Dolinger, *Direito Internacional Privado*, cit., p. 325): "Nación alguna puede ser justamente requerida a ceder sus conveniencias políticas e instituciones fundamentales en favor de las de otra nación. Mucho menos puede nación alguna ser requerida a sacrificar sus intereses a favor de otra, ó a practicar doctrinas que, en un concepto moral ó político sean incompatibles con su seguridad ó felicidad, ó con su conciencia de la justicia y del deber".

102. O princípio é adotado nos diferentes sistemas jurídicos, quer de formação romano-germânica, quer de base costumeira (*common-law*). O *Restatement on Conflict of Laws Second*, na regra 90, dispõe: "Nenhuma ação será aceita com base em lei estrangeira cuja execução seja contrária à *strong public policy* do foro". A Corte de Cassação francesa, por sua vez, deixou acertado que "a definição de ordem pública nacional depende, em larga medida, da opinião que prevaleça em cada momento na França" (*apud* Jacob Dolinger, *Direito Internacional Privado*, cit., p. 327).

103. João Batista Machado, ob. cit., p. 259.

104. Charles Brocher, *Cours de Droit International Privé*, t.1, 1882, n. 44, *apud* Haroldo Valladão, ob. cit., p. 323.

105. V. Victor Nunes Leal, "Classificação das Normas Jurídicas", in *Problemas de Direito Público*, 1960, pp. 39 e ss. V. também, Luís Roberto Barroso, *O Direito Constitucional e a Efetividade de suas Normas*, 1993, p. 71.

condição de herdeiros à prole do casal. Como se vê, o conceito atua com intensidade diferente quando se trate de constituição de situação jurídica nova (aplicação direta da norma estrangeira) ou reconhecimento de situação já constituída (aplicação indireta da lei estrangeira).

Veja-se que diante da impossibilidade de se reconhecer eficácia à lei estrangeira, por afronta à ordem pública, há consenso doutrinário de que se deva aplicar, à espécie, a *lex fori*. A exclusão da lei estrangeira deverá ser tão estrita quanto possível, aproveitando-se a parte remanescente que possa ser aceita no foro.[106]

Cabe, agora, fazer as aproximações cabíveis entre ordem pública e Constituição. O efeito da ordem pública, no plano internacional, é o de impedir a aplicação de direito estrangeiro, seja direta ou indiretamente. Trata-se de um princípio de amplo espectro, difuso e cambiante, que é externo à norma positiva, à letra expressa do texto legal. Como é comum dizer-se, é um princípio "exógeno às leis".[107] Conseqüência natural de tal premissa é que se encontrem aspectos inerentes à ordem pública fora do texto constitucional. Será possível, assim, negar aplicação à norma estrangeira por afronta à ordem pública brasileira, mesmo que ela não se confronte, direta ou imediatamente, com a Constituição.

Tem-se como assente, então, que nem tudo que viola a ordem pública viola a Constituição. A recíproca, todavia, segundo ampla linha de entendimento, não é verdadeira. De fato, tem predominado o entendimento de que sempre que a norma estrangeira estiver em contraste com a Constituição estará, *ipso iure*, violando a ordem pública. O tema é interessante e complexo.[108]

Entre os internacionalistas — que, por formação, tentam minimizar as restrições à aplicação do direito estrangeiro — desenvolveu-se a crença que procurava negar a identidade necessária entre o conteúdo da ordem pública internacional e os princípios constitucionais. Sustentou-se, assim, que haveria normas da Constituição que teriam relevância e outras que seriam indiferentes à caracterização da exceção de ordem pública. Reproduzindo posição corrente na doutrina italiana, escreveu Rui Moura Ramos: "É assim que alguns não vão além de recomendar a atuação da ordem pública apenas quando a contradição aberta com a Constituição se traduz na negação da essência de um direito fundamental, afirmando ao mesmo tempo de forma clara que, longe de se referir a todas as normas constitucionais, a ordem pública apenas contende com aqueles poucos princípios fundamentais que possam fazer-se derivar imediatamente da Constituição, que vivem directamente na consciência jurídica da comunidade do foro e que por isso devem ser respeitados por todos os sistemas jurídicos que pretendem aplicar nesse Estado".[109]

No Brasil, todavia, jamais se cogitou de exceção dessa ordem ao princípio da supremacia constitucional. Ademais, o Código de Bustamante tem disposição expressa a respeito, retirando a matéria da

106. V. Jacob Dolinger, *A Evolução da Ordem Pública...*, cit., p. 258: "Apurado pelo Tribunal que a lei, a sentença ou o contrato estrangeiros contêm disposição inaceitável no foro, deverá compor uma solução em que se aproveite o que for admissível da convenção, da norma ou decisão estrangeiras, substituindo a parte rejeitada por norma da *lex fori*".

107. Idem, p. 255.

108. V. ampla discussão da matéria em Rui Manuel Gens de Moura Ramos, *Direito Internacional Privado e Constituição*, 1980, pp. 210 e ss. A submissão de lei estrangeira ao controle de constitucionalidade perante a Lei Fundamental do foro foi afirmada pelo Tribunal Constitucional Federal alemão, em decisão datada de 4 de maio de 1971 (BVerfGE 31, 58). V. Jan Kropholler, *Internationales Privatrecht*, Mohr, Tübingen, 1990, pp. 31-32.

109. Ob. cit., p. 218, invocando a lição de Barile, "Ordine Publico Internazionale e Costituzione", in *Rivista di Diritto Internazionale* 56/729 (1973).

turbulência doutrinária e dando-lhe solução de Direito positivo. Confira-se, a propósito, o teor do art. 4º do referido Código de Direito Internacional Privado, resultante de convenção internacional ratificada pelo Brasil e promulgada pelo Decreto n. 18.871, de 13.8.29: "Art. 4º. Os preceitos constitucionais são de ordem pública internacional". À luz de tal previsão, todas as disposições formalmente integradas à Constituição brasileira são tidas como de ordem pública internacional e impedem a aplicação de direito estrangeiro com elas contrastante. Em seu resultado prático, a exceção da ordem pública consubstanciada na norma constitucional ora terá efeito negativo — por vedar algo que o ordenamento externo permite —, ora terá efeito positivo, por permitir algo que a *lex causae* vedava.

Há, ainda, uma previsão expressa na Constituição brasileira, cunhada em norma unilateral,[110] que derroga expressamente o direito estrangeiro em princípio aplicável. É a que consta do inciso XXXI do art. 5º: "A sucessão de bens de estrangeiros situados no País será regulada pela lei brasileira em benefício do cônjuge ou dos filhos brasileiros, sempre que não lhes seja mais favorável a lei pessoal do *de cujus*".

Ainda neste domínio, das relações entre a Constituição e o direito internacional e estrangeiro, haveria espaço para ampla discussão acerca da aplicação extraterritorial das normas constitucionais. A delimitação de nosso objeto de estudo, todavia, remete este tema para outra oportunidade.[111]

Compendiando tudo que se vem de afirmar neste tópico, é possível afirmar, com base na melhor doutrina e na jurisprudência dos tribunais que:

a) quando da aplicação de lei estrangeira, cabe ao juiz ou tribunal brasileiro aplicá-la como o fariam os órgãos judiciários do País do qual promana a norma. Se em tal jurisdição se admitir a pronúncia de inconstitucionalidade de uma lei, poderá o juiz ou tribunal proceder da mesma forma, deixando de aplicar, ao caso concreto, preceito estrangeiro incompatível com o ordenamento de origem;

b) com muito mais razão, deverão os juízes e tribunais brasileiros negar aplicação à norma estrangeira que esteja em confronto com a Constituição brasileira. Com efeito, as normas constitucionais são tidas como de ordem pública internacional, impedindo a eficácia de leis, decisões judiciais e atos jurídicos estrangeiros com elas incompatíveis.

110. *Unilateral* é a norma de solução de conflito de leis que prevê somente a aplicação da própria lei, da lei nacional — "aplica-se a lei brasileira" — em contraposição às normas *bilaterais*, que se servem de critério geral e universal — "aplica-se a lei do domicílio da pessoa", "aplica-se a lei do local do contrato".

111. Nesta área encontram-se questões como a proteção dos nacionais no exterior; a de dever o Estado, em sua atuação no exterior, respeitar suas próprias normas constitucionais etc. A questão da aplicação extraterritorial das normas constitucionais tem gerado inúmeras ações judiciais nos Estados Unidos, nos mais diversos temas, envolvendo a tortura e morte de um cidadão nicaragüense por agentes da CIA atuando na América Central (*Sanchez-Espinosa v. Reagan*, 770 F. 2d 202 — D.C. Circ. 1985); a invasão do domicílio de um cidadão mexicano, sem mandado, por agentes do Drug Enforcement Agency (*U.S. v. Verdugo-Urquidez*, já referido) etc. Sobre o tema, na doutrina americana, v. Jules Lobee, "The Constitution Abroad" e Andreas Lowenfeld, "U.S. Law Enforcement Abroad: The Constitution and International Law", ambos publicados no *American Journal of International Law*, v. 83, n. 4 (1989), pp. 871 e 880, respectivamente.

O PRINCÍPIO DA MORALIDADE PÚBLICA E O DIREITO TRIBUTÁRIO

MARÇAL JUSTEN FILHO
Professor Titular do Departamento de Direito Público da UFPR

1. Moralidade e controle da atividade estatal. 2. Princípio jurídico da moralidade pública e Moral. 3. O problema da moralidade pública e da função legislativa: 3.1 Extensão do princípio constitucional — 3.2 República e função — 3.3 Discricionariedade administrativa e liberdade legislativa — 3.4 Outras regras constitucionais sobre moralidade pública no Legislativo. 4. Conteúdo jurídico do princípio da moralidade pública: 4.1 Núcleo jurídico do princípio da moralidade pública: a) Interesse público — b) Moralidade pública e respeito ao interesse privado — c) Moralidade pública e boa-fé — 4.2 Moralidade pública e dignidade da pessoa — 4.3 Moralidade pública, desvio de poder e devido processo legal. 5. Moralidade pública e elemento subjetivo. 6. Moralidade pública, outros princípios constitucionais e Direito Tributário.

1. Moralidade e controle da atividade estatal

A CF/88 consagrou, no art. 37, o princípio da moralidade pública como instrumento de controle da atividade administrativa do Estado. Adotou-se expressamente, desse modo, a concepção desenvolvida a partir da jurisprudência do Conselho de Estado francês (a propósito especialmente do instituto do desvio de poder). Com isso, consolidou-se entre nós a concepção de que a atividade administrativa, porque orientada à consecução do bem e do interesse públicos, não pode ser eticamente reprovável.[1]

No âmbito tributário, isso significa que a atuação administrativa do Fisco somente se configura válida quando compatível com os postulados da moralidade pública. No Brasil, esse tema não tem sido objeto de maiores cogitações, o que talvez possa ser explicado por duas distintas ordens de razões.

Em primeiro lugar, há íntima relação entre o princípio da moralidade pública e o exercício de competências discricionárias da Administração Pública. Dito princípio é tradicionalmente utilizado para delimitar a margem de liberdade do agente público no exercício de competências discricionárias. Como, no Brasil, o tributo é norteado pela estrita legalidade, com rigorosa vinculação do agente administrativo, acaba toldada a relevância do princípio da moralidade pública no âmbito da chamada *administração tributária*.

1. O tema propiciou, entre nós, estudo precursor de Manoel de Oliveira Franco Sobrinho, ora editado sob o título *O Princípio Constitucional da Moralidade Administrativa*, 2ª ed., Genesis, 1993.

Em segundo lugar, a Ciência do Direito Tributário centra sua atenção no momento legislativo do fenômeno tributário. Todas as atuações relacionadas com fiscalização e arrecadação — enfim, com a disciplina das chamadas *obrigações acessórias* — consideram-se, muitas vezes, como assujeitadas ao Direito Administrativo. Enfim, o âmbito de contacto entre o Direito Tributário e o Direito Administrativo resulta, muitas vezes, menos cuidado pelos cultores de ambos os ramos. E, nessa área, o princípio da moralidade pública apresenta grande relevância, nem sempre apreendida pelos aplicadores do Direito.

Mas o objeto deste estudo não se relaciona diretamente com a análise do princípio da moralidade pública como instrumento de controle da atividade administrativa (tributária ou não) do Estado. Muito mais, busca-se evidenciar a submissão da função legiferante ao princípio da moralidade pública.

2. *Princípio jurídico da moralidade pública e Moral*

Essa concepção não implica afirmar a identidade entre Direito e Moral. A tese envolve reconhecimento de que o ordenamento jurídico impõe a compatibilidade da conduta do agente público com determinados parâmetros éticos. A existência de um princípio jurídico da moralidade significa que algumas valorações morais do grupo são recepcionadas pelo Direito Público. Aliás, fenômeno similar se verifica tradicionalmente no Direito Penal — que se vale largamente, nas normas penais em branco, das vivências morais da sociedade, transformadas em Direito por fenômeno similar à recepção. Afirmar a relevância jurídica do princípio da moralidade pública representa, por isso, reconhecer que a diferença entre Direito e Moral se mantém, com a peculiaridade de que o Direito como que *acolhe* algumas regras consagradas pela Moral. Os processos de formação de normas jurídicas e morais permanece distinto e diferenciado. Mesmo os âmbitos de abrangência dessas duas ordens de controle de conduta seguem sendo diferentes e, sob certo ângulo, incompatíveis. Porém, o que não se admite é que as condutas relevantes para o Direito, praticadas por um agente público, possam ser válidas se desconformes com alguns ângulos da moralidade.

A existência de um princípio jurídico da moralidade pública não significa a incorporação da Moral pelo Direito. Os preceitos morais têm existência autônoma frente ao Direito, verificando-se apenas uma juridicização parcial deles.

Isso deriva, em primeiro lugar, de a Moral relacionar-se com a disciplina das condutas internas do sujeito, enquanto o Direito se orienta à conduta externa e intersubjetiva. Portanto, somente há relevância jurídica da moralidade quando haja manifestações externas de conduta humana.

Quando se alude a um princípio jurídico da moralidade quer-se afirmar que a qualificação jurídica das condutas externas subordina-se aos parâmetros não só da lei jurídica como também da moralidade. Logo, todas as manifestações psíquicas meramente internas ou externas que não possam afetar a terceiros permanecem irrelevantes para o Direito, sujeitando-se estritamente a regras morais, religiosas etc.

Por outro lado, a *moralidade* referida pela Constituição a propósito do desempenho de função pública não se confunde com a moralidade da conduta particular ou dos sujeitos enquanto particulares. Tem-se em vista a disciplina de conduta imputável ao Estado e assujeitada ao plano do Direito Público. Daí a utilização da expressão *moralidade pública*, para restringir o âmbito do problema.

3. *O problema da moralidade pública e da função legislativa*

A Constituição referiu-se expressamente à submissão da atividade administrativa ao princípio da moralidade. Seria correto estender esse princípio aos atos legislativos? Ou seja, uma lei, para ser válida, teria de ser compatível não apenas com a ordem jurídica, mas também com a moralidade pública? Responder afirmativamente a essa questão não conduziria a confundir Direito e Moral?

Parece-me que o sistema jurídico, em todos os seus capítulos, exige a submissão dos agentes públicos à moralidade pública. É o que se passará a evidenciar.

3.1 Extensão do princípio constitucional

Como dito, o princípio da moralidade não está previsto, no texto constitucional, a propósito da atividade legiferante. Poder-se-ia, então, argumentar que o campo da moralidade pública seria restrito aos atos administrativos. Como se nota, essa contraposição deriva de interpretação literal: a ausência de expressa referência da Constituição significaria inaplicabilidade do princípio da moralidade como instrumento condicionante da atuação estatal de natureza não administrativa.

Essas ponderações não podem ser aceitas, em face de sua flagrante incompatibilidade com a natureza sistemática da Constituição. Uma Constituição não é interpretada segundo sua letra, isolando-se cada dispositivo dentro do todo.[2] Como ensina García de Enterría: "La Constitución asegura una unidad del ordenamiento esencialmente sobre la base de un 'orden de valores' materiales y no sobre las simples reglas formales de producción de normas. La unidad, del ordenamiento es, sobre todo, una unidad material de sentido..."[3]

Ademais, ter-se-ia de encampar e assumir um disparate: a atividade administrativa estaria sujeita ao princípio da moralidade pública, mas o ato legislativo assim como o judicial estariam autorizados a investir contra a moralidade pública. Restaria, no mínimo, uma indagação irrespondível, um problema sem solução: o que teria levado a Constituição a submeter apenas a Administração ao princípio da moralidade pública? Por que motivo a Constituição proscreveria apenas atos administrativos imorais e daria guarida a atos legislativos imorais? Não há argumento convincente para esclarecer essa variação de disciplina.

Por outro lado, a interpretação literal ora combatida não superaria um paradoxo invencível. É que uma lei ofensiva ao princípio da moralidade pública resultaria, ao ser aplicada, em atos administrativos afetados pelo mesmo vício. Por decorrência, a lei seria válida, embora imoral, já que a Constituição autorizaria leis ofensivas ao princípio da moralidade pública. No entanto, o ato administrativo destinado a executá-la seria inválido, pois a Constituição vedaria atos administrativos incompatíveis com aquele princípio. A única forma de superar o impasse seria catastrófica. Consistiria em afirmar que o ato administrativo não padeceria de vício quando rigorosamente compatível com a lei imoral. Esse raciocínio importaria desmerecer a Constituição, por pressupor que uma vedação constitucional (*é proibido praticar ato administrativo violador do princípio*

2. Sobre o tema, a bibliografia é vasta e pacífica. Consultem-se, por todos, Canotilho, *Direito Constitucional*, Coimbra, Almedina, 1991, pp. 203 e ss., e Pietro Merola Chierchia, *L'Interpretazione Sistematica della Costituzione*, CEDAM, 1978. Relacionando interpretação sistemática e teleológica, Claus Wilhelm Canaris, *Pensamento Sistemático e Conceito de Sistema na Ciência do Direito*, Fund. Calouste Gulbenkian, 1989, pp. 161 e ss.

3. *La Constitución como Norma v. el Tribunal Constitucional*, 3ª ed., Civitas, 1991, p. 97.

da moralidade pública) seria afastada por uma permissão infraconstitucional *(é permitido praticar ato administrativo violador do princípio da moralidade pública quando a lei assim o autorizar)*.

Para concluir, poder-se-ia recorrer à cláusula geral do art. 5º, § 2º, da CF/88, que reconhece a vigência de todos os demais direitos e garantias entranhados com a disciplina sistêmica consagrada. O princípio da moralidade pública, enquanto instrumento de repressão ao exercício do poder estatal, enquadra-se no âmbito de garantia individual (e coletiva),[4] ainda quando viabilizando o controle objetivo da regularidade dos atos estatais. Negar tal raciocínio conduziria, por dever de coerência, a desvestir a própria ação popular de sua qualidade de garantia individual. Tal resultado é inviabilizado pelo disposto no art. 5º, inc. LXXII, da CF/88. Esse dispositivo evidencia que a natureza objetiva do instrumento de controle dos atos estatais não afeta sua natureza de direito individual ou coletivo. Então, o princípio da moralidade da atuação estatal teria de ser reconhecido como garantia individual, albergada na previsão ampla do art. 5º, § 2º.

Disso se conclui que não seria mero argumento extraído de interpretação literal que respaldaria a conclusão da inaplicabilidade do princípio da moralidade pública aos demais setores da atividade pública. Mas há outros tópicos que evidenciam a procedência da tese da submissão de toda atuação estatal ao princípio da moralidade.

3.2 *República e função*

Antes de tudo, deve considerar-se a existência de idênticos princípios constitutivos do regime jurídico da atividade administrativa e da atividade legislativa. Existem, por certo, diferenças qualitativas entre ato administrativo e ato legislativo. Mas tais diferenças não conduzem a imunizar as leis à submissão ao princípio da moralidade.

Característica fundamental da atividade administrativa relaciona-se com o princípio da República, do que deriva a natureza *funcional* que lhe dá identidade. É que o poder (qualquer poder) da Administração Pública se reporta ao povo, que é o titular da soberania (tal como previsto na CF/88, art. 1º, § 1º). Logo, o agente administrativo é, sempre, um *representante* do povo. Não é dono nem senhor da coisa pública. O agente administrativo exerce mera *função* — ou seja, como ensina C. A. Bandeira de Mello um *dever-poder*. A função se caracteriza quando o Direito atribui a um sujeito o dever de realizar certo fim, no interesse de terceiro. Como meio, veículo para tal, o Direito concede ao agente certos poderes instrumentais. O agente administrativo é, por isso, servidor do interesse público.

Não se passa diversamente com o agente que desempenha *função* legislativa. Legislar e administrar são conceitos distintos, mas isso não significa que não tenham ambas idêntica natureza de *função*.

Quando se subordina o ato administrativo ao parâmetro da moralidade pública, tem-se em mente essa submissão do titular do poder ao interesse público e coletivo. O conceito de função retrata, em última análise, a secundariedade do interesse particular e pessoal do agente ao interesse coletivo. *Função pública* significa que o exercício da competência se submete à persecução do interesse público. Logo, haverá vício na medida em que o ato estatal violentar concepções éticas consagradas pelo grupo. Muitas dessas concepções estão cristalizadas expressamente em normas jurídicas. Porém, também é relevante a compatibilidade entre a conduta do agente e a moralidade pública.

4. Há forte tendência no sentido de distinguir "direitos" de "garantias". Como ensina Jorge Miranda, "As liberdades são formas de a pessoa agir, as garantias modos de organização ou de actuação do Estado" (*Manual de Direito Constitucional*, t. IV/89, Coimbra Editora, 1988).

Assim sendo, é inegável a submissão do exercício da função legislativa ao mesmo condicionamento e às mesmas restrições que afetam, nesse ponto, a atividade administrativa.[5] Legislar é, sob um certo ângulo, *mais* do que administrar. Mas legislar, tanto quanto administrar, são funções públicas.[6]

Bem por isso, a lei é um instrumento de consecução do bem público, tanto quanto o ato administrativo. A lei não pode desvincular-se da realização de interesse público porque, do mesmo modo como ocorre com a atividade administrativa, o Legislativo é *servidor*, é escravo do interesse público. Acima dos interesses pessoais e egoísticos dos eventuais ocupantes das casas legislativas, assoma o interesse público. A lei não está acima ou além do interesse público mais do que estaria o ato administrativo. Em suma, o vício de imoralidade que invalidaria um ato administrativo não desaparece quando encampado por uma lei. Esta concepção vem sendo defendida por abalizados autores, tais como Caio Tácito[7], Maria Sylvia Zanella Di Pietro[8] e Carmen Lúcia Antunes Rocha,[9] dentre outros.

3.3 Discricionariedade administrativa e liberdade legislativa

Há, então, certa similitude entre atividade administrativa e atividade legislativa, no tocante ao fenômeno que poderia ser identificado como *discricionariedade*.

A atividade administrativa está sob o influxo das leis (inclusive da Constituição), enquanto o poder legiferante se vincula diretamente à Constituição. A natureza da atividade administrativa envolve a execução de atos concretos para atendimento imediato ao interesse público. A atividade legiferante significa, basicamente, produzir normas jurídicas (de usual, gerais e abstratas).

Mas em ambas as situações verifica-se a atribuição pela norma superior de uma competência para produzir e executar normas jurídicas. Essa competência comporta, inevitavelmente, certa margem de liberdade de atuação para a autoridade subordinada. Poderia reputar-se que a margem de liberdade outorgada pelo Direito ao agente público para escolher a melhor solução de atendimento ao interesse público caracterizaria uma espécie de *poder discricionário*. Essa concepção seria aplicável tanto à Administração Pública como ao Poder Legislativo.[10] Se administrar diferencia-se de legislar, essa diversidade se mantém dentro dos quadros do Estado de Direito. O Estado, inclusive o Estado-Legislador, sujeita-se ao princípio da legalidade — no caso, à supremacia da Constituição. Quando, portanto, configura-se liberdade para o Poder Legislativo integrar a ordem jurídica, isso não caracteriza sua desvinculação do sistema constitucional, inclusive no tocante aos fins a serem buscados. A lei, tanto quanto o ato administrativo, é instrumento de realização dos princípios consagrados nos arts. 1º, 3º e 4º da CF/88. A incompatibilidade entre o princípio constitucional e o ato infraconstitucional resolve-se pela invalidade deste

5. Por isso, Roque Carrazza assevera que "Constitucionalmente, pois, um tributo não pode ter outro escopo que o de instrumentar o Estado a alcançar o bem comum" (*Curso de Direito Constitucional Tributário*, 5ª ed., Malheiros, 1993, p. 49).

6. Na pena inigualável de Geraldo Ataliba, "Não há princípio da licitude implícita no Direito Administrativo, nem no Direito Constitucional. Aquilo que o texto normativo, expresso ou implícito, não permite ou não consente, não é autorizado. A autoridade pública está inibida de fazer" ("Ação popular na Constituição Brasileira", *RDP* 76/115).

7. Conforme bibliografia indicada abaixo.

8. *Discricionariedade Administrativa na Constituição de 1988*, Atlas, 1991, p. 101.

9. *Princípios Constitucionais da Administração Pública*, Del Rey, 1994, p. 195.

10. Apontando a diferença qualitativa entre a discricionariedade administrativa e a legislativa, confira-se J.J. Gomes Canotilho, *Constituição Dirigente e Vinculação do Legislador*, Coimbra Editora, 1994, reimp., pp. 226 e ss.

último, independente de sua natureza legislativa ou administrativa.[11]

Logo, *discricionariedade administrativa* e *liberdade legislativa* diferenciam-se entre si por questões quantitativas, muito mais do que por aspectos qualitativos. Como a Constituição é, necessariamente, mais abstrata e geral do que as leis, restam para o Poder Legislativo margens mais amplas de liberdade de atuação do que se passa com a Administração Pública. Esta última vê-se constrangida tanto pelo texto da Constituição como dos demais diplomas legislativos. Já o Legislativo encontra campos de liberdade mais extensos de atuação. Como é óbvio, a dimensão dessa liberdade é variável de Estado soberano para Estado soberano, como também, dentro de um mesmo sistema constitucional em cada subsistema constitucional.

A liberdade do legislador não é absoluta nem se restringe ao condicionamento textual e explícito das regras constitucionais. O exercício de competência legislativa encontra delimitação na natureza pública da função desempenhada. Entre as barreiras que restringem o poder legiferante, encontra-se o princípio da moralidade. Estado de Direito significa não apenas a limitação das competências administrativas, mas de todos os poderes estatais. A discricionariedade administrativa é limitada pelo princípio da moralidade não em virtude de uma especial ou peculiar característica da função administrativa, mas porque se trata de uma função, sendo inconcebível que o administrador desnature os poderes recebidos. Pelos mesmos fundamentos, a atividade legislativa do Estado sujeita-se ao influxo do princípio da moralidade.

3.4 *Outras regras constitucionais sobre moralidade pública no Legislativo*

Não se olvide, ademais, que a CF/88 alude, em diversas passagens, à relevância da moralidade pública no desempenho da função legislativa.

Assim, o art. 14, § 9º, previu lei complementar para dispor sobre outras hipóteses de inelegibilidade, com o fim de proteger, inclusive, *a moralidade pública para o exercício do mandato*. O dispositivo retrata não apenas preocupações com os requisitos de elegibilidade. Não se poderia supor que a imoralidade seria exigência imposta apenas ao candidato, propiciando resultado absurdo de que o cidadão cuja conduta fosse imoral seria inelegível, mas nenhuma conseqüência se daria quando a moralidade atingisse a conduta do próprio parlamentar.

A questão da moralidade pública está implícita na disciplina da perda do mandato eletivo, tal como prevista nos arts. 54 e 55 da CF/88. Sublinhe-se a previsão do § 1º do art. 55, quando classifica como infringente do decoro parlamentar também a conduta que caracterizar *abuso das prerrogativas asseguradas a membro do Congresso Nacional ou a percepção de vantagens indevidas*. Esse dispositivo constitucional pressupõe inclusive a utilização do princípio da moralidade pública, hábil a fornecer critério para apuração da conduta abusiva ou indevida.[12]

11. Como afirma Carlos Roberto de Siqueira Castro, "convém reparar que inexiste qualquer incompatibilidade intransponível entre *competência discricionária*, seja de natureza legislativa ou administrativa, e controle de constitucionalidade pela via jurisdicional, vez que toda espécie de exercício de poder *constituído*, ou derivado da Constituição rígida, há de observar as condições ditadas pelo poder constituinte originário..." (*O Devido Processo Legal e a Razoabilidade das Leis na Nova Constituição do Brasil*, 2ª ed., Forense, 1989, p. 183).

12. Destaque-se que os dispositivos constitucionais indicados se referem à conduta do agente, não com o conteúdo propriamente da lei. Mas é pertinente a invocação dessas previsões porque demonstram, por um lado, a preocupação constitucional com a moralidade. Por outro ângulo, essa preocupação ape-

4. Conteúdo jurídico do princípio da moralidade pública

O princípio da moralidade pública, como se passa com todos os demais princípios, não tem existência autônoma e desvinculada do todo da Constituição. Mas há peculiaridade que diferencia o princípio da moralidade pública frente à quase totalidade dos demais princípios jurídicos. Trata-se da referência às vivências éticas predominantes na sociedade. O princípio da moralidade pública é, por assim dizer, um princípio jurídico "em branco", o que significa que seu conteúdo não se exaure em comandos concretos e definidos, explícita ou implicitamente previstos no direito legislado. O princípio da moralidade pública contempla a determinação jurídica da observância de preceitos éticos produzidos pela sociedade, variáveis segundo as circunstâncias de cada caso.

O princípio da moralidade pública não possui conteúdo normativo perfeito e acabado.[13] Porém, isso não caracteriza defeito. Aliás, muito pelo contrário. Como todos os princípios jurídicos, a moralidade pública se destina a disciplinar uma série indeterminada de situações, o que seria inviabilizado por uma construção fechada e exaustiva. A apuração do conteúdo jurídico do princípio da moralidade pública envolve, por isso, uma aproximação e uma dinâmica. Há um núcleo axiológico que produz desdobramentos mais ou menos indefinidos.

4.1 Núcleo jurídico do princípio da moralidade pública

A essência do princípio da moralidade pública consiste na invalidade de todos os atos praticados pelo Estado incompatíveis com a interpretação *ética* do sistema e das normas jurídicas (constitucionais ou não).[14] Ou seja, as normas jurídicas (especialmente aquelas de hierarquia superior) apresentam abstração e generalidade que propicia incerteza quanto a seu conteúdo. Daí deriva a famosa consideração kelseniana, no sentido de que a norma jurídica é uma moldura a ser preenchida no momento de sua aplicação.[15] Essa pluralidade de significados potenciais da norma jurídica encontra limites no sistema jurídico. Entre nós, o sistema jurídico-constitucional incorporou o princípio jurídico da moralidade pública.[16] Por decorrência, o aplicador do Direito está obrigado a considerar também o fator ético — a moralidade pública — ao definir a interpretação cabível para determinado dispositivo normativo. Entre diversas interpretações possíveis — ou, mais precisamente, entre diversas condutas possíveis de ser validadas frente à Constituição —, o aplicador deverá optar por aquela conforme aos princípios jurídicos (inclusive ao princípio da moralidade pública). Enfim, não se concebe, frente à CF/88, uma solução eticamente reprovável, cuja adoção se fundasse em argumentos de técnica jurídica.[17]

nas se justifica na medida em que induz a possibilidade de o conteúdo das futuras leis ser afetado por desvios morais dos legisladores. Ou seja, não há sancionamento contra a imoralidade da conduta propriamente dita, mas essa imoralidade é tomada como indício de que o sujeito, no futuro exercício de função pública, poderá desmerecer o interesse público.

13. Poder-se-ia reconhecer à moralidade a natureza de "tipo", entendida a expressão segundo as ponderações de Misabel de Abreu Machado Derzi (*Direito Tributário, Direito Penal e Tipo,* Ed. RT, 1988, pp. 58 e ss.).

14. Embora elaborado a propósito da Constituição espanhola, há interessante estudo de García de Enterría cujas conclusões são plenamente aplicáveis ao ordenamento jurídico brasileiro ("O princípio da legalidade na Constituição espanhola", *RDP* 86/5-13).

15. "A norma jurídica geral é sempre uma simples moldura dentro da qual há de ser produzida a norma jurídica individual" (*Teoria Pura do Direito,* 3ª ed., Arménio Amado, p. 337).

16. Aplica-se o raciocínio de Paulo de Barros Carvalho, no sentido de que "valores jurídicos" são aqueles plasmados na linguagem do Direito positivo, conforme "Sobre os princípios constitucionais tributários", *RDT* 55/149 e ss.

17. Como disse Celso Antônio Bandeira de Mello, "... Direito tem certos pressupostos implícitos (quan-

O conteúdo jurídico do princípio da moralidade pública resulta da conjugação de dois conceitos básicos, que são a supremacia do interesse público e a boa-fé. A partir desse núcleo, agregam-se outras vivências consagradas eticamente.

a) Interesse público

Deve-se distinguir e afastar, desde logo, o interesse público dos interesses privados do próprio sujeito que exerce função pública e de terceiros. Tenha-se em vista que o exercício da função pública não elimina nem torna ilegítimos os interesses privados e egoísticos do agente. Mas permanecem sendo interesses privados, submetidos às regras comuns, que disciplinam a conduta da generalidade dos integrantes da comunidade. O problema não reside na existência de interesses privados, mas na utilização do poder para realizar não o interesse público e, sim, o privado. Assim, por exemplo, os direitos de propriedade privada de que um sujeito seja titular não se subordinam, de regra, a uma alteração de regime jurídico se dito sujeito passar à condição de agente público. Logo, não se poderia cogitar de um regime especial e diverso, por exemplo, para tributação sobre bens de agentes públicos.

Depois, deve-se excluir o interesse privado do sujeito enquanto exercente da função pública. Por exemplo, o governante pode ter interesse em evitar divulgação de notícias que possam prejudicar sua manutenção no cargo eletivo. Mas esse é um interesse privado e particular dele, inconfundível com o interesse público. Somente se poderia cogitar da aplicação do regime de direito público na medida em que estivesse em jogo o interesse público, tal como se daria quando estivesse em jogo a dignidade do cargo ou da função em si mesmos.

Esses dois ângulos da questão envolvem o que, normalmente, denomina-se de *probidade*. Trata-se da vedação à utilização do poder público para obtenção de vantagens indevidas para o ocupante da função ou para outros terceiros. A probidade se relaciona diretamente com a República. Em suma, a República exige e implica a moralidade. A ordem jurídica impõe a impessoalidade no exercício do poder.

Em terceiro lugar, não se confunde interesse público com *interesse do aparato estatal*. O Estado, como sujeito de direito, pode adquirir certas *conveniências*, de modo similar ao que se passa com qualquer sujeito de direito. Não significa, porém, que tais circunstâncias se caracterizem como *interesses públicos*, para os fins da aplicação dos princípios ora examinados. Configura-se aqui a distinção apontada por Renato Alessi entre *interesse público primário* e *interesse secundário*, difundida entre nós por Celso Antônio Bandeira de Mello.[18] Enfim, como afirmou Gordillo, "o interesse público não é o interesse da Administração Pública".[19] Deve-se ter em vista que nenhum *interesse público* se configura como *conveniência egoística da Administração Pública*. O chamado

do menos), sobre os quais se assentam as ordenações positivas. Entre esses pressupostos está a proscrição do enriquecimento sem causa, o respeito à boa-fé..." ("Débito do Estado por serviços prestados", *RDP* 76/48).

18. Como ensina Bandeira de Mello, o Estado "poderia, portanto, ter o interesse secundário de resistir ao pagamento de indenizações, ainda que procedentes, ou de denegar pretensões bem fundadas que os administrados lhe fizessem, ou de cobrar tributos ou tarifas por valores exagerados. Estaria, por tal modo, defendendo interesses apenas 'seus', enquanto pessoa, enquanto entidade animada do propósito de despender o mínimo de recursos e abarrotar-se deles ao máximo. Não estaria, entretanto, atendendo ao interesse público, ao interesse primário, isto é, àquele que a lei aponta como sendo o interesse da coletividade: o da observância da ordem jurídica estabelecida a título de bem curar o interesse de todos" (*Curso de Direito Administrativo*, 6ª ed., Malheiros, 1995, p. 22).

19. *Tratado de Derecho Administrativo*, t. 2/XIII-17, Ed. Macchi, 1991.

interesse secundário (Alessi) ou *interesse da Administração Pública* não são públicos. Aliás, nem ao menos são *interesses*, na acepção jurídica do termo. São meras circunstâncias, alheias ao Direito. Ou seja, o Estado não possui *interesses* qualitativamente similares aos *interesses* dos particulares. O Estado não se encontra no mesmo plano dos particulares, mas não simplesmente por essa qualidade pessoal. É que a natureza dos interesses que titulariza é diversa dos interesses individuais, particulares, egoísticos. Quando atua na tutela desses interesses, não se pode cogitar de fenômeno similar ao que ocorre com os interesses particulares. Ao aludir-se a moralidade pública, nesse terceiro aspecto, cogita-se da perfeição ética do relacionamento entre o Estado e os cidadãos. A moralidade significa que o Estado é instrumento de realização do bem público e, não, de opressão social. A concentração de poderes e a superioridade do interesse público retratam, por assim dizer, a *servidão* do Estado em face da comunidade.

b) Moralidade pública e respeito ao interesse privado

O princípio da moralidade pressupõe a existência e o respeito aos interesses privados, mesmo que egoísticos, dos não exercentes do Poder Público.[20] Por isso, supremacia do interesse público não significa nem acarreta ilicitude dos interesses particulares: significa maior valoração, para fins de disciplina normativa, ao interesse público.[21] O Estado de Direito repeliu a concepção absolutista do Estado, com reconhecimento de que o interesse público não pode subsistir fora ou acima do Direito. O Estado de Direito Democrático, tal como aquele consagrado pela CF/88, reconhece que a supremacia do interesse público não significa supressão de interesses privados. Um dos mais graves atentados à moralidade pública consiste no sacrifício prepotente, desnecessário ou desarrazoado de interesse privado. O Estado não existe *contra* o particular, mas *para* o particular. Mas, além disso, a supremacia do interesse público não conduz à supressão da pluralidade de interesses jurídicos tuteláveis.

c) Moralidade pública e boa-fé

A moralidade pública exclui não apenas os benefícios e vantagens indevidos para os particulares ocupantes da função pública. Exclui, também, a obtenção de vantagens reprováveis ou abusivas pelo Estado para si próprio. Não se torna válida a espoliação dos particulares como instrumento de enriquecimento público. O Estado não existe para buscar satisfações similares às que norteiam a vida dos particulares. A tentativa de obter a maior vantagem possível é válida e lícita, observados os limites do Direito, mas *apenas* para os sujeitos privados. Não é conduta admissível para o Estado, que somente está legitimado a atuar para realizar o bem comum e a satisfação geral. O Estado não pode ludibriar, espoliar ou prevalecer-se da fraqueza ou da ignorância alheia. Não se admite que tal ocorra nem mesmo dentro dos

20. A expressão *interesse público* deve ser interpretada em consonância com os princípios norteadores de um Estado de Direito Democrático, o que significa o reconhecimento da multiplicidade de interesses e a impossibilidade de eliminar sua contraposição.

21. Essa posição não configura um repúdio a concepções liberais. Não se pode discordar das palavras de Ortega y Gasset, no sentido de que "o liberalismo é o princípio de direito político segundo o qual o Poder público, mesmo sendo onipotente, se limita a si mesmo, e procura, mesmo à eventual custa de sua existência, deixar lugar no Estado em que ele impera para que possam viver os que nem pensam nem sentem como ele, isto é, da mesma forma que os mais fortes e a maioria. O liberalismo, é conveniente que se recorde — é a suprema generosidade: é o direito que a maioria outorgou à minoria e é, portanto, o grito mais nobre que já soou no planeta" (*A Rebelião das Massas*, Martins Fontes, 1987, p. 91).

limites em que seria lícito ao particular atuar.[22]

O princípio da moralidade indica, sob esse ângulo, lealdade do Estado frente aos cidadãos. A ação e a omissão do Estado devem ser cristalinas, inequívocas e destituídas de reservas, ressalvas ou segundas-intenções. Não se legitima o ardil sob o argumento de que se destina a abarrotar de recursos os cofres públicos.

Verifica-se aqui o campo para aquilo que Canotilho denomina de "fraude à Constituição através da lei", o que "impõe a reconstrução dos vícios substanciais da lei com base numa perspectiva que não seja apenas a da mera compatibilidade lógico-formal das normas legislativas com as normas constitucionais".[23] Na mesma linha, Miguel Reale acusou o vício legislativo "se a lei configurar o emprego malicioso de processos tendentes a camuflar a realidade, usando-se dos poderes inerentes ao 'processo legislativo' para atingir objetivos que não se compadecem com a ordem constitucional".[24]

A moralidade pública é incompatível com a duplicidade de intentos normativos. Não se concilia com a moralidade que a lei tenha duplo conteúdo: um texto aparente e formalmente compatível com a Constituição e uma efetiva e real *mens legis* inconciliável com ela.

4.2 *Moralidade pública e dignidade da pessoa*

O sistema constitucional assegura, por outro lado, a dignidade da pessoa humana (CF/88, art. 1º, inc. III), o que se revela também na impossibilidade da "instrumentalização" dos cidadãos. Ou seja, o Estado não pode transformar os particulares em *meio* para atingir fins. A dignidade significa o valor absoluto da pessoa e a impossibilidade de sua redução. O princípio da moralidade impõe ao Estado o respeito à dignidade da pessoa, inclusive para impedir a desvalorização de um ou mais dos cidadãos. Os particulares e seus interesses não podem ser eliminados, espoliados ou diminuídos em seu respeito.

4.3 *Moralidade pública, desvio de poder e devido processo legal*

O princípio da moralidade pública se relaciona com outros instrumentos jurídicos de controle do poder público, notadamente com o desvio de poder e com o devido processo legal *(due process of law)*.

Tal como se passa com o desvio de poder, a moralidade pública reprova a desnaturação de potestades. O desvio de poder consiste, em última análise, na incompatibilidade entre a previsão abstrata normativa e a utilização concreta e efetiva de uma competência.[25] Deriva da dissociação entre o interesse público tal como definido

22. Como asseverou José Eduardo Soares de Melo, "A tributação implica intromissão do governo nas atividades dos particulares, mediante substanciais desfalques em seus patrimônios. Assim, compreende-se que a participação financeira — pela via tributária — há que ser certa, precisa, previamente conhecida, como corolário dos princípios da boa-fé e lealdade, que devem presidir a atividade administrativa" (*ICMS — Teoria e Prática*, Dialética, 1995, p. 98).

23. *Constituição Dirigente e Vinculação do Legislador*, cit., p. 262.

24. "Abuso do poder de legislar", *RDP* 39-40/77-78.

25. Os abalizados juristas Seabra Fagundes e Caio Tácito efetivaram incursões no exame do desvio de poder legislativo. Confira-se, quanto ao primeiro, trabalho na *RF* 145-146 e ss. Quanto a Caio Tácito, podem indicar-se os seguintes trabalhos: "Lei Municipal — Horário de Trabalho — Desvio de Poder", *RDA* 164/455-468; "Estado-Membro — Bloqueio de Contas Bancárias — Desvio de Poder Legislativo", *RDA* 172/239-252; "O desvio de poder no controle dos atos administrativos, legislativos e jurisdicionais", *RDA* 188/1-13; "Previdência Privada — Desvio de Poder e Ato Legislativo", *RDP* 100/5-17; "Desvio de Poder Legislativo", *RTDP* 1/62-68.

abstratamente por ocasião da outorga de um poder jurídico e a efetiva atuação do agente público. O desvio de poder produz uma espécie de personalização da potestade, confundindo-se o interesse público propriamente dito com outros interesses, juridicamente reprováveis ou impertinentes. Celso Antônio Bandeira de Mello não hesitou em asseverar que o desvio de poder "também pode irromper em leis expedidas com burla aos fins que constitucionalmente deveriam prover".[26]

Já a garantia do *due process of law* adquiriu, nos Estados Unidos da América, contornos muito amplos. Ultrapassou os limites da pura questão processual para transformar-se em limite substancial ao exercício do poder público. Ao longo dos últimos duzentos anos, tem sido o principal instrumento utilizado pela Suprema Corte para fiscalização da constitucionalidade das leis.[27] O *due process of law*, no seu ângulo substancial, representa a garantia da razoabilidade da atuação estatal, reprimindo inclusive as hipóteses de excesso ou de abuso.[28] Não há possibilidade de paralelo preciso entre o princípio da moralidade pública e a cláusula do *due process of law*, diante da enorme distância entre o sistema jurídico brasileiro e o norte-americano. Neste último sistema, o *due process of law* tem abrangência muito mais ampla do que o princípio da moralidade entre nós. Mas há um núcleo comum entre os institutos. Ambos se desenvolvem como instrumento de limitação do poder, que não pode ser exercitado de modo prepotente ou personalista.[29]

5. *Moralidade pública e elemento subjetivo*

No ângulo legislativo, o princípio da moralidade pública se relaciona com o produto da atividade legislativa muito mais do que com o elemento subjetivo dos exercentes do poder. Isso deriva da própria natureza da atividade legiferante e não de alguma peculiaridade quanto ao próprio princípio da moralidade em si mesmo.

É que não se identificam *mens legislatoris* e *mens legis*. A intenção do legislador se esvai assim que a lei é promulgada. A *mens legis* não é condicionada pela vontade nem pela intenção do legislador. Em suma, a norma jurídica não se confunde com a lei nem é uma "manifestação de vontade", na acepção tradicional em que essa expressão é utilizada na teoria geral do ato jurídico elaborada pelo Direito Privado (e que influenciou fortemente o Direito Administrativo).

Por isso, os vícios de vontade (ainda que da maior gravidade) ou a reprobabilidade ética que possam inquinar a conduta do legislador são irrelevantes enquanto não se traduzam objetivamente no conteúdo da norma jurídica.[30] A norma jurídica

26. *Discricionariedade e Controle Jurisdicional*, 2ª ed., Malheiros, 1993, p. 76.

27. A sumariedade da Constituição americana conduziu a Suprema Corte a produzir interpretação ampliativa para essa garantia. De todo modo, Christopher Wolfe destaca que "Cómo llegó a interpretarse la cláusula del proceso debido de la forma en que lo fue es uno de los grandes misterios de nuestro derecho constitucional" (*La Transformacion de la Interpretacion Constitucional*, Civitas, 1991, p. 201).

28. Sobre a matéria, confiram-se as obras de Antonio Roberto Sampaio Dória, *Direito Constitucional Tributário e "Due Process of Law"*, 2ª ed., Forense, 1986; Juan Francisco Linares, *Razonabilidad de las Leyes*, 2ª ed., Astrea, 1989; Carlos Roberto de Siqueira Castro, *O Devido Processo Legal e a Razoabilidade das Leis na Nova Constituição do Brasil*, cit.; Alberto Nogueira, *O Devido Processo Legal Tributário*, Renovar, 1995.

29. Anote-se que a cláusula do *due process of law*, no seu ângulo material, foi utilizada amplamente pela Suprema Corte em matéria tributária, como ensinou Sampaio Dória (*Direito Constitucional Tributário e "Due Process of Law"*, cit., p. 35, nota 66).

30. Ou seja, não se nega a possibilidade de defeitos no processo legislativo, mas não é sobre isso que se discorre, no presente item. Enfoca-se o defeito de moralidade no tocante ao conteúdo da disciplina consagrada em uma determinada norma.

se desprende do ato que lhe deu origem. Por isso, pode não ocorrer a contaminação da norma pelos defeitos éticos eventualmente existentes no plano da atividade legislativa.

Cabe, por isso, análise objetiva da norma jurídica em face do princípio da moralidade. O exame do processo legislativo e a reconstrução da vontade do legislador têm nenhuma relevância nesse ponto, identicamente ao que ocorre em qualquer processo hermenêutico. No campo dos atos legislativos, a infringência ao princípio da moralidade pública não consiste, então, em um defeito psicológico ou subjetivo. Trata-se da objetiva incompatibilidade entre o conteúdo da norma e a moralidade pública.

6. *Moralidade pública, outros princípios constitucionais e Direito Tributário*

Talvez a moralidade pública entranhe a disciplina do Direito Tributário mais do que qualquer outro ramo do Direito. A peculiaridade reside em que o Constituinte (e o próprio legislador complementar) deu formal acolhida aos postulados da moralidade, consagrando regras expressas. Afinal, nenhum outro ramo do Direito necessitaria de um dispositivo como aquele do art. 4º, inc. I, da Lei n. 5.172 (que determina que a natureza jurídica específica do tributo independe da "denominação e demais características formais adotadas pela lei"). O sistema tributário acaba resultando em um infindável elenco de limitações e restrições ao poder estatal, grande parte dele retratando imposições derivadas da moralidade. Essa opção constitucional apresenta enormes vantagens, por superar controvérsias acerca da efetiva consistência das limitações ao poder de tributar. Mas tal solução propicia o risco de identificar-se limitação do poder tributário com a previsão expressa e formalizada no texto constitucional. Poder-se-ia supor que a ausência de previsão expressa corresponderia a uma liberação para o Estado. Ou seja, a moralidade do Estado seria aquela constante das palavras da Constituição, sendo válida qualquer conduta incompatível com a moralidade pública na ausência de expressa reprovação legal. Deve-se acautelar contra esse equívoco. O legislador tributário (inclusive o constituinte) não hesita em transformar em texto legislativo expresso todos os postulados da moralidade pública que reputa necessários. A história do Direito Constitucional Tributário comprova a procedência da asserção, pois cada nova Constituição contém maior quantidade de preceitos tributários — parcela substancial dos quais destinada a proscrever os desvios éticos praticados sob a égide da Carta anterior. Isso não significa, porém, que toda a moralidade pública esteja contida no texto expresso da Constituição. O princípio da moralidade pública alcança todas as condutas estatais, ainda quando não exista disposição específica sobre o tema na Constituição. Assim se impõe, com maior nível de positividade, especialmente a partir da CF/88, em virtude dos argumentos acima indicados.

Por outro lado, a relação entre moralidade e os demais princípios constitucionais é inequívoca. Moralidade e República são indissociáveis, nos termos acima já destacados. Tal como esplendidamente exposto por Souto Maior Borges, verifica-se uma hierarquização constitucional de princípios. Dentre todos os princípios constitucionais, destaca-se o da igualdade. Lembrando Francisco Campos, o ilustre Souto Maior anotava que a isonomia era o protoprincípio.[31] A moralidade complementa a isonomia, similarmente a um tecido intersticial a revestir e proteger os órgãos nobres do corpo humano. Sob um certo

31. "A isonomia tributária na Constituição Federal de 1988", *RDT* 64/11.

ângulo, a moralidade é menos do que a isonomia, pois a vedação da discriminação desarrazoada elimina enorme quantidade de supostos aos quais se aplicaria o princípio da moralidade. Sob outros aspectos, a moralidade vai além da isonomia, pois há campos remanescentes para incidência exclusiva da moralidade, mormente quando não esteja em questão problema relacionado com o fenômeno da diferenciação.

Mas a moralidade se entranha com a isonomia propriamente dita em um momento específico. Como ensinou Celso Antônio Bandeira de Mello, a isonomia envolve diferenciações jurídicas compatíveis com os valores consagrados no ordenamento jurídico.[32] Nesse ponto, avulta a relevância da moralidade. São inválidas discriminações (ou ausências de discriminações) que atentem contra a moralidade. Ou seja, a moralidade pública é critério de incidência da isonomia. O tratamento discriminatório (ou não discriminatório) que infringir a moralidade será incompatível com o princípio da isonomia. Sob esse aspecto, a moralidade fornece o conteúdo para aplicação do princípio da isonomia.

A questão apresenta grande aplicação no Direito Tributário. A isonomia tributária se manifesta, nos impostos, como capacidade contributiva. A apuração da capacidade contributiva e as diferenciações e igualações da lei tributária têm de compatibilizar-se com a moralidade. Pode-se fornecer um exemplo prático consistente. Inúmeras leis previam substituição tributária para frente. Independentemente de outras considerações acerca da constitucionalidade do instituto, era usual determinar que o substituto tributário manteria em seu poder o montante do tributo correspondente à substituição. Durante longo período, ignoraram-se os efeitos inflacionários sobre a moeda. Assim, o destinatário legal tributário era privado, antecipadamente, de certo valor, o qual seria recolhido aproximadamente trinta dias após aos cofres públicos. Durante esse período, o substituto apropriava-se dos benefícios econômicos da utilização do dinheiro. Ganhava o Estado porque reduzia custos de fiscalização e risco de sonegação. Ganhava o substituto, que utilizava para benefício próprio os recursos destinados à satisfação do tributo. Perdia o destinatário tributário. Essa situação gerava disputa enfocada sob o prisma de inúmeros princípios. Claramente, porém, havia um vício insuperável na solução adotada: ela ofendia o princípio da moralidade pública. A conveniência da arrecadação não autorizaria o Estado a privilegiar determinadas categorias empresariais através do atrativo do enriquecimento sem causa. A solução consagrada legislativamente captava a simpatia e a adesão de determinadas categorias através de um prêmio indireto e dissimulado. Instituíam-se, na verdade, fiscais fazendários através do atrativo da apropriação de parcela da riqueza do destinatário tributário.

É que ofende o princípio da moralidade, no campo tributário, destinar qualquer verba proveniente de tributos para enriquecimento particular e egoístico de particulares. Qualquer lei que atribua o produto da receita tributária para um particular não relacionado com o desempenho de função pública será inconstitucional, por ofender ao princípio da moralidade (assim como a isonomia e a república). Tal resultado não pode ser atingido diretamente — nem indiretamente, como é lógico.

Fenômeno similar se põe com a utilização indevida pelo Estado da competência para instituir contribuições sociais. Quando a Constituição vinculou o exercício de certa competência tributária à realização de um certo fim, impôs vedação à utilização dessa competência como instrumento de realização de outros fins. O exemplo consubstancia clara situação de

32. Cf. *O Conteúdo Jurídico do Princípio da Igualdade*, Ed. RT, 1978.

desvio de finalidade, tal como exaustivamente apreciada no Direito Administrativo. Manifesta-se como ofensiva à moralidade pública a desnaturação de uma certa competência e a frustração da determinação contida em norma superior.

A moralidade se relaciona, ademais, com a segurança jurídica. Ambos os princípios asseguram a previsilidade da conduta estatal e a certeza sobre a disciplina normativa.[33] Mas a moralidade representa algo a mais, por envolver um conteúdo ético para a disciplina jurídica. Ou seja, não é necessária apenas a segurança jurídica, mas se impõe que a disciplina jurídica (segura porque estável e previsível) seja também compatível com a moralidade. Podem-se invocar inúmeros exemplos a propósito do tema. Antes de 1988, houve diversos casos de alteração da legislação do imposto de renda, pretendendo-se sua aplicação para apuração do imposto referente ao ano-base em que editada a legislação inovadora. Verificaram infindáveis disputas administrativas e judiciais. Discutiu-se, então, a extensão da garantia constitucional da anterioridade, a natureza da hipótese de incidência do imposto de renda etc. Não se pôs em questão, porém, um tema fundamental: o princípio da moralidade. Os diplomas inovadores não poderiam ter validade porque, antes de tudo, infringiam a boa-fé e a lealdade que o Estado deve manter frente à sociedade. A interpretação do princípio da anterioridade exige conjugação com o da moralidade.

E o que dizer das práticas de fazer circular, nos primeiros dias de janeiro, o Diário Oficial com data de 31 de dezembro do ano anterior? Essa conduta estatal ofende completamente a ética que deve orientar a conduta de qualquer sujeito em sociedade.

O princípio da moralidade tem relevância para o Direito Tributário tanto para disciplina da atividade legislativa quanto para atuação administrativa. Deve-se ter em vista que o princípio da moralidade é limite intransponível para o Estado, mesmo em face dos fenômenos de *elisão* e *evasão fiscal*. É que o Estado produz normas e atos visando a apropriar-se, através do instrumento tributário, de determinada quantidade de riqueza privada. De outra parte, os particulares avaliam a legislação e determinam o próprio comportamento futuro de molde a reduzir o impacto do fenômeno tributário. A eficácia dos intentos dos particulares de evitar ou amortecer o fenômeno fiscal representa uma espécie de frustração para o Estado — que acaba arrecadando menos que era previsto. O particular não hesita em alterar seus procedimentos para evitar ou reduzir a carga fiscal. A propósito do tema, Antônio Roberto Sampaio Dória afirmava não estimar "realístico falar-se em Moral Tributária num setor em que o comportamento dos indivíduos é rigorosamente condicionado pela *cogência* das normas... seria irrisório pretender-se generosidade por parte dos contribuintes, sendo a *compulsoriedade*, e não a adesão espontânea do indivíduo, a nota essencial da tributação".[34] A admissão da insujeição da conduta do contribuinte a um parâmetro ético rigoroso produz, em alguns, a idéia de que a moralidade também não necessita entranhar a conduta estatal. O Estado é tentado, muitas vezes, a olvidar os princípios que condicionam sua existência. Surge a concepção de que o Estado pode valer-se de expedientes similares aos utilizados pelos particulares. Ou seja, a "esperteza" (ou, mesmo, a desonestidade) dos particulares deveria ser combatida com a "esperteza" ou com a desonestidade estatal. No entanto, nem a Lei nem a Administração Pública dispõem de liberdade para infringir a moralidade pú-

33. Nesse sentido, Sacha Calmon Navarro Coelho destacava que: "O princípio da não-surpresa do contribuinte é de fundo axiológico" (*O Controle da Constitucionalidade das Leis e o Poder de Tributar na Constituição de 1988*, Del Rey, 1993, p. 347).

34. *Elisão e Evasão Fiscal*, Lael, 1971, p. 82.

blica. O Estado, ao produzir a norma tributária ou ao aplicá-la, não pode olvidar os princípios jurídicos nem atender apenas às palavras do texto legal, buscando respaldo em prodígios de raciocínio para justificar desvios éticos.[35] Nesse ponto preciso é que se avoluma a relevância do princípio da moralidade pública. Não permite ao Estado condutas viciadas por defeitos éticos. O Estado não está legitimado a produzir leis imorais nem a aplicar, de modo imoral, uma lei. A imoralidade não se torna válida nem mesmo diante do argumento de tratar-se de uma contrapartida, uma reação contra atuação imoral do particular. O sistema constitucional adotado após 1988 impôs limites rígidos ao Estado. Ficam excluídas soluções arbitrárias e prepotentes.

A riqueza do princípio da moralidade pública reside na possibilidade de submeter a atuação do poder público não apenas a um controle relacionado ao texto estrito da norma legal. Mormente no âmbito de poderes "discricionários", a validade do ato jurídico depende não só de titularidade da competência e de ausência de disciplina exaustiva no corpo da norma superior. O princípio da moralidade pública exige a compatibilidade entre a atuação estatal e o interesse coletivo. Não significa "moralismo", no sentido de obediência rigorosa a padrões conservadores de conduta. Não importa repressão a opções pessoais de conduta — asseguradas, por seu turno, pela própria Constituição. Enfim, o princípio jurídico da moralidade pública não é um contraponto ao princípio da liberdade de idéias, de opiniões, de credo etc.

Na verdade e escapando ao plano estritamente jurídico, deve-se concluir com o reconhecimento de que a moralidade pública é a única via de salvação do Estado e da sociedade brasileiros. Ao atuar imoralmente, o Estado dissemina, no meio social, a concepção de ser válida a imoralidade. Cada qual se reputa autorizado à imoralidade. A conduta imoral do Estado produz, enfim, imoralidade ainda mais intensa no âmbito privado, o que exigiria novas violações éticas por parte do Estado e assim por diante, em um processo infindável. O Estado não logrará vencer a imoralidade através da imoralidade. Aliás, Ripert já apontava que o Direito que olvida a moralidade deve preparar-se para ver generalizar-se a desobediência às leis, pois "... o particular prisioneiro das leis é sempre mais hábil que o legislador carcereiro".[36] O Estado não aumentará sua arrecadação se não atentar para o princípio da moralidade pública. Resta, de tudo, a certeza de que a tão propalada "Reforma" do Estado Brasileiro não se fará através do câmbio da Constituição vigente. O caminho para a solução é o fiel cumprimento das regras constitucionais. E, quando se afirma "fiel cumprimento", não basta invocar o texto constitucional e preencher a "moldura" com o conteúdo que bem aprouver ao governante. Fiel cumprimento da Constituição significa, também e especialmente, executar as normas constitucionais com observância do princípio da moralidade.

35. Sob um certo ângulo, era também a isso que se referia Ataliba quando afirmava que "Não é possível invocar razões extrafiscais para, com isto, amesquinhar quantos óbices e restrições colocou o poder constituinte ao poder de tributar, tendo em vista o resguardo de valores essenciais ao nosso estilo de vida e padrões ético-políticos, os quais não podem ficar à mercê de atentados eventuais, mesmo que partidos do legislador ordinário" (*Sistema Constitucional Tributário Brasileiro*, Ed. RT, 1968, p. 169).

36. *Les Forces Créatrices du Droit*, 2ª ed., LGDJ, 1994, p. 187.

DOUTRINA

CONTROLES DO PODER POLÍTICO*

CELSO ANTÔNIO BANDEIRA DE MELLO

1. Tomando-se como "poder político" o poder exercido pelo Estado — poder, este, que, no Estado de Direito, substancia-se nas competências públicas e por elas está delimitado —, entender-se-á como controle do "poder político" qualquer mecanismo através do qual o exercício das competências públicas seja fiscalizado, contido e, em caso de extravasamento, reprimido, responsabilizando-se quem nele haja estado incurso. Aos profissionais da área jurídica, enquanto circunscritos à sua esfera específica de conhecimentos, interessam os controles *jurídicos*, isto é, os estabelecidos pelo sistema normativo.

2. Considerado o tema em sua amplitude (sobretudo se compreensivo de institutos do Direito alienígena), abrangeria um universo vastíssimo. Nele abrigar-se-iam os diversos mecanismos de participação popular (*exempli gratia*: eleições, *recall*, referendo, plebiscito). Estariam também abarcados, como é claro, quaisquer dos controles que o Judiciário exerce sobre o Legislativo (*verbi gratia*: ação direta de inconstitucionalidade por ação ou omissão e o mandado de injunção) ou sobre o Executivo (controle jurisdicional sobre os atos administrativos em geral, notadamente, *habeas corpus*, mandado de segurança, ação popular e ação civil pública). Idem, no que respeita ao controle que o Legislativo realiza, quer sobre o Executivo (por exemplo: suspensão de atos normativos expedidos com desbordamento de competência, *impeachment* do Presidente e de Ministros), quer sobre atos do Judiciário (ao controlar contas de quaisquer dos Poderes, com o auxílio do Tribunal de Contas).

3. Dada a gigantesca amplitude do objeto temático, cifraremos a abordagem subseqüente a uma pequena parcela dele, circunscrita, ademais, ao direito positivo brasileiro e em vista do qual serão considerados tão-só *determinados tópicos* que nos parece conveniente pôr em relevo. A estes também não é possível fazer mais que uma alusão breve. Deveras, o objetivo aqui buscado é o de exibir, panoramicamente, um conjunto mais relevante de providências controladoras do *poder exercido pelo Executivo.*

A preferência por este segmento do tema justifica-se porque, no Brasil, o Executivo é, sem dúvida ou entredúvida, o mais atrevido, o mais audacioso e o mais renitente extravasador das próprias competências e violador dos direitos dos cidadãos. Ou seja: o próprio abusador do poder político.

4. A incipiente consciência de cidadania entre nós — para não dizer a quase que completa falta de noção dela, inclusive por

* Trabalho apresentado na XV Conferência Nacional da Ordem dos Advogados do Brasil, realizada em Foz do Iguaçu, em setembro de 1994.

parte dos exercentes dos cargos mais elevados — tem ensejado ao Executivo assumir uma compostura olímpica, sobranceira em relação aos demais Poderes da República e desdenhosa dos direitos e garantias individuais.

É que o Brasil mal conhece instituições políticas democráticas. Desde sua descoberta, em 1500, até 1986, não experimentou mais que 25 anos de cambaleante democracia política, o que ocorreu entre 1946 e 1964 (democracia social não teve, nem um único dia).

5. Com efeito, durante o período colonial e imperial, é óbvio que não se cogitava de democracia. Ao longo da República Velha, sabidamente, também não houve espaço para sua implantação, pois as eleições a "bico-de-pena" cuidavam zelosamente de impedir-lhe o nascimento. Sobrevindo a Revolução de 1930 e subseqüente implantação da ditadura getulista, o País continuou insciente do que seria este regime, só conhecido nos países civilizados. Finalmente, com a Constituição de 1946, desvendou-se para nós o mundo até então desconhecido da democracia. Contudo, em 1º de abril de 1964, o golpe militar se encarregou de desvanecer estes sonhos, implantando nova ditadura (a dos generais), que se manteve até 1986, em seu final disfarçada por configuração mais branda. Só aí, então, iria reencetar-se a experiência democrática. Contudo, com a chefia do Executivo em mãos do ex-presidente do partido que dera sustentação servil aos arreganhos do longo período ditatorial, seria difícil esperar-se uma alteração significativa do rumo anterior. Contaminado o País pelos hábitos precedentes, esta prenunciada madrugada haveria de desenvolver-se tisnada por uma sucessão de decretos-leis, todos, ou quase todos, manifestamente inconstitucionais.

Em seguida, nas primeiras eleições diretas para escolha do Presidente da República, elege-se, sob os auspícios das mesmas forças que compunham a corte militar, um (até então apagado) deputado do referido grupo, o qual, mal tendo acabado de jurar a Constituição, já iniciou seu mandato tripudiando em abertas e publicadas sobre seus dispositivos. Arremeteu contra os direitos e garantias individuais, pisoteando-os às claras, e contraveio ostensivamente o princípio da separação de Poderes, enquanto os distintos segmentos sociais e institucionais assistiam catatônicos ao naufrágio dos mais comezinhos princípios do Estado de Direito. Governou através de medidas provisórias flagrantemente inconstitucionais e envolveu o País em um lodaçal de corrupção até então nunca visto (ou, pelo menos, nunca desvendado aos olhos da sociedade), pelo quê terminou, por razões peculiaríssimas, sendo defenestrado.[1] Sucedido por seu vice, este

1. Sua destituição poderia ser tomada como um claro sinal de progresso, expressivo de um repentino surto de consciência política e de um súbito despertar de políticos habitualmente adormecidos perante preocupações desta ordem. Crer nisto, entretanto, seria embalar-se em ilusões. Os ingredientes para que os acontecimentos desembocassem em seu resultado final devem ser procurados em outros fatores, peculiaríssimos. É certo, sim, que a Imprensa teve papel importantíssimo nisto, tanto mais porque os episódios noticiados justificavam sua insistência neles, por reunirem todos os ingredientes necessários para mobilizar espetacularmente a opinião pública; os mesmos dos popularescos *best sellers*: poder, sexo e dinheiro. Acresce que o fato de as denúncias haverem sido feitas por um irmão do Presidente, casado com formosa jovem senhora, completava um quadro dramático e sensacional, o qual ia se desenrolando em revelações sucessivas, como se fora em episódios de uma novela global, ao gosto das multidões, ensejando que os meios de comunicação martelassem intensa e largamente no assunto sem cansar ou desinteressar o público, cada vez mais ávido e esperançoso de novos lanços surpreendentes ou picarescos. Este conjunto de fatores circunstanciais desencadeou uma onda avassaladora, que não pôde ser contida ou distraída, ainda que, pouco antes de esta se encorpar, figuras proeminentes do partido de oposição, caracterizado como reduto de intelectuais de grande virtude cívica (um dos quais, pelo menos, nele ocupa posição exponencial nos dias que correm), apresentassem posição claramente reticente em relação aos rumos que os acontecimentos iam tomando a partir da chamada "CPI da Corrupção", que foi o ponto de

tem editado sucessivas medidas provisórias em desacato flagrante ao Legislativo e à Constituição (valham como exemplo as relativas a licitações e contratos), revelando o mesmo tradicional desprezo pelas normas constitucionais.[2]

6. É claro que, em face de toda a história política do País, seria praticamente impossível existir uma consciência de cidadania capaz de opor-se consistentemente a uma sólida tradição de autoritarismo. Anote-se, derradeiramente, que a opinião pública, entre nós, é, já de algum tempo, objeto de fácil manejo, por ser formada basicamente pela televisão, dominada, graças a um índice de audiência espetacular, quase que por uma só cadeia, cuja constante é o adesismo exemplar aos poderosos de turno, com o quê em nada concorre para reverter o quadro descrito.[3]

partida de tudo. Somente mais tarde, quando já deflagrado na Imprensa um clamor irresistível, é que, sentindo-se insuflados por grande fôlego moralizador, associaram-se vigorosamente aos esforços que, desde o início, haviam sido empenhados, quase que solitariamente, por outro partido da oposição: aquele que desde o início tomara a peito levá-las às últimas conseqüências. De resto, pouco antes dos eventos referidos, o mesmo partido intelectual buscara, denodadamente, obter Ministérios e cargos naquele mesmo Governo, o qual, já, então, sabidamente, não primava por exalar odores de pureza de costumes (só não os conseguiram porque o então Presidente considerou-lhes demasiadas as ambições). Este todo, aqui descrito dolorosa mas realisticamente, tanto como recentes alianças políticas feitas por segmentos da Oposição — que exercerem dignificante papel nos tempos da ditadura — com as forças políticas que historicamente controlam o País e o levaram aos índices sociais alarmantes de hoje, as mesmas, aliás, que elegeram e deram sustentação política (enquanto possível) ao malsinado ex-Presidente, demonstra que não se pode, em juízo sereno, imaginar que seu *impeachment* haja sido fruto de uma transformação verdadeira e animadora. Igualmente, esta mais robusta aglutinação dos referidos grupos, fortalecida por seus recentes aliados e em vias de um possível sucesso eleitoral, também não autoriza prognóstico favorável em relação ao controle do poder político do Estado.

2. Ao final de seu mandato, ante a proximidade das iminentes eleições, já estão perfeitamente arregimentadas todas as forças políticas mais retrógradas e antidemocráticas do País, isto é, as que desfrutaram das benesses colhidas ao tempo da ditadura militar e que a apoiaram disciplinadamente, em despeito de suas violências, arbitrariedades e desmandos de toda ordem. Agora — amplamente fortalecidas pela oportuna associação com antigos opositores, muitos dos quais foram, inclusive, vítimas do governo castrense —, perfazem, em coro uníssono com estes seus mais recentes e animosos coadjuvantes, um poderoso bloco de poder político, econômico e também de manipulação de massas. É que contam com a firme e histórica solidariedade de interesses da principal rede de televisão do País, cujos índices de audiência asseguram supremacia absoluta neste campo. Tudo isto revela que persistirá a dificuldade de controle do poder político, *sempre centrado, de fato* (embora não de direito), *no Executivo*, se as forças sócio-econômicas que o vêm mantendo sob domínio puderem conservá-lo, como tudo indica que ocorrerá.

3. Explica-se, facilmente, o perfeito conúbio entre o poder político e as emissoras de rádio e televisão. Desde logo, a concessão ou permissão para elas costuma ser distribuída como benesse estatal; por mero favoritismo. Como se sabe, é grande o número de congressistas que delas desfruta. Entre nós, o princípio da licitação, hoje consagrado até de modo formal e explícito na Constituição, é e sempre foi ignorado na matéria. Neste setor reina — e não por acaso — autêntico descalabro. A questão é particularmente grave porque, em País de alto contingente de iletrados e em que a maior parcela dos alfabetizados não lê, nem mesmo jornal, o rádio e a televisão são os meios de comunicação que verdadeiramente *informam* e, de outro lado, *formam*, a seu sabor, a opinião pública, de maneira que os senhores de tais veículos dispõem de um poder gigantesco. Deveras, como a maioria dos brasileiros não acede, ou só muito episódica e restritamente o faz, a outras fontes de informação ou cultura (livros, periódicos, cinema, teatro), as "mensagens" radiofônicas ou televisivas não encontram resistência alguma; antes, com o perdão da imagem prosaica, "penetram como faca quente na manteiga". Em suma: nada as rebate; nada obriga o emissor a ajustar-se a eventuais concepções do público-alvo, pois estas serão aquelas que se lhes queira inculcar. Dado que as emissões não se chocam com uma base cultural e ideológica medianamente consistente, o que só ocorreria se a população estivesse abeberada e subsidiada por outras fontes de informação ou cultura (capazes de, em sua mescla, engendrar um substrato de opinião dotado de alguma densidade), as mensagens do rádio e da televisão modelam livremente o "pensamento" dos brasileiros. Para usar, ainda uma vez, de uma expressão popular, tão ao gosto dos modismos lingüísticos destes meios de comunicação, eles "fazem a cabeça" da sociedade, sem quaisquer peias, modelando, a seu talante, tanto o brasileiro de hoje quanto o de amanhã, pois encontram um material quase informe, pronto para ser trabalhado. Não é de estranhar a eficiência dos

Por tudo isto, o Executivo dispensa, habitualmente, aos demais Poderes do Estado, mas sobretudo aos cidadãos, um tratamento de soberano em relação a súditos, sem, contudo, despertar, minimamente, reações correlatas. Antes seus desmandos são recebidos com dócil — quando não reverente — conformismo. Já foram mencionadas, como exemplo rotineiro deste comportamento, a sistemática expedição de medidas provisórias absolutamente carentes dos pressupostos constitucionais que as autorizariam ou — suprema inconstitucionalidade — a reiteração delas, sendo que igual dislate sempre ocorreu com relação aos finados decretos-leis.

Tal petulância exibe-se, do mesmo modo, na histórica e habitual produção de decretos regulamentares ou — pior que isto — de portarias e resoluções que, a toda evidência, *inovam inicialmente na ordem jurídica*, no que se substituem às leis e violam, à generala, o art. 5º, II, segundo o qual, "*ninguém será obrigado a fazer ou deixar de fazer alguma coisa senão em virtude de lei*". Medidas provisórias armadas ao propósito de restringir a ação do Poder Judiciário em tema de liminar, seja em mandado de segurança, seja em cautelar, e até mesmo simples decretos, no que concerne a pagamentos de débitos da Fazenda Pública (Decreto 930, de 20.1.92), bem retratam a situação em que temos vivido.

7. Assim, é compreensível que a prática administrativa brasileira e a própria interpretação doutrinária ou jurisprudencial reflitam, naturalmente, uma concepção ainda autoritária do Estado, pois ela é a única que nos é familiar. Nisto contrastam, entretanto — e vivamente —, com os textos constitucionais, mas sobretudo com a Lei Magna de 1988. Perante este documento modelar, é praticamente impossível continuar emprestando às nossas instituições o sentido despótico com que as sucessivas ditaduras (ostensivas ou disfarçadas) conspurcaram os documentos constitucionais, inclusive os forjados sob sua égide (Carta de 1967 e Carta de 1969). Talvez seja esta a verdadeira razão pela qual, sob pretextos diversos, tem sofrido fortes críticas e ataques, em despeito de nunca ter sido posto realmente em prática.

Isto posto, compreende-se por que, deixados de lado os aspectos extrajurídicos, em uma análise cifrada à perspectiva do direito positivo, mas atenta à realidade brasileira, *deve-se privilegiar e realçar a referência aos instrumentos institucionais existentes e disponíveis para o controle do Poder Executivo*. É o que, a partir de agora, se fará.

resultados. Trata-se de uma tecnologia do Primeiro Mundo — e muitas vezes com uma qualidade técnica e sofisticação só nele encontrável —, operando sobre massas do Terceiro Mundo. O sucesso eleitoral de locutores, comentaristas e "artistas" de rádio ou televisão comprova o envolvente poder destes meios de comunicação. Acresce que, para completar o quadro confrangedor, uma única estação de televisão, como dito, detém índices de audiência nacional esmagadores, ensejados pelo sistema de cadeias ou repetidoras de imagem — sistema que se constitui, aliás, em burla manifesta ao *espírito* da legislação de telecomunicações, a qual proíbe que alguém seja proprietário de mais de duas em um Estado ou mais de cinco no País. O pior é que não há fundamento para alimentarem-se esperanças sérias de saneamento da atual situação. Pelo contrário. Com efeito: a disciplina da matéria está estabelecida no art. 223 da Lei Magna. Ali se estabelece que a outorga e renovação de concessão, permissão ou autorização para radiodifusão sonora ou de sons e imagens competem ao Poder Executivo, cabendo ao Congresso Nacional apreciar tais atos no mesmo prazo e condições estabelecidos para os projetos de lei para os quais o Presidente da República haja pedido tramitação urgente. Agora, pasme-se: *para não ser renovada concessão ou permissão é necessária deliberação de 2/5 (dois quintos) do Congresso Nacional, e por votação nominal*. Um dos raros pontos criticáveis da Constituição é, justamente, o de haver dispensado tratamento escandalosamente protecionista a concessões, permissões ou autorizações de radiodifusão sonora ou de sons e imagens. Observe-se, entretanto, que os críticos dela, animosos defensores da revisão constitucional, sobre isto não disseram nada, fato demonstrativo de que inexiste coragem suficiente para enfrentar ou sequer incomodar forças tão poderosas — as maiores existentes no País.

Colocaremos em saliência as providências controladoras exercitáveis pelo *Poder Legislativo diretamente* ou com o *auxílio do Tribunal de Contas* e os controles exercitáveis pelo *Ministério Público*, dando realce às possibilidades abertas pelo sistema normativo para que os *particulares* suscitem os controles existentes nestas esferas ou na esfera judicial.

8. Comecemos pelas prerrogativas conferidas, na matéria, ao Legislativo. De acordo com o art. 49, X, compete ao Congresso Nacional *"fiscalizar* e *controlar*, diretamente, ou por qualquer de suas Casas, os atos do Poder Executivo, incluídos os da Administração indireta".

Demais disto, é de sua alçada, a teor do art. 70, exercer a fiscalização contábil, financeira, orçamentária, operacional e patrimonial da União e das entidades da Administração direta e indireta, quanto à legalidade, legitimidade e economicidade, *mediante controle externo, a ser exercido com o auxílio do Tribunal de Contas* (art. 71).

Entre os poderes do Congresso merecem ser realçados:

a) os de *sustar* atos do Executivo, o que pode ocorrer tanto em relação a:

(a.1) *atos normativos* que exorbitem do poder regulamentar ou excedam os limites da delegação legislativa que lhe haja sido conferida (art. 49, V), quanto

(a.2) *contratos*, por solicitação do Tribunal de Contas (art. 71, § 1º), quando irregulares, sendo certo que este mesmo órgão auxiliar pode, por si mesmo,

(a.3) sustar *atos unilaterais concretos* e comunicar tal fato ao Congresso, se, havendo-os impugnado, não houver sido atendida sua impugnação (art. 71, X);

b) julgar anualmente as contas prestadas pelo Presidente da República (art. 49, IX) e, se estas não houverem sido apresentadas ao Congresso dentro de 60 dias da abertura da sessão legislativa (isto é, até 15 de abril, pois a sessão legislativa abre-se em 15 de fevereiro, conforme art. 57), a Câmara dos Deputados tomar-lhe-á as contas (art. 51, II).

Se suas contas forem rejeitadas (sem prejuízo de outras eventuais conseqüências nas órbitas civis, criminais ou políticas), o Presidente ficará inelegível para as próximas eleições que se realizarem nos cinco anos seguintes à decisão (art. 1º, "g", da Lei Complementar 64, de 18.5.90);

c) destituir o Presidente da República (*impeachment*), através do Senado Federal, após processo e julgamento efetuado nessa Casa Legislativa, se houver incorrido em crime de responsabilidade (art. 85), uma vez acolhida a denúncia por 2/3 da Câmara Federal, autorizando que seja processado. O mesmo se dará em relação a ministros de Estado nos crimes de responsabilidade conexos com os do Presidente (arts. 51, I, c/c o art. 52, I, e 86).

9. Para manter o Executivo sob controle em relação a certos atos de maior responsabilidade, cabe ao Congresso, entre outras competências, arroladas no art. 49:

a) autorizar o estado de sítio, aprovar o estado de defesa e a intervenção federal ou suspender quaisquer destas medidas (inciso IV);

b) apreciar as concessões e renovações concernentes a rádio e televisão (inciso XII);

c) escolher 2/3 dos membros do Tribunal de Contas da União (inciso XIII);

d) autorizar referendo e convocar plebiscito (inciso XV).

O mesmo gênero de função controladora, em algumas hipóteses, é conferido especificamente ao Senado, como, *exempli gratia*, a de aprovar previamente a escolha dos titulares de certos cargos públicos de relevância, quais os de ministro do Supremo Tribunal Federal, de ministros do Tribunal de Contas indicados pelo Presidente, presidente e diretores do Banco Central, chefes de missão diplomática em caráter permanente, procurador-geral da República, assim como a exoneração deste último antes do término de seu mandato (art. 52).

10. Para fiscalizar, isto é, para se inteirar completamente sobre como está sendo exercido o poder pelo Executivo — o que, evidentemente, é requisito indispensável para controlá-lo devidamente — o Legislativo dispõe de amplíssimos poderes de informação. A saber:

a) A Câmara, o Senado ou qualquer de suas respectivas Comissões podem *convocar ministro de Estado* para que preste, pessoalmente, informações sobre assunto determinado, "importando crime de responsabilidade a ausência sem justificação adequada" (art. 50).

b) A Mesa da Câmara ou a do Senado podem *requerer dos ministros informações por escrito* a serem prestadas no prazo de 30 dias, *pena de crime de responsabilidade se não o fizerem nesta dilação, se se recusarem a fornecê-las ou se prestarem informações falsas* (§ 2º do art. 50).

c) As Comissões Parlamentares de Inquérito, criadas pela Câmara, pelo Senado ou conjuntamente, para apurar fato certo e por prazo determinado, dispõem dos mais *amplos poderes investigatórios,* pois assistir-lhes-ão os *mesmos poderes das autoridades judiciárias, além de outros* previstos nos respectivos regimentos (art. 58, § 3º). Em face do que apurar, sendo o caso, encaminharão suas conclusões ao Ministério Público, para que seja promovida a responsabilidade civil ou criminal dos infratores.

Registre-se, ainda, que as Comissões Permanentes e Transitórias podem, na conformidade do art. 58, § 2º, II, IV e V, respectivamente:

d) Realizar audiências com entidades da sociedade civil.

e) Receber petições, reclamações, representações ou queixas de qualquer pessoa contra atos ou omissões das autoridades ou entidades públicas.

f) Solicitar depoimento de qualquer autoridade ou cidadão.

11. De par com os controles efetuáveis pelo Legislativo, o texto constitucional atribui ao Ministério Público importantíssima função de suscitar o controle jurisdicional do Executivo quando este incorra na prática de atos inválidos, notadamente se agressivos ao regime democrático e aos interesses sociais e individuais indisponíveis. É o que resulta do art. 127, segundo o qual: *"O Ministério Público é instituição permanente, essencial à função jurisdicional do Estado, incubindo-lhe a defesa da ordem jurídica, do regime democrático e dos interesses sociais e individuais indisponíveis".*

Assim, dentre outras atribuições previstas no art. 129, cabe-lhe:

a) zelar para que os Poderes Públicos respeitem os direitos assegurados na Constituição, promovendo as medidas necessárias para sua garantia (inciso I);

b) promover o inquérito civil e a ação civil pública para a proteção do patrimônio público e social, bem como do meio ambiente e de outros interesses difusos (inciso III), como os de defesa do consumidor, por exemplo:

c) promover ação direta de inconstitucionalidade por ação ou omissão (inciso IV) perante o STF, através do Procurador-Geral da República (art. 103, VI).

12. Finalmente, aos cidadãos em geral está atribuído, quer pela Constituição, quer por diferentes leis, um conjunto de meios aptos para suscitar o controle do Executivo em caso de violação de direito individual ou, mesmo, de direitos coletivos, sociais ou públicos.

Veja-se, a nível constitucional:

a) O art. 74 prevê, no § 2º, que "qualquer cidadão, partido político, associação ou sindicato é parte legítima para, na forma da lei, denunciar irregularidades ou ilegalidades perante o Tribunal de Contas da União".

b) O art. 5º, LXXIII, enseja a qualquer cidadão propor "ação popular que vise a anular ato lesivo ao patrimônio público ou de entidade de que o Estado participe, à moralidade administrativa, ao meio ambiente e ao patrimônio histórico e cultural (...)".

c) O art. 5º, LXX, autoriza a qualquer partido político com representação no Congresso Nacional, organização sindical, entidade de classe ou associação legalmente constituída e em funcionamento há pelo menos um ano impetrar mandado de segurança coletivo, em prol daqueles interesses de seus membros ou associados que concernem ao fator que os congrega, na conformidade das finalidades e objeto social da pessoa jurídica.

d) O art. 103 legitima o Conselho Federal da OAB, partido político com representação no Congresso Nacional, confederação sindical ou entidade de classe de âmbito nacional a propor ação direta de inconstitucionalidade, por ação ou omissão.

13. A nível legal, diferentes diplomas oferecem instrumentos deflagradores de controle do mau uso do poder político, merecendo especial referência:

a) a *ação civil pública* de responsabilidade por danos ao meio ambiente, ao consumidor, a bens e direitos de valor artístico, estético, histórico, turístico e paisagístico, regulada pela Lei 7.347, de 24.7.85, cuja propositura cabe não apenas ao Ministério Público, de ofício ou *por provocação de qualquer pessoa*, mas também, afora entidades governamentais, a associação que, estando constituída há pelo menos um ano, inclua entre suas finalidades a proteção dos aludidos interesses;

b) os procedimentos para responsabilidade civil, penal e administrativa nos casos de *abuso de autoridade*, disciplinada na Lei 4.898, de 9.12.65, suscitável mediante *representação de qualquer pessoa* à autoridade superior competente para sancionar o responsável e ao Ministério Público para que inicie o processo crime; e, sobretudo

c) os procedimentos para sancionar os agentes públicos de qualquer categoria ou hierarquia nos casos de *improbidade administrativa*, suscitáveis mediante representação para que seja apurada a prática de ato desta natureza, *apresentada por qualquer pessoa à autoridade competente* para aplicar ditas sanções ou ao Ministério Público, para que proponha a ação competente.

14. É amplíssimo o espectro dos atos qualificáveis como de improbidade administrativa, os quais se desdobram em três categorias:

c.1) *Os que importam enriquecimento ilícito* (art. 9º), quais, *exempli gratia*, os de:

— receber qualquer vantagem econômica, para si ou para outrem, proporcionada por quem tenha interesse no ato ou omissão decorrente das atribuições do agente público titular do cargo, mandato, função, emprego ou atividade;

— utilizar indevidamente, em obra ou serviço particular, qualquer bem de propriedade de entidade governamental ou o trabalho de servidores públicos, empregados ou terceiros contratados pelas ditas entidades;

— usar em proveito próprio bens, rendas, verbas ou valores integrantes do acervo patrimonial de entidades governamentais.

Veja-se que se caracteriza, manifestamente, como incursão na última destas figuras mencionadas o uso de verbas governamentais para fazer propaganda política em proveito próprio, despendendo-as a título de publicidade da atuação do governo. De seu turno, encaixa-se na hipótese anterior o rotineiro abuso consistente em alocar, mediante artifícios, o correligionário servidor público em atividades pertinentes a comitê ou campanha eleitoral, deslocando-o de suas funções ou dispensando-o destes correspondentes encargos.

Independentemente das sanções penais, civis e administrativas previstas na legislação pertinente, o agente responsável por atos da tipologia *sub examine* sofrerá (art. 12, I) suspensão dos direitos públicos, de 8 a 10 anos, perda do cargo ou função pública, perda dos bens ou valores ilicitamente acrescidos, ressarcimento integral do dano, quando houver, pagamento de multa civil equivalente e até 3 vezes o valor do acréscimo patrimonial e proibição de contratar com o Poder Público ou receber benefícios fiscais ou creditícios, ainda que por intermédio de pessoa jurídica do qual seja sócio majoritário, por 10 anos.

c.2) *Os que causam prejuízo ao erário* (art. 10), por exemplo, os de:

— conceder benefício administrativo ou fiscal sem observância das formalidades legais aplicáveis;

— frustrar a licitude de procedimento licitatório ou dispensá-lo indevidamente;

— permitir, facilitar ou concorrer para que terceiro se enriqueça ilicitamente.

Nesta última hipótese referida enquadra-se, pois, o agente público que haja concorrido, ainda que por omissão, para que outros agentes públicos incidissem nas figuras descritas como próprias dos atos de improbidade administrativa que importam enriquecimento ilícito.

As sanções previstas (art. 12, II) são similares às dantes mencionadas, apenas com gradação menor, quando comportada, ou seja: suspensão dos direitos políticos de cinco a oito anos, perda da função pública, ressarcimento integral do dano, perda dos bens ou valores acrescidos ilicitamente ao patrimônio, se concorrer tal circunstância, multa civil de até duas vezes o valor do dano, e as proibições de contrato, benefício ou incentivo, já referidas, vigorarão por cinco anos.

c.3) *Os que atentam contra os princípios da administração pública* (art. 11), *verbi gratia*:

— frustrar a licitude de concurso público;

— revelar ou permitir que chegue ao conhecimento de terceiro, antes da respectiva divulgação oficial, teor de medida política ou econômica capaz de afetar o preço de mercadoria, bem ou serviço;

— negar publicidade aos atos oficiais.

As sanções, também aqui (art. 112, III), seguem pelo mesmo diapasão já apontado, de tal sorte que, seguindo a gradação decrescente, quando suscetível disto, a suspensão dos direitos políticos será de 3 a 5 anos, a multa civil de até 100 vezes a remuneração percebida pelo agente e a proibição de contratar ou receber benefício ocorrerá pelo prazo de 3 anos.

15. O arrolamento, de resto não exaustivo, desta ampla cópia de instrumentos controladores do poder político exercitável pelo Poder Executivo demonstra que não faltam, nem a outros órgãos do Poder, nem à própria sociedade, meios jurídicos aptos a mantê-lo convenientemente atrelado aos seus fins e adstrito aos limites que lhe são próprios. Por que, então, lhe tem sido possível, mesmo em períodos de "normalidade" democrática, agir desatadamente, quase que a seu bel-prazer, em detrimento dos valores consagrados no sistema constitucional?

A resposta não é tão difícil de ser encontrada. Simplesmente porque, de um lado, os órgãos encarregados de controlá-lo não têm vontade política de fazê-lo devidamente, ou até mesmo ignoram a cópia de recursos manejáveis para tanto; de outro lado, porque, inexistindo entre nós uma mediana consciência de cidadania — fruto, como já se disse, de nossas circunstâncias históricas e do crônico subdesenvolvimento econômico, social, político e cultural — os cidadãos fazem inconscientemente um desdobramento e uma contraposição absoluta entre o que é "do interesse do Estado" e o que é do interesse de cada qual, como se inexistisse inter-relação entre ambos. Em suma: não consideram os assuntos do Estado, os bens do Estado, os interesses do Estado, como questões que lhes sejam verdadeiramente pertinentes, mas como coisas alheias — na melhor das hipóteses, como assunto dos políticos. Pressupõe-se uma radical oposição entre nós (os simples cidadãos) e eles (o governo, os políticos, a máquina estatal). Ainda persiste, anacronicamente — e de parte a parte —, a relação súdito-soberano, com todas as implicações, inclusive psicológicas e psicossociais, aí envolvidas. Mesmo nos segmentos sociais mais evoluídos, raramente as pessoas se elevam a preocupações que transcendam os interesses de cada um. Finalmente, a sociedade civil, sobre desconhecer a amplitude dos meios disponíveis para controle do poder político estatal, não confia na eficácia factual daqueles meios que conhece e freqüentemente teme as retaliações que podem advir do uso deles.

16. A solução para sobrepujar tão consistentes entraves só advirá com o tempo, mas pode-se, sem dúvida alguma, minorar os males decorrentes de tal estado de coisas, bem como encurtar o período a ser vencido para a superação deles. Cumpriria que os setores mais conscientes da sociedade civil se organizassem para fazer uso sistemático de todo o instrumental jurídico de controle disponível.

Seria necessário, pois, que ao menos alguma entidade se estruturasse com o mesmo aparelhamento, com a mesma mentalidade profissional característica das empresas privadas e com igual preocupação pragmática de eficiência, para acompanhar, rotineira e sistematicamente, o uso do poder político por parte dos órgãos estatais, notadamente os do Executivo, e, a cada deslize de alguma relevância, desencadeasse, com insistente e regular persistência, todo o plexo de recursos jurídicos disponíveis para coartar os abusos e sancionar os responsáveis.

17. Por que tal entidade não poderia ser a Ordem dos Advogados do Brasil, atuando através de unidade interna especificamente constituída para tal fim e completamente aparelhada para tanto, através de recursos humanos, técnicos e materiais a isto votados, quer na órbita nacional, quer em cada uma das seccionais?

Uma vez que a OAB de há muito se constitui em verdadeiro baluarte da cidadania, atuando episodicamente neste campo, sobretudo nas ocasiões mais graves, pode-se pressupor que não apenas multiplicaria os efeitos de sua atuação, mas converter-se-ia em poderosa alavanca e didático veículo para formação e disseminação de uma consciência política de cidadania, se se organizasse institucionalizadamente para uma atuação em escala, regular e rotineira, nesta esfera.

LEI ESTADUAL DE CONCESSÕES E LEGISLAÇÃO FEDERAL SUPERVENIENTE

ADÍLSON ABREU DALLARI
Professor Titular de Direito Administrativo da Faculdade de Direito da PUC/SP

No art. 1º da Constituição Federal está afirmado o princípio federativo. É como se o legislador constituinte quisesse advertir a todo e qualquer intérprete do texto constitucional que tudo quanto em seguida se prescreve está subordinado a tal princípio, que, obviamente, derrama sua eficácia sobre todas as normas de hierarquia inferior. Toda e qualquer norma jurídica disciplinadora de relações intergovernamentais deve ser interpretada em consonância com o princípio federativo.

O princípio, por sua importância, serve exatamente para orientar a interpretação e a aplicação de toda e qualquer norma. Na ausência de norma específica, o princípio condiciona ou determina, diretamente, a atuação do agente da Administração.

Seja permitido transcrever, aqui, alguns apontamentos feitos por Geraldo Ataliba, em sua notável monografia sobre *República e Constituição* (São Paulo, Ed. RT, 1985, pp. 5 e ss.) a respeito do valor da noção de princípio: "Os princípios são as linhas mestras, os grandes nortes, as diretrizes magnas do sistema jurídico. Apontam os rumos a serem seguidos, por toda a sociedade e obrigatoriamente perseguidos pelos órgãos do governo (poderes constituídos).

"Eles expressam a substância última do querer popular, seus objetivos e desígnios, as linhas mestras da legislação, da administração e da jurisdição. Por estas não podem ser contrariados: têm que ser prestigiados até as últimas conseqüências.

"A relevância dos princípios constitucionais e sua supremacia sobre as normas ordinárias ou até mesmo constitucionais foi admiravelmente apreendida e exposta por Agustín Gordillo, com as seguintes luminares palavras: 'Diremos entonces que los principios de derecho público contenidos en la Constitución son normas jurídicas, pero no sólo eso; mientras que la norma es un marco dentro del cual existe uma cierta libertad, el principio tiene sustancia integral. La simple norma constitucional regula el procedimiento por el que son producidas las demás normas inferiores (ley, reglamento, sentencia) y eventualmente su contenido: pero esa determinación nunca es completa, ya que la norma superior no puede ligar en todo sentido y en toda dirección el acto por el cual es ejecutada; el principio en cambio, determina en forma integral cual ha de ser la sustancia del acto por el cual se lo ejecuta. La norma es límite, el principio es límite y contenido. La norma dá a la ley facultad de interpretarla o aplicarla em más de un sentido, y el acto administrativo la facultad de interpretar la ley en más de un sentido: pero el principio establece una dirección estimativa, un sentido axiológico, de valoración, de espíritu. El principio exige que tanto la ley como el acto administrativo respeten sus límites y además tengan su mismo contenido, sigan su misma dirección, realicen su mísmo espíritu. Pero aún mas, esos contenidos básicos de la Constitución rigen toda la vida comunitaria y no sólo actos a que más directamente se refierem o a las situaciones que más expresamente contemplan" (*Introducción al Derecho Administrativo*, 2ª ed., Abeledo Perrot, 1966, pp. 176 e 177).

Daí o sublinhar Celso Antônio (*RDP* 15/283) que "qualquer disposição, qualquer regra jurídica (...) para ser constitucional, necessita estar afinada com o princípio (...) realizar seu espírito, atender à sua direção estimativa, coincidir com seu sentido axiológico, expressar seu conteúdo. Não se pode entender corretamente uma norma constitucional sem atenção aos princípios consagrados na Constituição e não se pode tolerar uma lei que fira um princípio adotado na Carta Magna. Violar um princípio é muito mais grave que transgredir uma norma. A desatenção ao princípio implica ofensa não apenas a um específico mandamento obrigatório, mas a todo o sistema de comandos. É a mais grave forma de ilegalidade ou inconstitucionalidade, conforme o escalão do princípio violado, porque representa insurgência contra todo o sistema, subversão de seus valores fundamentais, contumélia irremissível e seu arcabouço lógico e corrosão de sua estrutura mestra".

Ora, se nem mesmo o legislador pode criar, extinguir ou modificar direitos (por lei) contrariando um princípio, com muito maior razão os agentes públicos, no momento da produção de específicos atos administrativos, devem estar atentos para os valores contidos e, especialmente, para as finalidades apontadas nos princípios.

A posição sobranceira do princípio federativo determina um certo cuidado ao se examinar o art. 175 da Constituição Federal. Com efeito, esse artigo afirma que as concessões e permissões serão feitas "na forma da lei". Num primeiro lance de olhos, poder-se-ia entender que tal "lei" deveria ser federal, estadual ou municipal, conforme o caso, e jamais uma lei única, editada pela União e de observância obrigatória também pelos Estados e Municípios. Este, aliás, foi o entendimento dado por Toshio Mukai, em seu *Concessões e Permissões de Serviços Públicos* (Saraiva, 1995, p. 7): "Quando o parágrafo único do art. 175 referiu-se à lei que disciplinaria o assunto, evidentemente, ao intérprete cabe visualizá-la no contexto do sistema federativo, que está insculpido no texto constitucional. Destarte, referida lei não pode ser senão uma lei própria e privativa de cada ente federativo; jamais poderia ser uma lei nacional, que não está autorizada no texto (parágrafo único do art. 175)".

Entretanto, observando o inciso I do parágrafo único desse referido artigo, nota-se que o texto constitucional se refere à concessão e à permissão como formas ou modalidades de contratos administrativos. Diante disso, numa interpretação sistemática, essa primeira impressão deve ser afastada, pois, conforme o disposto no art. 22, XXVII, da Constituição Federal, compete privativamente à União legislar sobre "normas gerais de licitação e contratação, em todas as modalidades, para a Administração Pública (...)".

Compete, portanto, à União editar normas gerais sobre concessões e permissões, sendo, em princípio, constitucional a Lei 8.987, de 13.2.95.

É oportuno recordar, aqui, o que já dissemos em nosso *Aspectos Jurídicos da Licitação* (3ª ed., Saraiva, 1992, pp. 12 e 13):

"Mas é preciso deixar bem claro que o que compete à União é expedir normas gerais sobre licitações e contratações. É muito difícil dizer o que é norma geral. Vários autores tentaram dizer o que é norma geral, mas é realmente muito difícil conceituá-la; é mais fácil chegar à norma geral pelo caminho inverso, dizendo o que não é norma geral. Não é norma geral aquela que corresponder a uma especificação, a um detalhamento. Portanto, norma geral será aquela que cuida de determinada matéria de maneira ampla. Norma geral é aquela que comporta uma aplicação uniforme pela União, Estado e Município; norma geral é aquela que não é completa em si mesma, mas exige uma complementação. Existem, portanto, para a identificação do que seja norma geral, algumas pistas, alguns indicadores.

"Louvável e antiga abordagem doutrinária sobre a questão das normas gerais feita por Carvalho Pinto, em estudo específico sobre normas gerais de direito financeiro, cujas conclusões são as seguintes: 'a) não são normas gerais as que objetivem especialmente uma ou algumas dentre as várias pessoas congêneres de direito público, participantes de determinadas relações jurídicas; b) não são normas gerais as que visem, particularizadamente, determinadas situações ou institutos jurídicos, com exclusão de outros, da mesma condição ou espécie; c) não são normas gerais as que se afastem dos aspectos fundamentais ou básicos, descendo a pormenores ou detalhes'.

"Mais recentemente o problema da conceituação e identificação das normas gerais foi enfrentado por Diogo de Figueiredo Moreira Neto, num formidável e completíssimo estudo sobre a distribuição de competências legislativas na Constituição Federal de 1988, enfocando especialmente a capacidade para expedir normas gerais como exercício da competência concorrente limitada, no qual, ao final, sinteticamente, afirma que normas gerais 'são declarações principiológicas que cabe à União editar, no uso de sua competência concorrente limitada, restrita ao estabelecimento de diretrizes nacionais sobre certos assuntos, que deverão ser respeitados pelos Estados-membros na feitura de suas respectivas legislações, através de normas específicas e particularizantes que as detalharão, de modo que possam ser aplicadas, direta e imediatamente, a relações e situações concretas a que se destinam, em seus respectivos âmbitos políticos'" (v. *Revista de Informação Legislativa* 100/127 "Competência concorrente limitada. O problema da conceituação das normas gerais").

É fora de qualquer dúvida que a União não pode impor aos Estados e Municípios senão dispositivos indiscutivelmente comportáveis pelo conceito de norma geral.

Atento a isto, o art. 1º da Lei 8.987/95 diz que as concessões e permissões se regerão pelas normas gerais nela contidas, pelas normas legais específicas pertinentes e pelas cláusulas dos respectivos contratos. Fica perfeitamente claro que essa lei não pretendeu esgotar a matéria, mas, ao contrário, reconheceu a necessidade de complementação por parte da legislação ordinária específica, editada no uso da competência própria de cada pessoa jurídica de capacidade política.

Tal entendimento fica ainda mais claro quando se observa que o parágrafo único desse artigo menciona que: "A União, os Estados, o Distrito Federal e os Municípios promoverão a revisão e as adaptações necessárias de sua legislação às prescrições desta Lei (...)". Ou seja, haverá legislações específicas, que poderão disciplinar aspectos das concessões e permissões de maneira diversa, segundo suas peculiaridades, salvo naquilo que for entendido como norma geral e, nessa condição de observância obrigatória.

No Estado de São Paulo, quando da promulgação da Lei federal 8.987/95, já vigorava a Lei 7.835, de 8.5.92, dispondo, exatamente, sobre o regime de concessões e permissões. Tal lei permanece em vigor, devendo ser fielmente cumprida, excepcionando-se apenas eventuais dispositivos que se choquem frontalmente com as normas gerais editadas pela União.

Note-se, entretanto, que nem todas as normas editadas pela União em matéria de concessões e permissões são normas gerais. Algumas, sim, são normas gerais, de abrangência nacional; outras, porém, são específicas, abrangendo apenas o aparelhamento administrativo federal. É forçoso que se faça uma distinção entre normas nacionais e normas federais, não obstante a dificuldade dessa tarefa.

Isso já foi bastante salientado por Geraldo Ataliba (*Estudos e Pareceres de Direito Tributário*, v. 3/16 e 17, São Paulo, Ed. RT, 1980), com o conhecido vigor de sua argumentação:

"Com efeito, ao Congresso Nacional incumbe editar leis nacionais e leis federais, cumulativamente. Embora sejam estas essencialmente distintas e inconfundíveis, dotadas que são de naturezas jurídicas diversas — o que as coloca em campos diferentes —, difícil parece, muita vez, discerni-las, principalmente em razão da circunstância de formalmente se assemelharem e, sobretudo, originarem-se, por processos semelhantes, do mesmo órgão.

"Há leis federais (ou da União), estaduais (ou dos Estados) e municipais (ou dos Municípios) dirigidas às pessoas na qualidade de administrados da União, dos Estados e dos Municípios e emendas dos Legislativos, dessas entidades políticas, respectivamente. E há leis nacionais, leis brasileiras, voltadas para todos os brasileiros, indistintamente, abstração feita da circunstância de serem eles súditos desta ou daquela pessoa política. É que o Estado Federal brasileiro é pessoa de direito público internacional, categoria, esta, que nenhuma relação guarda com as eventuais divisões políticas internas. É o Brasil — Estado brasileiro — pessoa soberana que figura, ao lado dos demais Estados do mundo, no palco do direito das gentes. É a perspectiva 'exterior' ou de 'efeitos exteriores' da personalidade jurídica do Brasil (Estado brasileiro).

"Por outro lado, o Estado Federal brasileiro é formado pela aliança, pela união dos diversos Estados Federados. Tem, portanto, os mesmos súditos e o mesmo território, sendo que o instrumento do pacto federal — do 'tratado de união' — é concomitantemente, por exigência lógica, a constituição de nossa pessoa assim nascida, o Estado Federal, o Brasil como sublinhou Víctor Nunes Leal.

"Esta nova pessoa, criada pela reunião das diversas pessoas federadas, tem atribuições, competências e finalidades próprias, distintas, das dos entes que a compõem. Daí a necessidade de ser dotada de órgãos e instrumentos capazes de habilitá-la ao desempenho de seu múnus constitucional próprio, que se não confunde com o das demais.

"Deve-se, nela, entretanto, distinguir a feição ou o aspecto nacional do aspecto federal — em oposição a federado. Seus órgãos são alternativa ou cumulativamente nacionais (vale dizer, brasileiros) e federais (vale dizer, da União), pessoa que se não confunde com Estado Federado algum. Seus instrumentos, entre os quais a lei, não são, concomitantemente, nacionais e federais. São-no exclusivamente uma ou outra coisa.

"A grande dificuldade, pois, demora-se exatamente aqui: o órgão é o mesmo — no que interessa ao nosso tema, o Congresso — e o fruto de sua ação formalmente idêntico, embora substancialmente tão diverso: lei federal e lei nacional. Leis que o Congresso edita enquanto órgão do Brasil — Estado Federal —, leis da União, perspectiva de direito interno do Estado Federal."

O Congresso Nacional aprova e o Presidente da República sanciona e promulga, em uma única seqüência numérica, leis nacionais e leis meramente federais, ou seja, leis de observância obrigatória por todos os jurisdicionados do Estado brasileiro (inclusive União, Estados Federados e Municípios) e leis que condicionam apenas e tão-somente a atuação dos órgãos e entidades integrantes da Administração Pública Federal. Ao intérprete e aplicador cabe a — às vezes, difícil — tarefa de distinguir uma coisa da outra.

Registre-se que a legislação estadual e municipal não deve vassalagem à legislação meramente federal, mas, sim, apenas às leis nacionais e, em matéria de licitações e contratações, inclusive concessões e permissões, apenas às normas gerais das leis nacionais.

Antes que se façam as revisões e adaptações das leis estaduais e municipais anteriormente vigentes (para conformá-las com a Lei 8.987/95), é indubitável que elas permanecem em vigor e não perderam eficácia, salvo, conforme já foi dito, naquilo em que houver um irremissível conflito com as normas gerais.

Em termos práticos, na atuação administrativa, Estados e Municípios devem publicar seus editais de abertura de certames licitatórios, preordenados à celebração de contratos de concessão ou permissão, mencionando que o procedimento se regerá pela Lei 8.987/95 e, também, pela respectiva legislação.

Na redação das cláusulas editalícias deve-se atentar para a predominância da Lei 8.987/95. O mesmo deve acontecer no caso de omissão ou conflito entre dispositivos. De todo modo, é absolutamente fora de qualquer dúvida que as Administrações estaduais e municipais não ficam paralisadas enquanto não se editam as respectivas novas legislações.

Problema interessante, entretanto, surgiu quando da promulgação da Lei 9.074, de 7.7.95. Na quase-totalidade de seus dispositivos, ela se refere apenas e tão-somente à Administração Federal, sendo fora de dúvida que, em seu conjunto, ela deve ser considerada como lei meramente federal, sem eficácia sobre as Administrações estaduais e municipais.

O vício antigo de curvar a espinha dorsal e baixar a cabeça diante de qualquer autoridade federal levou alguns intérpretes a sustentar sua aplicabilidade a Estados e Municípios até mesmo contra a literalidade de seus dispositivos.

Assim é que, como o art. 1º dessa lei elenca, de maneira genérica, uma série de áreas de atuação nas quais a Administração Federal poderia valer-se de concessões e permissões, entenderam alguns que dispositivo correlato (se não igual) deveria existir nas leis estaduais e municipais como condição indispensável a que pudessem vir a ser celebrados contratos de concessão ou permissão nessas esferas.

Ora, além da literalidade do texto (que se refere apenas a serviços e obras de competência da União), é absolutamente fora de qualquer dúvida que a opção por este ou aquele rol de atividades não se enquadra no conceito de norma geral, devendo, sim, amoldar-se às peculiaridades de cada Estado ou Município.

Na lei paulista (Lei 7.835/92) não há relação alguma. Isso não significa que nada pode ser concedido ou permitido, mas, sim, ao contrário, que, em princípio, qualquer obra ou serviço pode ser objeto de concessão ou permissão.

A questão, porém, complica-se diante do disposto no *caput* do art. 2º da citada Lei federal 9.074/95, que tem o seguinte enunciado: "Art. 2º. É vedado à União, aos Estados, ao Distrito Federal e aos Municípios executarem obras e serviços públicos por meio de concessão e permissão de serviço público, sem lei que lhes autorize e fixe os termos, dispensada a lei autorizativa nos casos de saneamento básico e limpeza urbana e nos já referidos na Constituição Federal, nas Constituições estaduais e nas Leis Orgânicas do Distrito Federal e Municípios, observados, em qualquer caso, os termos da Lei 8.987, de 1995.

Como se pode ver, tal dispositivo se diz aplicável universalmente, como se fosse uma norma geral desgarrada da Lei 8.987/95. Fora das ressalvas (amplíssimas) aí existentes, não seria possível abrir licitação destinada à execução de obras ou serviços mediante concessão ou permissão "sem lei que lhes autorize e fixe os termos".

A pergunta que se coloca é a seguinte: toda e qualquer concessão ou permissão deve ser objeto de autorização legislativa prévia e específica?

Como se sabe, administração pública é atividade que se desenvolve debaixo da lei, impulsionada pela lei, exercida nos termos da lei e destinada a atingir finalidades assinaladas pela lei. Portanto, é certo que não pode haver concessão ou permissão sem previsão legal, mas tal previsão não precisa ser específica, para cada caso concreto, podendo ser genérica, conforme ressalvado no próprio texto legal em exame, tanto no art. 1º quanto no art. 2º.

Além disso, é preciso questionar a abrangência do art. 2º da Lei 9.074/95. É certo que ele deve ser obedecido pelos órgãos e entidades que integram a Administração Federal, mas é gritante sua inconstitucionalidade ao pretender submeter Estados e Municípios.

Recorde-se, em primeiro lugar, o princípio federativo. A regra geral é a autonomia administrativa dos entes federados. A submissão à União é excepcional e, como tal, deve ter interpretação restrita, somente podendo ser aceita quando inquestionável. Na dúvida, deve prevalecer o entendimento mais consentâneo com o princípio, pois este é o que condiciona a interpretação e aplicação das normas isoladas.

No caso, a leitura do dispositivo completo (com seus parágrafos e incisos) revela um detalhamento casuístico absolutamente incompatível com o conceito de norma geral.

Não cabe ao legislador federal atribuir-se competência a si mesmo. Não é pelo fato de o dispositivo se referir expressamente a Estados e Municípios que ele passa a ter essa abrangência, pois o legislador federal não pode legislar para Estados e Municípios senão estabelecendo normas gerais. Se a regra estabelecida não for norma geral, ela carecerá de suporte constitucional, sendo, portanto, inconstitucional e, assim, desprovida de eficácia.

Conviria que essa questão fosse eliminada de vez por meio de ação direta de inconstitucionalidade, mas, numa perspectiva jurídico-científica, cabe ao estudioso apontar razões que poderiam supedanear tal declaração.

Nesse sentido, além do que já foi dito, cabe acrescentar que a questão da necessidade ou não de prévia autorização legislativa diz respeito ao relacionamento entre Poderes, à própria organização política de cada ente federado, não podendo ser objeto de lei federal, nem mesmo de caráter nacional.

Note-se que o art. 175 da Constituição Federal estabelece como requisito ou condição das concessões e permissões e realização de certame licitatório, mas não exige prévia autorização legislativa específica, como o faz, por exemplo, no tocante à criação de empresa pública, sociedade de economia mista, autarquia ou fundação (art. 37, XIX).

No caso de São Paulo, merece destaque o fato de que a Constituição estadual, ao elencar os casos de ações administrativas dependentes de prévia autorização legislativa específica (art. 20), não incluiu entre eles as concessões ou permissões. Além disso, no art. 47, XVIII, ao relacionar as atribuições do governador, deu-lhe a incumbência de "enviar à Assembléia Legislativa projeto de lei sobre o regime de concessão ou permissão de serviço público", ou seja, sobre o regime jurídico genérico das concessões e permissões que eventualmente possam vir a ser contratadas.

Assim é que foi editada a Lei estadual 7.835/92, que fixa os termos das concessões e permissões em geral, e em cujo art.

2º, parágrafo único, figura uma autorização genérica ao governador para decidir a respeito de casos específicos. Essa autorização é perfeitamente comportada pela sistemática adotada na Constituição estadual.

Na Administração estadual paulista, o art. 2º da Lei 9.074/95 não causa qualquer transtorno, nem impede a imediata abertura de procedimentos licitatórios, pois não há necessidade de lei relacionando casos de concessão ou permissão, e já existe lei que os autorize e fixe os termos.

Em cada Estado-membro e em cada Município, mesmo sem legislação própria, poderão ser celebrados contratos de concessão ou permissão, observando-se as prescrições da Lei 8.987, de 13.2.95, e desde que haja autorização legislativa para isso, genérica ou específica.

Em resumo e como conclusão, cabe apenas reafirmar que, na análise das questões inerentes a concessões e permissões, deve o intérprete lembrar que muito acima da literalidade da legislação federal está o princípio federativo, que, não por acaso, é afirmado no primeiro artigo da Constituição Federal.

São Paulo, 18 de agosto de 1995.

PARECERES

PARTICIPAÇÃO DA INICIATIVA PRIVADA NO TRANSPORTE DE GÁS NATURAL — MONOPÓLIO

Caio Tácito
Advogado. Professor Emérito da Universidade
do Estado do Rio de Janeiro

Consulta — Parecer: 1. A Ordem Econômica na Constituição de 1988. 2. Concorrência e monopólio na economia. 3. Monopólio do gás natural. 4. A recepção do Direito ordinário anterior à Constituição. 5. A recepção da Lei 2.004/53. 6. Outras formas de participação da iniciativa privada. 7. Conclusões.

CONSULTA

Mediante acordo binacional, de que participam o Brasil e a Bolívia, ajustou-se a importação de gás natural, de origem boliviana, com a conseqüente construção de gasoduto para o transporte de matéria-prima de modo a atender à sua entrega ao consumo em território nacional.

Cogita-se da possibilidade de participação da iniciativa privada no tocante à atividade de transporte do produto, a qual, por sua natureza, está inserida no monopólio em favor da União.

Para o exame da matéria — que constitui objeto da consulta — impõe-se apreciar, como premissas necessárias, o sistema constitucional da ordem econômica, a legislação pertinente ao monopólio estatal e a admissibilidade de colaboração privada no exercício da atividade monopolizada.

PARECER

1. A Ordem Econômica na Constituição de 1988

O texto constitucional vigente consagra o princípio geral do livre desempenho de qualquer atividade econômica e prestigia, em mais de um passo, a livre iniciativa e a livre concorrência. Este é o sentido do parágrafo único do art. 170 e das disposições do art. 1º, IV, do art. 170, em seu *caput* e no inciso IV deste preceito, apenas admitida a presença direta do Estado quando necessária ao atendimento de imperativos da segurança nacional ou a relevante interesse coletivo, conforme definição em lei (art. 173).

Contudo, ao Estado é atribuída a qualidade de agente normativo e regulador da atividade econômica, cumprindo à lei estabelecer as diretrizes e bases do desenvolvimento nacional (art. 177, § 1º). Apenas indicativo para o setor privado, o planejamento afeto ao Poder Público condiciona a liberdade econômica, submetida ao postulado da justiça social, que a legitima (José Afonso da Silva, *Curso de Direito Constitucional Positivo*, 8ª ed., 1992, p. 673).

O Estado será partícipe direto da atividade econômica quando, nos termos de lei autorizativa, venha a exercê-la por meio de empresa pública ou sociedade de economia mista, sujeitas, em sua funcionalidade, ao regime próprio das empresas privadas (art. 173, § 1º) e, portanto, colocadas no plano da concorrência.

Destaca, porém, a Constituição atividades específicas sobre as quais opera o monopólio da União, com a interdição de acesso à iniciativa privada (art. 177).

A convivência dos regimes de liberdade econômica e intervenção estatal reflete a tendência marcante nas modernas Constituições de correntes antagônicas no propósito de alcançar o termo médio de harmonia entre os rumos díspares na condução da economia.

A linha dominante no direito público a partir da década de 30 atribui ênfase, no conceito de democracia, à proteção do interesse coletivo contra os excessos absorventes do capitalismo. A definição de Vigorita exprime essa tendência: "lo Stato di Diritto si veste dell'attributo di *sociale*" (*L'Iniciativa Economica Privata nel Diritto Pubblico*, 1959, p. 39).

Entre nós, ao liberalismo puro da primeira Constituição republicana sucede-se, a partir da Carta Magna de 1934, a limitação da livre economia segundo os princípios da justiça e as necessidades da vida nacional (art. 115).

A intervenção no domínio econômico, como medida excepcional de resguardo do bem público, acolhida no art. 175 da Constituição de 1937, configura-se como instrumento de justiça social, conciliando a liberdade de iniciativa com a valorização do trabalho humano, conforme o art. 145 da Constituição de 1946, e, a par da função social da propriedade, consagra-se como princípio da ordem econômica no regime constitucional de 1967/69 (art. 157 do texto original e art. 160 da Emenda Constitucional 1).

Manoel Gonçalves Ferreira Filho destaca o "caráter composto" da Constituição de 1988 (*Curso de Direito Constitucional*, 17ª ed., Saraiva, p. 72), e Miguel Reale registra que a Carta Magna em vigor "optou por uma posição intermédia entre o liberalismo oitocentista, infenso a toda e qualquer intervenção do Estado, e o dirigismo estatal. Dir-se-ia que sua posição corresponde à do neoliberalismo ou social-liberalismo, o único, a nosso ver, compatível com os problemas existenciais de nosso tempo" (*Aplicações da Constituição de 1988*, Forense, 1990, p. 13). Raul Machado Horta observa que "a Ordem Econômica na Constituição de 1988 está impregnada de princípios e soluções contraditórias. Ora inflete no rumo do capitalismo neoliberal, consagrando os valores fundamentais desse sistema, ora avança no sentido do intervencionismo sistemático e do dirigismo planificador, com elementos socializadores" (*A Constituição Brasileira de 1988 — Interpretações*, obra coletiva do II Fórum Jurídico, Forense Universitária, 1988, p. 392).

A vigente Constituição inclina-se, em suma, para o paralelismo de princípios que se devem coordenar em exegese construtiva, integrando a livre iniciativa com a valorização do trabalho, as noções do planejamento estatal e da liberdade de mercado, visando ao equilíbrio harmônico entre a liberdade da empresa e a regulamentação da atividade econômica.

À luz dessa ambivalência devem ser entendidas e interpretadas as linhas mestras da ordem econômica na vigente Constituição.

2. *Concorrência e monopólio na economia*

A livre concorrência é a matriz do sistema capitalista. A Constituição de 1988 a recebe entre os princípios fundamentais da ordem econômica (art. 170, IV).

É, porém, o uso — jamais o abuso — a tônica de normalidade do livre jogo das forças da economia privada.

Na medida em que a livre iniciativa tende à dominação dos mercados ou à eliminação da concorrência, a lei repelirá, até mesmo no plano penal, os abusos do poder econômico, conforme o comando constitucional vigente (art. 173, § 4º), em continuidade do Direito anterior.

No plano conceitual impõe-se distinguir o monopólio de fato e o monopólio de direito, perante os quais diversamente se comporta a ordem jurídica.

No monopólio de fato a concentração capitalista se exacerba materialmente em detrimento da liberdade econômica, e a norma jurídica *secundária* opera como sanção à conduta ilícita, em defesa do princípio da concorrência.

Quando, no entanto, o interesse público recomenda que se reserve ao Estado a exclusividade de determinada atividade econômica, em proteção de relevante interesse geral, a norma jurídica se dirige, *primariamente*, à garantia do privilégio estatal.

É mister caracterizar o monopólio de fato em confronto com o monopólio jurídico. Na primeira modalidade, o monopolizador adquire a qualidade por ato próprio, fundado em condições peculiares de poder econômico ou de tecnologia privilegiada, tendentes a excluir a concorrência de terceiros.

Contrariamente, no monopólio de direito é a lei que torna privativa do Estado a atividade econômica, emitindo ato de vedação da concorrência, declarada ilícita.

Renato Alessi destaca, com nitidez, o conteúdo das duas situações de direito: "nel campo economico è la posizione del monopolista ed i suoi effetti, che vengono in considerazione e che pertanto devono essere studiati; invece nel campo giuridico è il vinculo imposto ai terzi che viene in considerazione come oggetto dell' indagine"

No plano jurídico — adverte o autor quanto à última categoria —, "il monopolio si sostanzia in un divieto posto ai terzi di produrre o di vendere qual bene o qual servizio" (*Novissimo Disgesto Italiano*, v. X/866, verbete "Monopoli di Stato").

Berliri abona a mesma discriminação. Invoca a lição de Raggi para definir o monopólio de fato e o monopólio de direito.

Aquele — o monopólio de fato —, fruto de razões naturais de produção, importa que um só país ou uma só pessoa, ou uma coalizão de pessoas, inviabilize a outrem a atividade concorrencial: "monopolio di diritto, invece, è il privilegio assicurato e creato da una norma di legge, in forza delle quale, una determinata persona od ente può produrre o vendere determinate oggetti o rendere al pubblico determinati servizi ad esclusione di ogni altro individuo" (Antonio Berliri, *Principi di Diritto Tributario*, v. I/361, 1952).

A posição do legislador é diversa nas duas formas de monopólio.

Perante o monopólio de fato que se torne ofensivo ao direito ou liberdade, a norma legal protege terceiros contra os excessos do agente monopolizador, ofensivos à ordem jurídica.

No monopólio de direito, a lei se endereça a terceiros, vedando-lhes a invasão da atividade privativa do titular do monopólio.

No primeiro caso, a ilicitude conter-se-á na ação abusiva do monopolizador privado. Na segunda hipótese, em defesa do monopólio público, a ilicitude se apresenta quando violada por terceiros a reserva da atividade estatal monopolizada.

3. *Monopólio do gás natural*

As Constituições anteriores admitiam a possibilidade de que a lei federal viesse a declarar o monopólio estatal de determinada indústria ou atividade econômica sem qualificá-las (Constituição de 1934, art. 116; Constituição de 1940, art. 146; Constituição de 1967, art. 157, § 8º; Emenda Constitucional 1/69, art. 163).

Foi além a Constituição de 1988. Consignou, de forma direta, modalidades específicas de monopólio na economia, em favor da União (art. 177) ou do Estado-membro (art. 25, § 2º).

À indeterminação anterior quanto à espécie de monopólio, o constituinte de 1988 preferiu a enumeração taxativa, de tal forma que novos tipos de monopólio estatal somente são possíveis por emenda constitucional (Diogo de Figueiredo Moreira Neto, *Ordem Econômica e Desenvolvimento na Constituição de 1988-1989*, p. 74).

No que interessa à matéria da consulta, constitui monopólio da União a importação e o transporte de gás natural de qualquer origem (art. 177, III e IV).

Defere-se ao legislador ordinário regular a forma e a extensão do monopólio assim estabelecido, a importar a interdição de iniciativa de outra fonte na exploração da atividade monopolizada. Nem ao particular nem aos Estados são facultados a extração, importação, exportação ou transporte do gás natural.

4. *A recepção do Direito ordinário anterior à Constituição*

No Estado de Direito, a força obrigatória das leis emana da competência atribuída, na Constituição, aos poderes constituídos para emitir atos normativos.

Revogada uma Constituição, interrompe-se o nexo de legalidade que serve de alicerce à validade e eficácia das leis.

Contudo, como uma nova Constituição surge em sucessão à que se extingue, opera-se, de imediato, como uma Fênix mitológica, a instantânea repristinação do Direito anterior, restaurado pela Constituição superveniente, na medida em que com ela se harmonize.

A este fenômeno de continuidade do Direito legislado corresponde a teoria da recepção da ordem jurídica na sucessividade das Constituições.

O conjunto de normas jurídicas anteriores diz-se recebido pela Constituição nova, uma vez comprovada a compatibilidade de conteúdo.

Revoga-se a lei incompatível e se prolonga, independentemente de ato declaratório, a norma jurídica que *ratione materiae* poderia ser emitida em face da nova disciplina constitucional.

A lei (como o regulamento ou outro ato normativo secundário), no mesmo momento, se exaure e renasce, quando sua existência e validade passam a conviver com o novo universo constitucional.

A lição excelente de Jorge Miranda descreve o processo da continuidade do Direito ordinário anterior a uma nova Constituição:

"O que a superveniência de uma Constituição provoca é novação do Direito ordinário anterior. Como todas e cada uma das normas legislativas, regulamentares e outras retiram a sua validade, direta ou indiretamente, da Constituição, a mudança da Constituição acarreta mudança de fundamento de validade: as normas, ainda que formalmente intocadas, são inovadas, no seu título ou na sua força jurídica, pela Constituição; e sistematicamente deixam de ser as mesmas.

"Há, assim, uma nítida diferença entre a situação do direito constitucional anterior — o qual cessa com a entrada em vigor da nova Constituição — e a do Direito ordinário anterior — o qual continua com novo fundamento de validade e sujeito aos princípios materiais da nova Constituição que somente em caso de contradição deixará de vigorar" (Jorge Miranda, *Manual de Direito Constitucional*, 2ª ed., t. II/242-243).

A concepção remonta ao ensinamento de Kelsen: "Si ciertas leyes promulgadas bajo el imperio de la vieja Constitución 'continúan siendo válidas' bajo la Constitución nueva, ello únicamente es posible porque la nueva Constitución les confiere validez, ya expresa, ya tácitamente. El fenómeno es un caso de recepción (semejante a la del derecho romano). El nuevo orden 'recibe', es decir, adopta, normas del viejo orden; esto significa que el nuevo considera válidas (o pone em vigor) normas que poseen el mismo contenido que las del precedente. La 'recepción' es un procedimento abreviado de creación jurídica. Las leyes que, de acuerdo con la manera ordinaria e inadecuada de hablar, continúan siendo válidas son, desde un punto de vista jurídico, leyes nuevas cuyo sentido coincide con el de las anteriores" (Hans Kelsen, *Teoría General del Derecho y del Estado*, trad. mexicana, 1969, p. 138).

A tese da recepção do Direito anterior a uma nova Constituição tem trânsito livre na jurisprudência do Supremo Tribunal Federal (*RTJ* 71/289 e 77/687) e na doutrina nacional (v., entre outros: Manoel Gonçalves Ferreira Filho, *O Poder Constituinte*, 2ª ed., 1985, pp. 88-91; Saulo Ramos, Consultoria-Geral da República, "Parecer SR-71/88", *DOU* 11.10.88, pp. 19.804 e ss. "Parecer SR-72/88", *DOU* 18.10.88, pp. 20.263 e ss. "Despacho" in *RDA* 174/208-209).

Tivemos ensejo de ponderar, em parecer publicado na *RDP* 99/57, que:

"Promulgada uma nova Constituição, não desaparece necessariamente o ordenamento anterior que a antecede.

"As leis vigentes, desde que compatíveis com o novo diploma constitucional, não são por ele revogadas e perduram válidas e eficazes.

"O Direito anterior não contraditado é recebido pelo novo sistema constitucional, que passa a imprimir-lhe o selo de constitucionalidade, sem hiato ou interrupção.

"A teoria da recepção, fundada no princípio da continuidade do ordenamento, prolonga a vigência e eficácia das leis ordinárias ou complementares que não forem materialmente contrárias ao novo Estatuto Político."

Recebida pela nova Constituição, a lei anterior não sofre solução de continuidade e a sua obrigatoriedade perdura no tempo segundo as regras comuns de vigência.

5. *A recepção da Lei 2.004/53*

Na vigência da Constituição de 1946, com a promulgação da Lei 2.004, de 3.10.53, criou-se o monopólio da União sobre a pesquisa, lavra e transporte de petróleo e gases raros (art. 1º), a ser exercido pelo Conselho Nacional de Petróleo, como órgão de orientação e fiscalização, e, como órgão de execução, por meio da sociedade por ações Petróleo Brasileiro S/A (Petrobrás) e suas subsidiárias, a serem constituídas na forma prevista na mesma lei (arts. 2º e 5º).

À União é assegurado o controle da sociedade, pela maioria do capital votante, admitida, em proporção fixada na lei, a participação de pessoas físicas, brasileiros natos ou naturalizados e de pessoas jurídicas de direito privado (art. 18).

A extensão de abrangência, no monopólio por esta forma regulado, em favor da Petrobrás, ficou definida, por interpretação autêntica do próprio legislador, no texto da Lei 2.004/53, quando transfere, a título de integralização do capital, os bens e direitos relacionados com gases naturais (art. 10).

E, adiante, reafirma-se a incorporação ao capital da Petrobrás de direitos sobre jazidas de gases naturais que existiam ou viessem a existir em território dos Estados e Municípios (art. 10, § 3º).

Conseqüentemente, desde então, o monopólio estatal compreendia não somente a exploração do petróleo e seus derivados, como, também, a dos gases naturais, inseridos no patrimônio da empresa pública.

Previsto na Constituição de 1988 o monopólio da União relativamente à importação e transporte do gás natural (art. 177, III e IV), a citada Lei 2.004/53 — editada com fundamento em constituição anterior — foi recebida e convalidada pelo princípio de compatibilidade perante a Carta Magna advinda.

A criação da Petrobrás mediante lei específica preenche o requisito formal do art. 37, XIX, da vigente Constituição, e, de igual modo, a expressa admissão de subsidiárias satisfaz a exigência de autorização legislativa prévia e específica (art. 37, XX).

A identidade de fundamento constitucional quanto à instituição do monopólio da União assegura, em suma, a continuidade da Lei 2.004/53 na regência da execução do monopólio federal no setor.

Ademais, para exercê-lo, é lícita a criação de subsidiária da Petrobrás, como autorizado na lei que a institui, permitida a participação minoritária de pessoas jurídicas de direito privado, na mesma proporção autorizada para a empresa-matriz (art. 39 da Lei 2.004/53).

A subsidiária, constituída como sociedade de economia mista, obedecerá ao regime próprio das empresas privadas (art. 173, § 1º, da Constituição), com a ressalva das peculiaridades inerentes ao exercício da atividade estatal monopolizada.

A latitude de sua atuação será compatível com o objeto e finalidade da Petrobrás, observado, em sua constituição, o disposto no art. 235, § 2º, da Lei de Sociedades por Ações (Lei 6.404, de 15.12.76), extensível ao regime do acionista controlador.

A criação de subsidiária com prévia aprovação do Departamento Nacional de Combustíveis (sucessor do Conselho Nacional do Petróleo — Decreto 99.244, de 10.5.92) e no uso da autorização legislativa — como visto, recebida pela nova Constituição — far-se-á mediante deliberação societária, em assembléia-geral extraordinária.

A participação do capital privado na subsidiária terá de afeiçoar-se à natureza e proporcionalidade ditadas para a empresa principal.

A ser entendida necessária ou conveniente outra proporção, somente mediante lei nova poderá ser alcançado o resultado.

Em qualquer hipótese, a forma de participação do acionista ou acionistas minoritários merecerá ser definida em acordo de acionistas, regulando diretrizes e obrigações.

6. *Outras formas de participação da iniciativa privada*

A par da qualidade de acionista minoritário em subsidiária a ser constituída, a iniciativa privada poderá ser chamada a colaborar na gestão de atividade monopolizada a título de prestador de serviço, mediante prévia licitação, nos termos da lei própria.

O chamado regime de terceirização é compatível com a execução de serviços públicos, inclusive dos monopolizados.

Tanto a construção do gasoduto como outras modalidades de serviços de assistência técnica ou execução de obras poderão ser adjudicadas a empresas privadas.

Mais ainda, a nosso ver, poderá ser estendido a tais contratos, mediante lei especial, o regime de financiamento aplicado às concessões de obras públicas, amplamente adotadas, no passado, para a construção de portos e, mais recentemente, autorizadas para rodovias federais, conforme o Decreto 94.002, de 4.2.87.

Nesta hipótese, incorporando-se os respectivos bens ao patrimônio da sociedade de economia mista, será delegada a gestão, por período determinado, de modo a permitir, com a fruição da receita operacional, a amortização e remuneração do capital investido.

7. *Conclusões*

Do exposto, é válido concluir-se que:

7.1 O monopólio de exploração do gás natural, outorgado à União nos termos do art. 177 da Constituição de 1988, deve ser executado em conformidade com a Lei 2.004/53, recebida pela atual Constituição, por ser com ela compatível.

7.2 A criação de subsidiária da Petrobrás, conforme faculta a referida lei, tornará possível a participação de capital privado, com observância da proporção fixada para esse fim na mesma lei.

7.3 A criação de subsidiária far-se-á nos termos da lei das sociedades comerciais, facultando-se, no estatuto ou em acordo de acionistas, a regulação dos direitos do minoritário privado.

7.4 Eventual alteração da proporcionalidade ou forma diversa de participação deverá ser objeto de lei especial, que modifique o esquema estabelecido no regime legal em vigor, desde que seja respeitado o privilégio da União, como acionista controlador.

7.5 Sem prejuízo do respeito ao princípio do monopólio, será válida, mediante prévia licitação, a contratação de empresa privada para a prestação de assistência técnica ou a execução de obra ou serviço vinculado à atividade monopolizada.

7.6 Mediante lei especial, caberá adotar-se modalidade análoga à da concessão de obra pública, como processo de financiamento do serviço. Mediante licitação poderá ser celebrado contrato de construção de instalações, garantindo-se a retribuição e remuneração do contratado mediante percepção, a tempo certo, da receita produzida. As instalações serão incorporadas ao serviço, assegurando-se a gestão à empresa contratada pelo prazo convencionado.

Entre os requisitos de habilitação da empresa a ser contratada devem figurar, como paradigma, os que, por lei, são exigidos dos acionistas minoritários, em respeito ao princípio de nacionalização da atividade.

São estas as ponderações que me ocorre fazer sobre a matéria, que, por sua originalidade, desafia a criatividade do intérprete.

Assim nos parece, s.m.j.

Rio de Janeiro, 26 de abril de 1993.

PRINCÍPIO FEDERAL — BENS ESTADUAIS NÃO PODEM SER DESAPROPRIADOS — CASO BANESPA

FÁBIO KONDER COMPARATO
Professor Titular da Faculdade de Direito da Universidade de São Paulo. Doutor em Direito da Universidade de Paris

PARECER

1. Em 19.1.95, o Presidente da República baixou a Medida Provisória 641, para alterar a redação da Lei 8.031, de 12.4.90, a qual instituiu a política de desestatização.

Por força do disposto na referida medida provisória, o art. 2º da citada lei passou a incluir, como objeto possível de desestatização, "instituições financeiras públicas estaduais, que tenham tido as ações do seu capital social desapropriadas, na forma do Decreto-lei 2.321, de 25.2.87". Este decreto-lei, com efeito, ao instituir e regular o regime de administração especial temporária nas instituições financeiras privadas e públicas não-federais, autorizou o Poder Executivo Federal a promover a desapropriação, por necessidade ou utilidade pública ou por interesse social, das ações do capital social da instituição financeira (arts. 11, "b", e 12).

Consulta-me o deputado estadual Lucas Buzato, relator da Comissão Estadual de Inquérito instaurada na Assembléia Legislativa do Estado de São Paulo para apurar os fatos e responsabilidades em ligação com a intervenção do Banco Central no Banco do Estado de São Paulo S/A — Banespa, acerca da constitucionalidade dos dispositivos legais acima referidos.

Efetivamente, segundo meu entender, a possibilidade jurídica de expropriação, pelo Governo Federal, de bens dominicais dos Estados-membros da Federação envolve matéria constitucional e deve ser examinada à luz dos princípios jurídicos federativos.

2. Ora, o mais fundamental princípio federativo é o da autonomia e recíproca independência entre as unidades que compõem a Federação.

Alguns autores, desavisadamente, insistem em falar em soberania referindo-se à posição da União relativamente aos Estados Federados, quando essa noção é de todo imprópria para exprimir a estrutura federativa. Como anotou o clássico João Mendes Jr.,[1] a idéia de soberania compreende duas conotações: unidade e totalidade. O que significa que a soberania pertence à categoria do absoluto, que é, pela própria natureza, indivisível e impartilhável.

1. *Noções Ontológicas de Estado, Soberania, Autonomia, Federação, Fundação*, São Paulo, Saraiva, 1960, p. 63.

Se o Estado Federal é considerado a antítese do Estado Unitário, é exatamente pelo fato de que, em seu seio, coexistem harmonicamente várias unidades políticas, independentes umas das outras. A União não depende dos Estados para exercer as funções de sua competência, nem tampouco os Estados uns em relação aos outros, ou relativamente à União Federal.

É o que a doutrina publicista alemã denomina *princípio da homogeneidade*.[2] Nenhuma das unidades políticas componentes de uma Federação tem mais poderes que a outra, mas cada qual exerce poderes próprios e indelegáveis, em esferas bem delimitadas de competência. Mais precisamente no que toca aos Estados Federados, como salientou um autor,[3] a Constituição Federal não lhes atribui, tão-só, uma capacidade de auto-administração, mas autênticos poderes estatais ou políticos, segundo uma estrutura de repartição de competências próprias, portanto não derivadas umas das outras. Os poderes políticos dos Estados-membros não lhes foram delegados pela União, mas a eles diretamente atribuídos pela Constituição.

Em precisa análise jurídica, a soberania há de ser considerada distintamente, para efeitos externos e internos. Externamente, isto é, no plano das relações internacionais, soberana é a Nação, representada (meramente) pelo governo federal. No plano interno, segundo o princípio democrático, soberano é o povo, e não a unidade política estatal (Constituição Federal, art. 1º, parágrafo único). Erram portanto, conspicuamente, os autores que apresentam, numa Federação, o Estado central como soberano e os Estados locais como dependentes, em maior ou menor latitude, do poder central.[4]

O que se deve dizer é que, num Estado Federal, embora nem a União nem os Estados-membros sejam soberanos, todos eles são, não obstante, dotados constitucionalmente de *autonomia*, a qual, como precisou escolasticamente João Mendes Jr., significa "direção própria daquilo que lhes é próprio".[5] A esfera do próprio contrapõe-se, logicamente, à do que é comum e, mais ainda, à do que é alheio.

A Constituição Federal em vigor inaugurou o chamado "federalismo cooperativo", no qual, a par de matérias de competência privativa de cada espécie de unidade política, há também um campo de competência comum (art. 23), além de outro, ainda, de competências concorrentes (art. 24). Mas, na área de poderes privativos de Estados e Municípios, a intervenção da União representa um remédio heróico, cuja aplicação somente se justifica quando os princípios constitucionais, expressos no art. 1º, venham a periclitar. O rigor taxativo da expressão constitucional não deixa, de resto, margem a dúvidas, a esse respeito: "A União *não* intervirá nos Estados nem no Distrito Federal, *exceto para* (...)" (art. 34); "O Estado *não* intervirá em seus Municípios, nem a União nos Municípios localizados em Território Federal, *exceto quando* (...)" (art. 35). Escusa ressaltar que, se os poderes dos Estados lhes fossem delegados pela União, ou os dos Municípios pelos Estados, essas normas seriam de manifesta incongruência.

3. Ora, foi exatamente em razão da autonomia e independência recíproca das unidades componentes da Federação que o nosso ordenamento constitucional, desde 1891, sempre explicitou a regra da imuni-

2. Cf. Klaus Stern, *Das Staatsrecht der Bundesrepublik Deutschland*, 2ª ed., t. I/704 e ss., Munique, Beck, 1984; Ernst Benda, Werner Maihofer, Hansjochen Vogel, *Handbuch des Verfassungsrechts der Bundesrepublic Deutschland*, Berlim-Nova York, Walter de Gruyter, 1983, pp. 819 e ss.

3. Klaus Stern, ob. cit., t. I/645.

4. São as expressões usadas por Amaro Cavalcanti, *Regime Federativo e República Brasileira*, Ed. Universidade de Brasília, p. 22.

5. Ob. cit., pp. 71 e ss.

dade tributária da União, Estados e Municípios, uns em relação aos outros (na Constituição vigente, art. 150, VI, "*a*").

Comentando o art. 10 de nossa primeira Constituição republicana, João Barbalho observou que, "na qualidade de Estados, com autonomia, com direito de estabelecer seu mecanismo governamental, suas instituições, seus serviços públicos, essas entidades componentes da União não poderiam nisso estar sujeitas a pagar-lhes cousa alguma, sob título algum. Importaria o contrário — prosseguiu — obrigá-los à contribuição pelo próprio fato de terem-se constituído em Estados, o que é absurdo". Rematou afirmando que "tal sujeição dar-lhes-ia certo caráter de vassalagem, de suzerania".[6]

Rui Barbosa, por sua vez, salientou que essa proibição constitucional de tributação recíproca entre as unidades da Federação "deriva da própria essência do regime federativo, e não seria menos obrigatória, de parte a parte, entre a União e os Estados, se a lei constitucional, em vez de se declarar, como entre nós se declara, emudecesse neste ponto, como noutros países emudece".[7]

E, efetivamente, na Constituição norte-americana, que foi o modelo em que se inspiraram os nossos constituintes de 1891, nada se encontra explicitado a respeito dessa imunidade tributária recíproca entre as unidades componentes da Federação. Não obstante, desde o famoso aresto *McCulloch v. Maryland*, prolatado pela Suprema Corte em 1819, tal imunidade firmou-se como princípio constitucional nos Estados Unidos. Tratava-se, no caso, de julgar da constitucionalidade de um imposto estadual lançado sobre uma filial do Segundo Banco dos Estados Unidos, que havia sido fundado pela União.

O *Chief Justice* Marshall, declarando o acórdão em nome do Tribunal, começou por lembrar alguns princípios elementares do federalismo: "That the power of taxation is one of vital importance; that it is retained by the States; that it is not abridged by the grant of a similar power to the government of the Union; that it is to be concurrently exercised by the two governments: are truths which have never been denied". No entanto, advertiu, "tal é a força suprema de uma Constituição, que até mesmo esse poder deve-se admitir possa ela retirá-lo de qualquer pessoa".

Foi o que a Constituição fez com o poder tributário das unidades federativas entre si: "That the power to tax involves the power to destroy; that the power to destroy may defeat and render useless the power to create; that there is a plain repugnance, in conferring on one government a power to control the constitucional measures of another, which other, with respect to those very measures, is declared to be supreme over that which exerts the control, are propositions not to be denied".

Dir-se-á, contudo, prosseguiu Marshall, que a tributação não acarreta, necessária e inevitavelmente, a destruição, e que levar o poder tributário a esse extremo seria um abuso. No entanto, observou, o que está em jogo nessa matéria é sobretudo a confiança ("all inconsistencies are to be reconciled by the magic of the word *confidence*"). É esta, efetivamente, a mola-mestra de toda estrutura federativa, o cerne daquilo que comumente se denomina pacto federativo. No momento em que as unidades federadas perdem a confiança, umas nas outras, toda a construção federal cai por terra, e não haverá poder nem regime jurídico capaz de restaurar a força desse cimento social.

Ora, como não perceber que a possibilidade de recíproca tributação entre as unidades federadas representa o fermento de

6. *Constituição Federal Brasileira — Commentarios*, 2ª ed., Rio de Janeiro, F. Briguiet e Cia., 1924, p. 59.

7. *Commentarios à Constituição Federal Brasileira* (coligidos e ordenados por Homero Pires), v. I/345, São Paulo, Saraiva, 1932.

todas as discórdias e o canal de afirmação de todas as hegemonias ilegítimas?

4. Pois bem, se tudo isso é verdade inconcussa no que concerne à imunidade tributária recíproca das unidades políticas componentes de uma Federação, com maioria de razão deve ser aplicado o mesmo princípio no tocante ao pretenso poder expropriatório que a União teria dos bens de propriedade de Estados e Municípios.

O poder de desapropriar — nunca é demais repetir — pertence ao conjunto das prerrogativas de *imperium* do Poder Público, ou seja, de sua supremacia em relação aos sujeitos privados.[8] Ora, se, em virtude do princípio da hegemonia, todas as unidades federadas colocam-se em plano de igualdade no que diz respeito a esse poder eminente, a estrutura federativa apresentar-se-ia como um mecanismo desquiciado e torto caso a União pudesse exercer seu *imperium* sobre um Estado, ou vice-versa. Teríamos a guerra de todos contra todos, ou a redução de uma unidade federada à condição de vassala da outra, o que é a negação, pura e simples, do Estado Federal.

Considere-se, ainda, que, se a Constituição, como lembrei, proíbe expressamente a imposição tributária de uma unidade política por outra é porque o poder de tributar constitui prerrogativa do *ius imperii*, que supõe uma relação de poder e sujeição, incompatível com a estrutura federal. Ora, se assim é no tocante ao lançamento de impostos, com maioria de razão deve sê-lo no que concerne ao poder expropriatório. Aqui, sem dúvida alguma, para usarmos o argumento de Marshall, o exercício desse poder importa uma aniquilação do direito alheio. Na Alemanha, comentaristas da Constituição Federal de 1949 qualificam corretamente o *ius expropriandi* como "poder político formador" (*politische Gestaltungsbefugniss*),[9] pois a manifestação unilateral de vontade do seu titular extingue a relação jurídica de propriedade.

A conclusão lógica inatacável, segundo o *topus* tradicional, é que quem não pode o menos, ou seja, tributar, *a fortiori* não pode o mais, isto é, expropriar. A questão parece tão óbvia, e a experiência constitucional é tão carecedora de precedentes a respeito, devido a essa própria obviedade, que nenhuma Constituição de Estado Federal contém regra expressa nessa matéria.

5. Nem se diga que essa absurda competência da União Federal para desapropriar bens dominicais de outras pessoas jurídicas de direito público decorreria da atribuição constitucional privativa, à União, para legislar sobre desapropriação (art. 21, II). Não há a menor possibilidade de confusão, teórica ou prática, entre a *competência para legislar* sobre desapropriação e a *competência para praticar* o ato expropriatório.[10] Aquela, claro está, é só da União, enquanto que esta é atribuída a todas as pessoas jurídicas de direito público, indistintamente. Mas *tanto uma competência quanto a outra submetem-se, como não poderia deixar de ser, aos princípios e regras constitucionais concernentes ao sujeito passivo do ato expropriatório.*

É exatamente isto, aliás, o que ocorre em matéria tributária. Tanto a União quanto os Estados, o Distrito Federal e os Mu-

8. Klaus Stern prefere apresentá-lo, na perspectiva medieval, como manifestação do *ius eminens* do Estado (ob. cit., t. I/857), vale dizer, como expressão da condição de suzerano em relação ao vassalo, ou, então, se se preferir, da situação de senhor relativamente ao servo.

9. *Reihe Alternativkommentare*, 2ª ed., t. 1/1.123, Neuwied, Luchterhand, 1989. Escusa lembrar que o que a doutrina jurídica germânica denomina "direito formador" ou "poder formador" corresponde ao direito potestativo, da terminologia italiana, recebida pela doutrina brasileira.

10. Cf. Pontes de Miranda, *Comentários à Constituição de 1967 com a Emenda n. 1 de 1969*, 2ª ed., t. V/413 e 462, São Paulo, Ed. RT.

nicípios têm competência para legislar sobre os tributos que lhes são atribuídos pela Constituição. Mas todas essas unidades federativas submetem-se, por igual, às limitações constitucionais ao poder de tributar (Constituição Federal, arts. 150 e 151).

Na linha desse raciocínio de base constitucional, é de todo imprestável o argumento de que a desapropriação de bens públicos dominicais tenha sido prevista pelo Decreto-lei 3.365, de 21.6.41 (art. 2º, § 2º: "Os bens do domínio dos Estados, Municípios, Distrito Federal e Territórios poderão ser desapropriados pela União, e os dos Municípios pelos Estados, mas, em qualquer caso, ao ato deverá preceder autorização legislativa"). No regime da falsa "Constituição" de 1937, foi praticamente abolido o Estado Federal no Brasil. O Decreto-lei 1.202, de 8.4.39, ao dispor sobre a administração dos Estados e dos Municípios, determinou que os Estados seriam administrados por interventores federais até a realização de um plebiscito nacional, esse, que, como sabido, jamais chegou a ser convocado.

Com o restabelecimento pleno da Federação, por força da promulgação da Constituição de 18.9.46, o art. 2º, § 2º, do Decreto-lei 3.365 foi, portanto, implicitamente revogado.

6. Em conclusão, pelas razões expostas acima, parece-me evidente a inconstitucionalidade do disposto no art. 2º, IV, da Lei 8.031, de 12.4.90, com a redação dada pela Medida Provisória 841, de 19.1.95. As normas constantes dos arts. 11, "*b*", e 12 do Decreto-lei 2.321, de 25.2.87, devem ser interpretadas como se referindo, exlusivamente, às instituições financeiras privadas.

São Paulo, 22 de fevereiro de 1995.

PARECERES

PERMISSÃO DE USO DE BEM PÚBLICO

DIÓGENES GASPARINI
Advogado, Mestre e Doutor pela PUC-SP. Professor Titular da
Faculdade de Direito de São Bernardo do Campo, SP

CONSULTA

A ilustre Presidente da Associação Comunitária de São Bernardo do Campo, Sra. Patrícia Kay, informa que essa entidade, na qualidade de interveniente, aderiu ao Contrato de Colaboração Financeira Não-Reembolsável, celebrado em 10.2.87 entre o Banco Nacional de Desenvolvimento Econômico e Social — BNDES e o Município de São Bernardo do Campo, através do qual lhe foi concedida a ajuda financeira a fundo perdido, portanto, não reembolsável, de Cz$ 3.500.000,00 (três milhões e quinhentos mil cruzados), objetivando a ampliação do programa de distribuição de produtos de alimentação, limpeza e higiene pessoal à população carente do Município de São Bernardo do Campo e dos Municípios vizinhos.

Dito contrato, ainda segundo informações da Presidente consulente, foi aditado em 25.11.88, para serem concedidos à Associação Comunitária de São Bernardo do Campo mais de Cz$ 107.590.000,00 (cento e sete milhões e quinhentos e noventa mil cruzados), cuja aplicação restou vinculada aos mesmos fins, mas tendo em vista a população carente atendida pelos Núcleos de Vila Batistini, Parque São Bernardo e Rua dos Vianas.

Do montante inicialmente concedido, informa a diligente Presidente, Cz$ 1.500.000,00 (hum milhão e quinhentos mil cruzados) foram contratualmente destinados à construção de três postos de distribuição de alimentos e produtos de limpeza e higiene pessoal, e os restantes Cz$ 2.000.000,00 (dois milhões de cruzados) foram, também contratualmente, destinados a reforço de capital de giro para a formação do estoque dos postos de distribuição.

Posteriormente, pelo Decreto municipal 8.775, de 10.4.87, esclarece a ilustre Presidente, a Associação Comunitária de São Bernardo do Campo foi investida, na qualidade de permissionária, no uso precário e gratuito de uma área de terras com 4.021,69m² e respectivas benfeitorias, pertencentes ao Município de São Bernardo do Campo, e obrigada, ainda, a cumprir as condições estabelecidas no Termo de Recebimento e Responsabilidade, referido no art. 2º desse decreto.

O Termo de Recebimento e Responsabilidade, esclarece a benemérita Presidente, estabelecia, no que interessa à consulta, que o uso era exclusivamente para sede da permissionária, armazenagem e venda de gêneros alimentícios, que lhe era vedado construir outras benfeitorias sem prévia autorização por escrito da Prefeitura e a desocupar imediatamente o bem objeto da permissão de uso, sem direito a retenção ou indenização por quaisquer benfeitorias, ainda que necessárias, as quais ficariam, desde logo, incorporadas ao patrimônio municipal.

A nobre Presidente informa, mais: a) os referidos valores foram recebidos e aplicados nos termos do prefalado Contrato de Colaboração Financeira; b) com parte dos valores recebidos do BNDES mais os recursos próprios, construiu, conforme projeto aprovado pelo permitente, um galpão hoje avaliado em aproximadamente 140.000 mil dólares; c) dos valores recebidos, a Associação Comunitária de São Bernardo do Campo prestou as devidas contas; d) que o permitente acompanhou o projeto apoiado governamentalmente e apreciou os relatórios correspondentes, como lhe cabia contratualmente (Cláusula Terceira, III e V); e) do ajuste constou que: "Na hipótese da ocorrência de revogação do instrumento que deferiu o uso especial dos imóveis nos quais se localizam os postos de distribuição, o *beneficiário* se obriga a destinar imóveis equivalentes, no que se refere às benfeitorias existentes e à localização dos mesmos, para a utilização na finalidade da presente operação" (Cláusula Quinta).

Por fim, a nobre Presidente informa que, em 20.10.93, pelo Decreto municipal 11.556, sem que lhe fossem assegurados amplo direito de defesa e contraditório e sem o pagamento de qualquer indenização, foi revogada a permissão de uso, outorgada pelo já referido Decreto 8.775/87, e que a Associação Comunitária de São Bernardo do Campo foi notificada a desocupar o imóvel objeto da então permissão de uso.

Prestadas essas informações, a ilustre Presidente indaga:

1. A permissão de uso, consubstanciada no Decreto sambernardense 8.775/87, foi outorgada regularmente?

2. Eram cabíveis as condições restritivas consignadas no Termo de Recebimento e Responsabilidade, referido pelo decreto permissionário, ante os termos do Contrato de Colaboração Financeira Não-Reembolsável?

3. O imóvel cujo uso foi transferido privativamente à Associação Comunitária de São Bernardo do Campo podia ser objeto da referida permissão de uso?

4. A destinação do uso (distribuição de produtos de alimentação, limpeza e higiene à população carente) era de utilidade pública?

5. A revogação da permissão de uso foi legítima, ou deveria, em favor da Associação Comunitária de São Bernardo do Campo, ter observado o princípio da ampla defesa?

6. O permitente pode *manu militari* imitir-se na posse do bem que fora objeto da então permissão de uso?

7. A revogação do decreto de permissão de uso é motivo suficiente para fundar um pedido de indenização pelas benfeitorias realizadas pela permissionária, com o expresso conhecimento e aprovação do permitente?

8. Podem a permissionária e o permitente transacionar para evitar uma inafastável demanda, cujo objeto será a exigência de uma indenização pelas benfeitorias realizadas?

A consulta vem ilustrada com cópias dos documentos referidos ao longo da exposição da ilustre Presidente consulente.

PARECER

1. A expressão *bem público* é constituída por duas palavras equívocas. Uma é o substantivo *bem*, outra é o adjetivo *público*. O vocábulo *bem* pode ter, por exemplo, ora uma acepção filosófica, ora um sentido jurídico. Em termos filosóficos, é tudo aquilo que satisfaz o homem. Nessa acepção, diz-se que a inteligência, a bondade, a saúde e o amor são bens. Em sentido jurídico, é todo valor material ou imaterial que pode ser objeto de direito. Assim, afirma-se que uma gleba de terra, um crédito, um semovente e um livro são bens. A palavra *público*, de outro lado, tanto pode expressar o proprietário do bem (União, Estado-membro, Distrito Federal, Município), como seu usuário (administrado, povo, público). Desse modo, pode-se ter: I — bem público = bem de propriedade do Município; II — bem público = bem usado pelo povo. O imóvel cujo uso privativo foi trespassado à Associação Comunitária de São Bernardo do Campo, consoante os documentos apresentados, atendia, à época da outorga, a esses conceitos, tanto quanto atende, atualmente.

2. Pode-se encontrar para os bens públicos um conceito doutrinário e outro legal. Para Hely Lopes Meirelles (*Direito Administrativo Brasileiro*, 17ª ed., São Paulo, Malheiros Editores, 1992, p. 428), "são todas as coisas, corpóreas ou incorpóreas, imóveis, móveis e semoventes, créditos, direitos e ações, que pertençam, a qualquer título, às entidades estatais, autárquicas e paraestatais". Para o Código Civil (art. 65), são os bens do domínio nacional pertencentes à União, aos Estados-membros ou aos Municípios. Para nós, bens públicos são todas as coisas materiais ou imateriais pertencentes às pessoas públicas e submetidas a um regime de direito público instituído em favor do interesse público.

Não são, salvo em sentido amplíssimo, bens públicos os que integram o patrimônio das empresas governamentais (sociedades de economia mista e empresas públicas), porque pessoas privadas (CF, art. 173, § 1º), mas são públicos os pertencentes às autarquias e fundações públicas, porque pessoas públicas. Ademais, ditos bens não estão sujeitos a um regime de direito público (Diógenes Gasparini, *Direito Administrativo*, 3ª ed., São Paulo, Saraiva, 1993, p. 494). O bem objeto da indigitada permissão de uso outorgada à Associação Comunitária de São Bernardo do Campo atende a esse conceito. É bem público municipal.

3. Embora o art. 65 do Código Civil só se refira à União, aos Estados-membros e aos Municípios como pessoas proprietárias de bens, é inequívoco que outras pessoas, como o Distrito Federal, também podem ter bens, e tanto esses como aqueles são públicos. Assim, cabe perguntar: quem tem a propriedade dos mais diversos bens públicos, consoante a Constituição Federal?

A União é proprietária, além de outros bens que já lhe pertencem, dos indicados nos arts. 20 e 176 da Constituição Federal. Os Estados-membros são detentores dos bens enumerados no art. 26, entre outros que já integram seu patrimônio. O Distrito Federal, por força da sua específica natureza, é proprietário dos bens que em seu território pertenceriam ao Estado-membro e os que seriam de propriedade do Município. O Município tem a propriedade dos bens que dizem respeito ao interesse local, além dos que chegam ao seu domínio por qualquer modalidade de aquisição (compra, permuta, doação, desapropriação) permitida pelo Direito. As autarquias e as fundações públicas só detêm a propriedade dos bens que por qualquer forma de aquisição vieram a integrar seus competentes patrimônios. A Constituição Federal não lhes reservou qualquer bem.

O imóvel objeto da permissão de uso que beneficiou a Associação Comunitária de São Bernardo do Campo é de propriedade do Município de São Bernardo do Campo, consoante o consignado no art. 1º do Decreto municipal 8.775/87 e no preâmbulo do Termo de Recebimento e Responsabilidade. Se não bastasse isso, diga-se que essa propriedade é inferida da Cláusula Sétima, III, "a", do Contrato de Colaboração Financeira Não-Reembolsável de 10.2.87, mencionado pela ilustre Presidente consulente. Em razão dessa circunstância, cabia ao permitente, até o momento do trespasse do uso, exercer sobre dito bem a correspondente administração, compreendendo os poderes de utilização e conservação, conforme ensina Hely Lopes Meirelles (*Direito Administrativo* cit., p. 431), entendida, aí, a competência para outorgar permissões de uso.

4. Várias são as classificações dos bens públicos. Algumas são oferecidas pelos autores, outras pela legislação. Entre as primeiras, encontramos: a) a que divide os bens públicos, segundo a natureza, em bens móveis (banco de jardim) e bens imóveis (praia); b) a que separa os bens públicos, segundo o proprietário, em bens federais (estrada federal), bens estaduais (Museu da Polícia Militar), bens distritais (rua distrital), bens municipais (rua municipal), bens autárquicos (prédios da autarquia) e bens fundacionais públicos (imóvel de uma fundação pública), conforme sejam, respectivamente, da União, do Estado-membro, do Distrito Federal, do Município, de uma autarquia ou de uma fundação pública.

Entre as segundas, a de maior utilidade é oferecida pelo art. 66 do Código Civil. Segundo essa disposição, que leva em conta a destinação do bem, os bens públicos são: I — *de uso comum do povo*, tais como os mares, rios, estradas, ruas e praças; II — *de uso especial*, tais como os edifícios ou terrenos aplicados a serviço ou estabelecimento federal, estadual ou municipal; III — *dominicais*, isto é, os que constituem o patrimônio da União, dos Estados ou dos Municípios, como objeto de direito pessoal ou real de cada uma dessas entidades.

5. Dessas espécies, no caso, interessa conhecer mais de perto a dos bens dominicais. Esses são os destituídos de qualquer destinação, prontos para serem alienados ou utilizados desde que haja um interesse público e sejam atendidas as exigências legais. A esse respeito, ensina Hely Lopes Meirelles (ob. cit., p. 431): "que, embora integrando o domínio público como os demais, deles diferem pela possibilidade sempre presente de serem utilizados em qualquer fim ou, mesmo, alienados pela Administração, se assim o desejar. Daí por que recebem também a denominação de bens do patrimônio fiscal. Tais bens integram o patrimônio do Estado como objeto de direito pessoal ou real, isto é, sobre eles a Administração exerce poderes de proprietário, segundo os preceitos de direitos constitucional e administrativo, na abalizada expressão de Clóvis Beviláqua".

Desses bens são exemplos o terrenos, edificados ou não, sem qualquer utilização e não consagrados a qualquer finalidade pública, de propriedade das citadas pessoas públicas. Dessa espécie era, e ainda é, o imóvel objeto da então permissão de uso, outorgada à Associação Comunitária de São Bernardo do Campo, como se infere dos dispositivos desse ato, do Termo de Recebimento e Responsabilidade e do Contrato de Colaboração Financeira Não-Reembolsável. Ademais, se assim não fosse, não poderia ser objeto de uso privativo de particular, porque, certamente, seria de uso comum do povo ou de uso especial, que inadmitem utilização especial ou privativa de caráter duradouro. Destarte, tem-se que reconhecer como legal a submissão desse bem ao regime de uso privativo, outorgado em favor da Associação Comunitária de São Bernardo do Campo.

6. Os bens públicos, especialmente os imóveis destituídos de finalidade pública, isto é, desafetados de qualquer uso público, podem ser utilizados de modo especial ou privativo por qualquer pessoa física ou jurídica, e esta, pública ou privada, se presente um interesse coletivo, se não resultar em alienação e se forem atendidas todas as exigências de lei. É o que se depreende do regime jurídico que marca, indelevelmente, os bens públicos e das regras que ensejam o trespasse do uso. A permissão de uso que investiu a Associação Comunitária de São Bernardo do Campo na utilização especial ou privativa do indicado bem imóvel municipal observou essas exigências, na medida em que existia interesse público no seu engajamento no programa nacional de distribuição de produtos de alimentação, limpeza e higiene pessoal à população carente, não redundou em sua alienação à permissionária, e a exigência de o trespasse do uso ser mediante decreto foi atendida.

O uso privativo não transfere a propriedade do bem ao usuário, mesmo que prolongado. Aliás, é a própria Constituição Federal que ressalva essa possibilidade em dois momentos, no § 3º e no parágrafo único dos arts. 183 e 191, respectivamente, ao vedar sua aquisição pela usucapião. O domínio, portanto, continua a pertencer ao Poder Público, que pode retomá-lo do permissionário a qualquer tempo, por motivo de conveniência ou oportunidade ou em razão de inadimplemento de obrigação a seu cargo, respeitados, como é óbvio, o amplo direito de defesa e o contraditório.

7. Quanto à possibilidade de serem os bens públicos utilizados pelos particulares, de modo especial ou privativo, afirma Hely Lopes Meirelles (*Direito Administrativo* cit., p. 434) que: "Todos os bens públicos, qualquer que seja a sua natureza, são passíveis de uso especial por particulares, desde que a utilização consentida pela Administração não os leve à inutilização ou destruição, caso em que se converteria em alienação". No mesmo sentido são as lições de Celso Antônio Bandeira de Mello (*Curso de Direito Administrativo*, 5ª ed., São Paulo, Malheiros Editores, 1993, p. 442), Lucia Valle Figueiredo (*Curso de Direito Administrativo*, São Paulo, Malheiros Editores, 1994, p. 358) e Maria Sylvia Zanella Di Pietro (*Direito Administrativo*, 4ª ed., São Paulo, Atlas, 1994, p. 440). Com efeito, assevera esta administrativista que: "Os bens públicos das três modalidades previstas no art. 66 do Código Civil — de uso comum, de uso especial e dominical — podem ser utilizados pela pessoa jurídica de direito público que detém a sua titularidade ou por outros entes públicos aos quais sejam cedidos, ou, ainda, por particulares (...)".

Nenhum obstáculo havia, nesse particular, por ocasião da outorga da referida permissão de uso à Associação Comunitária de São Bernardo do Campo. O trespasse do uso era legalmente possível, nada havia que ser feito, pois tratava-se de bem dominical, e a utilização destinava-se a um fim de utilidade pública, consistente na distribuição de produtos de alimentação, limpeza e higiene pessoal à população carente, conforme prescrevia a Cláusula Primeira do Contrato de Colaboração Financeira Não-Reembolsável, celebrado entre o Município de São Bernardo do Campo e o Banco Nacional de Desenvolvimento Econômico e Social com a interveniência da Associação Comunitária de São Bernardo do Campo. Ademais, a transferência do uso era permitida pela legislação municipal e pela Lei Orgânica dos Municípios (Decreto-lei Complementar estadual 9/69), vigentes à época. Não obstante, não se pode ter como legais a precariedade e o não-pagamento de indenização pelas benfeitorias realizadas pela permissionária, expressamente consignadas no Termo de Recebimento e Responsabilidade.

8. O uso privativo dos bens dominicais, embora possa decorrer de institutos jurídicos próprios do direito privado, a exemplo da locação e da enfiteuse, é quase sempre trespassado ao interessado através da concessão, da permissão ou da autorização, institutos do direito público, conforme infere-se, por exemplo, do inciso V do art. 19 da Constituição de São Paulo. Assim também pensa Maria Sylvia Zanella Di Pietro (*Direito Administrativo* cit., p. 445) ao ensinar que: "Diversa é a situação dos bens dominicais, já que estes são coisas que estão no comércio jurídico de direito privado. Embora possam ser cedidos aos particulares por meio dos mesmos institutos de direito público já mencionados, também podem ser objeto de contratos regidos pelo Código Civil, como a locação, o arrendamento, o comodato, a concessão de direito real de uso, a enfiteuse".

9. Cuidemos de conhecer, dada a natureza do instrumento que investiu a Associação Comunitária de São Bernardo do Campo na utilização do citado bem público, a permissão de uso, deixando de lado os demais instrumentos de trepasse do uso de bens públicos a terceiros, pois desnecessário conhecê-los para o desate dos problemas propostos. Assim, permissão de uso é o ato administrativo discricionário e precário mediante o qual, por prazo certo ou indeterminado, a Administração Pública outorga a alguém, que para isso tenha demonstrado interesse, o uso privativo de bem de sua propriedade, mediante certas condições. Por ser ato administrativo, independe, para sua perfeição, da manifestação de vontade do seu beneficiário, ou, como acentua Maria Sylvia Zanella Di Pietro (*Uso Privativo de Bem Público por Particular*, São Paulo, Ed. RT, 1983, p. 73): "porque se perfaz com a exclusiva manifestação de vontade do Poder Público".

A permissão de uso é ato administrativo discricionário pois depende, caso a caso, do exame de compatibilidade da utilização pretendida com o interesse público, envolvendo, inclusive, a apreciação da conformidade desse uso com a destinação específica do bem, ou seja, com a sua afetação. É precário, dado que a qualquer momento pode ser revogado pela Administração Pública outorgante, em atendimento do interesse público. Essa precariedade, em absoluto, não significa arbitrariedade. Será nulo o ato do permitente que desobedecer ao princípio da legalidade e não propiciar o direito à ampla defesa e ao contraditório quando se tratar de revogação de permissão de uso qualificada.

Qualquer bem pode ter seu uso trespassado a terceiro mediante permissão, cujo regime é de direito administrativo, ou, como assevera Maria Sylvia Zanella Di Pietro (*Uso Privativo* cit., p. 73), "de direito público, derrogatório e exorbitante do direito comum". Seu desfrute pelo permissionário é fiscalizado pelo Permitente e sua extinção, por ato jurídico de igual natureza e hierarquia, observa as regras de direito administrativo, podendo ocorrer sempre que se tornar prejudicial ao interesse público ou quando o outorgado der causa ao desfazimento.

Enquanto vigorar a outorga, cabe ao permissionário defender seus direitos ameaçados por terceiros ou pela própria Administração permitente, salvo no que concerne à extinção da permissão em razão de sua específica natureza. Embora não possa se opor à extinção, é certo que pode o permissionário propugnar pela correspondente indenização quando a permissão lhe fora outorgada por prazo certo. Nesse sentido é a lição de Maria Sylvia Zanella Di Pietro (*Uso Privativo* cit., p. 73) quando assevera que o permissionário "também pode, no caso de permissão outorgada com prazo fixo, pleitear indenização por perdas e danos, se a revogação se der antes de expirado o prazo".

Observe-se que esse poder de revogar não autoriza a retomada auto-executoriamente, *manu militari*, do bem cuja permissão de uso fora revogada, pois esse atributo não existe em todo e qualquer ato administrativo. A auto-executoriedade somente é encontrada nos atos que receberam essa distinção da lei ou quando indispensável à imediata salvaguarda do interesse público (Diógenes Gasparini, *Direito Administrativo* cit., p. 79). No mesmo sentido, confrontem-se Lúcia Valle Figueiredo (ob. cit., p. 102) e Celso Antônio Bandeira de Mello (*Curso* cit., p. 197). Desse notável administrativista é a seguinte lição: "a) quando a lei prevê expressamente, que é o caso óbvio; b) quando a executoriedade é condição indispensável à eficaz garantia do interesse público confiado à Administração; isto é, nas situações em que, se não for utilizada, haverá grave comprometimento do interesse que incumbe à Administração assegurar. Isto ocorre nos casos em que a medida é urgente e não há via jurídica de igual eficácia à disposição da Administração para atingir o fim tutelado pelo Direito, sendo impossível, pena de frustração dele, aguardar a tramitação de uma medida judicial".

No caso, como não estão presentes esses requisitos, a retomada há de ser precedida de decretação judicial ou transação. De outro modo, seria ilegal e passível de ser obstada por mandado de segurança.

Por se tratar de ato, quase sempre, de mera liberalidade, cabe ao permitente, unilateralmente, fixar as condições da outorga. Em regra, essas condições são estabelecidas no próprio ato de outorga ou em termo apartado, como ocorreu na permissão de uso objeto da consulta formulada pela ilustre Presidente da Associação Comunitária de São Bernardo do Campo. Embora seja assim, é induvidoso que não tem sentido lógico, nem jurídico, a fixação de condições conflitantes com comportamentos e responsabilidades contratuais assumidos anteriormente. Se, de todo, essa inusitada circunstância vier a ocorrer, devem-se reputar ditas condições como se não tivessem sido estabelecidas, como não-escritas.

No caso, a permissão de uso foi outorgada em seqüência e em atenção ao Contrato de Colaboração Financeira Não-Reembolsável, celebrado para dar atendimento ao programa nacional de distribuição de produtos de alimentação, limpeza e higiene pessoal à população carente. Programa de longa duração, onde seriam investidos em obras e capital de giro grandes recursos, recebidos de outrem e próprios da Associação Comunitária de São Bernardo do Campo, e isso não era desconhecido do permitente, já que celebrou com o BNDES o indigitado Contrato de Colaboração Financeira e expressamente se responsabilizou, na hipótese de revogação da permissão de uso, a "destinar imóveis equivalentes, no que se refere às benfeitorias existentes e à localização dos mesmos, para utilização na finalidade da presente operação" (Cláusula Quinta).

Ademais, a permissionária, como interveniente, assumiu a construção de sua sede, que ora se pretende confiscar, e do necessário posto de distribuição. Atente-se a que isso era do conhecimento do permitente, dadas sua expressa consignação contratual e a prévia aprovação dos projetos, ato equivalente à *autorização por escrito para construir*. Mas, ainda que assim não se entendesse, a construção dessas benfeitorias deveria ter sido embargada pelo permitente, dado que contrariava regras do ato de permissão de uso. Ora, se houve aprovação e não houve o embargo dessas construções, é mais que notório que a autorização ocorreu e que com tais construções estava afinado o permitente. Assim, essa autorização não só aconteceu, como está a produzir todos os seus efeitos. Como, então, entender válida a precariedade prescrita no decreto de permissão e no Termo de Recebimento e Responsabilidade, justificadora da revogação? Somente o desconhecimento desses fatos e de comezinhos princípios de Direito — para não verberar que só a ausência de lealdade e boa-fé — poderia justificar essa inexistente precariedade e fundamentar o ato de revogação.

10. Como tem ressaltado a doutrina, a permissão de uso pode ser *simples* ou *qualificada*. A qualificada também é chamada de *condicionada*. Simples é a permissão outorgada por prazo indeterminado. Qualificada é a outorgada por prazo certo. Escrevendo especificamente sobre a permissão de uso, acentua Hely Lopes Meirelles (*Direito Administrativo* cit., p. 435) que a permissão, como ato negocial, pode ser "por tempo certo ou indeterminado". A mesma inteligência é manifestada por José Cretella Júnior (*Manual de Direito Administrativo*, 4ª ed., Rio de Janeiro, Forense,

1989, p. 315) e Maria Sylvia Zanella Di Pietro (*Uso Privativo* cit., p. 134).

A permissão de uso com prazo ou qualificada torna a outorga mais estável. Dá, portanto, maior segurança à utilização e confere direito subjetivo ao permissionário de ser indenizado quando a permissão, em razão do interesse público, for revogada antecipadamente. Igualmente preleciona Maria Sylvia Zanella Di Pietro (*Uso Privativo* cit., p. 134), ao oferecer, como conclusão de sua tese de Doutoramento, a assertiva: "(...) ou com prazo (permissão qualificada), o que confere certa estabilidade ao uso e confere direito subjetivo ao permissionário, compensável pecuniariamente em caso de revogação extemporânea". Em suma, o regime dessas permissões passa a ser o contratual, especialmente no que respeita à indenização se antecipadamente revogadas por conveniência e oportunidade.

Na permissão de uso qualificada, a outorga, por ser menos precária, reduz o poder de revogar da Administração Pública permitente e investe o seu beneficiário no direito subjetivo de ser indenizado quando a extinção, por motivo de interesse público, for antecipada pelo permitente. Assim, pode-se afirmar que essa modalidade de permissão de uso tem seu regime muito próximo da concessão de uso. Aliás, essa observação já fora feita por Maria Sylvia Zanella Di Pietro (*Uso Privativo* cit., p. 81) ao ensinar que: "A permissão qualificada é dotada da mesma estabilidade de que se reveste a concessão de uso, pois no ato de outorga não haverá o traço da precariedade; os dois institutos, nesse caso, se assemelham no sentido de que o permissionário adquire, da mesma forma que o concessionário, direito subjetivo à indenização em caso de revogação antes do prazo determinado".

Se dotada da mesma estabilidade da concessão de uso de bem público, é certo que não pode ser revogada sumariamente. Nesse particular, é igual à permissão de serviço público, qualificada pelo prazo determinado ou pelo investimento exigido na prestação do serviço público. Para a revogação dessa permissão entende-se necessário conceder ao permissionário amplo direito de defesa e a comprovação da justa causa, conforme ensina Carlos Pinto Coelho Motta (*RDA* 192/353) e já decidiu o egrégio Tribunal de Justiça de Minas Gerais. Com efeito, em acórdão desse excelso Pretório (MS 5.224, de Belo Horizonte) restou consignado: "Não pode a Administração revogar, unilateralmente e de forma sumária, a permissão concedida ao permissionário de serviço público de transporte coletivo quando aquela é estipulada por prazo certo" (*apud* Carlos Pinto Coelho Motta, *in RDA* 192/353).

11. O prazo é necessário, indispensável mesmo, para que o permissionário, ao longo da utilização, possa recompor seu patrimônio, desfalcado com os investimentos realizados no bem público objeto da outorga, e alcançar a vantagem econômica imaginada ou auferir o benefício social esperado do empreendimento quando sua utilização objetiva uma utilidade pública. É nesse prazo que o permissionário consegue amortizar seus investimentos, de sorte a devolver o bem objeto da outorga e suas benfeitorias sem qualquer ônus para a Administração Pública permitente. Não fosse assim, certamente ninguém se interessaria pelo uso, e a colaboração particular estaria seriamente ameaçada.

Nessa direção caminha o direito administrativo — conforme observa José Cretella Júnior ao anotar que: "Modernamente, a tendência do direito administrativo é estabelecer princípios restritivos da precariedade, introduzindo, nas permissões, a conotação do termo *ad quem*" (*RDA* 101/24) — e é o que tem ocorrido na prática. São comuns outorgas de permissões com prazo certo. Por que essa tendência? "Por motivos econômicos", responde esse professor. De fato, quem investiria grandes somas para dotar o bem, objeto da outorga, das instalações e do aparelhamento necessários à sua melhor utilização fundado numa permissão simples, sem prazo, sem condições favoráveis ao retorno desses investimentos? Ivan Barbosa Rigolin, ao tratar da precariedade das permissões, mostra semelhante preocupação, ao indagar: "Será algum particular, candidato a permissionário da Administração, suficientemente insano, ou irresponsável para consigo mesmo, a ponto de aceitar uma outorga — que lhe exigirá pesado investimento — absolutamente instável, não garantida da mudança de humor da autoridade permitente?"

12. A esse regime de prazo se subsume a permissão em que o permissionário é autorizado expressamente a promover construções no bem objeto da outorga, ainda que não se tenha explicitado um prazo. No caso, não se tem uma permissão simples, como aos menos avisados poderia parecer, mas qualificada. Precisa e oportuna, nesse particular, é a lição de Diogo Freitas do Amaral (*A Utilização do Domínio Público pelos Particulares*, São Paulo, Juriscrédi, 1972, p. 235), ao afirmar: "De harmonia com os princípios e com o uso que nesta matéria se tem seguido, queremos crer que há que distinguir hipóteses, separando para um lado as utilizações que não alteram a estrutura material da coisa pública ou que se traduzem na ocupação dela com instalações desmontáveis e, para outro lado, as que se caracterizam pela edificação de construções fixas — as primeiras deverão considerar-se precárias, mas não assim as segundas".

Por conseguinte, se se tratar dessa espécie de outorga, deve vigorar até que o custo da construção tenha sido totalmente amortizado. Vale afirmar: deve vigorar pelo prazo indispensável a que essa amortização ocorra. Há assim que se entender, especialmente se com a extinção está associada a reversão gratuita das obras já realizadas à Administração Pública permitente. Destarte, antes de amortizado o custo da construção autorizada não cabe à Administração Pública permitente revogar a outorga por interesse público, salvo indenização.

13. Passa-se com essas permissões algo semelhante ao que ocorria com os contratos de locação de prédio rústico por prazo indeterminado, em que se presumia a contratação pelo tempo indispensável a uma colheita, consoante prescrevia o art. 1.212 do Código Civil. Nesses contratos garantia-se o prazo para, ao menos, uma colheita. A esse respeito, lembra Washington de Barros Monteiro (*Curso de Direito Civil*, 9ª ed., v. 5º/157, São Paulo, Saraiva, 1973) que, se o contrato não tem prazo determinado, ele será o indispensável para uma colheita. O mesmo princípio que nesses ajustes favorecia o locatário deve prestigiar o permissionário nas permissões sem prazo, em que se autorizou construções que, com a extinção da outorga, passam ao domínio do permitente sem que nada lhe custe. O prazo, nesses casos, deverá ser o indispensável para que a amortização se complete e o bem, com suas benfeitorias, reverta ao Poder Público permitente sem o empobrecimento do permissionário.

Se não se entendesse assim, haveria, por parte da Administração Pública permitente, locupletamento sem causa, o que em nenhuma hipótese se admite. A ninguém, nem mesmo à Administração Pública, permite-se enriquecer à custa alheia, e isso é dogma que desde os romanos se incorporou em definitivo à Ciência do Direito, conforme ensina José Cretella Júnior (*RDA* 123/405). O *nemo locupletari debet cum aliena injuria*, como princípio de Direito, deve regular todas as relações intersubjetivas, conforme acentuou o egrégio Tribunal de Justiça de São Paulo em v.

acórdão publicado na *RT* 507/118. Com efeito, nesse julgado restou consignado que: "Há um princípio que deve reger todas as relações humanas: a proibição do enriquecimento ilícito".

14. Sendo induvidoso que a ninguém é dado o direito de locupletar-se com o dano de outrem, deve-se ter como inconcebível pudesse o Poder Público autorizar, durante a vigência de uma permissão de uso, uma edificação onerosa e, uma vez concluída, ou algum tempo após, pudesse revogar a outorga, impedindo, por esse expediente, que o permissionário dela desfrutasse consoante os termos desse ato. Tal comportamento, por evidente, não se coaduna com os princípios da *boa-fé* e da *lealdade*, ínsitos no princípio da moralidade administrativa (CF, art. 37), que espelham, em qualquer ato negocial, a exemplo da concessão e da permissão, confiança, segurança e honra no cumprimento da palavra dada, pois cada interessado se entrega confiante às ações leais do outro e na certeza de que não será enganado, conforme ensina Celso Antônio Bandeira de Mello, calcado em Jesús González Perez (*RDA* 76/43).

Não cabe, irrefutavelmente, à Administração Pública, sob qualquer pretexto, comportar-se contrariamente a esses princípios. De revés, deve observá-los, conforme averba Celso Antônio Bandeira de Mello (*Curso* cit., p. 59), nestes termos: "Segundo os cânones da lealdade e boa-fé, a Administração haverá de proceder em relação aos administrados com sinceridade e lhaneza, sendo-lhe interdito qualquer comportamento astucioso, eivado de malícia, produzido de maneira a confundir, dificultar ou minimizar o exercício de direito por parte dos cidadãos".

A revogação da permissão de uso outorgada regularmente à Associação Comunitária de São Bernardo do Campo para cumprir um programa de interesse coletivo não observou, seguramente, esses princípios. O permitente não agiu com a lealdade e boa-fé que a permissionária, sua parceira e da União na execução do programa de distribuição de produtos de alimentação, limpeza e higiene pessoal à população carente, esperava. Desse modo, só a devida indenização terá o condão de restaurar a legalidade, rompida com a intempestiva revogação.

O Código Civil, ao prescrever, no art. 1.025, que "é lícito aos interessados prevenirem, ou terminarem o litígio mediante concessões mútuas", acabou por instituir a transação, que, segundo Maria Helena Diniz (*Curso de Direito Civil Brasileiro*, 5ª ed. atualizada, v. 2º/271, São Paulo, Saraiva, 1989), "é o negócio jurídico bilateral, pelo qual as partes interessadas, fazendo-se concessões mútuas, previnem ou extinguem obrigações litigiosas ou duvidosas".

Torna-se essencial à transação que estejam presentes: a) a reciprocidade dos ônus e vantagens; b) a existência de litígio, dúvida ou controvérsia entre as partes. Sem o primeiro desses requisitos, a transação não será outra coisa senão simples liberalidade, e se apenas uma das partes cede, haverá renúncia, desistência ou doação. Exige-se, assevera Washington de Barros Monteiro (*Curso de Direito Civil*, 9ª ed., v. 4º/316, São Paulo, Saraiva, 1973), a reciprocidade dos benefícios e sacrifícios, sob pena não se tratar de transação. Também não se trataria de transação se inexistisse o litígio, a dúvida ou controvérsia entre as partes. Segundo esse autor (ob., v. e loc. cits.), a "transação pressupõe sempre incerteza ou contestação entre os interessados acerca de determinada relação jurídica".

As expressões *prevenirem e terminarem o litígio*, consignadas no transcrito art. 1.025 do Código Civil, indicam as duas principais espécies de transação, ou seja, as *extrajudiciais* e as *judiciais*. As primeiras são as ajustadas em vista de litígio iminente. Por elas, quer-se evitar a demanda, mediante acordo onde os transatores compõem seus interesses, ou, como ensina Washington de Barros Monteiro (ob., v. e loc. cits.), pacificam suas dúvidas e contestações. As segundas são as ajustadas no curso de uma demanda que se propunha a decidir do direito em litígio. Deseja-se, por elas, pôr fim à demanda existente.

Somente as pessoas capazes e maiores podem transigir. Embora seja assim, algumas pessoas, ainda que atendam a esses requisitos, estão proibidas de transacionar, a exemplo do tutor em relação aos negócios do tutelado, do pródigo e do agente público em relação aos bens, direitos e interesses da coletividade, salvo se expressamente autorizado por lei (*RDA* 128/178). A par disso, cabe dizer quc somente os direitos patrimoniais de caráter privado podem ser transacionados, *ex vi* do disposto no art. 1.035 do Código Civil. Assim, não é lícito transigir sobre questões relacionadas ao estado das pessoas, legitimidade do matrimônio, pátrio poder, bens fora do comércio, entre outros.

Infere-se, do conjunto de informações oferecidas pela ilustre Presidente consulente, que a revogação instaurou um clima de insatisfação: de um lado, o permitente, Município de São Bernardo do Campo, que deseja imitir-se na posse do imóvel sem promover qualquer indenização por entender tratar-se de permissão simples, precária; e, de outro, a Associação Comunitária de São Bernardo do Campo, que entende de modo diverso e resiste a essa pretensão, mantendo-se na posse. A dúvida, ademais, incide sobre direitos disponíveis. Sendo assim, pode-se afirmar que os requisitos da transação estão presentes, podendo ser celebrada para evitar iminente demanda.

15. Destarte, examinada a consulta, passamos a responder objetiva e conclusivamente aos quesitos formulados pela ilustre Presidente consulente, da seguinte forma:

15.1 Sim. A permissão de uso que investiu a Associação Comunitária de São Bernardo do Campo foi outorgada regularmente. Havia interesse público na sua integração ao programa nacional de distribuição de produtos de alimentação, limpeza e higiene pessoal para a população e as exigências legais foram observadas.

15.2 Não. As restrições consignadas, especialmente no Termo de Recebimento e Responsabilidade, para impor a precariedade da outorga, vedar qualquer pedido de indenização e estabelecer a incorporação imediata das construções ao patrimônio municipal, eram absolutamente impertinentes com as disposições contratuais ajustadas anteriormente. Devem ser havidas, por essa razão, como não-escritas.

15.3 Sim. O imóvel objeto da outorga era dominical, como ainda o é. Podia ser objeto de uso privativo por particular, e especialmente da Associação Comunitária de São Bernardo do Campo, parceria na execução de programa governamental.

15.4 Sim. A integração da Associação Comunitária de São Bernardo do Campo no programa de distribuição de produtos de alimentação, limpeza e higiene para a população era de interesse público.

15.5 Não. A revogação da permissão de uso outorgada à Associação Comunitária de São Bernardo do Campo foi ilegal, dado tratar-se de permissão qualificada de uso e o fundamento da extinção o interesse público, ou seja, uma circunstância de mérito. Nessa espécie de permissão, o poder de revogar sofre sérias limitações. Impõe-se, na revogação dessas outorgas, a obrigação de indenizar, por exemplo.

15.6 Não. A retomada somente pode ser judicial. O ato de revogação não goza do atributo da auto-executoriedade. Por evidente, não se pode descartar a retomada amigável e nos exatos termos da transação que vier, eventualmente, a ser celebrada.

15.7 Sim. A revogação incidiu sobre uma permissão qualificada de uso de bem público, assim convertida em razão de construções autorizadas pelo permitente. Destarte, se ainda não amortizados tais investimentos, a indenização é direito inafastável da permissionária, ou seja, da Associação Comunitária de São Bernardo do Campo.

15.8 Sim. Observadas as exigências legais, as partes podem, para prevenir uma demanda, transigir quanto ao montante da indenização e à data da devolução do bem ao permitente.

É o parecer, s.m.j.

São Bernardo do Campo, 8 de junho de 1994.

PARECERES

FUNCIONÁRIO — ESTABILIDADE — CONCURSO PÚBLICO*

ADERBAL TORRES DE AMORIM
Professor nas Escolas Superiores da Magistratura e do Ministério Público do Rio Grande do Sul

Estabilidade excepecional. Tempo de serviço público como título a ser considerado em concurso público. Impossibililude de contagem por estranho à norma exceptiva criadora de privilégio exclusivo de seus destinatários. O Tribunal de Contas não há de firmar suas posições a partir das de outros órgãos. Princípio da independência das decisões dos Tribunais de Contas estaduais.

I — A consulta

1. O Presidente da Câmara de Vereadores do Município de Horizontina, vereador Ernani Stoll, solicita orientação deste Tribunal, "(...) para evitar decisões errôneas e problemas com o funcionalismo", acerca da contagem de tempo de serviço público como título dos servidores estabilizados pelo art. 19 do Ato das Disposições Constitucionais Transitórias, quando se submeterem a concurso público para fins de efetivação.

Informa que a Prefeitura (leia-se: o Executivo Municipal), seguindo orientação deste Tribunal, somente considerou, como título, o tempo de serviço público dos servidores destinatários da norma constitucional transitória fato, esse, que gerou vários mandados de segurança "(...) por funcionários que se sentiram lesados com a decisão, isto porque o IBAM e a Procuradoria-Geral do Estado emitiram parecer informando que o tempo de serviço público deve ser estendido a todos os servidores (celetistas, cargos em comissão etc.)" (sic).

Aduz que em um dos casos houve manifestação positiva do juízo local, cuja sentença foi confirmada pelo Tribunal de Justiça do Estado.[1]

2. Neste Tribunal, juntaram-se manifestações da Consultoria Técnica que foram adotadas pelo Pleno em diferentes consultas da mesma Câmara Municipal de Horizontina, do Prefeito Municipal de Boqueirão do Leão e da Inspetoria Regional de Santo Ângelo, deste Tribunal, sempre no mesmo sentido, a saber, o de que a norma especialíssima tem como destinatário *unicamente* os servidores declara-

* Parecer ofertado na Auditoria do Tribunal de Contas do Estado do Rio Grande do Sul.

1. Sentença no processo cível 9242.451/91, fls. 9-12, e acórdão na Ap. cível 592051999, fls. 13-15.

dos estáveis pelo ADCT. Igualmente, a instrução do processo impressiona-se com o fato de que, contrariamente ao entendimento do Tribunal, posicionou-se não só o Judiciário, através dos arestos referidos, como, igualmente, a Procuradoria-Geral do Estado, através de três diferentes pareceres.

3. Finalmente, subindo os autos ao Presidente deste Tribunal, decidiu ele pelo encaminhamento a esta Auditoria, a fim de ser elaborado parecer coletivo. É o relatório.

II — Duas questões prévias

4. De logo afaste-se o estranho vezo de que a Prefeitura Municipal pode praticar esse ou aquele ato, tomar essa ou aquela providência, como se de pessoa (jurídica ou não) se tratasse. Em verdade, a Prefeitura Municipal (como o Palácio do Planalto, ou o Palácio Piratini, ou o Palácio Farroupilha etc.) não passa de *um prédio*, e nada mais que isso. E, sendo prédio, edificação, por óbvio não tem como praticar ato, que somente alguém — pessoa jurídica, física ou meramente ideal — pode praticar.

No particular, não custa lembrar que em mais de uma ocasião o Supremo Tribunal Federal deu pela carência de ação por ilegitimidade de parte de "Prefeitura Municipal".

Nem se trace paralelo entre as "Prefeituras" e os Tribunais brasileiros (de contas ou jurisdicionais, pouco importa) só porque estes são admitidos em juízo como verdadeiros titulares de direitos. Não e não. Os tribunais (e outros órgãos também) representam-se em juízo como pessoas ideiais, pessoas processuais que são, questionando direito próprio. Mas isso não quer dizer que os *edifícios* desses tribunais representar-se-ão, onde quer que seja. A questão parece destituída de interesse, mas, volta-se a dizer, o Pretório Excelso, em mais de uma ocasião, julgou não terem as "Prefeituras" legitimidade, pela óbvia razão de que pessoas não são.

5. Da mesma sorte, pareceres, manifestações judiciais e outros que tais — por mais respeito que se lhes deva — não podem ter o condão, de si sós, de alterar essa ou aquela posição da Corte de Contas. Não restará a esta mais do que submeter-se à decisão jurisdicional *apenas e tão-somente* no caso concreto, a menos que, fruto de julgamento final do Supremo Tribunal Federal que declare inconstitucionalidade de lei ou ato de governo federal ou estadual, ou do Tribunal de Justiça que dê pela inconstitucionalidade de lei ou ato de governo municipal (e assim mesmo apenas em face da Constituição estadual), sobrevenha acórdão resultante do controle via ação direta de inconstitucionalidade. No mais, não há de impressionar-se o Tribunal com qualquer manifestação, jurisdicional ou não, acerca de matéria qualquer.

E, para que não restem dúvidas, toma-se como exemplo entendimento recentíssimo do Tribunal de Justiça do Estado para o qual é inconstitucional a limitação de idade a candidatos ao concurso para provimento do cargo de Auditor Substituto de Conselheiro deste Tribunal. Tal entendimento — repetido tantas e tantas vezes pelo referido Pretório local — restou sobejamente ultrapassado por recente acórdão do Supremo Tribunal Federal pelo qual é perfeitamente constitucional a limitação fixada.[2]

6. Então, enfatize-se bem: não é porque o Judiciário adotou este ou aquele entendimento que o Tribunal de Contas terá de fazer o mesmo. E, se se levar em conta que o julgamento juntado pelo consulente diz respeito a *certos termos* insertos no edital de concurso e que este edital *não acompanhou a consulta*, nem mesmo se pode saber se o Judiciário posicionou-se

2. RE 136.237, 2ª T., un. 29.6.93.

contrariamente ao entendimento até agora profligado pelo Tribunal de Contas do Estado. Ao revés, é muito *provável* que o julgamento juntado, atendendo-se, ali, ao caso concreto, outro seria se os termos do edital fossem outros. Diz o Julgador, em sua sentença: "(...) o impetrado não preocupou-se em determinar, no Edital 058/91, o que seria 'tempo de serviço público municipal prestado à Prefeitura Municipal de Horizontina', preferindo usar uma expressão bastante genérica (...)".[3]

Já se vê, é precipitado afirmar-se que o *decisum* tendeu para esse ou aquele entendimento. Mais ainda, considerá-lo como palavra final que há de ser encampada por este Tribunal. Ora, se se usou no edital "expressão bastante genérica" e se não se conhece o conteúdo desta expressão, como se haverá de concluir que o entendimento do Magistrado é substancialmente divergente do Tribunal? E se for, por que haveria de ser o deste considerado inferior àquele? Bem por isso, não há por que alterar o Tribunal de Contas do Estado seu ponto de vista só porque o Judiciário decide de forma diversa, ressalvados, obviamente, os casos em concreto diante dos quais, é claro, o Tribunal deverá obediência.

III — O desate da questão de fundo

7. Toda controvérsia se estabelece a partir da regra consoante a qual os servidores excepcionalmente estabilizados pelo art. 19 do ADCT contarão, como título apresentável em *concurso destinado à sua efetivação*, o tempo de serviço até então prestado. Como norma de eficácia limitada que é, no feliz esforço classificatório de José Afonso da Silva, irradia todos seus efeitos a partir da "forma que a lei impuser" para o exercício do direito ali preconizado. E, como o concurso público só pode derivar, quando menos, de ato administrativo editalício, tem-se que o edital, de si só, atende ao mandamento da expressão "na forma da lei". Dito de outra forma: o edital do concurso público especificamente destinado aos fins de efetivar os servidores abrangidos pelo comando posto no art. 19 do ADCT haverá de regular a contagem de pontos a que ditos servidores farão jus, e não poderá deixar de fazê-lo, eis que contém a regra direito subjetivo certo que submete o administrador. Até aí, parece, nada a discutir.

8. O ponto nodal parece residir na possibilidade ou na imperiosidade de outros servidores — que não os do cabeço do art. 19 em referência — igualmente contarem, como título, o tempo de serviço quando se submeterem ao *mesmo* concurso específico para efetivação dos servidores excepcionalmente estabilizados.

A primeira conclusão que se há de tirar do exame das questões propostas é a de que o tempo de serviço *não é* necessariamente título computável nos concursos públicos em geral, até porque nem mesmo há obrigação de o administrador incluir nos concursos públicos a fase de títulos.

A segunda conclusão a ser extraída é a de que há uma exceção ao princípio retromencionado (o de que não é obrigatória a fase de títulos em concursos públicos), a saber, o concurso destinado precipuamente à efetivação dos referidos estáveis. Nesse caso, a contagem de pontos pelo tempo de serviço é compulsória como direito *certo* dos excepcionalmente estabilizados, conquanto não se possa falar em direito líquido: a) é direito certo, porque inquestionável quanto à sua existência; b) *ainda* não é direito líquido, porque indeterminado quanto a seu *quantum*, isto é, em que medida será o tempo computado como título, seu valor etc.

Então, fique bem claro: a) o único concurso em que obrigatoriamente haverá fase de títulos é o de efetivação dos ex-

3. Sentença, fls. 10.

cepcionalmente estáveis, já que estes têm direito à contagem, *nesse certame* — e só nele! —, do tempo de serviço como título; b) em outros concursos, porém, sobre não ser obrigatória a fase de títulos, quando esta houver, c) o tempo de serviço não será obrigatoriamente computado como título.

9. Resta, porém, ainda irrespondida a indagação central da consulta: nesses particularíssimos concursos para efetivação dos excepcionalmente estabilizados, poderão contar pontos pelo tempo de serviço os candidatos já efetivos em *outros* cargos? E outros candidatos não agentes públicos, poderão contá-los, igualmente? São questões de interpretação.

A respeito do tema, Pontes de Miranda deixou escrito que: "(...) na interpretação das regras gerais da Constituição, deve-se procurar, de antemão, saber qual o interesse que o texto tem por fito proteger. É o ponto mais rijo, mais sólido; é o conceito central em que se há de apoiar a investigação exegética (...) só se tem de adotar o critério de interpretação restritiva quando haja, na própria regra jurídica ou noutra, outro interesse que passe à frente. Por isso é erro dizer-se que as regras jurídicas constitucionais se interpretam sempre com restrição".[4]

Veja-se: diz o Mestre que a interpretação restritiva há de ser adotada somente quando haja, na própria regra jurídica ou noutra (no caso de que se trata, na própria regra do § 1º do art. 19 do ADCT), "outro interesse que passe à frente".

Ora, é inescondível que o interesse do constituinte, no particular, foi privilegiar os estabilizados excepcionalmente, não só com a própria e excepcional estabilidade, mas também, mais adiante, com a *obrigatória* contagem de pontos como título do tempo de serviço até então prestado.

Então, decorre da própria regra transitória a restritividade de interpretação. O constituinte — bem ou mal, nada importa, aqui, debater, já que não pertence aos juristas o fazer a lei; estes apenas a aplicam — quis aquinhoar determinados agentes públicos com um privilégio absolutamente inusitado — altamente discutível, se assim se quiser, em termos de contrariedade ao princípio da igualdade —, mas, de qualquer forma, de atendimento inafastável.

10. É verdade que é princípio cediço de hermenêutica que ao aplicador da norma jurídica não é lícito distinguir onde o legislador não o fez. Tratando do princípio em questão, assevera o festejado Carlos Maximiliano que: "(...) a regra não é tão absoluta como parece à primeira vista. O seu objetivo é excluir a interpretação estrita; porém esta será cabível e concludente quando houver motivo sério para reduzir o alcance dos termos empregados, quando especial; enfim, quando, implicitamente ou em outras disposições sobre o mesmo assunto, insertas na mesma lei ou lei diversa, prescrevam limites ou exceções, ao preceito amplo".[5]

No caso sob exame, é incontroverso que o constituinte houve por bem *impor regra excepcional* fundada em *motivo muito sério*, já que contrastante com o princípio isonômico. Nesse passo, prescreveu "limites e exceções ao preceito amplo", fazendo com que os excepcionalmente estabilizados pudessem, em situação absolutamente melhor do que a dos demais candidatos, contar pontos pelo tempo de serviço, se se tratasse ou se não tratasse de concurso de títulos. Naquele concurso, teleologicamente voltado para a efetivação dos assim estabilizados, obrigatoriamente contrariam, estes, pontos pelo tempo de serviço prestado. E, se há claríssima norma constitucional — posta, embo-

4. *Comentários à Constituição* anterior, t. I/302.

5. *Hermenêutica e Aplicação do Direito*, Freitas Bastos, 1941, p. 296.

ra, pelo constituinte no ADCT — indicando a *situação excepcional privilegiadora* de certos agentes públicos, é incontornável que a interpretação, no particular, haverá de ser restrita.

Da lição do grande Mestre conterrâneo podem ser pinçadas as seguintes conclusões alentadoras dessa interpretação:

a) a interpretação restritiva só tem lugar quando houver *motivo sério* para reduzir o alcance dos termos empregados na regra interpretada;

b) ou quando *razão fundamental* indicar que a norma não se estende a esse ou àquele caso;

c) ou, ainda, quando houver na mesma lei, ou em lei outra qualquer, *algum limite* derribador de seu maior alcance.

De tudo se há de concluir que, no particular, quis o constituinte que tal privilégio se destinasse a tais servidores, quem sabe até mesmo porque, assim, mais rapidamente chegar-se-ia ao tão almejado regime único, sem o qual, é consabido, sérios problemas enfrenta a Administração. A norma é de conteúdo nitidamente político, como são, em geral, as normas de direito público, ramo, este, do Direito que, no dizer do mesmo Carlos Maximiliano: "(...) apóia-se no elemento político, essencialmente instável; a esta particularidade atende, com especial e constante cuidado, o exegeta. Naquele departamento da ciência de Papiniano preponderam os valores políticos-sociais. Devem as instituições ser atendidas e postas em função de modo que correspondam às necessidades políticas, às tendências gerais da nacionalidade, à coordenação dos anelos elevados das justas aspirações do povo".[6]

11. Ora, se o poder constituinte de primeiro grau entendeu de privilegiar com a estabilidade os agentes públicos não-estáveis, sob certas e determinadas condições, como estender-se tais privilégios a outrem? Da mesma forma, se o constituinte entendeu de privilegiar tais agentes com a contagem de pontos, como título, pelo tempo de serviço por eles prestado, como estender-se tal privilégio a outrem? Tal particularidade trazida pelo constituinte há de ser atendida "com especial e constante cuidado pelo exegeta", na mencionada lição de Maximiliano.

Quanto à norma posta no § 2º do mencionado art. 19,[7] não mantém ela qualquer atrito com o privilégio trazido aos destinatários da regra posta no § 1º. Diz ela que os exoneráveis *ad nutum* não podem, só por esse fato, adquirir a estabilidade excepcional. Diz, ainda, que aos servidores de que trata o cabeço do artigo só se lhes há de contar o tempo de serviço em que detiveram a condição de detentores de cargos de confiança etc., *para fins de estabilização no serviço público*, se forem servidores. *E mais não diz.*

Ora, a menção exclusiva ao *caput* do artigo está apenas a dizer que o tempo de serviço dos exoneráveis *ad nutum* só será computado para os fins de estabilidade *se* eram eles — quando da assunção do cargo ou função de confiança, ou em comissão, ou os que a lei declare demissíveis *ad nutum* — servidores. Nada mais que isso diz.

12. Então, ponha-se de logo para o lado a estranha interpretação de que, indiferentemente, seja em concurso comum, seja em concurso destinado a efetivar estáveis, teriam os destinatários da regra do § 2º os mesmos privilégios que os do *caput*, para efeito de pontuação em concurso público, pelo tempo de serviço prestado. O que a norma constitucional está a dizer é que:

6. Idem. p. 360.

7. "O disposto neste artigo não se aplica aos ocupantes de cargos, funções e empregados de confiança ou em comissão, nem aos que a lei declare de livre exoneração, cujo tempo de serviço não será computado para os fins do *caput* deste artigo, exceto se se tratar de servidor".

a) os estabilizados excepcionalmente terão seu tempo de serviço contado como título *se e quando* submeterem-se a concurso público *para efetivação*. E só nesse caso; ao menos com tônus de obrigatoriedade;

b) os demais servidores, seja qual for a natureza de seu vínculo jurídico com a Administração, não poderão contar pontos quaisquer advindos de seu tempo de serviço nos concursos destinados à efetivação dos excepcionalmente estáveis;

c) tanto os servidores em "a" quanto os em "b", em absoluta igualdade de situações, poderão contar pontos *em quaisquer outros concursos públicos* em que houver fase de títulos e que nesta forem atribuídos pontos por tempo de serviço;

d) o privilégio aqui *comentado* advém de norma constitucional inibidora da ampla e aconselhável eficácia que o princípio isonômico deve irradiar. E, se o constituinte quis assim, assim há de ser atendido. Afinal, se, como ensina José Afonso da Silva, norma é o preceito que tutela situações subjetivas de vantagem ou de vínculo, tem-se que a norma de que se ora trata consagrou uma *vantagem* cujos *únicos* titulares são os servidores postos no cabeço do art. 19 do ADCT. Quando participarem estes de concurso destinado especificamente a efetivá-los, *somente eles* contarão pontos pelo título derivado do tempo de serviço até então prestado, "nos termos da lei" (*rectius*: da lei em sentido estrito, ou do edital respectivo). Interpretação outra — especialmente aquela que inclui na benesse do § 1º os servidores postos no § 2º — é delirante dos estritos termos da norma constitucional, por mais esdrúxula que possa ser esta.

É o parecer.

Auditoria, em 18 de outubro de 1993.

PARECERES

CONTRATO ADMINISTRATIVO — PAGAMENTO ANTECIPADO *

FLORIANO P. DE AZEVEDO MARQUES NETO
MARCOS AUGUSTO PEREZ

Advogados em São Paulo

PARECER

Consulta-nos o Diretor do Teatro Municipal de São Paulo sobre a possibilidade de se efetuar pagamento adiantado em contratos firmados pela referida casa de espetáculos.

Em termos gerais, a consulta pode ser ramificada em dois quesitos:

a) Pode a Administração Pública acordar com particular contrato de produção de espetáculos artísticos contendo cláusula de pagamento, parcial ou integral, antes da realização total do objeto deste?

b) Pode a Administração Pública efetuar a contratação de artista pagando o mesmo "a vista", antes da realização dos eventos ou das apresentações objeto da avença?

Assegura-nos o consulente que há muitíssima dificuldade de se contratar a produção de um determinado espetáculo contando com que o contratado, inicialmente, invista um certo capital na empreitada. Assegura-nos, ainda, que diversos artistas de renome não aceitam se apresentar publicamente sem antes receber parte do pagamento do cachê avençado.

Perseguindo a resposta a estes quesitos, vejamos, inicialmente, o tratamento oferecido pela legislação vigente ao tema. Sem dúvida, ambos os quesitos se prendem ao modo de pagamento a ser acordado no contrato. Como tal, trata-se de questão situada na interface legislativa entre as normas de licitações e contratos e as normas de direito financeiro.

Quanto ao tema licitatório, a lei nacional vigente, Decreto-lei 2.300/86, dedica à questão apenas um dispositivo obrigando à existência de cláusula de pagamento nos contratos: "Art. 32. O edital conterá, no preâmbulo, o número de ordem, em série anual, o nome da repartição interessada, a finalidade da licitação, a menção de que será regida por este decreto-lei, o local, o dia e hora para recebimento da documentação e propostas, bem como para início da abertura dos envelopes, e indicará o seguinte: (...) IV — condições de pagamento, e, quando for o caso, de reajustamento de preços".

Da mesma forma, estabelece o texto municipal, Lei 10.544/86: "Art. 53. O edital conterá, no preâmbulo, o número de ordem, em série anual, o nome da repartição

* Parecer proferido em 2.9.92, quando ainda vigente o Decreto-lei 2.300/86 (Lei de Licitações), revogado pela Lei 8.666, de 21.6.93.

interessada, o objeto da licitação, a menção de que será regida por esta lei, o local, dia e hora para recebimento da documentação e das propostas, bem como para abertura dos envelopes, e indicará o seguinte: (...) VII — condições de pagamento e, se cabíveis, as de reajustamento de preços".

Por seu turno, a legislação do direito financeiro vigente, Lei 4.320, de 17.3.64 — aplicável para União, Estados e Municípios —, dispõe:

"Art. 62. O pagamento da despesa só será efetuado quando ordenado após a sua regular liquidação.

"Art. 63. A liquidação da despesa consiste na verificação do direito adquirido pelo credor, tendo por base os títulos e documentos comprobatórios do respectivo crédito.

"§ 1º. Essa verificação tem por fim apurar:

"I — a origem e objeto do que se deve pagar;

"II — a importância exata a pagar;

"III — a quem se deve pagar a importância para extinguir a obrigação.

"§ 2º. A liquidação da despesa por fornecimentos feitos ou serviços prestados terá por base:

"I — o contrato, ajuste ou acordo respectivo;

"II — a nota de empenho;

"III — os comprovantes da entrega do material ou da prestação do serviço."

Portanto, cruzando-se os dispositivos supra, temos que: a) os editais expedidos pela Administração devem ter previsão explícita acerca das condições de pagamento a serem acordadas no âmbito do contrato deles decorrente; b) a efetivação dos pagamentos deverá se dar após a constituição do direito líquido do credor.

Vejamos, então, num primeiro esforço hermenêutico, qual a implicação dos mandamentos normativos supra. A nosso ver, a interpretação sistemática destes textos indica que a Administração Pública poderá optar pela forma de pagamento em uma dada contratação, estando, contudo, obrigada a deixá-la cosignada no edital, ou simplesmente no contrato, nos casos de contratação direta.

Posteriormente, havendo licitação, o contrato decorrente deste instrumento convocatório, pelo princípio da vinculação, deverá reproduzir, nas cláusulas que tratarem do pagamento, os termos consignados no edital sobre o assunto.

Por fim, no que tange à execução financeira deste contrato, a Administração deverá observar a regra de só efetuar pagamentos quando advinda a constituição plena do crédito por parte do contratante privado. Esta disposição merecerá um comentário mais detido adiante.

Vejamos, então, as implicações destes dispositivos no caso que nos foi submetido.

Da previsão das condições de pagamento nos contratos administrativos

Como pode ser visto pela leitura dos textos acima, a legislação vigente obriga a que os editais contenham como cláusula integrante a indicação das condições de pagamento.

Pois bem, se a legislação, nacional e municipal, prevê a necessária explicitação das condições de pagamento, é plausível pressupor que a Administração Pública dispõe de um campo de livre arbítrio para optar por forma de pagamento compatível e condizente com uma dada licitação.

De fato, se fosse intuito do legislador cercear variações nas condições de pagamento de contrato para contrato, vedando esta ou aquela forma de quitação dos créditos dos contratantes privados, estas imposições estariam explicitadas em lei.

A Lei de Licitações vigente vai, inobstante, no sentido contrário. Ao invés de vedar esta ou aquela forma de pagamento, permite explicitamente este espectro de variações. Não se faz necessário nenhum esforço exegético para se perceber que somente se pode exigir a determinação de qual o modo de pagamento num determinado contrato quando pelo menos mais de uma hipótese existir.

Se, por exemplo, a quitação financeira de um determinado contrato pela Administração somente pudesse ser feita após a conclusão de todo o seu objeto pelo particular, bastaria ter esta previsão em lei, tornando despiciendo obrigar que cada edital a repetisse.

Em resumo: a legislação sobre licitações e contratos hoje vigente não estabelece qualquer restrição quanto à forma de pagamento, deixando ao talante do poder público a determinação dessas condições, desde que elas estejam consignadas na peça convocatória.

Desse modo, resta claro que teremos três grandes hipóteses em que se poderá enquadrar esta livre determinação das condições de pagamento: a) pagamento único ao final, após recebimento definitivo do objeto; b) pagamento parcelado, efetivado a cada momento de entrega definitiva de uma parcela do objeto do contrato, ou c) uma parcela antecipada e outra, ao final, quando da entrega, integral ou parcial, do objeto contratual.

Certamente, as duas hipóteses iniciais do quadro acima são a regra para os contratos administrativos no Direito pátrio. Para verificarmos a viabilidade jurídica da terceira hipótese, objeto deste estudo, impõe-se estudar amiúde a legislação financeira há pouco comentada.

Como vimos, a Administração somente poderá proceder a pagamentos após verificação de que efetivamente o contratante privado já tem seu crédito constituído. Entre outras exigências formais para esta verificação, nos interessa, aqui, a contida no inciso III do § 2º do art. 62 da Lei 4.320/64.

O debate se coloca, então, na determinação do momento em que se constituiu o crédito do particular. A questão a ser respondida: o contratante privado deve demonstrar a entrega da coisa ou a realização do serviço para poder ver constituído o seu crédito contra a Administração?

A resposta parece ser: não necessariamente. Vejamos.

Se a Administração convoca um certame através de edital que prevê cláusula de adiantamento, e a partir daí firma com o particular contrato determinando este tipo de pagamento *ab initio*, parece-nos que este próprio título obrigacional já é bastante para representar a constituição do alegado crédito.

Note-se que a obrigação do Poder Público, mormente a de quitar as cláusulas de pagamento, decorre fundamentalmente do contrato ao qual este se vincula. Afinal, como bem observa Jean Rivero: "Esta desigualdade fundamental (entre o Poder Público e o contratante privado) tem um limite do lado financeiro; o contratante, neste terreno, se beneficia de garantias que o direito privado ignora e que tendem a lhe assegurar de todo o modo e qualquer que seja o uso feito pela Administração, de suas prerrogativas, uma remuneração conforme às previsões iniciais" (in *Droit Administratif*, 3ª ed., Dalloz, *apud* Celso Antônio Bandeira de Mello, *Elementos*..., p. 222).

Dito de outro modo: se, por certo, o caráter administrativo confere aos contratos firmados pelo Poder Público características peculiares, permitidoras de prerrogativas para a Administração, também é inconteste que esta deve se ater estritamente às cláusulas do contrato firmado, pelo menos enquanto estas estiverem vigentes.

"Se é inerente à idéia de serviço público a mutabilidade à qual se deve afeiçoar o contrato administrativo, conferindo ao Poder Público uma série de prerrogativas, sem equivalentes nos contratos privados, é preciso, de outro passo, assegurar a natureza comutativa e sinalagmática do avençado, preservando-se a intangibilidade da situação financeira do contratante" (Carlos Roberto Pellegrino, "Os contratos da Administração Pública", in *RDA* 179-180/79).

Retornando ao nosso raciocínio: quando estabelecido, como claúsula do contrato público, o pagamento de parcela do preço adiantado, o cumprimento desta cláusula não virá a ferir disposições da Lei 4.320/64, sendo que esta quitação decorrerá do contrato, que é, inegavelmente, meio hábil para se constituir o crédito do particular.

Nosso entendimento não destoa do que preconiza o insigne Hely Lopes Meirelles. Cumpre apenas citar um breve trecho do seu magistério sobre o tema: "Os que se opõem ao adiantamento de parte do preço contratual invocam os arts. 62 e 63 da Lei 4.320/64, como impeditivos deste pagamento. Não vemos esse impedimento nos citados dispositivos legais, pois o que eles exigem é a comprovação do direito do credor ao recebimento, 'tendo por base os títulos e documentos comprobatórios do respectivo crédito'. Ora, se o edital propicia esse pagamento e o contrato estabelecer o adiantamento, aí estão os documentos legitimadores da despesa a ser efetuada" (in *Licitação e Contrato Administrativo*, 10ª ed., p. 156).

Vemos, portanto, demonstrado que, existindo cláusula no edital e/ou no contrato nesse sentido, inexistiria óbice legal ao pagamento de parcela como adiantamento.

Ainda poder-se-ia indagar quanto à legalidade e, até mesmo, quanto à legitimidade da inclusão da cláusula em comento em editais ou contratos. Aqui, também, a resposta é relativa.

A priori, inexiste vedação a este tipo de avença. Já desenvolvemos este tema à farta. A legislação de licitações não coloca óbice algum a esta previsão.

Parece-nos que a questão está colocada na órbita do que se costuma denominar poder discricionário da Administração, dentro da precisa e restrita acepção que lhe dá Celso Antônio Bandeira de Mello. Vale citar um dos ensaios do grande mestre do direito administrativo pátrio:

"Deveras, quando da lei resulta discrição para o administrador, isto não significa que a este caiba adotar soluções desarrazoadas, não comportadas pelos fatos submetidos a seu juízo, ou que transbordem o campo significativo das palavras de que se serviu a norma para batizar-lhe a atuação ou que, de qualquer modo, comprometam a finalidade por ela protegida e em função da qual — para bem atendê-la — foi concedida a 'liberdade' de apreciação.

"Somente um jejuno em direito administrativo imaginaria que a discrição suposta na norma — é dizer, verificável no patamar da regra aplicanda — confere ao agente idêntico campo de liberdade perante o fato concreto, ensejando-lhe adotar quaisquer soluções dentre as abstratamente comportadas, *mesmo que 'in concreto' se revele claramente discrepante do objetivo que preside a discrição*. Deveras, como de outra feita o dissemos ("Controle judicial dos atos administrativos", *RDP* 65/27 e ss.), a situação real em que esteja posta a Administração restringe o campo de eleição de comportamentos jurídicos possíveis. Na regra legal o âmbito de liberdade aparece mais amplo, porque se quer delimitado em vista das situações reais.

"Seria um absurdo entender que, nos casos de vinculação, a lei almeja uma solução ótima (aquela predeterminada inteiramente com antecipação), ao passo que, nos casos de discrição, conforma-se com qualquer solução abstratamente possível, mesmo que incompatível com o interesse que a lei veio tutelar. A outorga da discrição significa o oposto disto. Significa que, não podendo a regra de Direito estatuir, de antemão, qual seria a providência ideal para acudir ao interesse que se propõe a tutelar, mas justamente porque a deseja, correu-se de adotar fórmula rígida, capaz de comprometer *in concreto* a realização do bem jurídico que quer ver tutelado. Precisamente por isso (porque só quer a solução excelentemente justada à finalidade protegida), a lei impõe ao agente, que é quem se defronta com os casos concretos, animados pela colaboração própria dos eventos reais e marcados pelas circunstâncias que lhe dão fisionomia e identidade, o dever de adotar perante cada situação específica a solução adequada — e não mais que ela —, capaz de satisfazer de modo preciso exato a finalidade legal.

"Efetivamente, sucederá em muitos casos que, apesar da lei contemplar a possibilidade de opção entre dois comportamentos — exatamente para que fossem sopesadas as circunstâncias fáticas, como requisito insuprimível ao correto atendimento do interesse tutelado — estas mesmas circunstâncias evidenciem, para além de qualquer dúvida, que só cabe um comportamento apto para atingir o objetivo legal. Neste caso, dito comportamento é obrigatório e não pode ser adotado outro. O mesmo se diga, analogamente, quando a lei faculta a produção de um dado ato ao invés de fixá-lo como obrigatório.

"Em suma: tanto nas hipóteses de vinculação quanto nas de discrição, a lei impõe igualmente e sempre o dever de que seja adotado o comportamento que satisfaça com rigor a finalidade normativa. Em ambos os casos há adscrição ao dever de produzir o ato adequado ao cumprimento do escopo da regra jurídica" (cf. "Mandado de segurança..." etc., in *RDP* 92/56-57).

Ora, como é cediço, ao Poder Público incumbe a perseguição obstinada do interesse público. Em sede de procedimentos licitatórios, deve fazê-lo preservando dois princípios básicos: a busca da melhor proposta para a Administração e o respeito ao princípio da isonomia.

Portanto, ao que nos parece, o recurso ao pagamento adiantado deve ser balizado pela especificidade do contrato a ser firmado. Mais particularmente, pela peculiaridade do objeto que se quer adjudicar com o procedimento.

Explicamos: há alguns tipos de contratação que implicam ao particular, para o seu desempenho, uma significativa inversão inicial de recursos sem os quais tornar-se-ia impossível o cumprimento das suas obrigações. Dentro da sistemática habitual, da regra de direito financeiro há pouco vista, estes desembolsos recaem exclusivamente sobre o particular.

Com certeza, pode-se afirmar que inúmeros contratos firmados pelo Poder Público estariam nestas condições. Ocorre que, dentre estes tantos, há espécies de contratos que têm como regra consagrada — no campo das relações privadas — a prática de efetivação de uma parcela quando da assinatura do contrato.

Diante desta realidade, cria-se uma situação para a Administração onde a adoção deste procedimento — possível e legal, porém excepcional — se justifica.

Se assim não fosse, o próprio interesse público estaria atingido. Criando exigências (autofinanciamento) incompatíveis com a prática de mercado, o Poder Público propiciaria visível restrição ao caráter competitivo (uma vez que a capacidade de financiar a obra se sobreporia à qualidade técnica e ao oferecimento de proposta mais vantajosa), abrindo mão das melhores condições para o atingimento da melhor proposta.

Neste ponto, cumpre versar sobre questão de absoluta relevância para o assunto em comento. Trata-se de relação de aproximação ou de afastamento existente entre os contratos ditos privados e aqueles regidos pelo direito público ou administrativo.

A rígida divisão, que outrora sustentou a doutrina, entre contratos privados e contratos administrativos ruiu. O que temos hoje, longe de uma fronteira delimitada nitidamente, é uma zona nebulosa, uma área de imbricação. Sem adentrar em devaneios filosóficos, esta confusão (utilizando o termo na sua acepção jurídica) se deve em grande parte a fenômeno semelhante, que permeia a hodierna intersecção entre as esferas do público e do privado (cf. Norberto Bobbio, *Estado, Governo e Sociedade*, 3ª ed., Paz e Terra, 1990, pp. 20 e ss.).

Esta interpenetração dos contratos públicos e privados parece-nos de todo positiva. No esteio do magistério do mestre J. R. Dromi:

"En consecuencia, la división se ajusta a la realidad de las cosas. Así, en algunos casos el vínculo jurídico es predominantemente de derecho público, por ejemplo, la concesión de servicios públicos; otras veces, en cambio, el contrato tiene cierta analogía con alguna figura jurídica contratual de derecho privado, por ejemplo, la venta de tierras fiscales del dominio privado del Estado.

"En efecto, la realidad muestra que en los acuerdos o vínculos contratuales de la Administración, no es posible establecer de modo terminante el límite donde deja de aplicarse el derecho público y donde comienza a regir el derecho privado" (in *La Licitación Pública*, pp. 15-16).

Pois bem, de há muito vem-se firmando posição doutrinária no sentido de que o regime de direito público para os contratos da Administração, a existência de cláusulas próprias destes contratos, não devem ser aplicadas a todos os contratos firmados pelo Poder Público. Ao contrário, devem atinar àqueles contratos cujo objeto disser respeito a atividades que se situem no campo dos serviços públicos, no seu sentido estrito, ou seja, aquelas avenças que se relacionem com as atividades fulcrais da finalidade pública.

Em outros termos, não há razão, num Estado de Direito, para se aceitar, aprioristicamente, uma total desigualdade nas prerrogativas entre o Estado e o particular co-contratante. Tais prerrogativas devem existir na única e exata medida da necessária garantia ao atingimento do interesse público.

Não é legítimo que o Estado seja obrigado a atuar na esfera tipicamente privada sem condições de atendimento eficiente das demandas que lhe são solicitadas. As formas dos procedimentos administrativos devem estar voltadas ao atendimento do interesse público, e não constituírem-se em amarras para o alcance pela Administração desse objetivo.

Portanto, adotando a concepção supradelineada, temos que considerar que hipóteses existirão em que a perseguição do interesse público terá que passar pela adoção de princípios típicos dos contratos privados e que não seja por lei defesos ao Poder Público adotar.

São esses os casos em que, por exemplo, o objeto específico do contrato a ser firmado pela Administração tem, na esfera privada, um tratamento consoante às regras do mercado, a tal ponto que a imposição de cláusulas unilaterais pelo contratante público tornaria impossível a efetivação do contrato.

Nestas hipóteses, a adoção de regras típicas das avenças privadas ao contrato que a Administração quer firmar não só é possível como, também, é aconselhável. Parece-nos que é diante desta hipótese que se enquadram os casos em comento.

Encerrando este tópico, cabe trazer a contribuição feliz e descortinada de Diógenes Gasparini ao tema: "Os contratos administrativos, notadamente os de obras públicas, de fornecimento e de serviços, sob o aspecto econômico, não são diferentes dos que os particulares celebram, e as razões que levam as suas partes a estabelecerem contratualmente o pagamento antecipado de uma parcela do valor do ajuste no ato da assinatura do contrato são as mesmas. De sorte que somente a duro sacrifício do contratado, ou sob pena de um custo maior, e, certamente, desfavorável para a Administração contratante, pode-se pretender que o particular, num país de índices inflacionários expressivos como é o nosso, contrate para receber a sua paga após a entrega e o recebimento definitivo do objeto do contrato ou para receber o seu pagamento em parcelas resgatáveis depois de cumpridas certas partes do objeto do ajuste (estrutura, cobertura, acabamento), e, mesmo que se praticasse uma economia estável, não cabe, certamente, ao contratado financiar a obra, o fornecimento ou o serviço desejado pela Administração Pública" (in *RDP* 97, jan.-mar. 91).

O renomado parecerista nos introduz outro tema sobre o qual devemos versar, ainda que brevemente. Trata-se da questão do autofinanciamento de obra ou serviço público por particular.

Como sabemos, no campo das relações privadas não se deve crer que se contrate por simples altruísmo. Se as imposições da Administração restringem o rol dos licitantes somente àqueles que se propõem a financiar o contrato por algum período, é de se esperar que o contratante que se sujeita a esta cláusula pretenderá compensar esta defasagem inicial com uma condição de remuneração mais elevada, ao final. Este ponto já foi por nós abordado.

Outro ponto, mais relacionado ao tema objeto do presente trabalho, é a incapacidade, ou, melhor, a impossibilidade, do Poder Público em lograr êxito de firmar contrato com os particulares. Como leciona Bénoît: "Não é por isso (pela existência de prerrogativas contratuais para o Estado) que se deva menosprezar o interesse do particular contratante. Aliás, se se procedesse desta maneira, é perfeitamente evidente que a Administração não encontraria contratantes" (Francis-Paul Bénoît, *Le Droit Administratif Français*, 1968, *apud* Celso Antônio Bandeira de Mello, *Elementos*..., p. 222).

Vemos, portanto, que a adoção de cláusula de pagamento adiantado em contratos firmados pela Administração Pública com particulares não só não é vedada por lei como pode, muitas vezes, ser recomendável ante o interesse público que revestir uma dada contratação, impossível sem a adoção desta claúsula.

Sendo assim, é de nosso entendimento que a Administração deverá lançar mão da clásula de pagamento antecipado somente em casos muito específicos, ou, se se quiser, excepcionais. Isto é, lançará mão a Administração da cláusula de pagamento adiantado quando para o atendimento do interesse público e para a efetivação da melhor contratação, no exame do caso concreto, esta se fizer imprescindível.

A calibração que deverá nortear esta prática deverá se dar exatamente pelo viés da garantia que deve envolver a prática administrativa.

Por certo, as normas de direito financeiro arroladas supra (arts. 62 e 63 da Lei 4.320/64) têm o claro alvitre de dar garantias aos dinheiros públicos.

De fato, conforme o objeto e o tipo de contrato a ser firmado pela Administração, o poder público deve se cercar de todas as proteções quando da quitação dos seus débitos.

Contudo, ao nosso ver, o caso sob o nosso foco não deixa margem a se cogitar que a adoção de claúsula de adiantamento torne desprotegidos os interesses e as garantias irrenunciáveis do Poder Público. Vejamos, finalmente, como os apontamentos até aqui anotados se aplicam aos casos observados, já caminhando no sentido de responder aos quesitos formulados.

O primeiro caso proposto refere-se a contratos que o Teatro Municipal de São Paulo quer firmar com empresas produtoras de espetáculos artísticos.

A atividade de produção, de contornos técnico-criativos, compreende em seu bojo a conjugação de esforços bastante complexos que, por vezes, vão desde a contratação de artistas, obtenção de textos e/ou partituras, decisão sobre figurinos etc. até a garantia de hospedagem para os artistas, divulgação do evento, confecção de programas ou libretos, contratação de patrocínio etc.

Parece-nos que há casos em que a envergadura do espetáculo que se pretende produzir torna impossível a contratação de uma empresa de produções sem qualquer adiantamento do pagamento. Isso porque o investimento inicial a ser realizado na produção de um grande espetáculo é muito alto. Pelo menos é isso o que nos assegura o consulente.

Sendo assim, estaríamos diante da hipótese de aproveitamento, na contratação administrativa de produções artísticas, da cláusula de pagamento adiantado. Sem fazer uso da mesma, não poderia o Teatro Municipal de São Paulo realizar a melhor contratação, ou, ao menos, quem sabe, realizar alguma contratação.

Basta que a Administração comprove no processo administrativo de contratação, através de relatório contendo a expectativa de custos da produção, que haverá, realmente, um aporte muito grande de recursos a serem gastos, desde início, pelo particular, na empreitada.

A segunda consulta refere-se à possibilidade de pagamento adiantado na contratação de artistas (art. 65, II, da Lei municipal 10.544/88, com alterações introduzidas pela Lei 11.100/91).

Mais uma vez assegura-nos o consulente que artistas de renome nacional ou internacional negam-se, por vezes, a apresentar-se sem receber todo ou parte do cachê antes de realizarem a apresentação.

Parece-nos que mais uma vez estamos diante de hipótese em que é permissível à Administração lançar mão da cláusula de pagamento adiantado. É evidente que uma casa da importância do Teatro Municipal de São Paulo para a cultura nacional não pode se furtar de promover a apresentação de artistas de renome, consagrados pela crítica e pelo público. Se para contratá-los é necessário adiantar o pagamento de parte ou de todo o cachê de apresentação, entendemos que não resta outra atitude à Administração senão a de assim proceder.

O pagamento adiantado impõe-se, no caso, como condição *sine qua non* para a contratação do artista. Dessa forma, deverá o processo administrativo de contratação conter prova desse condicionamento, da exigência do artista de pagamento adiantado para que se apresente, acompanhado dos pareceres técnicos de praxe.

Os casos que se nos apresentam, portanto, permitem à Administração, desde que configurados alguns requisitos, conforme acima se expôs, a avença de pagamento adiantado.

Respostas objetivas aos quesitos

1. Sim, em termos. Pode a Administração, desde que haja a necessidade comprovada de um grande investimento inicial na atividade de produção, por parte do contratado, avençar o pagamento adiantado de parte ou da totalidade do valor do contrato.

2. Sim, em termos. Pode a Administração, desde que isso condicione a realização da contratação, avençar com artistas de renome, consagrados pela crítica ou pelo público, o pagamento adiantado do cachê de apresentação.

É o que nos parece, s.m.j.

São Paulo, 2 de setembro de 1992.

REGIME CONSTITUCIONAL DA REMUNERAÇÃO DOS VEREADORES E PREFEITOS MUNICIPAIS — RETARDAMENTO DO REPASSE DE DUODÉCIMO PARA CÂMARA MUNICIPAL — PRINCÍPIO DA QUANTIFICAÇÃO DAS VERBAS ORÇAMENTÁRIAS*

PAULO MODESTO
Promotor Público na Bahia

Relatório — Questões suscitadas — Parecer: 1. Regime constitucional da remuneração de prefeitos e vereadores. 2. Repasse do duodécimo. Princípio da quantificação das dotações orçamentárias. 3. Conclusão.

RELATÓRIO

1. Trata-se de mandado de segurança impetrado pela Câmara de Vereadores de Iaçu contra ato do Exmo. Sr. Prefeito deste Município, inquinado de abusivo e ilegal, consistente na retenção do duodécimo devido à impetrante relativo ao mês de maio do corrente do ano, cujo valor pretendiam os edis receber com atualização monetária, tendo em conta o art. 5º da Resolução municipal 02, de 3.12.91, e atendidos os limites fixados no art. 58, XII, da Lei Orgânica de Iaçu.

2. Na postulação, alega a impetrante não estarem sendo depositados até o dia 20 de cada mês as parcelas do duodécimo previsto na lei orçamentária para a Câmara Municipal, consoante obriga o art. 168 da Constituição da República, fato, este, que estaria impedindo o regular funcionamento do Legislativo no Município. Em conseqüência, requer o pagamento das quantias relativas ao débito dos duodécimos corrigidos não repassados e vencidos até a data da decisão final.

3. A liminar foi concedida, a fls. 48, pela Exma. Juíza de Direito, ordenando o depósito sem correção monetária do duodécimo devido à impetrante previsto na Lei Orçamentária aprovada para o exercício de 1992.

4. Foi notificada a autoridade coatora para prestar informações, que as apresentou tempestivamente a fls. 55-59.

* MS 087/92, Iaçu, impte.: Câmara Municipal de Iaçu; impdo.: Prefeito Municipal de Iaçu (Parecer 012/92).

5. Nas informações, aduz a autoridade constritora preliminar no sentido de ter sido violada a disposição do art. 7º, I, da Lei 1.533, de 31.12.51, e no mérito alega ter atrasado o repasse do duodécimo por existirem dúvidas quanto à legalidade dos valores requisitados pela Edilidade. As dúvidas surgiram a partir de março deste ano, por ter a Câmara de Vereadores, através do seu Presidente, apresentado sucessivos pedidos de remessa de numerário acima dos limites de duodécimos mensais previsto na Lei Orçamentária municipal. Afirma ter provocado o egrégio Tribunal de Contas dos Municípios para esclarecer a dúvida, não ter praticado ato abusivo ou ilegítimo, mas apenas zelado pela coisa pública, como é seu dever legal. Acrescenta que o parecer emitido pela Coordenadoria de Assistência aos Municípios e Acompanhamento Interno do órgão consultado, acostado aos autos a fls. 68-69, conclui pela ilegalidade da verba de representação deferida ao Presidente da Câmara e pela inconstitucionalidade da Resolução 01 (sic), de 3.12.91, que majora os subsídios dos vereadores, por violar as disposições contidas no art. 29, V, da Constituição Federal.

6. Por fim, foi requisitada à Câmara de Vereadores cópia fiel da legislação municipal questionada nos autos, apresentada efetivamente a fls. 101-115.

É o relatório.

QUESTÕES SUSCITADAS

1. Firmada e incontroversa a *quaestio facti*, tendo a própria autoridade coatora reconhecido a retenção do duodécimo, cumpre ordenar e esmiuçar a *quaestio iuris* debatida, denunciando os seus contornos precisos, antes do pronunciamento final desta Promotoria.

Nesse propósito, examinada a matéria dos autos, afastada desde logo a preliminar argüida, pois totalmente impertinente diante da qualidade dos documentos apresentados pela impetrante (todos de presumido conhecimento da autoridade coatora, que tampouco demonstrou qualquer prejuízo à sua defesa), restam como indagações dadas a meditação as seguintes proposições:

a) Pode a Câmara Municipal de Iaçu fixar a remuneração do prefeito, vice-prefeito e vereadores de forma vinculada a indexador monetário?

b) Pode estabelecer o mesmo órgão, igualmente indexada, verba de representação para o seu presidente?

c) Favorável a resposta às duas primeiras indagações, qual deve ser o comportamento do Chefe do Executivo Municipal no repasse do duodécimo devido à Câmara Municipal se a remuneração dos edis sofrer sucessivos reajustamentos no mesmo exercício?

d) Por outra via, uma vez declarada incidentalmente a inconstitucionalidade dos reajustes aprovados, qual a medida cabível para suprir a lacuna legislativa, em respeito ao princípio da remunerabilidade dos agentes políticos?

As questões formuladas resumem a matéria controvertida nos autos e colocam em evidência a índole essencialmente constitucional dos temas debatidos. É nesse plano, portanto, que devemos fixar os contornos precisos da lide.

PARECER

1. *Regime constitucional da remuneração de prefeitos e vereadores*

A remuneração dos agentes políticos municipais tem seu primeiro balizamento fixado no art. 29, V, VI e VII, da Constituição da República. Os dispositivos constantes dos dois últimos incisos citados foram acrescentados com a Emenda Constitucional 1, de 31.3.92.

A redação final do referido art. 29, nessa parte, o primeiro a sofrer emenda aditiva no texto constitucional, passou a ser a seguinte, *verbis*: "Art. 29. O Município reger-se-á por lei orgânica, votada em dois turnos com interstício mínimo de dez dias, e aprovada por dois-terços dos membros da Câmara Municipal, que a promulgar, atendidos os princípios estabelecidos nesta constituição, na Constituição do respectivo Estado e os seguintes preceitos: (...) V — remuneração do prefeito, do vice-prefeito e dos vereadores *fixada pela Câmara Municipal* em cada legislatura, para a *subseqüente*, observado o que dispõem os arts. 37, XI, 150, II, 153, III, e 153 § 2º, I; VI — a remuneração dos vereadores corresponderá a, no máximo, *setenta e cinco por cento* daquela estabelecida, em espécie, para os deputados estaduais, ressalvado o que dispõe o art. 37, XI; VIII — o total da despesa com a remuneração dos vereadores não poderá ultrapassar o montante de *cinco por cento* da receita do Município" (grifamos).

Firma, pois, a Constituição:

a) a *competência* da Câmara de Vereadores para definir a remuneração dos agentes políticos municipais;

b) o *momento da fixação*: uma única vez, durante a legislatura, para vigorar na legislatura subseqüente;

c) o *limite máximo de despesa* com a remuneração dos vereadores: cinco por cento da receita do Município;

d) os *limites máximos de remuneração* dos vereadores: a remuneração do prefeito, em espécie, *ex vi* do art. 37, XI; setenta e cinco por cento da remuneração fixada, também em espécie, para os deputados estaduais.

Não ordena a Constituição, à evidência, o critério para a fixação da remuneração dos agentes políticos no Município, riscando antes *limites máximos de remuneração* e o desenho fundamental do procedimento a ser observado pela Câmara Municipal no exercício dessa competência privativa.

A omissão é congruente com a elevação do Município à condição de *ente federativo* (art. 1º da Constituição da República), dotado de autonomia política e administrativa, vale dizer: autonomia de auto-organização. Essa autonomia tem sua concretização perfeita com a edição das leis orgânicas municipais, diploma legal regulamentador de toda a nova ordenação política dos Municípios.

A edição das novas leis orgânicas, porém, obedeceu ao cronograma estabelecido no art. 11 do Ato das Disposições Constitucionais Transitórias, *litterim*:

"Art. 11. Cada Assembléia Legislativa, com poderes constituintes, elaborará a Constituição do Estado, no prazo de um ano, contado da promulgação da Constituição Federal, obedecidos os princípios desta.

" Parágrafo único. Promulgada a Constituição do Estado, caberá à Câmara Municipal, no prazo de seis meses, votar a Lei Orgânica respectiva, em dois turnos de discussão e votação, respeitado o disposto na Constituição Federal e na Constituição estadual."

O intervalo de *dezoito meses* previsto no artigo transcrito para a edição das Leis Orgânicas municipais importou a *prorrogação da vigência* das leis orgânicas fundadas no regime anterior, bem como de toda legislação existente atinente à organização municipal, inclusive as Leis Complementares federais 25/75, 38/79, 45/84 e 50/85, que estabeleciam critérios para fixação da remuneração da Edilidade.

É somente com a edição das Leis Orgânicas municipais que esses diplomas legislativos vão colidir com a nova ordem jurídica, ou quando esgotado o prazo constitucional assinalado para a sua edição, o que ocorre em abril de 1990.

O fenômeno é conhecido em direito intertemporal como hipótese de *vacatio legis* e no campo do direito constitucional recebe a denominação de *vacatio consti-*

tutionis (cf. José Afonso da Silva, *Aplicabilidade das Normas Constitucionais*, 1968, p. 45).

Nesse período ocorreu a *ultra-atividade* da legislação existente sobre a remuneração dos edis, fato relevante na apreciação do presente *mandamus*.

Registramos também a extensão incomum dos mandatos dos vereadores eleitos a 15.11.82, cuja legislatura terminou apenas em 31.12.88, em razão de exceção constitucional estabelecida na Lei Maior anterior (art. 215 da Constituição de 1967, criado pela Emenda 22, de 29.6.82).

A primeira legislatura municipal posterior à Constituição Federal iniciou, portanto, em 1.1.89 e termina apenas no curso deste ano após as eleições de outubro.

Foi nesta *legislatura de transição* que foi editada a Lei Orgânica de Iaçu, datada de 5.4.90, bem como promulgadas diversas resoluções e um decreto legislativo fixando valores e critérios sobre a remuneração dos agentes políticos no Município.

Os diplomas normativos municipais referidos são os seguintes:

a) *Resolução 003, de 10.3.89* — Fixa a remuneração dos vereadores de Iaçu para a legislatura de 1.1.89 a 31.12.92, estabelecendo como critério de cálculo percentuais da remuneração atribuída aos deputados estaduais da Assembléia Legislativa da Bahia, sendo a forma de reajuste aquela empregada para a atualização da remuneração dos deputados estaduais. Cria verba de representação para o Presidente da Câmara e outra para os ocupantes de cargo na Mesa da Câmara.

b) *Resolução 008, de 6.12.90* — Fixa a remuneração dos vereadores para o exercício subseqüente (1991), estabelecendo como critério de cálculo percentual do valor do subsídio do prefeito, sendo a forma de correção adotada a variação do Índice Nacional de Preços ao Consumidor — INPC. Mantém a verba de representação do presidente da Câmara, abolindo a verba de representação dos ocupantes da Mesa da Câmara.

c) *Decreto Legislativo 35, de 6.12.90* — Dispõe sobre a fixação e critério de reajustamento da remuneração do prefeito e vice-prefeito. O critério de reajustamento adotado é a variação do Índice Nacional de Preços ao Consumidor — INPC.

d) *Resolução 01, de 3.12.91* — Fixa a remuneração do prefeito e do vice-prefeito para o exercício subseqüente (1992), mantendo como critério de atualização monetária o Índice Nacional de Preços ao Consumidor — INPC.

e) *Resolução 02, de 3.12.91* — Fixa a remuneração dos vereadores para o exercício subseqüente (1992), mantendo inalterado o critério de cálculo da remuneração em termos de percentual do valor do subsídio do prefeito, a regra de atualização monetária de acordo com a variação do Índice Nacional de Preços ao Consumidor — INPC, bem como a verba de representação para o presidente da Câmara.

Nos autos do presente *mandamus* surgiram impugnações a três aspectos das normas referidas:

a) a possibilidade de vinculação da remuneração dos edis a índice de atualização monetária;

b) a legalidade da previsão de verba de representação para o presidente da Câmara;

c) a constitucionalidade das resoluções referidas ante a dicção do art. 29, V, da Constituição da República.

As considerações anteriores permitem, neste instante, uma resposta conclusiva a estas indagações.

A *primeira indagação* merece resposta *afirmativa*.

A Constituição de 1967 e o Estatuto Político vigente repelem apenas a modificação pela Câmara, durante a mesma legislatura, da remuneração dos mandatários municipais. Não vedam a correção monetária, a atualização da remuneração fixada, simples mecanismo de recomposição dos estipêndios, forma de assegurar o próprio *princípio de sua inalterabilidade*. Não fosse assim, não seria exeqüível o mandamento constitucional que ordena a fixação da remuneração dos agentes políticos numa legislatura para vigorar na subseqüente.

Não se deve confundir, entretanto, *legislatura* e *exercício*. As resoluções citadas, várias delas, incidiram nesse erro. *Legislatura* significa todo o período de tempo de duração ou exercício do mandato eletivo. Cada legislatura, em regra, dura quatro anos. *Exercício*, ou sessão legislativa, são cada um dos anos de duração do mandato na legislatura. Numa legislatura há quatro sessões legislativas ou quatro anos de exercício.

O *princípio da inalterabilidade da remuneração* deve ser conciliado com o *princípio da remunerabilidade dos agentes políticos municipais*, definitivamente consagrado na vigente Constituição da República. Ora, isso somente ocorre se admitirmos como juridicamente legítima a fixação da remuneração dos mandatários municipais com vinculação a indexador monetário.

O argumento definitivo, porém, é fornecido pela própria Constituição do Estado da Bahia, que estabelece, no art. 17 do Ato das Disposições Transitórias, a proclamação normativa expressa dos princípios defendidos, *verbis*: "Art. 17. A remuneração dos Deputados, fixada de uma legislatura para outra, somente poderá ser corrigida pelos índices da inflação, ficando ratificados todos os valores estabelecidos até a vigência da presente Constituição".

Não houve previsão de norma expressa semelhante para disciplinar a remuneração dos mandatários municipais. Nenhum prejuízo. O *princípio da simetria*, que anima a organização constitucional dos Poderes no âmbito da União, Estados e Municípios, não fossem suficientes as considerações anteriores, por si mesmo a exigiria reproduzida implicitamente no âmbito dos Municípios.

Na doutrina nacional adotam entendimento concordante sobre a fixação da remuneração com cláusula de reajuste: Hely Lopes Meirelles, *Direito Municipal Brasileiro*, 3ª ed., 1977, p. 799; José Nilo de Castro, *Direito Municipal Positivo*, 1991, pp. 92 e 137; Ivan Barbosa Rigolin, "Remuneração de prefeitos e vereadores", *Boletim de Direito Municipal*, março/88, p. 146.

É evidente, porém, que os índices de reajustamento adotados para manter atualizada e imutável a remuneração dos agentes políticos municipais não podem tornar letra morta os limites constitucionais que regem a matéria.

Além desses, igualmente intransponíveis, figurarão os limites novos que porventura venham a constar das Leis Orgânicas em cada município. No Município de Iaçu, por exemplo, a remuneração do prefeito e vice-prefeito não pode comprometer mais do que quatro por cento da renda anual do Município (art. 56), sendo previsto também o limite de dez por cento da renda anual do Município para os gastos totais com a Edilidade (art. 58, II).

Esses limites, fixados em termos percentuais na Constituição da República e na Lei Orgânica municipal, no entanto, ao contrário do que sugeriu a impetrante em sua postulação, não significam previsão de um *critério de reajustamento*, mas de um *teto de reajustamento*, a ser considerado conjuntamente com outros limites constitucionais de observância necessária.

Entre esses limites figuram a *exigência constitucional do orçamento global* e o *princípio da quantificação dos créditos orçamentários* (art. 167, VII), que serão considerados em item específico.

A segunda indagação *também merece resposta* afirmativa.

A verba de representação do presidente da Câmara de Vereadores tem natureza indenizatória, correspondendo a uma antecipação pré-autorizada das despesas inerentes à representação do Poder Legislativo no Município.

Falta, igualmente, nesse tópico norma constitucional autorizada expressa. A ausência tem justicativa na função da Lei Maior, que não se propõe diploma normativo minudente e analítico, mas o cenário das grandes sínteses, suma dos princípios fundamentais.

Nem por isso deixou de ser reconhecida como devida a verba de representação deferida ao presidente do Senado, da Câmara de Deputados, aos presidentes das Assembléias Legislativas e presidentes dos Tribunais de Justiça dos Estados. E, portanto, também com apoio no *princípio da simetria*, também devida aos presidentes do Legislativo Municipal.

Não há mais lugar, porém, com a nova Constituição Federal, para qualquer dúvida neste tópico. A matéria reside, hoje, na competência privativa da Câmara de Vereadores, que pode ou não disciplinar a sua concessão, no exercício da sua *autonomia política e administrativa*.

A verba de representação do presidente da Câmara, porém, constituindo parcela de remuneração do presidente da Edilidade deve guardar respeito à disciplina geral aplicada à remuneração de todos os demais edis, cumprindo respeitar também o princípio da anterioridade e imutabilidade no curso da legislatura.

Na doutrina nacional adotam o mesmo entedimento: Oscar Breno Stahnke, "Da legalidade e constitucionalidade da verba de representação aos presidente das Câmaras de Vereadores", *Revista de Direito Municipal* 9-10/45, 1978; Hely Lopes Meirelles, *Direito Municipal Brasileiro*, 5ª ed, 1985, p. 520; Ivan Barbosa Rigolin, "Remuneração de prefeitos e vereadores", *Boletim de Direito Municipal*, março/88, p.148.

A terceira questão, *relativa à constitucionalidade das resoluções e decretos legislativos referidos,* não pode ter resposta uniforme.

A justificação desse fato decorre do período da *vacatio constitutionis* assinalado anteriormente, que prorrogou a vigência das Leis Orgânicas municipais anteriores à Constituição, bem como das Leis Complementares 25/75, 38/79, 45/84 e 50/85.

Foi sob o manto da vigência prorrogada dessas leis que foi promulgada a Resolução 003, de 10.3.89, a única dentre as normas referidas editada antes da promulgação da Lei Orgânica de Iaçu.

Esse fato tem repercussão na medida em que a Lei Complementar 25, de 2.7.75, modificada pela Lei Complementar 38, de 13.11.79, e Lei Complementar 45, de 14.12.83, embora preceitue que as Câmaras Municipais fixarão os subsídios dos vereadores no final da legislatura, para vigorar na subseqüente, adota também determinação de exceção, segundo a qual, "na falta de fixação do subsídio pela Câmara anterior, a Câmara eleita a fixará para a mesma legislatura, retroagindo a vigência da resolução fixadora à data do início da legislatura" (cf. José Renato Uchôa, *ABC do Direito Municipal*, pp. 27-28).

A exceção citada era de discutível constitucionalidade mesmo à sua época, mas vigorou durante largo período sem qualquer contestação, prorrogando a sua vigência até depois de promulgada a nova Constituição da República, em razão da disposição contida no art. 11 do Ato das Disposições Constitucionais Transitórias, cessando de viger com a edição das novas Leis Orgânicas municipais.

Não deve causar espécie a reconsideração, neste instante, dessa norma complementar revogada. Foi dessa maneira que ficou demonstrada a constitucionalidade da Resolução municipal 003, de 10.3.89, editada no período da *vacatio constitutio-*

nis, e que dispõe sobre a remuneração dos vereadores para a legislatura de 1.1.89 a 31.12.92. Essa resolução, veremos adiante, terá de ser revalidada no âmbito municipal, diante da manifesta inconstitucionalidade das resoluções e decretos legislativos promulgados após a edição da Lei Orgânica de Iaçu, nesta mesma legislatura, para ter aplicação também nela, ante a dicção do art. 29, V, da Constituição da República c/c o art. 11, parágrafo único, do Ato das Disposições Constitucionais Transitórias.

As Resoluções municipais 008/90, 01/91 e 02/91, bem como o Decreto Legislativo 35/90, tendo sido editados na legislatura em curso, quando já plenamente incidente a regra constitucional que ordena anterioridade e imutabilidade da fixação dos estipêndios dos mandatários municipais, são inconstitucionais e, portanto, não podem servir de fundamento legal para o pagamento da remuneração do prefeito, vice-prefeito e vereadores do Município.

A decretação da inconstitucionalidade dessas normas municipais, porém, não importará o estabelecimento de uma *lacuna legislativa*, inadmissível na matéria, em vista do princípio constitucional da remunerabilidade dos agentes políticos (art. 37, XI). Permanece disciplinando a remuneração dos edis a Resolução municipal 003, de 10.3.89, que calcula os subsídios devidos à vereança tomando por base percentual da remuneração dos deputados estaduais.

2. Repasse do duodécimo. Princípio da quantificação das dotações orçamentárias

Geraldo Ataliba define orçamento em termos transparentes: "Orçamento é a estimativa global de todas as entradas e todas as saídas de dinheiro dos cofres públicos" (cf. *Apontamentos de Ciência das Finanças, Direito Financeiro e Tributário*, 1969, p. 54).

A disciplina constitucional sobre a edição das leis orçamentárias é minuciosa. Não cabe analisá-la em detalhe nos limites deste parecer.

O essencial nessa passagem é guardar que, sendo o orçamento uma *previsão estática de despesas e receitas*, não é possível admitir a fixação de dotações em valores incertos, variáveis, crescentes, ou, numa palavra: a concessão ou utilização de *créditos ilimitados* (art. 167, VII, da Constituição da República; art. 74, VII, da Lei Orgânica de Iaçu).

As implicações dessa regra são imediatas: se as receitas orçamentárias são simples *receitas estimadas*, ainda não auferidas, a despesa orçada não pode ser senão um reflexo e uma repartição equilibrada da receita prevista. E, assim, se há uma vedação à previsão de créditos ilimitados há, conseqüentemente, uma vedação implícita à concessão e utilização de *despesas ilimitadas ou indefinidas* (cf., em especial, as lições do professor Adilson Abreu Dallari, "Penhora de receitas públicas municipais", in *RDP* 96/297-298 e ss., out.-dez./90; "Remuneração do prefeito, vice-prefeito e vereadores — Suplementação de dotações do orçamento da Câmara Municipal", in *RDP* 95/263-268; jul.-set./90).

A regra constitucional do art. 167, VII, é analisada com a mesma argúcia por José Afonso da Silva sob a denominação "princípio da quantificação dos créditos orçamentários".

Esse princípio, segundo o mesmo autor, exige a quantificação precisa daquilo que o Executivo está autorizado a gastar e veda a fixação de qualquer despesa por critério indexado. É a sua lição que reproduzimos a seguir: "A regra que veda a concessão ou utilização de créditos ilimitados impede a fixação da despesa por critério indexado, bem como autorização para atualização monetária do orçamento, pois em tais casos temos formas de fixação de despesas indefinidas que equivalem a tornar ilimitados os créditos autorizados. Esse princípio está também vinculado ao orçamento bruto que só pode materializar-se mediante a quantificação expressa em totais definidos em moeda corrente" (cf. *O Município na Constituição de 1988*, Ed. RT, 1989, p. 56).

Ora, se a dotação orçamentária não admite indexação, o mesmo ocorre com o duodécimo, que é mero fracionamento da dotação total prevista na hipótese dos autos para a Câmara de Vereadores.

Sem a razão a impetrante, portanto, quando afirma que a importância devida em duodécimos à Câmara Municipal "poderá ser majorada, tendo em vista o processo inflacionário em que vive o País, não podendo, no entanto, exceder de 10% (dez por cento) da receita real do Município, de acordo com o art. 58, XII, da Lei Orgânica de Iaçu" (fls. 4).

É falso, por outro lado, que o art. 58, XII, da Lei Orgânica de Iaçu permita a majoração dos duodécimos sem previsão orçamentária correspondente. O contrário, *data venia*, parece ser a melhor inteligência do dispositivo, pois o que ele estabelece é um limite às próprias dotações orçamentárias destinadas à Câmara, que não poderão comprometer mais de dez por cento da receita anual do Município. Por outro lado, cumpre registrar que essa disposição da Lei Orgânica não foi derrogada pela recente Emenda Constitucional 1, de 31.3.92, uma vez fixarem essas normas limitações distintas: 10% da receita anual como limite para a dotação destinada ao funcionamento geral da Câmara (art. 58, XII, da Lei Orgânica de Iaçu); 5% da receita anual como limite para a dotação relativa apenas à remuneração dos vereadores (art. 29, VII, da Constituição Federal, com redação dada pela Emenda 1/92).

Em hipótese alguma, porém, poderá o prefeito municipal encaminhar ao órgão legislativo numerário superior às dotações orçamentárias previstas para a Edilidade.

A possibilidade de previsão nas resoluções legislativas de um regime de reajustamento e correção da remuneração dos mandatários municipais não invalida nem se confunde com a necessidade de previsão quantitativamente certa e invariável da dotação orçamentária própria da Casa Legislativa.

Não é possível qualquer majoração do duodécimo no mesmo exercício sem antes aumentar a dotação correspondente, o que pode ser feito com a abertura de *crédito suplementar* (espécie de crédito adicional — art. 41 da Lei 4.320/64). Nessa hipótese, cabe ao prefeito requerer junto à Câmara Legislativa a necessária autorização para a abertura do crédito suplementar, uma vez demonstrada a existência de receita apurada suficiente, sendo faculdade do segundo órgão aprová-la ou rejeitá-la. Se a dotação a ser suplementada for da Câmara de Vereadores, caberá ao presidente da Edilidade requisitar ao prefeito a iniciativa da Lei correspondente. Em regra, o prefeito não está obrigado a atender à requisição. Há, porém, uma exceção: a hipótese ocorre quando a cobertura do crédito a ser suplementado provier de anulação parcial ou total de dotações da própria Câmara.

Por outro lado, se o Executivo injustificadamente retarda a liberação do duodécimo, remete a menor ou dificulta sua liberação, pode ficar sujeito à cassação do seu mandato por prática de *infração político-administrativa*, sendo o julgamento processado na Câmara Municipal, se a hipótese estiver prevista na *Lei Orgânica do Município*. O art. 4º do Decreto-lei 201/67, que regia a matéria, foi revogado com o advento da nova ordem constitucional.

3. *CONCLUSÃO*

3.1 Nos autos consta haver sido realizado o depósito do duodécimo reclamado pela Edilidade, relativo ao mês de maio do corrente ano, sem correção monetária, nos limites da dotação orçamentária aprovada para a Câmara Municipal (fls. 70).

3.2 O depósito foi prestado apenas em 1.6.92, dez dias após o prazo máximo fixado no art. 168 da Constituição da República, porém antes da decretação da liminar de mesmo teor nos autos do presente *mandamus*.

3.3 Ficou demonstrado neste parecer, entretanto, descaber reajustamento monetário na parcela de duodécimo reclamada e nas parcelas que lhe seguirem, cujos valores deverão permanecer fixos, manter vinculação estreita com a dotação orçamentária existente, ressalvada a hipótese de aberturas de créditos suplementares destinados a ampliar a disponibilidade da verba na rubrica orçamentária respectiva.

3.4 Não resiste a análise, dessa maneira, a indigitada ilegalidade ou abuso de poder atribuída ao Executivo Municipal, pois a medida atacada, acompanhada de consulta a órgãos técnicos especializados, preservou a legalidade da execução orçamentária no Município.

3.5 Foi controvertida nos autos, além disso, a validade das Resoluções municipais 01 e 02, de 3.12.91, tendo as partes oferecido pronunciamentos opostos. O parecer demonstrou a manifesta *inconstitucionalidade* dessas resoluções, que conformam parcialmente a verba de despesa da Câmara Municipal, razão pela qual não se furta o Ministério Público ao dever de ofício de argüir neste momento a inconstitucionalidade apontada e requer a sua decretação *incidenter tantum*.

3.6 Por todo o exposto, o parecer é pela denegação do presente *mandamus*.

Iaçu, 24 de agosto de 1992.

ÁREA DE PROTEÇÃO AMBIENTAL

José Rubens Costa
Advogado e Professor

Parecer: A consulta — A proposta da APA SUL — A existente Constituição Federal — A doutrina e a jurisprudência — Zoneamento — Zoneamento por lei que defina permissões e limitações — Limites das limitações — Região Metropolitana de Belo Horizonte — Conclusões.

PARECER

Área de Proteção Ambiental da Região Metropolitana de Belo Horizonte — APA SUL RMBH. Associação dos Municípios Mineradores de Minas Gerais — AMIG, Municípios de Raposos, Nova Lima, Caeté, Rio Acima, Santa Bárbara, Itabirito, Ibirité e Brumadinho.

O dever constitucional de proteção, preservação e promoção do meio ambiente não pode ser dissociado da proteção à dignidade do ser humano e do direito de propriedade.

Área de Proteção Ambiental somente pode ser implantada após criterioso e aberto, participativo, planejamento, através de delimitação de perímetro e zoneamento.

O zoneamento da Área de Proteção ambiental é matéria reservada à lei formal.

O Estado não pode invadir a autonomia municipal a pretexto de proteger o meio ambiente.

A proteção constitucional do meio ambiente, como dever de proteção baseado na solidariedade coletiva, não pode sacrificar o exercício do também constitucional direito de propriedade. Necessidade de expropriação.

Em Região Metropolitana, as normas de uso e ocupação do solo, inclusive ambientais, são funções públicas de interesse comum, atribuído à Assembléia Metropolitana o opinamento administrativo-político.

A consulta

Os Prefeitos dos Municípios de Brumadinho, Caeté, Itabirito, Ibirité, Nova Lima, Raposos, Rio Acima e Santa Bárbara honram-me com consulta a respeito de proposta formulada pelo COPAM — Conselho Estadual de Política Ambiental para instituição de Área de Proteção Ambiental da Região Metropolitana de Belo Horizonte — APA SUL RMBH.

A proposta da APA SUL

1. A proposta, como apresentada, não possui conformação jurídico-legal-constitucional. Constitui forma de expropriação indireta. Se acaso instituída, causará vultosos danos aos proprietários das terras por ela atingidas, ao Estado e aos Municípios e servirá para infindável questionamento judicial.

Intromete-se a proposta no exercício do direito de propriedade, na autonomia municipal, na competência dos órgãos federais, e não possui consistência técnico-ambiental.

Após uma apresentação da proposta e plana comparação com normas constitucionais e federais ambientais, far-se-á um estudo teórico-doutrinário, demonstrando-se, sem a menor dificuldade, a inconformação do proposto com a realidade e com a Constituição Federal e a estadual.

2. A APA SUL, como vem sendo nominada, é simples descrição perimétrica de vastíssima extensão geográfica (v. arts. 1º e 3º da proposta).

A proposta do COPAM não informa o zoneamento ambiental para a APA, mas, de modo singelo, informa que "garantirá a ordenação adequada do solo" (art. 2º) e que o "zoneamento ambiental" será "efetuado sob a coordenação da FEAM — Fundação Estadual do Meio Ambiente, que estabelecerá as atividades a serem indicadas em cada zona, bem como as que deverão ser limitadas, restringidas ou proibidas (...)" (inciso I do art. 4º).

"*O zoneamento ambiental* — diz a proposta — referido no inciso I deste artigo *deverá ser aprovado pela Câmara de Defesa de Ecossistemas —CDE/COPAM*" (parágrafo único do art. 4º).

2.1 *Crítica: zoneamento ambiental ou normas ambientais de uso e ocupação do solo* somente podem ser estabelecidos *através de lei formal*, isto é, votada pelos agentes políticos conhecidos como vereadores, deputados e senadores.

A *instituição de uma APA obedecerá*, sob pena de nulidade, as exigências da Lei federal 6.902, de 27.4.81, entre elas o *simultâneo e por lei zoneamento, para que se possa aferir a limitação imposta ao direito dos proprietários.*

3. "Até a aprovação do zoneamento ambiental da APA SUL RMBH, ou (...) — continua a proposta — o uso e ocupação agrícola, industrial, minerário, habitacional, que venham a ocorrer na região, que impliquem na diminuição da atual cobertura vegetal nativa, somente poderá ocorrer, mediante prévia autorização da Câmara de Defesa de Ecossistemas do COPAM, que a concederá com base em pareceres técnicos elaborados pela FEAM" (art. 5º).

3.1 *Crítica:* a CDE e o COPAM não possuem nenhuma autoridade técnica ou legal para a aprovação de atividades agrícolas, industriais, minerárias e habitacionais.

Enquanto se espera o zoneamento não se pode paralisar o universo compreendido pela APA. Observe-se que, para o condicionamento de aprovação da CDE, basta a possibilidade de "diminuição da atual cobertura vegetal nativa", ou seja, até *capina deverá ser autorizada pela CDE!*

Até quando?...

4. "Em cada Área de Proteção Ambiental — dispõe o art. 9º da Lei 6.902, de 1981 — dentro dos princípios constitucionais que regem o exercício do direito de propriedade, o Poder Executivo estabelecerá normas, limitando ou proibindo".

Em outras palavras, *a norma federal exige zoneamento ambiental, detalhado e preciso, porque, se é certo que o direito de propriedade é condicionado em seu exercício à função social* (art. 5º, XXII, da CF), *também certo que a função social não pode contrariar o aspecto sócio-econômico da propriedade* (art. 5º, XXIII, XXIV XXV, da CF), como tutelado pela Constituição.

5. A proposta, no entanto, em distorção e em ampliação abusiva da legislação federal, simultaneamente transcrita, em itálico (incisos do art. 9º Lei federal 6.902, de 27.4.81), diz ficarem restringidas ou sujeitas a controle na APA SUL RMBH (incisos do art. 6º):

5.1 *Proposta:* as *atividades* que possam colocar em risco os mananciais, utilizados ou a serem utilizados para o abastecimento de água para a população.

Lei 6.902/81: a implantação e o funcionamento de *indústrias potencialmente poluidoras*, capazes de afetar mananciais de água.

5.2 *Proposta:* a realização de obras de terraplanagem e a abertura de canais, quando essas iniciativas importarem alterações das condições ecológicas locais, principalmente da Zona de Vida Silvestre.

Lei 6.902/81: a realização de obras de terraplanagem e abertura de canais, quando essas iniciativas importarem em *sensível alteração* das condições ecológicas locais.

5.3 *Proposta:* o exercício de atividades *capazes de provocar erosão de terras ou assoreamento* nas coleções de água.

Lei 6.902/81: o exercício de atividades capazes de provocar uma *acelerada erosão* das terras e/ou um *acentuado assoreamento* das coleções hídricas.

5.4 *Proposta:* o exercício de atividades que ameacem extinguir as *espécies raras da biota, a vegetação primitiva e as nascentes dos cursos d'água existentes na região.*

Lei 6.902/81: o exercício de atividades que ameacem extinguir na área protegida as *espécies raras da biota regional.*

5.5 *Crítica*: a lei federal, nos expressos termos do comando do art. 9º, *exige zoneamento, com limitações e proibições, dentro dos princípios constitucionais que regem o direito de propriedade*, e se refere apenas a *indústrias potencialmente poluidoras*, e *não a quaisquer atividades, sensível alteração nas condições ecológicas*, e *não quaisquer alterações das condições ecológicas locais, atividades capazes de provocar acelerada erosão das terras e/ou acentuado assoreamento das coleções hídricas*, e *não quaisquer atividades capazes de provocar erosão*, *atividades que ameacem extinguir as espécies raras da biota regional*, e *não quaisquer espécies raras da biota local, e muito menos veda a lei federal a supressão da vegetação primitiva e das nascentes dos cursos d'água.*

6. Nos termos da proposta, por óbvio que na área da APA SUL *estarão impossibilitadas todas e quaisquer atividades, não se trata de restringir ou sujeitar a controle, mas de impedir o uso do direito de propriedade, ou sujeitá-lo a controle técnico, exclusivo, absoluto e voluntarioso, sem uma norma sequer que oriente as garantias e os direitos dos proprietários.*

Sem a mínima dúvida, há expropriação indireta, sem que se assegure aos lesados o direito à justa e prévia indenização de que trata a Constituição Federal (art. 5º, XXIV).

7. A CDE/COPAM passa a ser o *domino* absoluto da região da APA SUL, pois, além das restrições já alinhadas, dependerão de sua aprovação "a abertura de vias de comunicações, de canais, barragens em curso d'água, a implantação de projetos de urbanização, sempre que importarem na realização de grandes escavações e obras que causem alterações ambientais" (art. 7º).

7.1 *Crítica:* não há competência legal para as aprovações. Em nenhuma norma constitucional ou da legislação nacional sobre o Sistema Nacional do Meio Ambiente e legislação ambiental se confere, e nem se poderia em termos constitucionais, competência a simples órgão ou conselho assim elargizada, em violência às autonomias federativas.

A aprovação pela CDE de "projetos de urbanização" "que causem alterações ambientais" significa, pelo elastério do termo "urbanização", que um mero passeio, uma edícula, um estábulo ou um casebre dependem de elaboração de Estudo de Impacto Ambiental e "indicação das restrições e medidas consideradas necessárias à salvaguarda dos ecossistemas" (v. abaixo, inciso II do art. 7º).

8. A aprovação dependerá de "estudo do projeto, exame das alternativas possíveis e a avaliação de suas conseqüências ambientais" e "indicação das restrições e medidas consideradas necessárias à salvaguarda dos ecossistemas" (incisos I e II do art. 7º).

8.1 *Crítica:* o projeto mencionado, apesar de faltar-lhe denominação, é o EIA — Estudo de Impacto Ambiental, previsto no inciso IV do § 1º do art. 225 da Constituição Federal, e é também o RIMA — Relatório de Impacto Ambiental, exigidos apenas "para instalação de obra ou atividade de significativa degradação do meio ambiente", e não de quaisquer obras, como se tem na proposta: *"a abertura de vias de comunicações,* de canais, barragens em curso d'água, *a implantação de projetos de urbanização,* sempre que importarem na realização de grande escavações *e obras que causem alterações ambientais" (art. 7º).*

Ora, toda e qualquer obra, a menor e mais singela possível, produz alterações ambientais. A abertura de ruas e os métodos de coleta do lixo ou de limpeza da cidade estarão condicionados ao exame e aprovação da CDE/COPAM.

9. No exercício de competência definida pela Constituição Federal, atribuída à União, o Conselho Nacional do Meio Ambiente — CONAMA, pela Resolução 1, de 23.1.86, disciplinou os casos de exigência de EIA — Estudo de Impacto Ambiental e de RIMA — Relatório de Impacto Ambiental. *Em nenhum momento se verifica generalidade como a que se pretende com a proposta da CDE/COPAM.*

10. Depende de elaboração de EIA e RIMA apenas o licenciamento de atividades modificadoras do meio ambiente, tais como (art. 2º da Resolução CONAMA 1/86):

"a) estradas de rodagem com duas ou mais faixas de rolamento;

"b) ferrovias;

"c) portos e terminais de minério, petróleo e produtos químicos;

"d) aeroportos, conforme definidos pelo inciso I art. 48 do Decreto-lei 32, de 18.11.66;

"e) oleodutos, gasodutos, minerodutos, troncos coletores e emissários de esgotos sanitários;

"f) linhas de transmissão de energia elétrica, acima de 230 Kw;

"g) obras hidráulicas para exploração de recursos hídricos, tais como: barragem para fins hidrelétricos, acima de 10MW, de saneamento ou de irrigação, abertura de canais para navegação, drenagem e irrigação, retificação de cursos d'água, abertura de barras e embocaduras, transposição de bacias, diques;

"h) extração de combustível fóssil (petróleo, xisto, carvão);

"i) extração de minério, inclusive os da classe II, definidos no Código de Mineração;

"j) aterros sanitários, processamento e destino final de resíduos tóxicos ou perigosos;

"k) usinas de geração de eletricidade, qualquer que seja a fonte de energia primária, acima de 10MW;

"l) complexo e unidades industriais e agroindustriais (petroquímicos, siderúrgicos, cloroquímicos, destilarias de álcool, hulha, extração e cultivo de recursos hídricos);

"m) distritos industriais e Zonas Estritamente Industriais — ZEI;

"n) exploração econômica de madeira ou de lenha, em áreas acima de 100ha ou menores, quando atingir áreas significativamente em termos percentuais ou de importância do ponto de vista ambiental;

"o) projetos urbanísticos acima de 100ha ou em áreas consideradas de relevante interesse ambiental a critério da SEMA e dos órgãos municipais e estaduais competentes;

"p) qualquer atividade que utilize carvão vegetal, em quantidade superior a 10 t por dia."

Como se percebe, em leitura, a proposta não se conforma à legislação federal e sua regulamentação.

11. Da resolução do CONAMA, tem-se, ainda, que "dependerá de elaboração e estudo de impacto ambiental e respectivo RIMA, a serem submetidos à aprovação da SEMA, o *licenciamento de atividades que, por lei, seja de competência federal*".

A proposta, no entanto, pretende que qualquer licenciamento passe a ser do CDE/COPAM, o que, translúcido, é-lhe impossível, é-lhe ilegal e desrespeitador da competência constitucionalmente estabelecida.

12. Vai adiante a proposta; veda, não permite (art. 8º), "a construção ou edificações que, por suas características, não comportem a existência simultânea de poços de abastecimento de água que fiquem a salvo de contaminação, quando não houver rede de coleta e estação de tratamento de esgoto em funcionamento".

Ainda, impermite a "execução de urbanização sem as devidas autorizações, alvarás, licenças estaduais exigíveis" (inciso II do art. 8º).

12.1 *Crítica:* pela deficiência do Estado em prestar serviços de coleta e tratamento de esgoto, a proposta impede a vida do cidadão. Quer-se dizer, o Estado jamais assume a própria responsabilidade. *Urbanização não depende de nenhum licenciamento estadual, senão municipal.*

A proposta, tenha-se claro, proíbe, inibe por completo, o direito do proprietário de construir em seu imóvel.

13. Estabelece-se (art. 11) uma "Zona de Vida Silvestre", compreensiva do "alto da Bacia do Rio Conceição, o flanco ocidental da Serra do Espinhaço no setor onde estão as nascentes dos canais de drenagem formadores dos Córregos Palmital, Lobo e Rio das Pedras até o divisor de águas da Serra do Caraça; as áreas de proteção da COPASA; as unidades de conservação de uso indireto existentes na região".

Proíbem-se quaisquer construções na ZVS (art. 12), exceto as "destinadas à realização de pesquisas e ao controle ambiental" (parte final do art. 12).

13.1 *Crítica:* criou-se um parque, tanto que, na área do parque, apenas se permite a construção de prédio público destinado a sediar os trabalhos de pesquisa e controle ambiental. *Há proibição ou interdição total do exercício do direito de propriedade.*

De expropriação e respectivo custo não cuida a proposta.

14. Por fim, propõe-se criar uma "administração" da APA SUL, "com sistema de gestão a ser aprovado previamente pela CDE/COPAM" (art. 14).

14.1 *Crítica: como se pode propor uma "administração" para áreas de propriedade privada? A CDE/COPAM pensa, por acaso, estar abolido o direito de propriedade no País?*

Bastante caracterizada, na proposta, a tentativa indisfarçada de desapropriação indireta. Em momento algum se pensou em impor válidas e lícitas limitações administrativas, senão inconcebíveis embaraços ao exercício do direito de propriedade e aos direitos do cidadão, como pessoa humana respeitável em sua dignidade e plenitude. Pensa-se, outrossim, em decretação de perda do direito de propriedade ou fruição coletiva por uma administração comandada pela Câmara de Defesa de Ecossistemas do COPAM.

Na Lei 6.902/81, ao contrário, não se confere a que órgão seja o poder de administração sobre terras alheias. Os órgãos ambientais é que devem deslocar-se pelo território em atividade de fiscalização e supervisão (art. 9º, § 1º).

A existente Constituição Federal

15. A área de proteção ambiental está inscrita no inciso III do § 1º do art. 225 da Constituição Federal, que estabelece *competir ao Poder Público*: "*definir*, em todas as unidades da Federação, *espaços territoriais e seus componentes a serem especialmente protegidos, sendo a alteração e a supressão permitidas somente através de lei, vedada qualquer utilização que comprometa a integridade dos atributos que justifiquem sua proteção*".

16. A área de proteção ambiental encontrou anterior disciplinamento na Lei 6.902, de 27.4.81, cujas normas, por evidente, se encontram recepcionadas na ordem constitucional vigente.

Prescreve o art. 8º da Lei 6.902, de 1981, que "o Poder Executivo, quando houver relevante interesse público, poderá declarar determinadas áreas do território nacional como de interesse para a proteção ambiental, a fim de assegurar o bem-estar das populações humanas e conservar ou melhorar as condições ecológicas locais".

17. A Constituição Federal, todavia, não suprimiu o direito individual de propriedade, mas, sim, o respeita, como afirmado em vários preceitos:

a) art. 5º, XXII: *"é garantido o direito de propriedade";*

b) art. 5º, XXIV: *"a lei estabelecerá o procedimento para desapropriação por necessidade ou utilidade pública, ou por interesse social, mediante justa e prévia indenização em dinheiro,* ressalvados os casos previstos nesta Constituição" (as ressalvas dizem respeito à reforma agrária e à reforma urbana, não se aplicam no presente caso);

c) art. 170, II: "A ordem econômica, fundada na valorização do trabalho humano e na livre iniciativa, tem por fim assegurar a todos existência digna, conforme os ditames da justiça social, observados os seguintes princípios: (...) *propriedade privada*".

18. Condicionou, por certo, o exercício do direito de propriedade, o que é civilizado, à observância da função social (arts. 170, III, e 5º, XXIII).

19. Para uma interpretação ambientalista do conceito e sentido do direito de propriedade e do direito ao meio ambiente, talvez o melhor seja, de imediato, citar recomendações da Conferência Ambiental de Estocolmo, de 1972.

Dever-se-á, sempre, "harmonizar a utilização racional dos recursos naturais com a proteção do meio ambiente", ou, se não for possível "harmonizar", "expropriar ou permitir a utilização racional".

Em outras palavras, deve-se definir, *por lei*, as normas de uso e ocupação do solo nas áreas de proteção. Se vedado o uso, desapropria-se previamente — tudo consoante a Conferência de Estocolmo e as normas constitucionais brasileiras.

A doutrina e a jurisprudência

20. Os estudiosos do assunto vêm procurando uma solução para a matéria ambiental que seja conforme às leis e à Constituição e, principalmente, desvinculada de pressões ou patrulhamento ecológico. O meio ambiente interessa a todos.

21. Pelo exame da doutrina e da jurisprudência, fica bem claro, sem dissensões, *que as normas de uso e ocupação do solo ou zoneamento:*

a) *exigem a lei formal,* vale dizer, votada pelo Legislativo;

b) possibilitando *limitações administrativas* ou condicionamento do exercício do direito de propriedade à função social;

c) *vedadas interdições do uso* da propriedade, o que equivale à desapropriação indireta;

d) zoneamento, inclusive o ambiental, de competência exclusiva do Município.

22. As decisões judiciais e o opinamento da doutrina *rejeitam, ainda, o clima emocional* do tratamento do tema.

O Tribunal de Justiça do Rio Grande do Sul, por exemplo, tem salientado *que não pode se considerar, previamente, qualquer atividade como poluidora ou causadora de degradação ambiental.* Não aceita a Justiça gaúcha que a preservação de 80% de um bosque possa ser considerada, no aspecto da supressão de 20%, prejuízo à biota.

"Não concebo que a derrubada de árvores, em 20% de um bosque urbano, atinja a saúde, a segurança e o bem-estar da população, ou afete a estética do meio ambiente ou suas condições sanitárias.

"Louvável, embora, o movimento ecologista, ao julgador impede, na apreciação das questões que dizem com o meio ambiente, retirar-lhe a carga de emoção e de demagogia" (*RJTJRS* 133/364).

23. No ensinamento sempre útil e irrefutável de Hely Lopes Meirelles, repúdio o mais frontal e direto impossível às inconseqüências danosas ao meio ambiente: *"De um modo geral, as concentrações populacionais, as indústrias, o comércio, os veículos motorizados, e até a agricultura e a pecuária, produzem alterações no meio ambiente.* Essas alterações, quando normais e toleráveis, não merecem contenção e repressão, *só exigindo combate quando se tornam intoleráveis e prejudiciais à comunidade, caracterizando poluição reprimível. Para tanto, há necessidade de prévia fixação técnica e legal dos índices de tolerabilidade, ou seja, dos padrões admissíveis de alterabilidade de cada ambiente, para cada atividade poluidora, não se compreendendo nem se legitimando as formas drásticas de interdição de indústrias e atividades lícitas, por critérios pessoais da autoridade, sob o impacto de campanhas emocionais que se desenvolvem em clima de verdadeira psicose coletiva de combate à poluição" (Direito Administrativo Brasileiro,* 14ª ed., 1989, p. 489).

24. Por outro lado, a competência estadual e municipal na matéria meio ambiente é *supletiva,* não pode desbordar ou afastar-se das normas federais (v., entre outras decisões, STF, *RTJ* 115/1.402; AI 110.305-1-SP, *DJ* 27.6.86, ement. 1.425-5; RE 105.569-3-SP, *DJ* 18.10.85, ement. 1.396-4).

"A *defesa do meio ambiente* deve ser exercida com *respeito à competência legislativa da União Federal"* (Repr. 1.007-4-SP, *DJ* 10.9.79, ement. 1.143-1, rel. Cordeiro Guerra).

25. Como destaca o Tribunal de Justiça do Paraná: "È curial, no campo hierárquico das leis, que os *Estados* e os *Municípios não podem editar normas que conflitem com a legislação federal* no tocante à defesa e proteção da saúde. A competência supletiva dos Estados e Municípios em matéria de defesa e preservação ambiental se exterioriza legitimamente com a fixação de regras mais minudentes para proteger a saúde humana e os recursos naturais, aplicando as diretrizes gerais a suas peculiaridades".

26. O Supremo Tribunal Federal (*RTJ* 91/35) teve oportunidade de assinalar inconstitucionalidade de leis estaduais em meio ambiente por invadirem a competência legislativa federal.

"Nos termos da Portaria 13, de 15.1.76, do Ministério do Interior, assentada na competência legislativa federal, a classificação das águas interiores do território nacional, segundo seu uso preponderante (item I), quando estaduais, cabe ser feita por órgão estadual de controle da poluição (itens IV, letra "b", e XIX), vale dizer, por órgão do Poder Executivo do Estado."

"Realmente, embora se reconheçam os elevados propósitos contidos nas leis paulistas em questão quanto ao combate à poluição e quanto a melhor aproveitamento de cursos de água para fins de ambiente humano, forçoso é verificar, porém, em face dos dispositivos constitucionais, que elas adentraram campo específico de outra esfera de competência ou, no mínimo, entraram em choque com a competência federal para exploração dos serviços de energia elétrica e para legislação sobre águas e energia em geral, prevista no art. 8º, XV, letra "b", e XVI, letra "i", (...) da CF.

"O combate à poluição, envolvendo necessariamente vários campos de interesses, incide na competência, se não privativa, pelo menos preponderante da União Federal."

27. "As Leis 6.938/81 e 7.347/85 são específicas na definição da Política Nacional do Meio Ambiente, *leis estaduais e municipais podem dispor sobre meio ambiente*, porém *sem desbordar dos limites próprios do peculiar interesse do Município* (e do Estado), *não podendo, portanto, definir o que seja dano aos bens protegidos e nem a sanção respectiva, tarefa privativa da União"* (*RT* 618/68).

28. Como afirma o Tribunal de Justiça do Rio de Janeiro: *"A pura infração das regras de zoneamento urbano não importa necessariamente a configuração do dano, atual ou potencial, ao meio ambiente. A condenação de empresa a abster-se de atividade industrial não pode repousar na simples existência de riscos* e não se justifica se adotadas medidas preventivas, capazes de afastar a probabilidade de danos, e reduzir o perigo a nível socialmente aceitável"(Adcoas, *BJA* 04, 1989, n. 124.428).

29. Importante, outra vez, o ensinamento de Hely Lopes Meirelles, no que diz respeito ao "conflito" entre as atividades supostamente danosas ao meio ambiente, porém atividades regularmente instaladas e licenciadas há muito tempo.

Observe-se que a APA atinge um universo de direitos adquiridos, de situações definitivamente constituídas, de atos jurídicos perfeitos, e a todas essas relações jurídicas pretende imobilizar.

Escreve Hely Lopes Meirelles: "O mais sério problema a ser resolvido é o da pré-ocupação de bairros ou áreas por indústrias e outras atividades poluidoras que, posteriormente, venham a ser consideradas em uso desconforme, diante da nova legislação para o local. *Em tais casos, não pode a Administração paralisar sumariamente essas indústrias e atividades, nem reduzir-lhes a produção, porque isto ofenderia o direito adquirido em conformidade com as normas anteriores. Para a retirada desses estabelecimentos, a medida legal é a desapropriação"*.

30. E continua Hely Lopes Meirelles:

"De qualquer ângulo em que se examine a matéria, o direito à indenização do proprietário é inegável. *Toda vez que o Poder Público, direta ou indiretamente, produz o esvaziamento econômico do direito de propriedade, fica obrigado a reparar o prejuízo.* Não se trata, aqui, de simples limitação administrativa, mas, sim, de interdição da propriedade.

"Limitação administrativa gratuita, já tivemos oportunidade de assinalar, é, por exemplo, o recuo de alguns metros das construções em terrenos urbanos. *Mas se esse impedimento de construção atingir a maior parte do terreno, tornando a área inconstruível, deixará de ser limitação para ser interdição de uso da propriedade e, nesse caso, ficará o Poder Público obrigado a indenizar a restrição que aniquilou o direito dominial e suprimiu a valor econômico do bem. Pois ninguém adquire terreno urbano em que seja vedada a construção, como também nenhum particular adquire terras ou matas que não possam ser utilizadas economicamente, segundo a sua destinação normal" (Estudos e Pareceres de Direito Público,* v. II/ 167, São Paulo, Ed. RT, 1977).

"E justifica-se que assim seja, pois essa regra deflui do *princípio da solidariedade social,* segundo o qual *só é legítimo o ônus suportado por todos em favor de todos.* Se o bem-estar social exige o sacrifício de um ou de alguns, aquele ou estes devem ser indenizados pelo Estado, ou seja, pelo erário comum do povo". (*Estudos e Pareceres de Direito Público,* Hely Lopes Meirelles, v. IX/23).

Zoneamento

31. Para o conceito de zoneamento e competência municipal, pode-se trazer ampla dissertação de Eros Roberto Grau acerca de zoneamento industrial e ambiental (*Direito Urbano, Zoneamento e Controle Ambiental,* 1983, p. 102):

"Tem-se como pacífico o entendimento segundo o qual, no quadro constitucional vigente, ainda que o Município se sujeite aos preceitos da normatividade federal e estadual no que concerne à proteção da saúde, *a ele cabe a ordenação do uso e ocupação do solo municipal.*

"*Essa tese,* cuja enunciação decorre de sentidos ideológicos consagrados no texto constitucional, *foi de resto acatada não apenas na Lei 6.803/80, mas também na Lei 6.938/81, que dispõe sobre a Política Nacional do Meio Ambiente.* É certo que esta última, em seu art. 9º, define como instrumento daquela política o zoneamento ambiental, sem todavia fixar-lhe ao menos um conceito — o que implica permaneça a expressão, em termos de direito positivo, inteiramente vazia, despida de qualquer conteúdo operacional. De qualquer modo, *é significativo o texto da disposição do art. 5º dessa mesma Lei 6.938/81, ao mencionar que as diretrizes da Política Nacional do Meio Ambiente têm o condão de apenas e tão-somente orientar a ação dos Municípios, sem naturalmente vinculá-los, no comprometimento da autonomia municipal."*

32. Não foge ao estudo de Eros Grau o muitas vezes proposto, como no presente caso, "macrozoneamento". *Poderia o Estado aprovar, mesmo que simultaneamente à instituição da APA, um macrozoneamento ambiental?*

"Neste passo da exposição — diz Eros —, cumpre-nos retornar à consideração da noção de macrozoneamento, que envolve a fixação, em termos amplos, de parâmetros a serem contemplados na determinação do zoneamento.

"Relembro que, em minha colocação inicial da enunciação da noção, constavam os seguintes termos: 'a partir da consideração de um conjunto territorial continente do espaço de vários Municípios' e 'no nível municipal'.

"Importa-nos, agora, ponderadas todas as verificações alinhadas, verificar se a inserção desses termos naquela noção é compatível com o ordenamento constitucional vigente entre nós. Dito doutra forma: se à União cabe, entre nós, sob o fundamento da defesa e proteção da saúde, a fixação, mesmo em termos amplos, a partir da consideração de um conjunto territorial continente do espaço de vários Municípios, de parâmetros a serem contemplados na determinação, no nível local, do zoneamento.

"*A resposta a essa nova questão é negativa.* Pois é exato que à União compete a definição de normas gerais de defesa e proteção da saúde — além da elaboração do Plano Nacional de Saúde, em que se trata da determinação das metas a cujo alcance se empenhará a organização estatal —, parecendo-me indiscutível o fato de que não se podem entender como do tipo norma geral os parâmetros de um macrozoneamento. Disposições dessa ordem evidenciadamente excedem o perfil das normas gerais, para cuja emanação detém a União competência normativa.

"*A noção de macrozoneamento, em realidade, é incompatível com a de norma geral, visto que esta supõe normatização em um nível de generalidade e abstração que não pode ser mantido naquele.* Os parâmetros fixados no macrozoneamento necessariamente são formulados para a consideração de parcelas específicas do solo, ainda que globalmente visualizadas, dentro da área total a que respeite. Por isso mesmo é que, tal como o zoneamento, o macrozoneamento é entendido como um procedimento. O zoneamento, aliás, em função do nível peculiar de especificidade em que se coloca, poderia ter sua natureza jurídica questionada, à medida que se suscitasse a tese de que compreende *ato administrativo elaborado sob a forma de lei.* De qualquer modo, é certo que o macrozoneamento, tal como o zoneamento, não pode ser entendido como expressão de norma geral.

"*Daí por que, na ordem constitucional vigente entre nós, apenas cabe cuidar-se de macrozoneamentos urbanos municipais, isto é, definidos pelo Município, a partir da consideração do seu território local, sendo incabível o macrozoneamento definido em escopo mais amplo, no nível regional, continente dos territórios de Municípios vários.*"

33. Também para Paulo de Bessa Antunes (*Curso de Direito Ambiental*, 2ª ed., p. 89), "*o zoneamento* é uma forte intervenção estatal no domínio econômico, *organizando a produção, alocando recursos, interditando áreas, destinando outras para estas e não para aquelas atividades, incentivando e reprimindo condutas etc.*"

Yves Prats (*apud* Merlin 1988, 715) define zoneamento da seguinte forma: "É a técnica consistente em determinar nos documentos de planificação urbana o destino da utilização do solo segundo a natureza das atividades dominantes, definindo aquelas que serão permitidas".

34. Pode-se desenvolver a noção de zoneamento ambiental com Paulo Affonso Leme Machado (*Direito Ambiental Brasileiro*, 2ª ed., p. 80) sob o título "Zoneamento ambiental na experiência estrangeira":

"*O zoneamento consiste em dividir o território em parcelas nas quais se autorizam determinadas atividades ou interdita-se, de modo absoluto ou relativo, o exercício de outras atividades.* Ainda que o zoneamento não constitua, por si só, a solução de todos os problemas ambientais, é um significativo passo. Nesse sentido o professor espanhol Tomás Ramón Fernandez Rodriguez acentua 'que todas essas técnicas de distanciamento e de medidas corretoras (sobretudo a técnica de distanciamento) consagradas pelos preceitos do Regulamento de 1961 a propósito das atividades incômodas, nocivas, insalubres ou perigosas são técnicas já superadas *e que devem dar lugar às técnicas de planificação, concretamente, o zoneamento, a qualificação do solo, a determinação das destinações, a imposição dos usos lícitos, que constituem o objetivo próprio do plano'.*

"O direito urbanístico preocupa-se com o desenvolvimento da cidade para assegurar, através do emprego de todos os recursos técnicos disponíveis, *vida condigna para toda a população. (...)*

"Entre os vários campos abrangidos pelo direito urbanístico destaca-se o do *zoneamento urbano. As diversas partes do território urbano são destinadas funcional e racionalmente a determinadas ocupações.* Como acentua *Le Corbusier*, 'o zoneamento é uma operação feita no plano da cidade com o fim de *atribuir a cada função e a cada indivíduo seu justo lugar. Tem por base a discriminação necessária entre as diversas atividades humanas reclamando cada uma um espaço particular (...)'.*"

35. Como se vê, da proposta da CDE nada consta que possa ser classificado como norma de zoneamento. E, mesmo se houvesse, inconstitucional seria a proposta, por ferir a autonomia do Município no estabelecimento dos critérios de uso e ocupação do solo. E também ilegal pretender-se a aprovação de zoneamento pelo COPAM — zoneamento exige lei formal, votada e aprovada pelo Legislativo Municipal.

36. Ainda para Paulo de Bessa Antunes (ob. cit., p. 96), nas áreas de proteção ambiental *"não há proibição de habitação, residência e atividades produtivas nas APAs; contudo, estas devem ser orientadas e supervisionadas pela entidade ambiental encarregada de assegurar o atendimento das finalidades da legislação instituidora* (Decreto 99.274, arts. 28-32)".

Na proposta da CDE, todavia, há inúmeras proibições e dificultações ao "impossível".

Zoneamento por lei que defina permissões e limitações

37. Toshio Mukai, em seu *Direito e Legislação Urbanística no Brasil* (Saraiva, 1988, p. 70), discorre sobre as "limitações urbanísticas do uso da propriedade", afirmando:

"Um primeiro e superficial exame da questão talvez nos levasse à conclusão errônea de que as limitações urbanísticas poderiam ser impostas à propriedade particular com a simples invocação do preceito constitucional e, portanto, veiculadas por decreto ou normas de hierarquia inferior. Tal não ocorre, porém.

"É que as limitações urbanísticas, sendo espécie do gênero limitações administrativas, que decorrem do poder de polícia, devem, tal como se entende na doutrina, ter como *fonte primária de normatividade a lei formal*. Segundo a repercussão que têm sobre o comportamento dos indivíduos, classificam-se as limitações urbanísticas, segundo Alcides Grecca, em três grupos: a) as que impõem obrigações de fazer; b) as que impõem obrigações de não fazer; c) as que impõem obrigações de deixar fazer. *Se assim é, tais obrigações devem provir de uma fonte primária, que, segundo o nosso ordenamento constitucional, é a lei formal* (EC 1/69, art. 153, § 2º 'Ninguém será obrigado a fazer ou deixar de fazer alguma coisa senão em virtude de lei').

"(...)

"Outro julgado do Supremo Tribunal que deixa clara a impossibilidade de se impor restrições ao direito de propriedade sem lei formal, dado que inexiste no nosso sistema jurídico o denominado regulamento autônomo (encontradiço, p. ex., na França), pode ser observado:

"(...)

"Cabe ao Poder Legislativo Municipal estabelecer as regras gerais e abstratas das limitações ao direito de construir, e ao Executivo especificar as hipóteses em que aquelas têm aplicação."

38. Também para Hely Lopes Meirelles *a forma do zoneamento é a legislativa municipal* (ob. cit., p. 407), embora, após a lei de zoneamento, se aceite, também, o poder regulamentar do prefeito:

"A imposição e alteração do zoneamento têm suscitado divergência jurisprudencial quanto ao instrumento legal para sua efetivação. *Alguns julgados entendem que só podem ser consubstanciadas em lei municipal*; outros as admitem por decreto do prefeito. Devemos distinguir duas situações: *as normas de zoneamento e a fixação das zonas: aquelas são privativas de lei; esta, de decreto. A lei estabelecerá as diretrizes, os critérios, os usos admissíveis, tolerados e vedados nas zonas previstas*; o decreto individualizará as zonas e especificará os usos concretamente para cada local.

"O zoneamento, no seu aspecto programático e normativo, é objeto de lei, mas na sua fase executiva — em cumpri-

mento da lei — é objeto de decreto. *O que não se admite é o zoneamento exclusivamente por decreto, sem base em norma legislativa que o imponha para a cidade e indique as limitações urbanísticas de cada zona."*

Limites das limitações

39. "Outro aspecto relevante — continua Mukai — de ordem constitucional, a se considerar na matéria, é quanto aos limites das imposições de polícia às construções.

"Em princípio, as limitações impostas ao uso da propriedade não geram direito a indenização para o particular.

"A orientação referida é a que 'prevalece no Direito brasileiro, tradicionalmente, em coincidência com o que ocorre em outros países cuja formação jurídica é semelhante à nossa', como observou Dalmo de Abreu Dallari, ao citar Alcides Grecca a respeito."

40. Adverte, contudo, o autor:

"Há de se ter presente, sempre, a lição de M. Seabra Fagundes, ao analisar o instituto do solo criado: 'em se tratando de imóvel localizado em área urbana, é na possibilidade de construir, via de regra, que está a essência econômica da propriedade (...) tomar o direito de construir autônomo, e não apenas adstrito, no seu exercício, a exigências, ora mais ora menos rigorosas, significa esvaziar o direito de propriedade em termos de valor patrimonial (...) quando a Carta Política assegura o direito de propriedade (art. 153, § 22), embora condicionado a uma função social (art. 160, III), visa a protegê-lo ao menos naquilo mais expressivo, em seu teor, como elemento patrimonial'.

"Embora entendamos que, uma vez assegurado pela lei civil o direito de construir num coeficiente único, a propriedade não estará sendo atingida em sua garantia constitucional, o autor realça um aspecto importante da natureza do direito de propriedade: sua destinação econômica. Suprimida esta, a propriedade inexiste.

"Mas, até onde pode ser suprimido o conteúdo econômico da propriedade, sem se incidir no dever de indenizar o proprietário?

"Certo que no conceito de limitação urbanística está presente a idéia de generalidade, assim como a de gratuidade e a de razoabilidade.

"Estas três idéias devem estar presentes na limitação de modo concomitante, sendo que, *se a limitação não for razoável* (o que só poderá ser averiguado em cada caso concreto), não importa que haja generalidade nela, porque, ainda assim, não haverá gratuidade: *a limitação funciona como se fosse uma servidão pública indenizável.*

"É que a natureza da limitação então fica desnaturada e a indenizabilidade ou não deve ser buscada num outro ponto jurídico, que diz respeito às relações de direito subjetivo do administrado frente à Administração e às de sujeição de cada um às exigências do interesse coletivo. Estas relações são disciplinadas pelo Direito dentro da teoria dos ônus e dos encargos, pela qual todos os membros de uma coletividade devem suportar os ônus que decorrem do interesse impessoal de todos, mas nenhum membro deve suportar sozinho todos os ônus e sacrifícios, se estes não forem razoáveis.

"(...)

"Este aspecto foi excelentemente sublinhado pelo Juiz Maércio Sampaio, do Tribunal de Alçada de São Paulo, em voto vencido na Ap. 12.930, nos seguintes termos: 'Um fundamento jurídico-filosófico de solidariedade se estabelece, através da idéia de que todos os componentes do grupo social têm o dever de suportar um sacrifício gratuito, em favor da coletividade. *Se esse sacrifício deixa de ser geral, para ser particular, por transgressão a um direito subjetivo, dá-se a indenização'* (cf. Ernst Forsthoff, *Tratado de Derecho Administrativo*, Madri, 1958, p. 451). Alessi ressalta, também em contraposição à idéia de sacrifício geral, *ato lesivo ao interesse particular e ao caso, irrecusável o ressarcimento* (*Principii di Diritto Amministrativo*, v. 2/571).

"A esse mesmo título, Bielsa, em ensinamento que se amolda ao debate, adverte que, se a limitação administrativa restringe 'el uso y goce normal de la cosa, a punto de afectar la plenitud de este derecho, es entonces convertible en servidumbre" (*Derecho Administrativo*, p. 384)."

41. Acórdão (RMS 602-RJ) do Superior Tribunal de Justiça, por voto do Min. Américo Luz, demonstra inaceitar o Judiciário a imposição de interdição temporária de uso do direito de propriedade ou a invocação de hipotéticos possíveis riscos de dano ao meio ambiente como motivo para constranger o particular e sua propriedade.

Se o Poder Público quer a defesa de valores que não os do proprietário, afirma o Superior Tribunal de Justiça, deve, previamente, proceder à desapropriação.

42. "Não tem direito a Administração Pública de interditar empreendimento imobiliário há mais de trinta anos, ao argumento de as obras e serviços danificarem o meio ambiente. *Interdição temporária, com exigências vagas e genéricas da FEEMA, é o mesmo que desapropriação indireta sem indenização, porque resulta inviabilização de um empreendimento constituído dentro dos parâmetros legais.*

"(...)

"A lei que dispõe sobre a Política Nacional do Meio Ambiente confere poderes aos governadores de Estado (e não aos secretários), *competência para paralisar atividades poluidoras pelo prazo máximo de 15 dias.*"

43. Inclusive não aceitou o Superior Tribunal de Justiça pudessem órgãos estaduais impor interdição, dado a que a lei federal é expressa em conferir poderes exclusivamente ao governador e pelo prazo máximo de trinta dias.

"Quanto ao último aspecto do recurso apresentado pelo Estado — competência para o ato de interdição —, trata-se de questão corretamente equacionada, com base na hierarquia das leis, já que, conforme esclareceu o acórdão, aplicável ao caso é a Lei 6.938/81, que é federal e posterior ao Decreto-lei estadual 134/75. Assim, dispondo aquela legislação *ser competente o Governador para a prática do ato de interdição, não poderia o Secretário de Estado de Obras e Meio Ambiente tê-lo feito.*"

44. Não se convenceu, ainda, o Superior Tribunal de Justiça com o fácil argumento de que a função social poderia impor indiscriminada proteção do meio ambiente com ônus incidentes sobre propriedades particulares:

"Demais disso, não se poderia invocar, em abono à tese defendida pela autoridade impetrada, o art. 160 da Constituição Federal, sob a alegação de que o princípio da 'função social da propriedade' justificaria a intervenção estadual, para assegurar a proteção ambiental (*preservação* de florestas *ou, no caso, de vegetação*), criando restrições que impeçam o uso das áreas atingidas, certo como é que *a referida 'função social da propriedade' (art. 5º, XXIII, da atual CF), não pode anular a garantia constitucional prevista no inciso XXII do art. 5º da atual Carta Magna.*

"Portanto, se o Poder Público deseja fazer preponderar um outro valor social, impedindo o aproveitamento do imóvel, terá necessariamente — como já dito — de usar instrumento legal posto à sua disposição pela Lei Maior, ou seja, promover a desapropriação regular da área atingida pelo ato administrativo praticado."

45. O Tribunal de Justiça de São Paulo também não aceita se possa impor limitação administrativa a bens particulares a ponto de neles criar, sem justa e prévia indenização, parques e reservas, como se tem "autorizado" pelo Código Florestal (art. 5º).

A proposta da CED/COPAM no sentido de criação da APA nada mais é do que criar um parque florestal ou ambiental em terreno de particulares e terras públicas municipais.

Assim, considerou o Tribunal de Justiça de São Paulo que a instituição de parque em terra particular não caracteriza limitação, senão servidão administrativa, porque, "se, a pretexto de limitar a propriedade, a restrição vai tão longe a ponto de anulá-la em seu conteúdo essencial, ou prejudicá-la sob aspectos decisivos, o caso será de desapropriação" (*RJTJSP* 103/146).

"Como ensina Forsthoff — diz o acórdão paulista —, o que caracteriza a desapropriação é a mudança de destinação do bem (*Zweckentfremdung*), ou a cessação do uso conforme a função do bem.

"Se a lei regulamenta o direito de propriedade respeitando a destinação do bem, ou se contenta em impor ao proprietário obrigações que permitem um uso conforme à função do bem, o direito do proprietário fica submetido a restrições que permanecem nos limites do que permite a função social (...). Se, ao contrário, é imposta ao proprietário uma obrigação que altera a destinação do bem, já não se trata de simples função social do direito de propriedade."

46. Assim finaliza o Tribunal de Justiça de São Paulo, afirmando, o que, passo a passo, se transplanta para o caso da proposta APA: "Ora, na espécie, com a criação do Parque Estadual da Serra do Mar (*com a criação da APA*), os autores ficaram impedidos de explorar os recursos naturais existentes em suas terras (*assim como na atual APA — e nessa com agravante, estão proibidos até de edificar, capinar, habitar*), proibidos que estão de desmatá-las" (*também na APA*).

47. O Superior Tribunal de Justiça, por voto do Min. Garcia Vieira (*RSTJ* 21/450), já afirmou que "ninguém nega ao Poder Público o direito de instituir parques nacionais, estaduais ou municipais, contanto que o faça respeitando o sagrado direito de propriedade, assegurado pela Constituição Federal (art. 153, § 22 da Constituição Federal anterior e art. 5º, XXII, da Constituição vigente). Nosso ordenamento jurídico assegura ao proprietário o direito de usar, gozar e dispor de seus bens (...) (CC, art. 524) e não admite o confisco.

"(...)

"Como se vê, não se pode confundir as simples limitações previstas pela Lei 4.771, de 15.9.65 (Código Florestal), com a proibição de desmatamento e uso de uma floresta que cobre totalmente a propriedade, porque isso seria 'interdição de uso da propriedade', só possível com indenização prévia, justa e em dinheiro, como compensação pela perda total do direito de uso da propriedade e desaparecimento de seu valor econômico. Sendo a propriedade dos recorrentes toda coberta de floresta, foi ela, integralmente, declarada de preservação permanente, ficando seus legítimos proprietários proibidos de usá-la ou aliená-la. No caso, não se trata de limitação parcial de parte da floresta, mas de total interdição de uso e de alienação da propriedade inteira. Indenizáveis não são só as florestas, mas também a terra nua (as matas de preservação permanente são indenizáveis). Nesse sentido era o entendimento tranqüilo do TFR (Ac 118.641-AC, *DJU*, 26.11.87; Ac 49.099-SP, *DJU* 3.9.81, e Ac 99.625-SP, *DJU* 26.5.88) e é o entendimento de nossa Corte Maior (RE 100.717-SP, *RTJ* 108/1.314)."

48. O Supremo Tribunal Federal também vem entendendo como indenizáveis até as "matas de preservação permanente" e outros bens de interesse ecológico, como se tem em decisão relatada pelo Min. Francisco Rezek (RE 100.717, *RTJ* 108/ 1.314):

"Ao aceitar-se a intangibilidade das árvores para efeito de sua exclusão do valor da indenização, dever-se-ia excluir, e necessariamente, de qualquer pagamento o próprio valor da terra nua. E isso porque, se as árvores de preservação permanente forem mesmo intocáveis, intocável também restará, por via de conseqüência, o solo em que estão plantadas; pois, sem a sua prévia remoção, esse solo jamais poderá ser explorado economicamente.

"A jurisprudência do egrégio Tribunal Federal de Recursos está firmada no sentido de que são indenizáveis as matas de preservação permanente, inclusive em razão do valor ecológico que representam."

49. Por fim, oportunas as advertências de Tomás Quintana López (*La Repercusión de las Actividades Mineras en el Medio Ambiente*, Madri, Montecorvo, 1987, pp. 62 e 63) acerca de igual constitucionalizado direito ao meio ambiente na Constituição da Espanha (art. 45).

Não se pode pretender que os particulares, senão o Estado ou o conjunto dos particulares, suportem os ônus culturais e ambientais, como única exegese possível do conceito de solidariedade coletiva:

"Como es sabido, el art. 45 de la Constitución invoca la solidaridad colectiva como apoyo indispensable de la defensa y restauración del medio ambiente; ahora bien, aunque este principio no tiene expressamente su asiento en el mandato contenido en el art. 46, referido al medio ambiente humano, ello no quiere decir que sea ajeno a la conservación y promoción del patrimonio histórico, cultural y artístico de los pueblos de España. Basta recordar en estos momentos lo escrito ya hace algún tiempo por Martín Mateo, para constatar 1a precedente afirmación: 'Los elevados costos de carácter permanente que en todos los países lleva consigo la conservación de la riqueza monumental no pueden ser, como nuestra propia legislación patentiza, íntegramente descargados en las economías de sus titulares. Sin la inversión de grandes sumas por el Estado, los particulares, faltos de interés en el mantenimiento de una edificación para ellos irrentable, la abandonarán, en definitiva, inexorablemente y pese a la severidad de las conminaciones que se les hagan".

"Las palabras son lo suficientemente elocuentes. *No es possible atender los objetivos que marca la Constitución sobre el medio ambiente humano, y particularmente con relación a la conservación y promoción del patrimonio histórico, cultural y artístico, sin realizar un reparto de los costes que inevitablemente conlleva la consecución del referido objetivo constitucional.*"

Região Metropolitana de Belo Horizonte

50. Por último, mas antes de tudo, a proposta da CDE/COPAM deve ser adequada às normas constitucionais que regem a Região Metropolitana de Belo Horizonte, instituição com assento constitucional (art. 50 do Ato das Disposições Constitucionais Transitórias da Constituição do Estado de Minas Gerais).

51. A ação do Estado deve ser articulada regionalmente (art. 41 da Constituição do Estado), com o objetivo de integrar o planejamento, a organização e a execução de funções públicas de interesse comum, contribuir para a redução das desigualdades regionais, mediante execução articulada de planos, programas e projetos regionais e setoriais dirigidos ao desenvolvimento global das coletividades do mesmo complexo geoeconômico e social e assistir aos Municípios de escassas condições de propulsão sócio-econômica, situados na região, para que se integrem no processo de desenvolvimento.

52. A articulação regional nada mais significa do que a existência de planejamento urbano, extenso, compreensivo das ações de governo e da iniciativa privada, e não de uma ótica individual ambientalista. Em outras palavras, o planejamento urbano traduz as limitações compatíveis ao direito de propriedade, a própria impulsão do direito de propriedade, concilia, assim, o direito de propriedade e a sua função social.

53. Realizam-se os princípios da ordem econômica inscritos na Constituição Federal (art. 170), a valorização do trabalho humano e a livre iniciativa, para assegurar a todos existência digna, e não, ao contrário, criar empecilhos, embaraços e estatizante burocracia, despida, desvestida de critérios, de normas de conduta.

54. A defesa do meio ambiente está entre um dos nove princípios da ordem econômica e financeira, não se sobrepõe a nenhum, não os desigualiza e nem os inferioriza.

A defesa do meio ambiente se processa por criterioso planejamento, noção multidisciplinar, como direito indisponível do ser humano e do cidadão, planejamento comum a todas as funções públicas e privadas.

55. A Constituição do Estado, obediente da ordem federativa expressa na Constituição Federal, guarda o devido respeito à questão ambiental ao determinar que, na fixação das diretrizes para a consecução dos objetivos da ordem econômica estadual, deve o Estado respeitar e preservar os valores culturais (§ 3º do art. 231).

As diretrizes do planejamento se destinam, por seu lado, ao desenvolvimento sócio-econômico integrado do Estado, ao incremento das atividades produtivas do Estado, à expansão do mercado consumidor e de trabalho e ao desenvolvimento dos Municípios de escassas condições de propulsão sócio-econômica (incisos do art. 231 da Constituição estadual).

56. Com a visão global do planejamento é que a Constituição mineira instituiu a Região Metropolitana de Belo Horizonte, a quem incumbe a tarefa normativa (= opinamento político e administrativo às Câmaras Municipais e à Assembléia Legislativa) de elaborar o *planejamento integrado do desenvolvimento sócio-econômico da RMBH*.

Apenas à Assembléia Metropolitana da RMBH, portanto, é que incumbe a elaboração de propostas de proteção ao meio ambiente, como afirmado expressamente pelo inciso VIII do art. 43 da Constituição do Estado, ao considerar como função pública de interesse comum metropolitano: *preservação e proteção do meio ambiente e combate à poluição*.

57. Também são funções metropolitanas as funções relativas ao *uso do solo metropolitano, saneamento básico, abastecimento de água, destinação de esgoto sanitário e coleta de lixo, aproveitamento dos recursos hídricos e habitação* (incisos do art. 43 da Constituição do Estado).

58. Pela Lei Complementar 26, de 14.1.93, de natureza hierárquica superior às leis estaduais que disciplinam a Secretaria Estadual de Meio Ambiente, a Fundação Estadual e o COPAM — Conselho Estadual de Política Ambiental, atribui-se competência à AMBEL para "a política de regionalização das ações administrativas do Estado no nível metropolitano, voltadas para o planejamento, a organização e a execução das funções públicas de interesse comum" (art. 1º).

"A Assembléia Metropolitana da Região Metropolitana de Belo Horizonte, órgão colegiado com poderes normativos e de gestão financeira dos recursos do Fundo de Desenvolvimento Metropolitano de Belo Horizonte, compete exercer o poder

normativo regulamentar de integração do planejamento, da organização e da execução das funções públicas de interesse comum" (art. 10), entre as quais, repita-se, as funções relativas ao meio ambiente.

59. Exige-se *regime de colaboração entre o Estado e os Municípios da Região Metropolitana, com base em diretrizes e instrumentos definidos no Plano Diretor Metropolitano e aprovados pela Assembléia Metropolitana, para a execução das funções públicas de interesse comum* (art. 3º).

Desnecessária a interpretação, mas pode-se, de passagem, relacionar com o caso presente: a função pública ambiental de interesse comum será executada, em regime de colaboração, entre o Estado (AMBEL) e os Municípios. Nem se menciona a CDE/COPAM.

60. O processo de planejamento (art. 4º) das funções públicas de interesse comum terá caráter permanente e obedecerá aos princípios relativos aos valores morais e éticos que objetivem *promover a máxima convivência social, o caráter multidisciplinar da abordagem das funções públicas de interesse comum, o envolvimento interinstitucional do planejamento, da organização e da execução das funções públicas de interesse comum*, a contribuição das funções públicas ao equilíbrio e ao desenvolvimento metropolitano, a presença da ação dos Poderes Públicos federal, estadual e municipal na Região Metropolitana e *a necessidade de se obter graus crescentes de racionalidade na utilização de recursos humanos, financeiros e materiais* na execução das funções públicas de interesse comum.

Como se vê, inadmitida uma visão isolada, apriorística, das questões metropolitanas, como uso do solo e meio ambiente. Ilícita a paralisação de atividades pretendida pelos mentores da APA SUL.

Conclusões

61. Encerra-se, assim, o presente parecer com a afirmação de que a proposta da APA SUL representa um desconhecimento dos deveres e competências do Estado e dos direitos dos cidadãos.

62. Na Região Metropolitana de Belo Horizonte, por imperativo constitucional, a proposta da CDE/COPAM carece de aprovação político-administrativa do órgão político e administrativo de representação máxima dos interesses da região, a AMBEL — Assembléia Metropolitana.

63. Nenhuma competência se outorga, por outro lado, aos órgãos ambientalistas para impor-se à autonomia dos Municípios e à competência da AMBEL, porque àqueles e apenas a eles cabe a administração dos interesses locais e as decisões, por lei, das normas de zoneamento ambiental.

Belo Horizonte, 29 de março de 1994.

ESTUDOS & COMENTÁRIOS

DESENVOLVIMENTO URBANO

CLÓVIS BEZNOS
Professor da Faculdade de Direito da PUC/SP

1. A nova ordem constitucional e os direitos coletivos. 2. A questão urbana. 3. A implantação urbana no Brasil. 4. A situação urbana atual. 5. A função social da propriedade e a questão urbana. 6. Os instrumentos de ação do desenvolvimento urbano. 7. Conclusões.

1. A nova ordem constitucional e os direitos coletivos

1. A Constituição Federal recentemente promulgada revela a substancial preocupação do constituinte de 1988 em instrumentalizar a realização dos interesses coletivos, difusos ou não.

2. De fato, emerge de novo texto a cautela em proporcionar eficácia às normas que veicula, principalmente quanto ao que tange a aspectos sociais, muitas vezes negados sob a égide da Carta anterior, ao argumento de que esta ou aquela previsão de cunho social revela-se tão-somente programática, a depender da legislação ordinária para a sua incidência.

3. Verifica-se, com efeito, o disposto no § 1º do art. 5º, que assegura a imediatidade da aplicação das normas definidoras dos direitos e garantias fundamentais, contidas no Título II do texto, cujo Capítulo I compreende os "direitos e deveres individuais e *coletivos*".

4. Vê-se, também, a criação de novos remédios constitucionais, tais como o mandado de segurança coletivo e o mandado de injunção, o *habeas data* e a ação de inconstitucionalidade por omissão.

5. De outra parte, assiste-se ao alargamento do objeto da ação popular, nele se incluindo a lesão à moralidade pública; alça-se a ação civil pública a nível constitucional, estendendo-se o seu alcance à proteção de *outros interesses difusos e coletivos*, além daqueles originariamente elencados pela Lei 7.347, de 24.7.85, recebida pela nova Constituição.

6. Dessa forma, diante da nova ordem constitucional, evidenciam-se os meios de se tornarem efetivos os direitos coletivos, antes amesquinhados ante a proeminência dos direitos subjetivos individuais, de cunho egoístico.

7. Tal premissa revela-se da maior importância ao exame dos meios de que o Poder Público dispõe para aprimorar o desenvolvimento urbano no Brasil atual.

2. *A questão urbana*

1. Anota a insigne Lucia Valle Figueiredo, com precisão, que o conceito de *urbanismo* não se confunde com o *direito urbanístico*, que define, em uma visão simplista, conforme adverte, como o "conjunto de normas disciplinadoras do ordenamento urbano", salientando, na esteira da lição de Diogo de Figueiredo Moreira Neto, que o primeiro termo não se limita tão-somente à cidade, mas abarca também a questão do solo rural.[1]

2. Desse entender não discrepa Hely Lopes Meirelles, que, definindo o urbanismo como "o conjunto de medidas estatais destinadas a organizar os espaços habitáveis, de modo a propiciar melhores condições de vida ao homem na comunidade", e salientando que a responsabilidade por essas medidas incumbe a todos os níveis de governo, aduz que as mesmas destinam-se tanto à cidade como ao campo.[2]

3. Inobstante tal fato, reconhece o ilustre administrativista que é efetivamente a cidade a principal preocupação do urbanismo, vez que nela é que se verificam as grandes concentrações das populações.[3]

4. Para Adílson de Abreu Dallari alarga-se ainda mais a abrangência desse conceito, pois, visualizando absoluta interdependência entre as áreas urbanas e rurais e a mobilidade das populações, culmina por concluir que: "o urbanismo atualmente transcende o espaço da Cidade, do Município e da Nação, atingindo níveis nacionais e chegando até mesmo, graças à extrema mobilidade e aos poderosíssimos recursos do homem contemporâneo, a exigir uma perspectiva universal, a tal ponto que Gaston Bardet afirma, com muito espírito, que *l'urbanisme est devenu orbanisne*".[4]

5. Conforme se vê, pretendêssemos desenvolver o tema em todos os seus aspectos, e necessário seria um exame macroscópico do urbanismo, naquilo que diz respeito à cidade, ao campo, à região e, enfim, à Nação.

6. É, todavia, intenção do presente estudo o exame singelo da questão urbana, ligada à perspectiva do desenvolvimento das cidades, à luz da disciplina constitucional atual.

7. Em decorrência dessa proposição, cingimos nosso exame a um breve escorço, que compreende o desenvolvimento das cidades do Brasil e a problemática atual, relacionada com a distribuição dos espaços urbanos e seus equipamentos, abarcando tal análise a perspectiva do uso do solo urbano no influxo da função social da propriedade e do planejamento urbanístico, bem como dos instrumentos da ação de desenvolvimento urbano.

3. *A implantação urbana no Brasil*

1. Em palestra proferida em 1978 no Seminário promovido pelo Núcleo de Estudos e Pesquisas Sociais — NEPES da Universidade do Estado do Rio de Janeiro, o professor Álvaro Pessoa, versando

1. Diogo de Figueiredo Moreira Neto conceitua urbanismo relacionando-o aos espaços habitáveis. Daí se vê a amplitude que vem ganhando o termo, pois, na realidade, não se vai restringir apenas à cidade, à *urbs*, inserindo-se o problema do solo rural quer nas normas referentes ao direito urbanístico, quer nas concepções de urbanismo (in *Disciplina Urbanística da Propriedade*, Ed., RT 1990, pp. 8 e 9).

2. "Entenda-se por espaços habitáveis todas as áreas em que o homem exerce coletivamente qualquer das quatro funções sociais: habitação, trabalho, circulação, recreação. Assim sendo, o urbanismo é incumbência de todos os níveis de governo e se estende a todas as áreas da cidade e do campo, onde as realizações humanas ou a preservação da natureza possam contribuir para o bem-estar individual e coletivo" (*Direito Municipal*, 5ª ed., Ed. RT, 1985, pp. 378 e 379).

3. Ob. cit., p. 379.

4. *Desapropriação para Fins Urbanísticos*, Forense, 1981, p. 10.

sobre o tema "Desenvolvimento urbano no Brasil (Aspectos jurídicos)", anota o surgimento e crescimento desordenado dos conglomerados urbanos no Brasil, desde os tempos da colônia e do Império, uma vez que a preocupação das classes sociais dessas épocas, antes, era o apossamento e a garantia da propriedade das terras do que regular a utilização das mesmas.[5]

2. Assim, como refere o ilustre professor, nenhuma ideologia urbanística norteava o estabelecimento de aglomerações populacionais, com algumas exceções que cita, trazendo à colação o ocorrido em Minas Gerais por ocasião da corrida do ouro, que, ocasionando o crescimento acelerado e desordenado das cidades do ciclo do ouro, provocou o surgimento de regras disciplinadoras da questão, baixadas pelo Marquês de Pombal.

3. Destarte, é o mercado da livre concorrência o fator determinante do desenvolvimento das cidades brasileiras, até o começo do século.

4. Anota, ainda, Álvaro Pessoa que, nas primeiras décadas deste século, inobstante a expansão de atividades manufatureiras, o aumento das populações das urbes não se produz de modo a comprometer a expansão harmônica das cidades, e mesmo o crescimento das cidades de São Paulo e Rio de Janeiro ainda se faz de forma ordenada, porém não em virtude de qualquer regramento jurídico, mas em decorrência de fatores acidentais, que determinam admirável desenvolvimento urbano em algumas regiões e em outras, não.

5. Deve-se, então, essa urbanização ordenada à promoção de entidades privadas, e não à ingerência do Poder Público. Exemplo disso, cita o autor o desenvolvimento urbano produzido pela companhia *City of São Paulo and Freenhold Land*, anotando que determinadas cidades brasileiras ainda guardam o traçado inicial, decorrente dos estudos efetuados pela missão do Padre Lebret no Brasil.[6]

6. É natural que o assentamento das populações em determinadas áreas, ocupando o solo e formando aglomerações urbanas, é determinante da necessidade dos equipamentos urbanísticos, pois, como refere José Afonso da Silva: "A urbanização gera enormes problemas. Deteriora o ambiente urbano. Provoca a desorganização social, com carência de habitação, desemprego, problemas de higiene. Modifica a utilização do solo e transforma a paisagem urbana".[7]

7. Necessária é, pois, como leciona Hely Lopes Meirelles, "a organização do espaço urbano visando ao bem-estar coletivo através de uma legislação, de um planejamento e da execução de obras públicas que permitam o desempenho harmônico e progressivo das funções urbanas elementares: habitação, trabalho, recreação, circulação no espaço urbano".[8]

5. Por outro lado, a política de controle do crescimento urbano, antes ou depois da Independência, e conforme antes se demonstrou, sempre estivera baseada na doação de território para incentivar a economia. Não havia legislação que regulasse o assunto do ponto de vista público. Não havia controle do uso do solo. Cada um podia fazer dele o que entendesse. O que preocupava as classes sociais da Colônia e do Império era como se apossar (e garantir a propriedade) de terras. Nunca delimitar regras para o seu uso" (*RDA* 137/354).

6. Ob. cit., p. 355.

7. "Distingue o ilustre autor a *urbanização* da *urbanificação*, na medida em que o primeiro termo compreende o processo pelo qual a população urbana cresce em proporção superior à população rural, enquanto a *urbanificação* é o processo deliberado de correção da urbanização, consistente na renovação urbana. Nesse passo, cito as palavras de Gaston Bardet, que qualifica a urbanização como o mal, do qual a urbanização é o remédio" (*Direito Urbanístico Brasileiro*, Ed. RT, 1981, p. 10).

8. Ob. cit., p. 378.

8. É bem por esta razão, como conclui Álvaro Pessoa, que as boas condições de desenvolvimento urbano ocorridas, por exemplo, na cidade do Rio de Janeiro decorreram do fato de se ter dado em concessão a uma companhia, ou conglomerado de empresas, a implantação e a exploração de serviços públicos essenciais, as quais, prevendo a futura implantação desses serviços, adquiriram grandes glebas de terra, então inacessíveis, para, depois de imprimir-lhes os necessários equipamentos urbanos, revendê-las, com grande lucro, "dentro das regras do jogo capitalista".[9]

9. Finalmente, quanto ao aspecto do desenvolvimento urbano, cumpre referir também a figura dos "loteadores-piratas", lembrada por Álvaro Pessoa, surgida em razão da aceleração dos movimentos migratórios, verificados nos anos 30 e 40, consistente no expediente utilizado, não por empresários, mas por especuladores, de comprar grandes áreas, nos limites da cidade, e vender alguns lotes, de pior localização, às classes menos favorecidas, bem como a parentes de governantes, para, depois, pressionar os Poderes Públicos para conseguir equipamento urbano e transporte para a localidade.

10. Gerada tal situação, anota o autor: "Quando o Poder Público (geralmente o Município), por razões políticas ou técnicas, afinal investia em transporte e equipamento urbano na área, assumindo quase todo o 'custo da produção do solo urbano, tornando-se valorizado e *acessível*, o *loteador-pirata* gozava de privilegiada situação. Em primeiro lugar, em suas mãos estavam monopolizados os melhores terrenos da nova área agregada à cidade. Em segundo lugar, o investimento assumia a forma de *doação, drenagem ou transferência de recursos públicos para mãos privadas*, sem qualquer tributação decorrente" (grifo do autor).[10]

11. Importante é que se frise que tal fenômeno ocorre até os dias de hoje, agravado pelos loteamentos clandestinos praticados criminosamente por pessoas que, sequer tendo título de domínio da área, promovem a venda de lotes, em geral a pessoas de poucos recursos, que vêem-se surpreendidas, muitas vezes, com a perda de seu terreno e da construção nele erigida.[11]

9. Dúvidas não há, porém, de que o fator mais constante e permissor de boas condições de desenvolvimento urbano decorreu de um fato atípico. Decorreu da circunstância de ter-se dado, por exemplo, na cidade do Rio de Janeiro a uma companhia ou um conglomerado de empresas concessões para implantação de serviços públicos essenciais, entre os quais encontravam-se quatro serviços de fundamental importância: o de transporte (indutor do desenvolvimento urbano), gás e luz (essenciais para a vida moderna) e telefone (setor de comunicações). Os bairros de Botafogo, Copacabana, Ipanema e Leblon, no Rio de Janeiro, são produtos desta última forma de crescimento, ocorrido em virtude do equipamento instalado pela *City*, do transporte fornecido pela *Light* e dos telefones da então CTB. Através do processo acima referido, era inteiramente correto, dentro das regras do jogo capitalista, que concessionárias adquirissem, prevendo o futuro, nos futuros bairros, grandes glebas de terra ainda inacessíveis. Tais glebas, após receberem equipamento urbano e transporte, tornavam-se supervalorizadas. Seus proprietários, ao venderem os terrenos que haviam tornado acessíveis, recebiam o retorno do investimento em terras, acrescido do custo do equipamento instalado e do lucro decorrente. O "custo de produção" das novas áreas urbanas era, como se vê, integralmente assumido pela iniciativa privada. Nada mais natural que ela se beneficiasse.

10. Ob. cit., p. 356.

11. "O loteamento clandestino constitui, hoje, uma das pragas mais daninhas do urbanismo brasileiro. Loteadores parcelam terrenos de que, não raro, não têm título de domínio, por isso não conseguem aprovação do plano, quando se dignam a apresentá-lo à Prefeitura, pois o comum é que sequer se preocupem com essa providência, que é onerosa, inclusive porque demanda a transferência de áreas dos logradouros públicos e outras ao domínio público. Feito o loteamento nessas condições, põem-se os lotes à venda, geralmente para pessoas de rendas modestas, que, de uma hora para outra, perdem seus terrenos e a casa que nele ergueram, também clandestinamente, porque não tinham documentos que lhes permitissem obter a competente licença para edificar no lote.

4. A situação urbana atual

1. A 20ª Assembléia-Geral da Conferência Nacional dos Bispos do Brasil, verificada em Itaici, neste Estado de São Paulo, de 9 a 18.2.82, registrou, já naquela época, dados impressionantes, cuja transcrição se nos afigura de extrema utilidade para a compreensão da problemática urbana de nossos dias: "As correntes migratórias que abandonam o campo por causas já analisadas em outros documentos dirigem-se para as cidades mais próximas ou buscam principalmente os grandes centros urbanos. Por isso, as cidades maiores crescem em ritmo superior ao das cidades menores. Em 1940 apenas 31% da população brasileira era urbana. Hoje, essa percentagem atinge 67%, que representa, em números absolutos, mais de 80 milhões de habitantes. O Brasil tem hoje 10 cidades com mais de 1 milhão de habitantes e 5 regiões metropolitanas com mais de 2 milhões. Em 1940, apenas 8% da população habitava em cidades de mais de 1 milhão. Hoje, em 13 concentrações urbanas moram 32% da população total, que representa metade da população urbana. Obviamente, os problemas se agravam de modo especial nas grandes regiões metropolitanas, como a Grande São Paulo, com 13 milhões de habitantes, e o Grande Rio, com 9 milhões. Na década de 70 registrou-se, pela primeira vez na história do Brasil, um decréscimo da população rural. Ela caiu, em termos absolutos, em mais de 2 milhões de habitantes em relação ao total registrado no censo de 1960. Durante a década, o Município de São Paulo cresceu demograficamente mais do que toda a área da Amazônia. No mesmo período, 16 milhões de brasileiros migraram no campo para a cidade. Parcela dessa população continua a trabalhar no campo. A taxa de crescimento da população urbana foi bem mais elevada que a da população total. As cidades aumentaram, tanto por crescimento vegetativo e ampliação do perímetro urbano, quanto por força do êxodo rural. Entre os dois últimos recenseamentos, a cifra média anual deste aumento foi de quase 3 milhões de pessoas. O crescimento da população urbana foi de 28 milhões de pessoas. Esta cifra pode aumentar muito até o ano 2000, se não houver reversão nos fatores que atuam na aceleração da urbanização".[12]

2. Ricardo Pereira Lira, em artigo publicado sob o título "Liberdade e direito à terra", também coleta dados, já no distante ano de 1981, que o preocupavam, tal a espantosa explosão urbana e a sua projeção para o futuro. O autor as atribuía não somente às migrações internas, mas ao próprio modelo econômico, determinante do desenvolvimento industrial, gerador do fenômeno da concentração populacional urbana. Refere o autor:

"Informações oficiais revelam que, em 1940, a população urbana do País, da ordem de 13 milhões de habitantes, correspondia a apenas 31% da população total. Em 1970, atingia 52 milhões, equivalentes a 56% do global. Para o ano de 1980, a população urbana foi estimada em 78 milhões, significando 63% do todo. O aumento é atualmente à razão de 3 milhões de habitantes novos nas cidades por ano. Observa-se que o incremento populacional se vem fazendo de forma concentrada. As cidades com mais de 250 mil habitantes, e, especialmente, as duas metrópoles na-

Praticam-se dois crimes de uma vez: um, aos adquirentes de lotes, e outro, aos princípios urbanísticos, porque tais loteamentos não recebem o mínimo de urbanificação que convenha ao traçado geral da cidade. Tais loteadores não são urbanificadores, mas especuladores inescrupulosos, que carecem de corretivos drásticos. Eles criam áreas habitadas, praticamente sem serem habitáveis, por falta de condicionamento urbanístico, as quais se transformam num quisto urbano de difícil solução, dada a questão social que nelas geralmente se envolve" (ob., cit., p. 394).

12. *Solo Urbano e Ação Pastoral,* 3ª ed., Edições Paulinas, 1982, pp. 5-7.

cionais — Rio de Janeiro e São Paulo —, apresentaram, nos últimos anos, maior expansão relativa da população e das atividades produtivas. Por outro lado, os principais aglomerados metropolitanos, concentrando quase metade da população das cidades e a maior parte das atividades industriais, estão localizados sobretudo no Litoral ou a distâncias relativamente pequenas da orla marítima (idem).

"Antecipam os técnicos estarmos criando uma megalópole linear Rio-São Paulo, em condições absolutamente imprevisíveis, com problemas de demanda de infra-estrutura, de comportamento individual e coletivo, talvez inteiramente desconhecidos, gerando uma aglomeração concentrada de não se saber quantos milhões de habitantes. Projeções da Fundação IBGE divulgadas pela imprensa em meados de 1979 indicam que, no ano 2000, 70,5% dos brasileiros estarão residindo nas cidades. Isso corresponde a cerca de 142 milhões de habitantes nas zonas urbanas, contra 60 milhões de habitantes no campo. Segundo essas mesmas projeções, São Paulo será um imenso aglomerado, no ano 2000, com 23,5 milhões de habitantes, disputando com Nova York, Cidade do México e Tóquio o privilégio, ou a infelicidade, de estar entre as quatro maiores cidades do mundo. As Regiões Metropolitanas de Belém, Fortaleza, Recife, Salvador, Belo Horizonte, Rio de Janeiro, São Paulo, Curitiba e Porto Alegre terão dado um salto inimaginável nos anos 50, em termos de população e concentração de recursos, reunindo 63 milhões de pessoas — mais de 30% da população total do Brasil no ano 2000."[13]

3. Tais projeções, lamentavelmente, vão-se confirmando, com a verificação, independentemente de consultas estatísticas, da degradação da qualidade de vida nos centros urbanos, onde crescem os problemas sociais de habitação, de criminalidade, de poluição e desconforto.

4. Nesse sentido, observa o autor em referência: "o assentamento humano realizado desordenadamente gera a deficiência do equipamento urbano, a sub-habitação, a poluição, a criminalidade, o vício, enfim, a instabilidade social, com todo o seu séquito de problemas, que encontrariam sua parcela de solução em uma política de controle do uso do solo urbano".[14]

5. De fato, constata-se, hoje, o fenômeno da urbanização desordenada, com o acelerado crescimento das populações urbanas em relação às rurais, em decorrência das grandes massas migratórias, que abandonam o campo e se dirigem às cidades, à procura de melhores condições de vida.

6. Ocorre, porém, que, o mais das vezes, o que encontram esses migrantes é a crueldade das cidades, a negar-lhes qualquer condição de vida digna, sujeitando-se, então, ao subemprego, à moradia em favelas etc., o que determina o crescimento da criminalidade, da instabilidade social, da miséria pelas ruas, o que, certamente, afeta a comunidade como um todo.

7. Essa realidade, por exemplo, é constatada, hoje, em cada semáforo da cidade de São Paulo, onde os motoristas são abordados diariamente, pelos mais diversificados interlocutores, desde o pedinte, ao vendedor de limões ou balas, até o assaltante armado.

8. De outro lado, crescem os movimentos dos "sem-terra", "sem-casa", "sem-teto" etc., que se expressam ou por comícios nas vias públicas, ou por invasões de propriedades, sendo, hoje, quase corriqueiro encontrar-se nos veículos noticiosos a ocorrência desses fatos, e isso seja nas cidades ou no campo.

13. In *RDA* 143/3.

14. Ob. cit., p. 4.

9. Consoante se vê, o fenômeno afeta a todos, não se constituindo problema isolado do proprietário invadido, mas sim de toda comunidade nacional, que sofre pela insegurança das ruas, pelo desafio da ordem jurídica, enfim, pela deterioração da qualidade de vida, seja no campo, seja na cidade.

10. Certamente, a tal estado de coisas se chegou pela crise econômica que atravessa o Brasil, a mostrar que o modelo econômico está a exigir mudanças, e que compete ao jurista dar a sua contribuição, encontrando soluções jurídicas para que tais mudanças se efetuem sem o caminho das armas e do derramamento de sangue.

5. *A função social da propriedade e a questão urbana*

1. Consoante exposto no intróito do presente estudo, revelou a Constituição de 1988 a preocupação marcante em oferecer instrumentos de realização de interesses coletivos, difusos ou não, que o texto consagra.

2. Já a Constituição revogada, a de 1967, com a redação que lhe deu a Emenda 1, de 1969, arrolava, no título referente à "Ordem Econômica e Social", em seu art. 160, III, entre os princípios basilares da realização do desenvolvimento nacional e da justiça social, a "função social da propriedade".

3. Ao argumento de que tal preceito encerrava conteúdo meramente programático, despido de eficácia, respondia, então, o culto Eros Roberto Grau: "Tenho para mim ser esse um falso problema. Não admito a existência de disposições constitucionais carentes de eficácia — ou dotadas de grau menor de eficácia. Consagrado determinado preceito, no nível constitucional, é diretamente aplicável, vinculando os Poderes Legislativo, Executivo e Judiciário. Parece-me inconcebível admitir que o texto constitucional, ainda quando sujeita a implementação de um de seus preceitos à expedição de lei ordinária, tenha transferido função constituinte ao Poder Legislativo, que, por omissão, poderia frustrar a eficácia de tal preceito. Há que cuidar, em hipóteses como tais, da figura da inconstitucionalidade por omissão. De qualquer modo, é certo que, integrada a função nos conceitos de propriedade, o preceito constitucional em que consagrada resulta dotado de eficácia plena incontestável".[15]

4. Inobstante tal posicionamento, endossado pela melhor doutrina, o certo é que pouco ou quase nada se fez em relação ao desenvolvimento urbano, no sentido de estabelecer-se uma verdadeira *reforma urbana*, como seria de se desejar, em face dos problemas antes arrolados.

5. Com efeito, ainda, entre nós, encontra-se o ranço de uma concepção civilista da propriedade, a incensar o direito de propriedade, como coisa sagrada, intocável, de cunho egoístico e negativista.

6. Todavia, a concepção da propriedade-função, em contraposição ao direito subjetivo de propriedade, é noção já bem antiga.

7. De fato, Léon Duguit, em 1911, por ocasião de uma série de conferências produzidas de agosto a setembro desse ano na Faculdade de Direito de Buenos Aires, posteriormente editadas em livro sob o título *Les Transformations Générales du Droit Privé depuis le Code Napoléon*, oferecia uma outra perspectiva do Direito, negando titularizar o homem quaisquer direitos subjetivos.

8. Antes, asseverava esse grande Mestre que todo homem tem uma função social, tendo o dever de desempenhá-la,

15. In *Direito Urbano*, Ed. RT, 1983, pp. 70-71.

compreendendo a mesma o dever de desenvolver-se em sua plenitude, sendo todas as suas atividades, no desempenho dessa função, socialmente protegidas.

9. Igualmente, em relação à propriedade, negava Duguit o seu caráter de direito subjetivo, qualificando-a também de *função social*, *verbis*: "Pero la propriedad no es un derecho; es una función social. El propietario, es decir, el poseedor de una riqueza, tiene, por el hecho de poseer esta riqueza, una función social que cumplir; mientras cumple esta misión sus actos de propietario están protegidos. Si no la cumple o la cumpre mal, si por ejemplo no cultiva su tierra o deja arruinarse su casa, la intervención de los gobernantes es legítima para obligarle a cumplir su función social de propietario, que consiste en asegurar el empleo de las riquezas que posee conforme a su destino".[16]

10. Tais concepções, colheu-as o douto autor do positivismo de Augusto Comte, em obra publicada em 1850, cuja lição refere, nestes termos: "El primero en poner de relieve esta idea en el siglo XIX fué Augusto Comte. Escribía, en efecto, em 1850, en el *Système de Politique Positive*: 'En todo estado normal de la humanidad, todo ciudadano, cualquiera que sea, constituye realmente un funcionario público, cuyas atribuciones, más o menos definidas, determinan a la vez obligaciones y pretensiones. Este principio universal debe ciertamente extenderse hasta la propiedad, en la que el positivismo vé, sobre todo, una indispensable función social destinada a formar y a administrar los capitales con los cuales cada generación prepara los trabajos de la seguiente. Sabiamente concebida, esta apreciación normal ennoblece su posesión, sin restringir su justa libertad y hasta haciéndola más respetable'".[17]

11. A respeito do especulador de terras, declinava o Mestre: "En los países que aún están, según la expresión de que me he servido hace un momento, en el período de la propiedad-especulación, el problema se plantea; y esto es una prueba de que, incluso en esos países, la noción de propiedad-derecho tiende a desparecer. Los que compran grandes cantidades de terrenos a precios relativamente bajos y que se mantienen durante varios años sin explotarlos, esperando que el aumento natural del valor del terreno les procure un gran beneficio. ¿No siguen una práctica que debería estar prohibida? Si la ley interviene, la legitimidad de su intervención no sería discutible ni discutida. Esto nos lleva muy lejos de la concepcion del derecho de propiedad intangible, que implica para el propietario el derecho a permanecer inactivo o no, según le plazca".[18]

12. À luz de nosso ordenamento jurídico, não há incompatibilidade entre o direito de propriedade e a função social da propriedade, desde que compreendido o direito subjetivo em um momento estático, que legitima o proprietário a manter o que lhe pertence imune a pretensões alheias, e a função em um momento dinâmico, que impõe ao proprietário o dever de destinar o objeto de seu direito aos fins sociais determinados pelo ordenamento jurídico.[19]

13. O ilustre professor Agustín Gordillo, em página magnífica, discorre sobre a compatibilização entre as garantias individuais e as garantias sociais, negando serem

16. In *Las Transformaciones Generales del Derecho Privado, desde el Código de Napoléon*, 2ª ed., trad. de Carlos G. Posada. Livrería Española y Estranjera, 1920, p. 37.

17. Ob. cit., pp. 178-179.

18. Ob. cit., pp. 183-184.

19. Nesse sentido, cf.: Eros Roberto Grau, in ob. cit., p. 70; Carlos Ari Sundfeld, "Função social da propriedade", in *Temas de Direito Urbanístico*, Ed. RT, 1987, p. 5; Rosah Russomano, "Função social da propriedade", in *RDP* 75/265.

as mesmas contraditórias: "En realidad ambos tipos de garantías, si es que una tal división puede efectuarse, se complementan y reafirman mutualmente, del mismo modo que las libertades públicas también se complementan recíprocamente. ¿Podríamos acaso decir que la libertad de enseñar y aprender sería efectiva sin una libertad de expresión del pensamiento? ¿O que la libertad personal sería plena sin la libertad de entrar y salir del país? Evidentemente no: la existencia de cualquier garantía de libertad será siempre más plena y efectiva en la medida en que también existan las demás libertades públicas. Del mismo modo, la existencia de las libertades públicas no es de todo real y vigente en la medida en que no existan también las llamadas garantías sociales; por ello, la existencia de éstas, lejos de significar una contradicción con aquéllas, implica en cambio su revitalización más plena; como diría Burdeau, los derechos sociales 'revalorizan la libertad'".[20]

14. Emerge, todavia, a noção de que, não cumprida pelo proprietário a função social, estabelecida pelo ordenamento positivo, deve o direito de propriedade extinguir-se, passando das mãos de seu titular ou para o Estado, ou para quem lhe dê a função almejada.

20. In *Introducción al Derecho de la Planificación*, Caracas, Editorial Jurídica Venezolana, 1981, p. 28 — refere esse douto Jurista o seguinte: 'Desde luego, siempre existirá el problema de la medida de cada uno de los derechos individuales en detrimento extremo de los sociales (por ejemplo, negando la posibilidad de expropiar tierras para realizar una reforma agraria, estaremos desvirtuando el Estado de Bienestar; y si exacerbamos los derechos sociales en prejuicio excesivo e irrazonable de los derechos individuales, estaremos violando el régimen del Estado de Derecho. Se trata de una cuestión de equilíbrio, a resolverse en forma justa y razonable en cada caso; que puede, por la humana falibilidad, resolverse en alguma oportunidad erróneamente, en uno u outro sentido, pero no por ello configura una antítesis, directa ni indirectamente".

15. Disso se segue que, diante das leis definidoras da função social da propriedade, encontra-se o Poder Público na situação de impor uma *atuação positiva* ao proprietário, sob penalidades inscritas no ordenamento, que, logicamente, devem conduzir à extinção do uso nocivo ou do não-uso e, se preciso for, com a conseqüente expropriação.

16. Quanto à questão urbana, a atual Constituição dedicou o Capítulo II de seu Título VII, que trata "Da Ordem Econômica e Financeira".

17. Tal capítulo, denominado "Da Política Urbana", oferece novo instrumental no sentido de efetivar-se a função social da propriedade, para o fim de se atingir o objetivo da política de desenvolvimento urbano, definida em seu art. 182 como o de "ordenar o pleno desenvolvimento das funções sociais da cidade e garantir o bem-estar de seus habitantes".

18. Impõe-se, no § 1º desse referido artigo, às cidades com mais de 20 mil habitantes a elaboração de *plano diretor*, que, aprovado pela Câmara Municipal, ou seja, editado por lei, consistirá no "instrumento básico da política de desenvolvimento e expansão urbana".

19. O § 2º do aludido artigo, por seu turno, fixa que: "A propriedade urbana cumpre sua função social quando atende às exigências de ordenação da cidade expressas no plano diretor".

20. Aludido dispositivo ganha dinamicidade ao cotejo do estatuído no § 4º do mesmo artigo, que estabelece: "É facultado ao Poder Público municipal, mediante lei específica para área incluída no plano diretor, exigir, nos termos da lei federal, do proprietário do solo urbano não edificado, subutilizado ou não utilizado, que promova seu adequado aproveitamento, sob pena, sucessivamente, de: I — parcelamento ou edificações compulsórios; II — imposto sobre a propriedade predial e territorial progressivo no tempo; III — desapropriação com pagamento mediante títulos da dívida pública de emissão previamente aprovada pelo Senado Federal, com prazo de resgate de até 10 anos, em parcelas anuais, iguais e sucessivas, assegurados o valor real da indenização e os juros legais".

21. O § 3º do artigo em referência, que dispõe sobre a prévia e justa indenização em dinheiro dos imóveis urbanos, poderia, a um primeiro lance de vista, parecer superfetação da regra geral da desapropriação contida no inciso XXIV do art. 5º do texto constitucional, que assim dispõe: "À lei estabelecerá o procedimento para a desapropriação por necessidade ou utilidade pública, ou por interesse social, mediante justa e prévia indenização em dinheiro, ressalvados os casos previstos nesta Constituição".

22. Entretanto, como adiante será analisado, o referido § 3º incide com um elemento de contraste ao disposto no inciso III do § 4º do art. 182, a determinar-lhe a exegese.

23. Por outro lado, o art. 183 do texto constitucional, também inserido no capítulo em referência, cria um tipo de usucapião especial em prol dos possuidores de área urbana de até 250m² por cinco anos ininterruptos e sem oposição, desde que não sejam proprietários de outro imóvel urbano ou rural e tenham utilizado a área possuída para as suas moradias ou de suas famílias, confirmando a Constituição o reconhecimento desse direito apenas por uma vez, consoante o § 2º do artigo.

24. O § 1º desse dispositivo estabelece que o título de domínio e a concessão de uso serão conferidos ao homem ou à mulher, ou a ambos, independentemente do estado civil.

25. Finalmente, o § 3º do artigo em exame dispõe sobre a vedação da aquisição pelo usucapião dos imóveis públicos.

26. A análise dessa configuração da política urbana oferecida pela Constituição Federal exige, desde logo, uma referência à competência para a edição de normas de direito urbanístico, matéria, essa, que suscitou controvérsias à época do texto constitucional revogado.

27. De fato, ao ensejo do oferecimento do Projeto de Lei 775, de 1983, que se preordenava a dispor sobre os objetivos e a promoção do desenvolvimento urbano, e que oferecia instrumentos de desenvolvimento urbano ousados para a época, tais como o parcelamento, edificação ou utilização compulsórios, o direito de preempção em favor dos Municípios e o direito de superfície, além dos meios tradicionais, uma das críticas que se dirigiu ao Projeto foi a da incompetência da União para legislar sobre matéria urbanística.[21]

28. A questão, hoje, encontra-se superada, vez que a competência para legislar sobre direito urbanístico, em face do nosso texto, é concorrente entre a União e os Estados Federados, consoante dispõe o art. 24, I, sobrando aos Municípios a competência para "promover, no que couber, adequado ordenamento territorial, mediante planejamento e controle do uso, do parcelamento e da ocupação do solo urbano" consoante estabelece o inciso VIII do art. 29 da Constituição Federal.

29. Além disso, consideramos que o art. 30, I, do texto constitucional confere competência aos Municípios para legislar sobre assuntos de interesse local e que o inciso II desse dispositivo estabelece a competência dos Municípios para suplementar a legislação federal e estadual no que couber, evidente se torna a competência residual conferida aos Municípios para editar normas urbanísticas naquilo que

21. Cf., nesse sentido, Eros Roberto Grau, ob. cit., p. 128.

diga respeito ao interesse local, não previstas nas normas de caráter geral baixadas pela União ou pelos Estados. Finalmente, o inciso VIII do artigo em referência é expresso quanto à competência do Município para "promover, no que couber, adequado ordenamento territorial, mediante planejamento e controle do uso, do parcelamento e da ocupação do solo urbano".

30. Estabelecidos os parâmetros determinantes da competência em matéria de direito urbanístico, passemos ao exame dos dispositivos que compõem o capítulo da Constituição, que trata da "Política Urbana".

31. Conforme já se referiu, o *plano diretor,* obrigatório para as cidades com mais de 20 mil habitantes, deve ser veiculado pela edição de lei.

32. Emergindo a importância substancial do *plano diretor* parece-nos que seria prudente que as leis orgânicas, agora de competência dos próprios Municípios, previssem *quorum* qualificado para a edição da lei e suas alterações posteriores que dispusessem sobre o *plano*.

33. Nesse sentido, sob a égide da Constituição anterior, manifestava-se Hely Lopes Meirelles: "A aprovação do plano diretor deve ser por lei, e lei com supremacia sobre as demais para dar preeminência e maior estabilidade às regras e diretrizes do planejamento. Daí por que os Estados costumam estabelecer que seus Municípios só aprovem a lei do plano diretor e suas modificações por maioria qualificada (2/3), infundindo, assim, mais segurança e perenidade a essa legislação. Toda cautela que vise a resguardar o plano diretor de levianas e impensadas modificações é aconselhável, podendo a própria Câmara estabelecer regimentalmente um procedimento especial, com maior número de discussões ou votação em duas ou mais sessões legislativas, para evitar a aprovação inicial e suas alterações por maiorias ocasionais".[22]

34. Consoante se vê, de outra parte, ao remeter a Constituição Federal a configuração da função social da propriedade à sua conformação às exigências de ordenação da cidade contidas no plano diretor, acertadamente, em nosso ver, dadas as incomensuráveis disparidades existentes entre os Municípios componentes de nosso gigantesco território, possibilitou a existência também de diversificadas figurações da função social da propriedade.

35. Assim, se pode dizer que eclodirão múltiplos desenhos dessa função atribuída à propriedade urbana, diferenciando-as da função social da propriedade rural, em relação à qual cuida a Constituição de defini-lhe os parâmetros de realização (art. 186, I-IV).

36. É óbvio que, ideologicamente, a urbanificação, no dizer de José Afonso da Silva, deve atender às funções urbanas elementares, que a uniformidade dos tratadistas do tema coloca como: a habitação, o trabalho, o lazer e a circulação. Permitindo-nos agregar, como meta a ser atingida, entre esses objetivos, também a boa e sadia qualidade de vida, que abarca, entre outras coisas, o equilíbrio ecológico do meio ambiente, hoje conferido como um direito não só das presentes mas, também, das futuras gerações, consoante a letra do art. 225 do texto constitucional.

37. Dessa maneira, parece, desde logo, que os planos diretores baixados pelos Municípios não poderão afastar-se das metas urbanísticas concebidas, a partir de direitos assegurados, no próprio texto constitucional. Poderão, entretanto, tais Municípios peculiarizar, como é evidente, seus planos diretores, conforme as necessidades de urbanificação existentes em concre-

22. Ob. cit., p. 397.

to, impondo-se, conforme tais particularizações, maiores ou menores exigências, cujo descumprimento configure a subutilização ou não-utilização dos imóveis urbanos.

38. Assim, *v.g.*, um Município caracteristicamente de veraneio, com enormes áreas ociosas, públicas e privadas, com sua população urbana devidamente assentada, não poderá definir como não-utilizado ou subutilizado um imóvel destinado ao veraneio e que permaneça fechado e sem uso por boa parte do ano, para expropriá-lo, com o pagamento da indenização em 10 anos, com títulos da dívida pública.

39. O mesmo parece que não se verificará quando o mesmo imóvel encontra-se em outro Município com graves problemas de espaços e habitações para o assentamento populacional, já que nada justificaria o lazer cíclico de poucos em contraposição a muitos, a quem não sobra senão a via pública para moradia.

40. Além disso, cumpre distinguir no § 4º do art. 182 da Constituição Federal três diversos tipos de lei, ali referidos: o primeiro, lei emanada do Município, que edita o plano diretor; o segundo, também lei municipal, que estabelecerá a desconformidade de determinado solo urbano não-edificado, subutilizado ou não-utilizado com o seu adequado aproveitamento, sujeitando-o às penalidades inseridas nos incisos I a III do artigo; e o terceiro a lei federal, editada dentro da competência da União para legislar sobre direito urbanístico, que estabelecerá o procedimento próprio para a adequação desejada ou a aplicação das penalidades previstas.

41. Assim sendo, evidentemente, a lei municipal caracterizadora da desconformidade de uso ou aproveitamento terá a característica de lei no aspecto formal, sendo, entretanto, quanto ao aspecto material, verdadeiro ato administrativo, à semelhança da declaração de utilidade pública, para fins expropriatórios, baixada por lei.

42. Fica clara, pois, a direta incidência na esfera jurídica de suas destinatárias desse tipo de lei, de efeitos concretos, possibilitando, desde logo, o seu contraste pelas vias judiciárias.

43. Quanto à desapropriação prevista no inciso III do § 4º do art. 182 do texto constitucional, parecem-nos pertinentes as seguintes observações.

44. Em primeiro lugar, a desapropriação em questão, ao contrário do que até hoje figurou em relação ao instituto em nosso ordenamento, aparece, agora, como *penalidade*. Tem, assim, tal tipo de expropriação caráter penal.

45. Em segundo lugar, deixa de figurar como requisito de tal desapropriação o pagamento da *justa indenização*. Não se alegue que o asseguramento do valor real da indenização, contido no dispositivo, tenha o mesmo significado da justa indenização.

46. De fato, refere-se o asseguramento do valor real da indenização, tão-somente, a mantença, ao longo do prazo de pagamento de até 10 anos, do valor do *quantum* indenizatório, ou seja, refere-se o dispositivo à correção monetária, que deverá manter ao longo desse prazo o valor real da indenização, além dos juros.

47. Não há, tampouco, a previsão da prévia indenização, de tal sorte que os títulos da dívida pública não necessitam ser entregues ao expropriado, nessa hipótese, previamente à efetivação da desapropriação.

48. Daí, parece-nos, a razão da existência do § 3º do art. 182, em exame, que, fixando que a desapropriação dos imóveis urbanos deve ser precedida da prévia e justa indenização em dinheiro, oferece nitidamente o discrímen entre a desapropriação urbana, efetuada por necessidade ou utilidade pública, ou interesse social, e a *desapropriação-penalidade*, ensejando, em nosso ver, o entendimento exposto.

49. Houvesse qualquer dúvida quanto à inteligência do aludido § 4º, espancar-se-ia a mesma pela leitura do art. 184 do texto constitucional, que preconiza a desapropriação, para fins de reforma agrária, do imóvel rural que não esteja cumprindo a função social.

50. Em relação a essa hipótese, prevê o dispositivo também o pagamento da indenização a prazo, via de títulos da dívida agrária, preconizando, entretanto, que a indenização deve ser *prévia* e *justa*, além da *preservação do valor real*, que deve ser inscrida como cláusula nesses títulos.

51. Curioso é, com efeito, o tratamento dos dois tipos de vulnerações ao preceito da função social da propriedade quanto a imóveis urbanos ou rurais, pois, se é verdade que enquanto a indenização do imóvel urbano, na hipótese em tratamento, deva ser paga em menor prazo, menos verdade não é que, realmente, privilegiada restou a situação do imóvel rural descumpridor de sua função social, pois, ainda que se considere o prazo de 20 anos para pagamento, a fluir do segundo ano da emissão dos títulos, o fato inexorável é que tal indenização deve ser justa e prévia, assegurando também a preservação do seu valor em relação à desvalorização da moeda.

52. Modificou-se, assim, favoravelmente aos proprietários rurais a regra anterior relativa à desapropriação para fins de reforma agrária, prevista no art. 161 do texto revogado, onde se previa a "justa indenização, fixada segundo os critérios que a lei estabelecer".

53. Tal previsão, conforme Celso Antônio Bandeira de Mello, distanciava-se da *justa indenização* prevista para as desapropriações por necessidade ou utilidade pública, ou interesse social, então estatuídas no art. 153, § 22, da anterior Constituição, referindo o ilustre autor o exame das disposições do Decreto-lei 554, de 25.4.69, que fixou a indenização justa, que o valor da indenização "não poderá, em hipótese alguma, ser superior àquele declarado pelo proprietário para efeito de pagamento do imposto territorial rural".[23]

54. Acrescenta-se, ainda, que, sob a égide da anterior Constituição, tampouco se impunha o requisito da indenização prévia à desapropriação para fins de reforma agrária.

55. Consoante se verifica, nesse passo, as alterações efetivamente favoreceram os proprietários de imóveis rurais desconformes com sua função social, não somente em relação ao anterior texto mas, também, em relação aos proprietários de imóveis urbanos não conformados com sua função social.

56. Cumpre ainda, ao exame do § 4º do art. 182 e das penalidades que elenca nos seus incisos I a III para a desconformidade da propriedade urbana com a sua função social, considerando que o dispositivo alude ao termo *sucessivamente*, no que tange à aplicação dessas sanções, indagar se tais penalidades, ali configuradas, somente podem ser aplicadas em uma seqüência em ordem crescente às conseqüências ali preconizadas ou se ao Poder Público será facultado impor ao proprietário renitente qualquer delas, conforme lhe pareça mais adequado a cada caso. Vejamos.

57. A finalidade pela qual o dispositivo foi previsto no texto não é outra senão a de conformar os imóveis à sua função social, razão pela qual somente caberá a

23. In *Elementos de Direito Administrativo*, Ed. RT, 1980, p. 212.

aplicação da medida mais benigna se esta for suficiente para tanto.

58. Assim, oferece o aludido § 4º os parâmetros dessa desconformidade à função social, consistentes em linhas gerais, ou na não-utilização, ou na subutilização de imóveis urbanos, em contraposição às diretrizes gizadas no plano diretor da cidade.

59. Desse modo, *v.g.*, a existência de área ociosa de terra, existindo a necessidade de assentamento de pessoas no Município, sem moradia, seria determinante da necessidade do parcelamento da área, que compreenderia também o loteamento da mesma, se necessário fosse, ou da edificação de moradias, para, por exemplo, a realização de plano habitacional.

60. O mesmo não se daria em relação a imóvel já edificado, porém não-utilizado ou subutilizado, de sorte a infringir as diretrizes do plano diretor do Município, já que, por evidente, não se haveria de impor ao proprietário de tal imóvel o seu parcelamento ou a sua edificação compulsória.

61. Destarte, por questão de ordem lógica, a tal imóvel somente caberia impor a exacerbação tributária preconizada pelo inciso II do parágrafo em referência, ou a sua expropriação, caso a tributação não fosse suficiente para compelir seu proprietário a adequá-lo à sua função social.

62. Assim, ante a *ordem sucessiva* preconizada, cumpre efetuar o discrímen, no sentido de que, em relação a imóveis não-edificados, haverá de *sucessivamente* impor-se as sanções preconizadas nos incisos I a III do parágrafo em exame, e aos imóveis já edificados a imposição consistirá, também *sucessivamente*, na aplicação do disposto nos incisos II e III em referência, não podendo o Poder Público desrespeitar essa seqüência de sanções, pena do cometimento de ato viciado por inconstitucionalidade.

63. E isso porque, se é verdade que o ordenamento impõe que a propriedade cumpra a sua função social, também é verdade que restou assegurado pelo mesmo ordenamento o direito de propriedade. Assim, se existir método eficaz no sentido de conformar a propriedade imóvel à sua função social sem a extinção do direito de propriedade, sua expropriação caracterizará abuso de poder, passível de anulação pelas vias judiciais. Passemos, agora, ao exame das demais disposições contidas no capítulo em foco.

64. O art. 183, do texto constitucional criou um *usucapião especial urbano* à semelhança do usucapião especial rural previsto na Lei 6.969, de 10.12.81.

65. Para aquisição do título de domínio basta a posse ininterrupta e sem oposição por cinco anos, desde que o possuidor utilize a área urbana, de até 250m^2, para sua moradia ou de sua família e atenda à condição de não ser proprietário de outro imóvel urbano rural.

66. Em trabalho apresentado à II Conferência dos Advogados do Estado do Rio de Janeiro, realizada em Petrópolis no período de 10 a 13.3.82, o professor Ricardo Pereira Lira, preocupado com o problema social decorrente do grande número de favelados existentes na Grande Rio, sugeriu a criação do *usucapião especial urbano*, preordenado tão-somente a áreas situadas em favelas. Tal sugestão assemelhava-se às disposições do texto constitucional, no sentido de estabelecer como requisito para a aquisição da área a existência da posse igual ou superior a cinco anos, sem oposição, e aquisição do domínio independentemente de justo título ou boa-fé.[24]

67. Cumpre observar, finalmente, que o § 3º do art. 183 taxativamente impede a

24. In *RDA* 148, p. 270.

aquisição, pelo usucapião, de imóveis públicos.

68. Assim sendo, revela-se impossibilitado o usucapião de terras devolutas, eis que são as mesmas de titularidade da União ou dos Estados Federados, consoante os arts. 20, II, e 26, IV, do texto constitucional, usucapião, esse, previsto anteriormente no art. 2º da Lei 6.969, de 10.12.81, o que não impede, todavia, a legitimação de posse de imóvel rural, nos termos e requisitos preconizados pelos arts. 29 e ss. da Lei 6.383, de 7.12.76, que disciplina a ação discriminatória.

6. *Os instrumentos de ação do desenvolvimento urbano*

1. O douto Hely Lopes Meirelles discorre sobre a evolução do conceito de urbanismo, salientando que o mesmo evoluiu do estético para o social.[25]

2. De fato, partindo-se de uma noção consistente na concepção de que o urbanismo preordenava-se tão-somente ao embelezamento da cidade, chega-se à concepção atual de organização do espaço urbano, que tem como meta o bem-estar coletivo, assegurando-se condições saudáveis de vida na cidade, de forma a propiciar habitação, trabalho, lazer e circulação a todos os seus habitantes.

3. Para o atingimento desses objetivos há que contar o Poder Público com instrumental suficiente.

4. Claro é que, ante o assentamento urbano desordenado, existente principalmente nos grandes centros urbanos, decorrente dos mais variados fatores, como a migração constante e crescente do homem do campo em direção à cidade e o cruel modelo econômico ainda existente, a especulação imobiliária, efetuada muitas vezes de modo criminoso, a insuficiência de equipamentos urbanos, decorrente da falta de recursos, bem como da concentração humana exacerbada, torna-se muito difícil a tarefa do desenvolvimento, no sentido desejado.

5. É evidente, que mesmo diante da concepção civilista do direito de propriedade, sempre contou a Administração com a possibilidade de estabelecer as chamadas limitações administrativas à propriedade imóvel, eis que nosso Código Civil, de 1916, assegurando ao proprietário o direito de construir em seu terreno tudo o que lhe aprouver, ressalvou o direito dos vizinhos e os *regulamentos administrativos*, integrantes do contorno do direito de construir.

6. A sujeição da construção aos regulamentos administrativos consiste na incidência da atividade do poder de polícia, que, conforme salientamos em nosso *Poder de Polícia*, com base em lição de Renato Alessi, não é determinante de restrição ou sacrifícios de direitos, mas tão-somente giza os contornos dos direitos de liberdade e de propriedade.[26]

7. Via dessa atividade, sempre pode a Administração, nos termos de lei, estabelecer zoneamentos, restrições a construções, impondo recuos, coeficientes de utilização e taxa de ocupação de terrenos, dispor sobre o parcelamento do solo, compreendendo-se neste o loteamento e o desmembramento.

8. Embasada também nessa atividade, sempre coube à Administração exigir dos proprietários de terrenos que não prejudicassem a comunidade, impondo-lhes obrigações aparentemente positivas, como, por

25. Ob. cit., p. 377.

26. Clóvis Beznos, *Poder de Polícia*, Ed. RT, 1979, p. 71.

exemplo, a construção de muros, mas que sempre foram, como o são, preordenadas à não-perturbação da ordem social.

9. E, de fato, tais medidas de polícia sempre guardaram um caráter de instrumentalidade, posto que a atividade exigida, em si mesma, pela polícia administrativa nenhum benefício traz à coletividade. Tal benefício é colhido, antes, da não-perturbação da ordem, ou seja: do não fazer, do qual a prestação "positiva" é mero instrumento.

10. Além disso, em caso de necessidade ou utilidade pública, ou mesmo interesse social, já era, de remota data, assegurada em nosso ordenamento a desapropriação, conforme anota Adílson de Abreu Dallari.[27]

11. Tais instrumentos, entretanto, não se revelam suficientes, mormente nos grandes centros urbanos, onde a carência de recursos gera a impossibilidade de uma renovação urbana, que, conforme expõe José Afonso da Silva, consiste na "operação que tem por objeto, de um lado, alojar, em imóveis saudáveis, as famílias que se depauperam física e moralmente em pardieiros ou favelas; do outro lado, restituir, às áreas urbanas deterioradas ou carentes de remodelação, uma estrutura e uma arquitetura dignas da época presente. É uma operação urbanística que se realiza em áreas previamente delimitadas entre nós, mediante um plano especial de urbanificação, aprovado por lei municipal, e se caracteriza pela demolição dos imóveis existentes, seguida da reordenação urbanística da área e da construção de novas casas e edifícios".[28]

12. Considere-se, como exemplo, o caso da cidade de São Paulo, onde, conforme o dado contido no documento proveniente da 20ª Assembléia-Geral da CNBB, de 1982: "Mais de 70% do espaço urbano-loteamentos e edificações tem origem clandestina ou irregular em face da legislação vigente" (PMSP, Coordenadoria-Geral do Planejamento).[29]

13. Impõe-se, portanto, a utilização de outros instrumentais, que ao advento do novo texto se viabilizam, ou outros que já antes eram viáveis, e não utilizados, talvez por postura ainda arcaica diante da santificada propriedade.

14. Em seu notável *Direito Urbano*, Eros Roberto Grau defendia com ardor a instituição, entre nós, do *solo criado*, consistente, como esclarece, em uma atividade-meio, para a melhor distribuição dos equipamentos urbanos.

15. Esclarece o autor: "A concepção da noção de solo criado, de toda sorte, está naturalmente atrelada à fixação de um coeficiente de aproveitamento único para todos os terrenos em um Município, Região ou País. Costumeiramente, nos estudos de natureza urbanística a propósito desenvolvidos, tem-se admitido que tal coeficiente deveria ser igual a um, considerando-se então como solo tão-somente a área construída que ultrapassasse, 100 m², o valor equivalente ao da área do terreno. Adotada a noção e, subseqüentemente, definido

27. "A desapropriação por interesse social ingressou no Direito brasileiro pela Constituição de 1946. Anteriormente, no texto de 1934, o interesse social não figurava expressamente como motivo autorizador da desapropriação, embora já fosse condicionante do direito de propriedade, pois o art. 113, § 17, ao garanti-lo, estipulava que ele não poderia ser exercido contra o interesse social ou coletivo. De certa forma, em se considerando como um dos atributos do direito de propriedade o ato de ter (além de usar, gozar e dispor), poder-se-ia entender que no regime constitucional de 1934 já seria possível a desapropriação por interesse social, além do quê, conforme já se comentou, a expressão 'utilidade pública' abrange as demais. De todo modo, somente o texto de 1946 fez menção expressa a esse tipo de desapropriação" (ob. cit., p. 94).

28. Ob. cit., p. 413.

29. Ob. cit., p. 12.

o coeficiente de aproveitamento único, o direito de construir seria limitado a determinada quantidade proporcional à área do terreno. Assim, é conseqüente a essa verificação a afirmação de que, para que alguém pudesse construir a mais do que o permitido pelo coeficiente único, teria de adquirir direito de construir inerente a outro terreno, seja (a) de propriedade de particulares, seja (b) de propriedade do setor público. Quando se tratasse de aquisições ao Poder Público, poderiam ser pagas em dinheiro ou mediante permuta por áreas de terrenos destinadas à preservação de áreas verdes, do patrimônio histórico e artístico, à criação de áreas de lazer etc. A adoção do instituto permitiria corrigir uma série de distorções que afetam, especialmente, a oportunidade de apropriação e uso do solo urbano, a distribuição dos benefícios gerados pela ação da comunidade urbana, especialmente pelo Poder Público, a distribuição dos encargos gerados pelo uso do solo e a distribuição de efeitos positivos ou negativos do zoneamento sobre a valorização dos imóveis".[30]

16. A propósito da instituição do solo criado, coleciona o autor em referência a *Carta do Embu*, proveniente de Seminário realizado na Cidade do Embu, nos dias 11 e 12.12.76, subscrita por juristas da mais alta suposição, cuja transcrição afigura-se-nos relevante: "Considerando que, no território de uma cidade, certos locais são mais favoráveis à implantação de diferentes tipos de atividades urbanas; considerando que a competição por esses locais tende a elevar o preço dos terrenos e a aumentar a densidade das áreas construídas; considerando que a moderna tecnologia da construção civil permite intensificar a utilização dos terrenos, multiplicando o número de pavimentos pela ocupação do espaço aéreo ou do subsolo; considerando que esta intensificação sobrecarrega toda a infra-estrutura urbana, a saber, a capacidade das vias, das redes de água, esgoto e energia elétrica, bem assim a dos equipamentos sociais, tais como escolas, áreas verdes etc.; considerando que essa tecnologia vem ao encontro dos desejos de multiplicar a utilização dos locais de maior demanda, e, por assim dizer, permite a criação de solo novo, ou seja, de áreas adicionais utilizáveis, não apoiadas diretamente sobre o solo natural; considerando que a legislação de uso do solo procura limitar este adensamento, diferenciadamente para cada zona, no interesse da comunidade; considerando que um dos efeitos colaterais dessa legislação é o de valorizar diferentemente os imóveis, em conseqüência de sua capacidade legal de comportar área edificada, gerando situações de injustiça; considerando que o direito de propriedade, assegurado na Constituição, é condicionado pelo princípio da função social da propriedade, não devendo, assim, exceder determinada extensão de uso e disposição, cujo volume é definido segundo a relevância do interesse social:

Admite-se que, assim como o loteador é obrigado a entregar ao Poder Público áreas destinadas ao sistema viário, equipamentos públicos e lazer, igualmente, o criador de solo deverá oferecer à coletividade as compensações necessárias ao reequilíbro urbano reclamado pela criação do solo adicional, e conclui-se que:

"a) É constitucional a fixação, pelo Município, de um coeficiente único de edificação para todos os terrenos urbanos.

"b) A fixação desse coeficiente não interfere com a competência municipal para estabelecer índices diversos de utilização dos terrenos, tal como já se faz, mediante legislação de zoneamento.

"c) Toda edificação acima do coeficiente único é considerada solo criado, quer envolva ocupação de espaço aéreo, quer a do subsolo.

"É constitucional exigir na forma da lei municipal, como condição de criação de

30. Ob. cit., pp.57-58.

solo, que o interessado entregue ao Poder Público áreas proporcionais ao solo criado; quando impossível a oferta destas áreas, por inexistentes ou por não atenderem às condições legais para tanto requeridas, é admissível sua substituição pelo equivalente econômico. O proprietário de imóvel sujeito a limitações administrativas, que impeçam a plena utilização do coeficiente único de edificação, poderá alienar a parcela não-utilizável do direito de construir. No caso de imóvel tombado, o proprietário poderá alienar o direito de construir correspondente à área edificada ou ao coeficiente único de edificação. — *Álvaro Villaça Azevedo*; *Celso Antônio Bandeira de Mello*; *Dalmo do Valle Nogueira Filho; Eros Roberto Grau; Eurico de Andrade Azevedo; Fábio Fanucchi; José Afonso da Silva; Maria de Lourdes Cesarino Costa; Mário Pazzaglini Filho; Miguel Seabra Fagundes; Jorge Hori; Antônio Cláudio Moreira Lima e Moreira; Clementina de Ambrosis; Domingos Theodoro de Azevedo Netto; Luiz Carlos Costa; Norberto Amorim.*"[31]

17. José Afonso da Silva refere o remembramento ou o reparcelamento como um importante instrumento de ordenação urbanística do solo.[32]

18. Discorrendo sobre o instituto, alude o autor que o mesmo tem longo desenvolvimento no Estrangeiro, referindo, entretanto, carecer o Brasil de "regras de urbanificação compulsória", razão pela qual sua aplicação revela-se incipiente.

19. Consiste o reparcelamento do solo no remembramento de unidades edificáveis ou já edificadas, em uma primeira fase, e, numa segunda fase, consistirá em novo parcelamento ou loteamento, redividindo-se em novos lotes a área anteriormente remembrada.

20. Menciona, ainda, o ilustre autor que o reparcelamento pode ser obrigatório ou voluntário, sendo, na primeira hipótese, compulsoriamente imposto aos proprietários de uma determinada área em que se pretenda realizá-lo e, na segunda hipótese, sua efetivação depende da vontade dos proprietários.

21. Aduz, ainda, o renomado autor que: "Em verdade, o remembramento, como forma de reparcelamento do solo, no sistema brasileiro, somente poderá ocorrer por vontade do proprietário ou proprietários de quadra loteada. Nele também se verificam os institutos da massa de concentração, ao remembrar a quadra loteada, transformando-a numa unidade indivisa, e da massa de distribuição, com o novo parcelamento e distribuição dos lotes".[33]

22. Presentemente, entretanto, afigura-se-nos perfeitamente viável a adoção do instituto, em caráter compulsório, no sentido de regularizar loteamentos clandestinos e irregulares, pois, desde que desconformes com o plano diretor da cidade, poderão ensejar as medidas preconizadas no § 4º do art. 182 do texto constitucional, de modo a efetivamente alocar esses imóveis à sua função social.

23. O Projeto de Lei 775/83, já referido ao longo do presente estudo, elenca como instrumentos do desenvolvimento urbano os seguintes institutos jurídicos, em seu art. 17: "a) desapropriação; b) servidão administrativa; c) limitação administrativa; d) tombamento; e) direito real de uso; f) direito de superfície; g) parcela-

31. Ob. cit., pp. 54-55.

32. "No entanto, ele constitui importante instrumento de ordenação urbanística do solo, como peça essencial do plano diretor, especialmente quando envolve a remodelação obrigatória de áreas habitadas ou habitáveis com o fim de corrigir distorções das parcelas existentes" (ob. cit., p. 397).

33. Ob. cit., p. 399.

mento, edificação ou utilização compulsório; h) direito de preempção".

24. O parágrafo único do referido artigo menciona, *verbis:* "Parágrafo único. A desapropriação, a servidão administrativa, a limitação administrativa, o tombamento de bens e o direito real da concessão de uso regem-se pela legislação que lhes é própria".

25. Passa, então, o projeto a disciplinar os institutos do "direito de superfície", do "parcelamento", da "edificação ou utilização compulsórias" e do direito de preempção.

26. Quanto à edificação ou utilização compulsórias, a atual Constituição cuida especificamente, conforme examinado. Restaria, pois, a análise dos dois outros institutos supra-elencados.

27. O direito de superfície preconizado pelo Projeto consiste na possibilidade de o proprietário urbano conceder a outrem, por tempo determinado ou indeterminado, o direito de construir em seu terreno, a título oneroso ou gratuito.

28. Consoante refere Ricardo Pereira Lira, não se constitui novidade no ordenamento jurídico brasileiro o direito de superfície, que existiu entre nós até o advento da Lei 1.237, de 24.9.64, que deixou de enumerá-lo entre os direitos reais, o que tornou inócuo o instituto, vez que, retirada do mesmo a categoria de direito real, passou a confundir-se integralmente com o arrendamento.[34]

29. A reintrodução desse instituto, com a natureza de direito real, foi sustentada pelo citado autor em tese oferecida na VIII Conferência Nacional da Ordem dos Advogados do Brasil.

30. Dentre as conclusões ali elencadas, permitimo-nos destacar o seguinte: "O direito de superfície é uma categoria relevante do ponto de vista jurídico e social, que deve ser restabelecido, em nosso direito positivo, entre os direitos reais, apresentando-se, inclusive, como alternativa válida na implantação de uma política racional de controle do uso do solo urbano e na solução do problema da reforma agrária e proteção do homem no campo que constrói e planta, matérias essencialmente ligadas às condições elementares da liberdade do homem".[35]

31. Entretanto, *data venia* de contrário entendimento, não vislumbramos maior alcance no instituto do que já conferido pela concessão de uso, inserida na categoria de direito real, transmissível por ato *inter vivos* ou por sucessão legítima ou testamentária, consoante o disposto no Decreto-lei 271, de 28.2.67.

32. Aliás, o diploma em questão fixa a finalidade da instituição de aludida concessão, em seu art. 7º, nos seguintes termos: "É instituída a concessão de uso de terrenos públicos ou particulares, remunerada ou gratuita, por tempo certo ou indeterminado, como direito real resolúvel, para fins específicos de urbanização, industrialização, edificação, cultivo da terra, ou outra utilização de interesse social".

33. Assim, parece-nos que a questão relativa ao assentamento urbano, principalmente de pessoas carentes, pode ser efetuada em terrenos públicos, mediante a concessão de uso de áreas para tanto destinadas, estimulando-se a construção de moradias, inclusive pela forma de mutirão.

34. Finalmente, entendemos que, no quadro jurídico hoje existente, nenhuma valia oferece o direito de preempção, con-

34. In *RDA* 143/8.

35. In *RDA* 148/267.

tido no Projeto de Lei 775, de 1983, que pretende estabelecer a preferência do Município para todo e qualquer terreno objeto de alienação entre particularidades.

35. E isso porque tem o Município à sua disposição o instituto da desapropriação, que lhe permite adquirir compulsoriamente qualquer imóvel integrante de seu território, bem como tem o poder de compelir o proprietário do imóvel a destiná-lo à sua função social, conforme longamente analisado no presente estudo.

36. Lembrando, outrossim, que a Constituição atual assegura o direito de propriedade, parece que o direito de preempção vulnera o direito de livre disposição que tem o proprietário, não eliminado do ordenamento, em razão da necessária compatibilização do direito de propriedade à sua função social.

37. Essas eram as considerações que nos pareceram pertinentes aos instrumentos de realização do desenvolvimento urbano.

7. Conclusões

1. A Constituição Federal atual instrumentalizou a realização dos interesses coletivos, difusos ou não, propiciando, com isso, a realização da função social da propriedade urbana.

2. Necessária é a conscientização nacional no sentido de que os problemas sociais urbanos não são específicos dos desamparados, mas atingem a totalidade do País.

3. O sucesso da planificação urbana é dependente da planificação rural, no sentido de dar dignas condições de vida ao homem do campo, evitando as desenfreadas migrações para centros urbanos, com a conseqüência da urbanização desordenada, determinante do declínio da qualidade de vida das cidades.

4. É urgente dar-se início à reforma urbana, reurbanificando-se as cidades, com vistas ao futuro, emergindo a necessidade da edição das leis infraconstitucionais nesse sentido.

ESTUDOS & COMENTÁRIOS

RECURSO ESPECIAL E CONCEITO DE "CAUSAS DECIDIDAS"

DERLY BARRETO E SILVA FILHO
Procurador do Estado de São Paulo

"A mitologia jurídica também tem seus faunos, suas sereias e seus centauros. Junto às classificações, com ou sem valor de escola, devemos admitir a realidade das formas híbridas, unidades compostas com pluralidades e que não podem ficar contidas em classificações herméticas" (Eduardo J. Couture)

Ao Superior Tribunal de Justiça compete desempenhar, dentre outras, a função de guardião da lei federal, assegurando a harmonia federativa brasileira, que se funda na união e na coexistência de entidades políticas autônomas, todas dotadas de competências legislativas próprias.

Tal atribuição, na Constituição anterior, era confiada ao Supremo Tribunal Federal, que a exercia através do recurso extraordinário, mantendo, nas palavras de Pontes de Miranda, a inteireza positiva, a validade, a autoridade e a uniformidade de interpretação das leis federais.[1]

Na vigente ordem jurídica constitucional, o instituto processual que se desimcumbe da guarda do direito objetivo federal é o *recurso especial*, disposto na Carta de Direitos nestes termos: "Art. 105. Compete ao Superior Tribunal de Justiça: (...) III — julgar, em recurso especial, as *causas decididas*, em única ou última instância, pelos Tribunais Regionais Federais ou pelos Tribunais dos Estados, do Distrito Federal e Territórios, quando a decisão recorrida: a) contrariar tratado ou lei federal, ou negar-lhes vigência; b) julgar válida lei ou ato de governo local contestado em face de lei federal; c) der a lei federal interpretação divergente da que lhe haja atribuído outro tribunal" (grifo do autor).

Cumpre conceituar a expressão "causas decididas", a fim de conhecer quais decisões comportam a interposição desse recurso; se as definitivas (que decidem o mérito da lide), as terminativas (que põem fim ao processo sem lhe resolverem o mérito) ou as interlocutórias (que decidem questões incidentes).

Castro Nunes entende a expressão em seu sentido amplo: "Qualquer processo, seja de que natureza for, se nele for proferida decisão de que resulte comprometida uma lei federal, é uma causa para os efeitos do recurso extraordinário" — leia-se, hoje, recurso especial.[2] Também sustenta

1. *Comentários à Constituição de 1967 com a Emenda n. 1 de 1969*, 3ª ed., t. IV/107, Rio de Janeiro, Forense, 1987.

2. *Teoria e Prática do Poder Judiciário*, Rio de Janeiro, Forense, 1943, p. 328.

esse entendimento José Carlos Barbosa Moreira, para quem o acórdão não precisa versar sobre o mérito.[3]

Para a precisa conceituação da expressão "causas decididas" não se deve olvidar a intenção constitucional da criação do recurso especial: assegurar a incolumidade das leis federais, as quais podem, evidentemente, ser violadas tanto por decisões de mérito quanto incidentais ou terminativas, porquanto encerrem uma questão federal. Suponha-se uma medida cautelar com pedido de liminar promovida pela Fazenda estadual perante a Justiça estadual de primeira instância para garantir a satisfação de seu crédito, tornando indisponíveis os bens do requerido, em conformidade com a Lei federal 8.397, de 6.1.92. Para sua concessão, é essencial a "prova literal da constituição do crédito fiscal" (art. 3º, I). O juiz concede liminarmente a medida cautelar fiscal, sem que a requerente haja provado literalmente a constituição de seu crédito, contrariando a exigência daquele dispositivo de lei federal. Tal decisão, por ser interlocutória, é agravável de instrumento (parágrafo único do art. 7º). Interposto agravo de instrumento dessa decisão, o tribunal competente mantém-na, negando provimento ao recurso.

Segundo os que entendem como "causas decididas" aquelas em que foi proferida decisão terminativa ou definitiva, não caberia recurso especial de decisão colegiada violadora da lei federal. Isto seria usurpar a "jurisdição de tutela do princípio da incolumidade do direito objetivo"[4] do Superior Tribunal de Justiça, delegando-a, inconstitucionalmente, aos tribunais federais e estaduais "inferiores". Em termos processuais, tal configuraria supressão de instância recursal especial, além de afronta aos princípios da ampla defesa e da recorribilidade. As leis da União poderiam, assim, ficar sob o jugo dos tribunais dos Estados-membros... No exemplo dado, a verificação dos pressupostos para a concessão da medida cautelar fiscal, constantes do referido art. 3º da Lei federal 8.397/92, ficaria.

Frustra os desígnios constitucionais a interpretação restrita do que sejam "causas decididas", nelas só incluindo decisões definitivas e terminativas. Aliás, seria de constitucionalidade duvidosa lei que porventura viesse a dizer que naquela expressão só se compreenderiam decisões que pusessem fim ao processo com ou sem julgamento de mérito, excluindo as que incidentemente infringissem o direito objetivo federal. Agravadas de instrumento estas, e mantida a violação à lei federal, por que razão não admitir o recurso especial?

Sobre a hipótese cogitou Pontes de Miranda. Para ele, a decisão definitiva "pode não conter causa para o recurso extraordinário" — leia-se recurso especial —, "ou ela mesma, independentemente da que se proferiu antes, pode tê-la. Aguardar que a ela chegue para que se recorra seria contra todos os princípios de economia e presteza dos processos, além de reabrir as discussões e os julgamentos".[5] Ademais, essa interpretação contrariaria flagrantemente o princípio processual da preclusão (CPC, art. 183), pelo qual o direito de praticar o ato processual extingue-se uma vez decorrido o prazo para tal — pois processo, como o próprio nome diz, é um seguimento, um curso, uma marcha, sempre para a frente, pressupondo prazos certos e peremptórios para o exercício das faculdades processuais, visando a uma prestação jurisdicional célere e eficaz — porque se diferiria, para a sentença, sem amparo legal,

3. *O Novo Processo Civil: Exposição Sistemática do Procedimento*, 10ª ed., revista e atualizada, Rio de Janeiro, Forense, 1989, p. 219.

4. José Afonso da Silva, *Curso de Direito Constitucional Positivo*, 9ª ed., São Paulo, Malheiros Editores, 1992, p. 490.

5. *Comentários ao Código de Processo Civil*, t. VIII/47, Rio de Janeiro, Forense, 1975.

o momento para impugnar (por meio de apelação) a decisão violadora da lei federal, para só então, em última instância (caso não seja provido o recurso e mantida a contrariedade ao direito objetivo federal), interpor-se recurso especial.

Entender assim é contemporizar com a incoerência, atentando contra a ordem constitucional e infraconstitucional.

A melhor interpretação parece ser a seguinte: qualquer decisão que encerre uma questão federal, em única ou última instância, pelos Tribunais Regionais Federais ou pelos Tribunais estaduais, é suscetível de recurso especial. A invocação de conceitos como decisões definitivas ou terminativas é impertinente. Em sede de recurso especial, o que releva é se o acórdão de que se pretende recorrer é, *em direito constitucional* — e não em direito processual —, capaz de legitimar a sua interposição.[6]

É como José Afonso da Silva ensina, referindo-se ao recurso extraordinário da Constituição de 1946: "Tanto dá cabida a esse recurso a decisão que resolve o mérito, a questão de fundo do processo, como a que lhe põe termo, sem solução do mérito; tanto a que decide a questão principal, como a que resolve questão incidental. O que importa é a definitividade da sentença" — leia-se *acórdão*.[7]

Adotando coerentemente essa interpretação, o Superior Tribunal de Justiça, bem desempenhando sua função de guardião da lei federal, decidiu, recentemente: "Quando a Constituição define os contornos do (recurso) especial, a causa decidida não é apenas a do mérito, mas qualquer uma, incidental ou não, apreciada em última instância" (AI 26.385-4, *DJU*, Seção I, sexta-feira, 11.9.92).

O entendimento restritivo de alguns tribunais — como o do Tribunal de Alçada Civil do Estado do Rio de Janeiro e do Tribunal de Justiça do Estado de São Paulo — acaba por usurpar a missão constitucional outorgada ao Superior Tribunal de Justiça, ao negar seguimento a recursos especiais (interpostos de decisões contrárias a lei federal prolatadas em agravo de instrumento). Nessas hipóteses, o Superior Tribunal de Justiça não pode deixar de conhecer e dar provimento a agravos de instrumento interpostos desses "despachos" denegatórios, porque seria abdicar de sua atribuição de assegurar incolumidade ao direito objetivo federal, frustrando-se, como dito, os desígnios constitucionais de manutenção do equilíbrio federativo, tolerando-se, inconstitucionalmente, a desobediência às leis federais.

São Paulo, 15 de março de 1993.

6. Pontes de Miranda, ob. et. cit., p. 133.
7. *Do Recurso Extraordinário no Direito Processual Brasileiro*, São Paulo, Ed. RT, 1963, p. 290.

MEDIDA PROVISÓRIA: A MISÉRIA DA LEI

MARCELLO CERQUEIRA
Professor Livre-Docente de Direito Constitucional
da Universidade do Estado do Rio de Janeiro

"O Legislativo não deve nem pode transferir o poder de elaborar leis a quem quer que seja." (Locke, 1869)

"Todos os poderes legislativos conferidos pela presente Constituição serão atribuídos ao Congresso dos Estados Unidos, composto do Senado e da Câmara dos Representantes." (Art. 1º da Constituição dos Estados Unidos da América de 17.9.1787)

"Qualquer sociedade em que não esteja assegurada a garantia dos direitos, nem estabelecida a separação dos Poderes, não tem Constituição." (Art. 16º da Declaração dos Direitos do Homem e do Cidadão da Revolução Francesa).

1. A douta indicação. 2. Pecado original. 3. Direito comparado: breves notas. 4. Sistema presidencial e sistema parlamentar. 5. Breves notas sobre a formação legislativa de exceção no Direito brasileiro. 6. Alguns princípios de processo legislativo. 7. A morosidade do Legislativo. 8. Conclusões.

1. *A douta indicação*

Versa a indicação do Dr. Júlio César do Prado Leite sobre a excepcionalidade e o uso abusivo das medidas provisórias (art. 62, da CF).

Após referir a origem próxima da medida provisória filiando-a, com acerto, aos anteriores decretos-leis dos regimes de exceção, e lembrar o saudoso professor San Tiago Dantas, o eminente consócio afirma, com razão, que não se pode tolerar submissão do Poder Legislativo a um governo forte também pelo uso imoderado do instrumento que tão veementemente condena, e provoca decisão do v. Plenário desta egrégia Casa sobre a matéria.

Por conexão, chega-me novo despacho do ilustre Presidente do IAB enviando projeto de emenda constitucional do nobre senador Esperidião Amin, que é bem-recebido, e que será referido adiante.

2. *Pecado original*

No que tange ao *sistema de governo*, a nossa Constituição padeceu do mal da improvisação.

Dever-se-ia primeiro votar o *sistema de governo* (se parlamentarista ou presidencialista) e, posteriormente, propor, discutir e votar as regras pertinentes.

Se parlamentarista, a adoção de um conjunto de leis; se presidencialista, as que lhe são próprias. Para complicar ainda mais os trabalhos, recorde-se, a Comissão de Sistematização havia fixado o mandato presidencial em curso em quatro e os posteriores em cinco anos, o que representava um erro político, na medida em que dividia o Plenário em uma questão secundária e circunstancial e afastava a questão essencial, que era coincidência de mandatos, posteriormente obtida na malograda "revisão" constitucional, que ativou artigo perempto das Disposições Transitórias. A dinâmica da votação levou os partidários do então Presidente da República a posicionarem-se contra a proposta parlamentarista da Comissão de Sistematização.

Erro político que vinha da origem da convocação da Constituinte, quando prevaleceu a tese moderada do *Congresso com poderes constituintes*. A mais conservadora queria atribuir ao Congresso então em curso poderes para operar uma "revisão total" da Carta de 1969; e a mais avançada, liderada pela OAB, cujo presidente era o notável advogado Herman de Assis Baeta, propugnava pela *Constituinte livre, soberana e exclusiva*, dissolvendo-se após promulgar a Constituição e convocando eleições gerais para presidente da República e para as duas Casas do Congresso Nacional, coincidentemente.

Uma Constituinte não tem a mesma natureza de um Congresso ordinário, embora com ele possa parecer. A Constituinte é um Poder sobre os Poderes, e certamente a coexistência, que a doutrina condena, por certo embaraçou-lhe o passo. Pressões de origens diferentes e diversificados interesses convergiram para um mesmo grupo de pessoas que exerciam atividade parlamentar numa sessão e constituinte na sessão seguinte, reunindo as pressões de ambas e de algumas delas se desembaraçando no jogo menor da política que municia o parlamentar ordinário, não o constituinte. Tal ficou evidente na votação (destaque para votação em separado) do alcance do mandato do então Presidente da República, votação conexionada com o sistema de governo a ser adotado. Não podia dar certo.

3. *Direito comparado: breves notas*

Nota: O Direito comparado visa a surpreender semelhanças e diferenças, interações e reações entre institutos jurídicos de diferentes países ou de um mesmo país mas em diversas épocas. Ou se trata de sistemas que coexistem em determinada época (comparação simultânea) ou de sistemas que pertencem a momentos diferentes em um ou mais de um país (comparação sucessiva). A comparação em Direito é mais para estabelecer diferenças do que semelhanças e objetiva descobrir elementos que aprimorem a legislação que se quer comparar. Ou então é mero exercício de retórica. No *Gorgias*, Platão faz Sócrates dizer que a Retórica é a culinária da Filosofia.

Em Corwin *(A Constituição Norte-Americana e seu Significativo Atual*, Rio, Zahar, 1959, pp. 13 e ss.) lê-se que a atribuição exclusiva que a Constituinte outorga ao Congresso esgotaria a capacidade de fazer as leis. Entretanto, o efeito prático da Corte Suprema de exercer uma espécie de "convenção constitucional em sessão contínua", além de resolver sobre a inconstitucionalidade incidental das leis (legislador negativo), e os regulamentos baixados pelo presidente da República, chefes das Secretarias (Ministros de Estado) ou de órgãos administrativos, como a Comissão do Comércio Interestadual, a Comissão de Valores e Títulos, e assim por diante, são (como) leis e serão tratadas pelos tribunais nesta qualidade, quando feitos no exercício de autoridade validamente "delegada" pelo Congresso. Na seqüência, o autor vai considerar que, em face da divisão constitucional do Poder em três ramos, "constituiu violação da lei nacional fundamental o fato de desistir o Congresso de seu poder legislativo e transferi-lo ao presidente, ou ao ramo judiciário, e o de tentar investir-se, por lei, a si e a seus membros, de poder executivo ou judicial (p. 16).

Obs.: Essa citação tem especial pertinência, porque a República opera o *corte* com a Constituição de tipo francês que, bem ou mal (mais do que bem), adota a Carta Imperial de 1824, votada já no refluxo da Revolução Francesa, mas ainda sobre sua influência, também por recepcionar instituições da Constituição de Cádiz, a primeira adotada no Brasil, embora efemeramente. O Direito constitucional brasileiro é desenganadamente da "família" constitucional que a guerra de libertação nacional das 13 Colônias americanas fundou.

É em função da Constituição norte-americana, e da sua doutrina que Biscaretti di Ruffia *(Direito Constitucional*, São Paulo, Ed. RT, 1984, prefácio do mestre Geraldo Ataliba) lembra que *"A iniciativa governamental* (que representa uma derrogação do *princípio da divisão dos Poderes)* não é acolhida, por ex., por essa razão, nos EUA, é a mais importante e comum em todas as formas de governo parlamentar, uma vez que o Gabinete é o órgão mais capacitado para avaliar as necessidades nacionais e providenciar sua consecução; por outro lado, a atuação de qualquer orientação política exige, necessariamente, também a emanação de leis adequadas" (p. 335, grifos no original).

Os autores europeus recolhem a lição do clássico *Princípios Gerais de Direito Constitucional* de Thomas Cooley (São Paulo, Ed. RT, 1982, prefácio de Geraldo Ataliba: "O nosso direito constitucional do período republicano adotou os padrões estruturais do constitucionalismo norte-americano"): "Nenhuma corporação legislativa pode delegar a outro departamento governamental ou a outra autoridade o poder, geral ou especial, de legislar. A razão decorre da própria existência dos seus poderes. Esta alta prerrogativa tem sido confiada à sua sabedoria, ao seu juízo e ao seu patriotismo, e não a outras individualidades, e procederia *ultra vires* se se propusesse a delegar as suas atribuições em vez de executá-las".

Lições que invadem mesmo países com governos de gabinete, embora semiparlamentar ou *semipresidencial*, para ficar com Duverger *(Xeque-mate —Análise Comparativa dos Sistemas Políticos Semipresidenciais*, Lisboa, Ed. Rolim, 1978), como excelentemente anota Canotilho *(Direito Constitucional*, 5ª ed., Coimbra, Livraria Almedina, p. 885):

"O legislador constituinte de 1976, não obstante a prática abusiva dos decretos-leis verificada durante o regime da Constituição de 1933, parece ter considerado os decretos-leis — instrumento nas mãos do Governo que os pode utilizar para fins de manifesto oportunismo político, colocando as assembléias representativas perante fatos consumados — a Constituição de 1976 entendeu consagrar a categoria dos decretos-leis com uma grande autonomia e amplitude. Neste aspecto, a Constituição portuguesa afasta-se decididamente da maioria das Constituições democráticas do pós-guerra, que, em geral, condicionam o exercício da competência legislativa à existência de circunstâncias excepcionais, situações de urgência e necessidade, e a um apertado controle do órgão parlamentar".

Em França, sistema também semipresidencial, adotado durante o Consulado gaullista e por insistência do general, ainda relutante, observa a definição clássica de Carré de Malberg *(Contribution à la Théorie Générale de l'État*, 1914, pp. 336-337): "Somente um Poder Público tem qualificação necessária para ditar regras gerais, obrigatórias para os cidadãos e capazes de modificar as leis existentes: o Parlamento", deita raízes na Revolução Francesa de 1789 e encontra sua melhor sistematização nas Leis Constitucionais da III República. Embora expressamente repudiada na Assembléia Constituinte de 1946 — "Somente a Assembléia Nacional vota a lei. Não pode delegar este direito" (art. 13) —, a partir de 1948, a força dos fatos leva a Assembléia a adotar as *lois-cadre*, que consistem em que o Parlamento estabeleça unicamente os princípios gerais da lei, ficando ao governo a sua regulamentação por decreto. Se tais decretos fossem aceitos pelo Parlamento, incorporar-se-iam ao direito positivo. Sem embargo disso, à IV República pareceram insuficientes as *lois-cadre* e, a partir de 1954, foram novamente introduzidos os decretos-leis, em contradição formal com o citado art. 13 da Constituição. Com a Constituição da V República, o legislador constituinte reservou ao Parlamento a regulamentação exclusiva de leis relativas aos direitos civis e às liberdades públicas, à nacionalidade e à capacidade das pessoas, regime matrimonial, sucessões e outras, direito penal e lei das execuções, anistia, jurisdição e estatuto dos magistrados, direito tributário e regime de emissão de moeda, sistema eleitoral e suas implicações, a criação de empresas públicas, nacionalização de empresas e privatizações. Daí que a forma adotada, de *numerus clausus*, abre caminho para a atuação do governo como legislador ordinário, embora em regime (mitigado) de gabinete em áreas não reservadas (André Hauriou, *Droit Constitutionnel et Institutions Politiques,* Paris, 1966).

O parlamentarismo clássico adotado em Espanha (monarquia constitucional) admite as leis delegadas e os decretos-leis, mas com restrições (v. Oscar A. Villaamil, *Comentário Sistemático a la Constitución Española*, Madri, Ed. del Foro, 1978).

Entre nós, Pontes de Miranda *(Comentários à Constituição Federal de 10 de Novembro de 1937,* t. I/336, Rio de Janeiro, Irmãos Pongetti Editores, 1938) opina: "A técnica dos decretos-leis constitui exceção ao princípio da separação subjetiva dos Poderes e de algum modo retoma o exemplo de alguns países do século XIX insuficientemente democratizados", lembrando (p. 337) o célebre discurso de Alfredo Rocco, na Itália, de 1925, em que este apoiava a expedição de decretos-leis mas com ressalvas de jurista. A Carta do Estado Novo, que adotou o expediente do decreto-lei, inspirou-se em sua congênere polonesa de 1935 (art. 13 da "Polaca", art. 55 alínea 2, da Constituição polonesa de 1935). Os comentários que mestre Pontes faz aos decretos-leis na vigência da Carta de 1969 não reproduzem os anteriores *(Comentários à Constituição de 1967, com a Emenda n. 1 de 1969,* 2ª ed., t. III/160-161, São Paulo, Ed. RT).

4. Sistema presidencial e sistema parlamentar

No sistema presidencial, a *separação de Poderes* possui categoria axiologicamente diferenciada da *separação* dos sistemas de gabinete. Aqui, como nos Estados Unidos da América, matriz da "família" constitucional a que se filia a República, a *separação* supõe a *independência* entre Poderes, *que a medida provisória rompe.* A *separação* resolve a questão orgânica dos entes que administram o Estado; enquanto a *independência* vai dizer respeito à autonomia da administração própria de cada Poder. O princípio da *harmonia* é que vai ajustar a zona cinzenta entre a *separação* (mais simples, porque estática) e a *independência entre eles* (mais complexa, por ser dinâmica). A *harmonia* é a chave para resolver conflitos entre os círculos secantes da *separação* e da *independência,* naturalmente até o limite do aforisma de Schopenhauer que dizia serem as leis regras jurídicas normais para homens normais.

No sistema parlamentar, o Executivo é criatura do Parlamento e governará o país enquanto contar com a maioria congressual. A questão do decreto-lei é tão grave que, se não for confirmado (o prazo varia de acordo com o país), pode implicar a *queda* do Gabinete.

A Constituição italiana dispõe (art. 76) que o exercício da função legislativa não pode ser delegada ao governo, a não ser com determinação de princípios e critérios diretivos e apenas por tempo limitado e com objetivo definido.

Nota: Esse registro vem a propósito, porque a medida provisória da Constituição de 1988 foi copiada da italiana.

O art. 77 da Constituição italiana reafirma o princípio de que o governo não pode, sem delegação das Câmaras, elaborar decretos com força de lei, mas abre exceção: "Quando, em casos extraordinários de necessidade e urgência, o governo, por sua responsabilidade, tomar *providências provisórias com força de lei*, deverá, no mesmo dia, submetê-las, para efeitos de *conversão*, às Câmaras, as quais são imediatamente convocadas, mesmo se dissolvidas, e reúnem-se dentro de cinco dias" (grifei — a medida provisória foi copiada deste texto).

A seguir, o mesmo art. 77 da Constituição italiana fixa o prazo para a apreciação do pedido e determina sua decadência: "A eficácia dos decretos cessa retroativamente caso não sejam convertidos em lei nos 60 dias posteriores à sua publicação" (o modelo brasileiro assinala o prazo de 30 dias para a conversão em lei; no mais, copia a fórmula italiana).

5. *Breves notas sobre a formação legislativa de exceção no Direito brasileiro*

A Constituição do Império (despótica no Primeiro Reinado e absolutista, com relativa prática parlamentar orleanista, no Segundo Reinado, após o Gabinete do Marquês do Paraná) não conheceu o decreto-lei ou outra forma que lhe fosse similar. Há uma liturgia toda especial na relação entre o Parlamento e o Imperador, inclusive com o veto silente, mas não se registra algo assemelhado com o decreto-lei ou a medida provisória.

As Constituições republicanas de 1891, 1934 e 1946 não instituíram o decreto-lei ou outra providência de natureza provisória.

O Governo Provisório da República legislou por decreto até a promulgação da Constituição de 1891. O Governo Provisório que se seguiu à Revolução de 1930 exerceu "discricionariamente" as atribuições legislativas, até a promulgação da malograda Constituição de 1934 (Decreto 19.398, de 11.11.30).

O Estado Novo governou por decretos-leis e até por leis constitucionais, a que também recorreria o Governo Provisório de Linhares e também o Marechal Dutra (autorizado pela convocatória vinculante da Constituinte de 1945), eleito presidente da República, até a promulgação da Constituição de 1946.

O golpe de Estado vai legislar através de atos institucionais, atos complementares e decretos-leis, inclusive na vigência da Carta semi-outorgada de 1967 e da Emenda Constitucional 1, após o Ato Institucional 5, que marcou o recrudescimento do regime militar (recrudescer é tornar-se mais cruel).

Embora a comparação seja politicamente imperfeita, os decretos-leis da ditadura sujeitavam-se (formalmente, é claro) a limitações desconhecidas pelas medidas provisórias (v. Marcello Cerqueira, *Representação & Constituição*, Rio de Janeiro, Editora Timbre, 1990).

6. *Alguns princípios de processo legislativo*

É princípio elementar em nosso processo legislativo que os projetos, quando não convertidos em lei, não se renovam, senão nas formas excepcionais estabelecidas na Constituição.

No que se refere à emenda constitucional, por exemplo, dispõe o § 5º, IV, do art. 60: "A matéria constante de proposta de emenda rejeitada que havida por prejudicada não pode ser objeto de nova proposta na mesma sessão legislativa".

Aqui, outra lição. A regra é que projeto rejeitado não poderá ser reapresentado na mesma legislatura. A exceção vai depender do apoio da maioria dos membros da Câmara ou do Senado, quando a iniciativa das leis depende de qualquer membro do Congresso.

E mesmo o parágrafo único do art. 62 da Constituição em vigor, que admitiu tal assombração, diz, textualmente: "As medidas provisórias perderão eficácia, desde a edição, se não forem convertidas em lei no prazo de 30 dias, a partir de sua publicação (...)".

O texto é claro: se as medidas não forem aprovadas no prazo assinalado, *perderão sua eficácia*. O tipo constitucional não cogita de reapresentação na ausência de deliberação parlamentar. A medida é fulminada pelo instituto da *decadência*.

Diz, mais, que cabe ao Congresso Nacional disciplinar as relações jurídicas decorrentes das medidas provisórias. Para o caso, sequer se aplica o parágrafo único do art. 59 da Constituição, que atribui à lei complementar competência para dispor sobre a elaboração, redação, alteração e consolidação das leis.

Pode o Congresso Nacional regulamentar a matéria apenas no que se refere à disciplina das relações decorrentes dos efeitos incorridos durante a vigência da medida porventura recusada. Nada mais. Não pode o Congresso ampliar o prazo de 30 dias ou admitir a reapresentação da medida não votada, ainda que somente por mais uma vez. Para isso, é necessário reformar o dispositivo constitucional.

O Congresso pode adotar a forma italiana de fazer cessar retroativamente os efeitos do procedimento rejeitado pelo Parlamento. Ou a portuguesa, que admite a manutenção dos efeitos produzidos até a recusa, nada mais. Entretanto, na ausência de regulação, pode o Poder Judiciário rejeitar os efeitos de medida provisória abusivamente reiterada e declarar a inconstitucionalidade do repique.

O que se está a dizer é que, independentemente do conteúdo da medida, sua reiteração é, em si mesma, inconstitucional.

Projetada para o sistema parlamentarista de governo, a medida provisória ainda espera por regulamentação que a limite ao duplo comando da relevância e da urgência, como determina o esdrúxulo dispositivo constitucional que a contém.

A medida provisória, ato institucional disfarçado, não vem tendo restrições nem limite. Os requisitos de relevância e urgência perderam suas referências para ganhar as que o "príncipe" lhes outorgou. Os governos a tudo se permitem, inclusive a edição de novas medidas para corrigir anteriores publicadas por erro ou crassa ignorância.

A medida é tão grave que deve ser submetida imediatamente ao Congresso Nacional, que, estando em recesso, será convocado extraordinariamente para se reunir no prazo de cinco dias.

Que outras medidas implicam a convocação extraordinária do Congresso Nacional?

Primeiro, o *estado de defesa* (Título V, Capítulo I, Seção I, da Constituição em vigor). O presidente da República, ouvidos o Conselho da República e o Conselho de Defesa Nacional, poderá decretar estado de defesa. Se o Congresso Nacional estiver em recesso, será convocado, extraordinariamente, no prazo de cinco dias (§ 5º do art. 136).

Segundo, o *estado de sítio*. O presidente da República pode, ouvidos o Conselho da República e o Conselho de Defesa Nacional, solicitar ao Congresso Nacional autorização para decretar o estado de sítio nos casos que a Constituição enumera (art. 137).

Se a autorização for solicitada durante o recesso parlamentar, o presidente do Senado Federal, de imediato, convocará extraordinariamente o Congresso Nacional para se reunir dentro de cinco dias (§ 2º do art. 138) para apreciar o ato.

Nas Disposições Gerais (Seção III) referentes aos estados de defesa e de sítio, dispõe a Constituição que, cessados os referidos estados, cessarão também os seus efeitos, sem prejuízo da responsabilidade pelos ilícitos cometidos por seus executores ou agentes. Essas medidas gravíssimas dependem de audiência dos Conselhos da República e da Defesa, implicam a convocação do Congresso no mesmo prazo e na mesma forma do disposto para a medida provisória, além de responsabilizar eventuais ilícitos dos executores.

Não é razoável que só as medidas provisórias não possuam regras, senão as ditadas pela vontade presidencial.

7. *A morosidade do Legislativo*

É comum a defesa da medida provisória, como antes a dos decretos-leis, sob alegação da morosidade do Poder Legislativo. É verdade, embora lembre excelentemente o eminente autor desta indicação a afirmação do professor San Tiago Dantas, para quem era função do Congresso *também* não fazer leis.

Os governos gostam de justificar inoperância administrativa atribuindo a ausência de leis que o Congresso lhes nega ou procrastina.

É verdade, em parte. Em parte, porque o acúmulo de medidas provisórias que se repetem e de vetos que são apostos contribui para a tradicional inapetência dos nossos legisladores, congestionando as pautas. Mas não tem ficado na legislação comum a campanha dos governos. Os governantes vêm procurando um *terceiro turno* da Constituinte: o Presidente Itamar, relutantemente, patrocinou a "revisão" constitucional, na qual o Congresso teria "poderes" para alterar a Constituição por maioria absoluta em votação unicameral e em único turno. Tipo de modificação constitucional desconhecido do sistema brasileiro, que só reconhece o poder de emenda, o que aproxima a "revisão" malograda da Lei de Interpretação (1940) que apagou o avanço liberal de 1834; golpe de Estado, já se vê. Antes, o ex-Presidente Collor tentou o que ficou conhecido como Emendão, expediente também estranho ao poder de emenda, que se dá por matéria, e não em globo. Embora por razões diferentes, esses ataques à Constituição, como se ela fosse a origem das dificuldades do País e dos seus governos, não contribuem para a valorização do pacto constitucional e a perpetuação da legalidade democrática.

O Poder Legislativo também demanda reformas, e reformas profundas. Os poderes da Câmara e do Senado não podem ser simétricos. As Câmaras não podem ser mutuamente revisoras. As leis, em geral, devem ser votadas exclusivamente na Câmara e oferecidas à sanção presidencial. Ao Senado, a competência naquilo que disser diretamente à Federação, pois para isso foi criado, viabilizando o pacto norte-americano na Filadélfia.

Os impostos, a política externa, a autorização para contrair empréstimos internos e externos, a autorização para o exercício de determinadas funções, entre outras. *De lege ferenda*, mandato não renovável para ministros do Supremo Tribunal Federal e do Superior Tribunal Eleitoral; autorização para a nomeação dos ministros dos Tribunais Superiores, sem a presença de classistas na Justiça do Trabalho, naturalmente. Autorização para a nomeação dos Ministros da Fazenda, da Economia e da Defesa (a ser criado), além de outras autoridades monetárias, como os presidentes do Banco Central (*sem* mandato, certamente), do Banco do Brasil e do BNDES (exigência que já consta da Lei 4.595, mas que não teve vigência); todos *sem* mandatos e demissíveis *ad nutum.* Enfim, outras medidas que acelerassem o processo legislativo sem diminuir o quórum, como inadvertidamente se vê propor, mas que fogem ao centro destas linhas, propriamente.

8. *Conclusões*

O ideal é revogar a "medida provisória" da Constituição de 1988, por absoluta incompatibilidade com o sistema jurídico vigente. Ou, não sendo possível, adotar restrições a ela. Nesse sentido, propostas como a do nobre senador Esperidião Amin muito contribuem. O então deputado Nélson Jobim, que hoje ilustra o Ministério da Justiça, também ofereceu projeto nesse sentido. Também o PMDB vem de sugerir limitações à medida, além do ilustre Presidente do Senado Federal.

Muita vez, não há viabilidade política imediata em determinada proposta, e a prudência manda que se procure um recuo tático e se busque o possível. É certo.

Mas não é menos certo que também se assuma posição para afirmar valores, independentemente de sua viabilidade ocasional ou momentânea. Fala-se para o futuro.

Assim, em face da anomalia que representa a medida provisória para um sistema de governo presidencialista, opino no sentido de esta colenda Casa recomendar simplesmente a sua retirada do texto constitucional.

É o parecer.

Rio de Janeiro, 6 de abril de 1994.

CONTRATO ADMINISTRATIVO — PLANO REAL E CORREÇÃO MONETÁRIA POR ATRASO NO PAGAMENTO

BENEDICTO PEREIRA PORTO NETO

Professor da Faculdade de Direito da Pontifícia Universidade Católica de São Paulo

A despeito da polêmica doutrinária sobre a existência ou não dos contratos administrativos, já na ordem constitucional anterior era pacífico o entendimento de que a Administração Pública está obrigada a pagar pelas obras a serviços que contrata e nas condições ajustadas.

Conquanto a Administração Pública desfrute da prerrogativa de alterar algumas disposições dos contratos que celebra, esta não alcança suas cláusulas econômicas. Os interesses econômicos e financeiros do particular estão preservados contra atos unilaterais da Administração. Dessa maneira, o contrato faz nascer direitos e obrigações para as duas partes contraentes.

Sobre o assunto, antes do advento da Constituição Federal de 1988, assim manifestou-se Celso Antônio Bandeira de Mello, em parecer que esgotava a matéria:

"Ao compor-se consensualmente com um particular contratante, a Administração, assim como adquire direitos, também assume *obrigações*. Estas, portanto, corresponderão a direitos do contratante, que não podem ser desconhecidos ou amesquinhados. É de solar evidência que jamais o Poder Público encontraria alguém disposto a contratar se ficasse ao alvedrio do Estado cumprir ou não o que se estipulou no acordo.

"Aliás, nem seria compreensível que se usasse a palavra 'contrato' (bem ou mal-empregada) para designar relação jurídica em que uma das partes ficasse jungida, de direito, a atender às cláusulas existentes, enquanto a outra não estaria para nada adstrita às estipulações. É fora de dúvida que o apelo à idéia contratual presume, para composição lógica desta noção, a existência de um plexo de direitos e deveres consensualmente estatuídos, os quais criam regras de Direito obrigatórias para as partes.

"Já se vê, pois, que a noção de 'contrato' — administrativo ou não —, por muito que se dê flexibilidade à voz 'contrato', supõe irrefragavelmente que as partes assumem obrigações recíprocas e, conseqüentemente, que não se podem lavar de atendê-las. Segue-se que o desatendimento das obrigações contraídas é uma *violação contratual*, uma transgressão do direito alheio."[1]

1. "Contrato administrativo", in *RT* 562 p. 48.

A Constituição Federal de 1988 consagrou *expressamente* esse entendimento ao prescrever que os contratos celebrados pela Administração Pública devam estipular "cláusulas que estabeleçam obrigações de pagamento", as quais devem garantir a manutenção das "condições efetivas das propostas" dos particulares contratados (ofertadas em procedimentos licitatórios ou apresentadas diretamente, nos casos de dispensa ou inexigibilidade de licitação).

O art. 37, XXI, da Constituição Federal tem a redação seguinte: "Art. 37. A Administração Pública direta, indireta ou fundacional, de qualquer dos Poderes da União, dos Estados, do Distrito Federal e dos Municípios obedecerá aos princípios de legalidade, impessoalidade, moralidade, publicidade e, também, ao seguinte: (...) XXI — ressalvados os casos especificados na legislação, as obras, serviços, compras e alienações serão contratados mediante processo de licitação pública que assegure igualdade de condições a todos os concorrentes, *com cláusulas que estabeleçam obrigações de pagamento, mantidas as condições efetivas da proposta,* nos termos da lei, o qual somente permitirá as exigências de qualificação técnica e econômica indispensável à garantia do cumprimento das obrigações".

Não resta dúvida de que o contrato administrativo impõe à Administração Pública a obrigação de pagar pelas obras, serviços ou bens que obtenha dos particulares, e nas condições convencionadas.

Sendo o pagamento no prazo uma obrigação, sempre que a Administração Pública deixar de satisfazê-la sujeitar-se-á à norma contida no art. 1.056 do Código Civil, que prescreve, *in verbis*: "Art. 1.056. Não cumprindo a obrigação, ou deixando de cumpri-la pelo modo e no tempo devidos, responde o devedor por perdas e danos".

As perdas e danos, nos termos do art. 1.059 do mesmo Código, abrangem o que o credor efetivamente perdeu e o que razoavelmente deixou de ganhar em razão da inadimplência, total ou parcial, do devedor.

Não deve causar qualquer embaraço a aplicação de dispositivos do Código Civil aos contratos administrativos. A própria Lei federal 8.666, de 21.6.93, que institui normas gerais de licitação e contratação para a Administração Pública em todas as suas esferas, prevê que os contratos administrativos "regulam-se pelas suas cláusulas e pelos preceitos de direito público, aplicando-se-lhes, supletivamente, os princípios da teoria geral dos contratos *e as disposições de direito privado*" (art. 54).

Uma das conseqüências da mora da Administração Pública é o dever de recompor o patrimônio do particular.

Como adverte Polacco, "dano é a efetiva diminuição de patrimônio e consiste na diferença entre o valor atual do patrimônio do credor e aquele que teria se a obrigação fora exatamente cumprida".[2]

Bem de ver, apenas para registrar, que para recomposição desse patrimônio também devem ser incluídos no valor da indenização os lucros que o particular contratado auferiria, tivesse a Administração Pública cumprido regularmente sua obrigação contratual. Isso, contudo, não interessa examinar neste trabalho, já que me ocupo apenas da correção monetária incidente sobre as importâncias pagas a destempo pela Administração Pública e os efeitos do Plano Econômico sobre ela.

Diante destas considerações, já se pode concluir que a Administração Pública está obrigada, no mínimo, a atualizar monetariamente as importâncias que paga além do prazo contratual. Essa conduta se impõe para garantir que o particular contratado não experimente qualquer diminuição no seu patrimônio em virtude da mora. A

2. *Apud* Celso Antônio Bandeira de Mello, ob. cit., p. 51.

correção monetária da importância em atraso garante a manutenção do valor real da dívida. Ela, só por só, não representa necessariamente a completa e integral indenização do particular, que pode experimentar outros prejuízos. Interessa registrar aqui, todavia, que a atualização monetária garante o pagamento do preço convencionado não pelo seu valor nominal, mas pelo valor real. Bem por isto, não pode ela ser qualificada como sanção ou pena pela inadimplência, tratando-se de instrumento para garantir o cumprimento de obrigação pactuada.

Foi nesse sentido que se formou a jurisprudência de nossos Tribunais:

"Correção monetária — Quebra contratual. O ilícito contratual é fonte direta de correção monetária, ainda que a lei ou o contrato não a tenha previsto" (STF, 2ª T., RE 110.436-SP).

"Ementa: Contrato de obras e serviços públicos — Impontualidade nos pagamentos — Correção monetária — Cabimento — Procedência do pedido — Divergência demonstrada — Recurso extraordinário conhecido e provido" (STF, 2ª T., 113.892-1).

"Ementa: Administrativo — Empreitada — Contrato para realização de obras públicas — Atraso no pagamento das faturas — Correção monetária — Incidência, mesmo nos contratos celebrados sem previsão, em face da desvalorização da moeda pela inflação — Recurso provido" (STJ, Rec. 91.8165-5).

Vê-se, pela jurisprudência trazida à colação, que a *atualização monetária* das importâncias pagas em atraso pela Administração Pública *não depende de expressa previsão legal ou contratual.*

Mesmo assim, o Estado de São Paulo passou a contemplá-la expressamente a partir do advento da Lei estadual 6.544/89.

O art. 74 da lei estadual tem a seguinte redação: "A Administração deverá corrigir monetariamente, na forma de legislação aplicável, os pagamentos efetuados em desacordo com o prazo estabelecido em cláusula contratual própria, tornando-se passível de responsabilização aquele que der causa a atraso imotivador".

Mais recentemente a Lei federal 8.666/93 também tratou do assunto no seu art. 40, XIV, "d", *in verbis*: "Art. 40. O edital conterá, no preâmbulo, o número de ordem em série anual, o nome da repartição interessada, e de seu setor, a modalidade, o regime de execução e o tipo da licitação, a menção de que será regida por esta Lei, o local, dia e hora para recebimento da documentação e proposta, bem como para início da abertura dos envelopes, e indicará, *obrigatoriamente*, o seguinte: (...) XIV — condições de pagamento, prevendo: a) prazo de pagamento não superior a 30 dias, contado a partir da data final do período do adimplemento de cada parcela; b) cronograma de desembolso máximo por período, em conformidade com a disponibilidade de recursos financeiros; c) critério de atualização financeira dos valores a serem pagos, desde a data final do período de adimplemento de cada parcela até a data do efetivo pagamento; d) *compensações financeiras e penalizações, por eventuais atrasos, e descontos, por eventuais antecipações de pagamento;* (...)".

Ao lado do reajuste dos preços contratuais durante o período de execução das obras e prestação dos serviços (previsto no inciso XI do mesmo art. 40) e da atualização financeira dos preços pelo prazo contratual de pagamento (art. 40, XIV, "c"),[3]

3. O dispositivo, é verdade, contempla a atualização financeira do preço "desde a data final do período de adimplemento de cada parcela *até a data do efetivo pagamento*". O dispositivo poderia sugerir que a atualização monetária em virtude do atraso no pagamento se daria pelos mesmos critérios pactuados para atualização financeira do preço pelo prazo de pagamento. A letra seguinte ("d") do mesmo inciso cuida, entretanto, especificamente da correção monetária incidente sobre as importâncias pagas em atraso pela Administração, conduzindo a conclusão diversa. Trata-se, na minha opinião, de apenas mais uma imperfeição da Lei federal 8.666/93.

a lei federal contempla "compensações financeiras" por eventuais atrasos no pagamento, que abrangem a correção monetária incidente sobre as importâncias pagas a destempo pela Administração Pública (art. 40, XIV, "d").

Esse era o tratamento reservado à matéria até o advento do "Plano Real".

Cumpre verificar quais foram os efeitos do "Plano" sobre o instituto da correção monetária em virtude do atraso no pagamento das obrigações pecuniárias decorrentes de contratos. Ela continua comportada pelo ordenamento jurídico? Mais que comportada, essa medida se impõe para garantir o cumprimento das obrigações pactuadas por parte da Administração.

Não tenho dúvida em responder afirmativamente a essas indagações.

A correção monetária, entendendo-se como tal a indexação de expressões monetárias para preservação de seu valor real, continua admitida pela Medida Provisória 681/94.

O art. 27 da Medida Provisória 681 prescreve: "A correção monetária, em virtude de disposição legal ou estipulação de negócio jurídico, de expressão monetária de obrigação pecuniária contraída a partir de 1º de julho de 1994, inclusive, somente poderá dar-se pela variação acumulada do IPC-r".

O dispositivo admite expressamente a utilização da correção monetária em negócios jurídicos (contratos), bem como sua previsão em lei. Impõe, contudo, restrição antes não existente para sua adoção: que ela esteja atrelada à variação do IPC-r, afastando a possibilidade da seleção de outros índices que reflitam a variação do poder de compra da moeda.

De plano, pois, deve ser afastada a idéia de que o instituto da correção monetária foi extinto.

A Medida Provisória 681 (e as que a antecederam) apenas estabelece limitações para sua utilização.

A primeira, como se viu, está inserida no próprio art. 27: sua vinculação à variação do IPC-r.

Nos contratos "pelos quais a empresa se obrigue a vender bens para entrega futura, prestar ou fornecer serviços a serem produzidos", as partes poderão pactuar o reajustamento dos preços convencionados em função da variação dos chamados índices setoriais, os quais refletem a variação dos preços dos insumos empregados na produção do bem ou serviço (art. 27, § 1º, "b")

A doutrina sempre distinguiu a *correção monetária* do *reajustamento de preços* nos contratos. Enquanto aquela é a atualização do preço em razão da alteração do poder de compra da moeda, esta é sua atualização em razão da variação dos preços dos insumos aplicados nas obras e serviços. No primeiro caso, os preços contratuais sofrem reajustes em função da inflação verificada no período por ela (correção monetária) abrangido, enquanto no segundo o preço é reajustado através dos chamados índices setoriais de preços, os quais refletem a variação dos preços dos insumos no mercado.[4]

Embora os conceitos dessas expressões estejam consolidados na doutrina e na jurisprudência, o "legislador" da Medida Provisória 681 timbrou por confundi-los, ou a menos não atentou, no uso da linguagem, para a distinção entre elas.

4. São de Hely Lopes Meirelles essas palavras: "Num primeiro momento, torna-se fundamental distinguirmos a correção monetária do reajustamento contratual de preço, considerados pela doutrina como institutos distintos e inconfundíveis por suas finalidades. Com efeito, enquanto a correção monetária visa à recomposição do valor aquisitivo de prestação pecuniária, em face da desvalorização da moeda, o reajustamento contratual de preços tem por escopo a adequação periódica dos valores contratuais à realidade de mercado, para que não se desfaça o equilíbrio econômico-financeiro do contrato" (parecer inédito sobre o chamado "Plano Cruzado" para a Câmara Brasileira da Indústria da Construção).

Isso, entretanto, não afeta o tratamento que a medida provisória dispensa à matéria. As partes contratantes poderão pactuar a correção monetária dos preços ou o reajustamento deles. Optando pela primeira alternativa, estarão adstritas à utilização do IPC-r, sendo-lhes vedada a escolha de qualquer outro índice. Na segunda alternativa (reajustamento de preços), escolherão o índice setorial que reflita a variação dos preços dos insumos empregados na produção dos bens ou na prestação dos serviços objeto do contrato.

Tomando com rigor as expressões "correção monetária" e "reajustamento de preços", posso concluir: a) a correção monetária deve estar sempre vinculada à variação do IPC-r, seja em razão de negócio jurídico, seja em virtude de previsão legal; b) a Medida Provisória 681 continua admitindo o reajustamento de preços nos contratos de bens para entrega futura e de prestação de serviços.

A primeira limitação para a aplicação da correção monetária, portanto, é fixada pelo art. 27 da medida provisória.

A segunda está contemplada no art. 28 da mesma medida provisória:

"Art. 28. Nos contratos celebrados ou convertidos em REAL com cláusula de correção monetária por índices de preço ou por índice que reflita a variação ponderada dos custos dos insumos utilizados, a *periodicidade de aplicação dessas cláusulas será anual.*

§ 1º. É nula de pleno direito e não surtirá nenhum efeito cláusula de reajuste de valores cuja periodicidade de aplicação seja inferior a um ano."

A periodicidade para reajustamento dos preços contratuais ou para sua atualização monetária não poderá ser inferior a um ano.[5] A mesma medida provisória atribui ao Poder Executivo poderes para reduzir essa periodicidade (§ 5º do art. 28).

Essa norma, contudo, alcança apenas "*os contratos* celebrados ou convertidos em Real". Trata-se de limitação imposta aos *negócios jurídicos*, não guardando relação com a correção monetária das importâncias pagas fora do prazo contratual. As normas previstas para disciplinar um instituto não alcançam necessariamente o outro.

A primeira diferença entre os institutos é que um deles, o reajuste de preços (reajustamento e correção monetária de preços), tem natureza contratual, e o outro, a correção monetária por atraso no pagamento, não.

A distinção é muito importante.

As obrigações contratuais são aquelas que decorrem da conjugação das vontades das partes contraentes. Elas (obrigações) nascem de normas postas pelas próprias partes. Já, as obrigações extracontratuais independem desse ajuste entre os contraentes.

É verdade que a Lei federal 8.666 incluiu o reajustamento de preços entre as *cláusulas obrigatórias* do contrato administrativo (art. 55, III). Isso não afeta a natureza contratual delas. Na falta de cláusula essencial, o contrato reputa-se inválido. Assim, as partes estão obrigadas a *pactuar* o reajustamento dos preços, sob pena de invalidade do vínculo formado entre elas. O reajustamento, a despeito de sua pactuação obrigatória, continua tendo na-

5. Já observei que o gênero reajuste de preços abrange duas espécies: reajustamento de preços (vinculado a índices setoriais) e *correção monetária* do preço (vinculada à variação de índice que reflita a variação do poder aquisitivo da moeda). Já, a *correção monetária* por atraso no pagamento não guarda qualquer relação com a segunda espécie do gênero reajuste de preços. A voz "correção monetária" é utilizada, portanto, para significar dois institutos jurídicos distintos, sendo importante não confundi-los. Por isso, sempre falo em "correção monetária *por atraso no pagamento*" e reservo e expressão "correção monetária do preço" ou "atualização monetária do preço" para uma das formas de reajuste.

tureza contratual; sem o acordo de vontades não há reajuste de preços, sem reajuste de preços não há contrato válido. A obrigatoriedade dessa cláusula não afeta sua natureza contratual.

Por outro lado, o art. 55 da Lei 8.666, o qual estipula as cláusulas obrigatórias do contrato administrativo, não incluiu expressamente entre elas a "compensação financeira" por atraso no pagamento, referida no art. 40, XIV, "d", da mesma lei, embora tenha previsto que o preço contratual deva ser atualizado monetariamente desde o adimplemento da obrigação contratual até a data do seu efetivo pagamento (inciso III).

De qualquer forma, o art. 40, XIV, "d", da mesma lei a prevê como cláusula obrigatória do edital, o qual, por sua vez, é parte integrante do contrato. Isso talvez pudesse induzir a conclusão de que a correção monetária por atraso de pagamento também tem natureza contratual. Não é assim, contudo. A norma que prescreve a correção monetária da importância paga com atraso pode até ter *formalmente* natureza contratual (quando inserida no instrumento de contrato), mas não tem *substancialmente* essa natureza. Como já se disse, a norma contratual é produzida pelo acordo de vontades das partes. Aquelas normas que independem do ajuste de vontades para sua existência não têm natureza contratual. É este o caso da correção monetária das importâncias pagas em atraso pela Administração, nos termos da jurisprudência mansa e pacífica dos nossos Tribunais. Pouco importa se as partes pactuaram ou não essa correção para que ela possa incidir sobre as importâncias pagas fora do prazo estipulado. A norma que contempla tal incidência não tem, portanto, natureza contratual. Por isso, a ausência de sua previsão no instrumento contratual não afeta sua (da norma) existência nem a validade do contrato, mesmo que a Lei federal 8.666 a tenha qualificado como cláusula obrigatória dele.

Confira-se o magistério de Carlos Ari Sundfeld:

"O estatuto, especialmente em seus arts. 55 a 58, exige a presença de certas cláusulas ou veda certos conteúdos.

"Em algumas hipóteses, acima indicadas, a ausência de cláusula essencial ou a presença de cláusula inadmitida importam na invalidade do próprio contrato. Em outras, porém, o efeito será diverso: a invalidade da cláusula inserida ou a necessária incidência da omitida.

"Segundo a lei, são necessárias a todo contrato as cláusulas que: (...).

"A ausência de referência a essas disposições no instrumento de contrato é de total irrelevância. Por serem normas de ordem pública, cuja necessária aplicação deriva de imposição legislativa, incidem na relação independentemente da vontade das partes, que é impotente para modificá-las ou afastá-las. Pela mesma razão, é inválida, devendo ser considerada como não escrita, a cláusula que as afaste. Nessas hipóteses, não há motivo para a invalidação do próprio contrato, cuja essência não é prejudicada pela omissão ou pela indevida tentativa de excluir a norma de ordem pública".[6]

São diferentes, pois, os efeitos da falta de previsão do reajuste contratual dos preços e da correção monetária deles em virtude do atraso no pagamento. No primeiro caso, a omissão resultará na invalidade do contrato, já que sua previsão era obrigatória. No segundo, a falta de estipulação contratual é irrelevante, e a importância em atraso deverá ser corrigida monetariamente, mesmo não havendo previsão no instrumento contratual. Os efeitos distintos decorrem justamente da natureza contra-

6. *Licitação e Contrato Administrativo*, Malheiros Editores, pp. 225-226. O autor não arrola, na passagem transcrita, a cláusula que impõe a correção monetária das importâncias pagas fora do prazo contratual entre as normas de ordem pública. A relação de ditas cláusulas, entretanto, é meramente exemplificativa. O administrativista não pretendeu identificar todas as cláusulas que têm de tal natureza.

tual do reajuste de preços e da índole extracontratual da correção monetária por atraso no pagamento.

A correção monetária em razão da mora no pagamento das obrigações, como se viu, independe de acordo entre as partes e até de previsão legal expressa. É nesse sentido a jurisprudência do Supremo Tribunal Federal. Ela, antes, decorre da própria noção de contrato, ou seja, da autoridade dos seus termos para as partes contratantes.

As finalidades dos institutos também são distintas.

Enquanto a pactuação do reajuste de preços concerne à *formação* de equivalência entre as obrigações das partes, a correção monetária por atraso de pagamento destina-se à *preservação* de equivalência já constituída, protegendo-a da inadimplência de um dos contratantes.

O reajuste contratual de preços é parte *constitutiva* da equivalência entre prestação (execução da obra) e contraprestação (preço). Essa equivalência se forma também em razão da previsão ou não do reajuste dos preços contratuais. *A falta de reajuste de preços apenas determina a constituição de equivalência distinta da que resultaria da sua aplicação. Também é determinante na formação da equivalência entre as obrigações a periodicidade de reajuste de preços pactuada.* Uma vez constituída tal equivalência, entretanto, ela deve ser mantida no decorrer do contrato.

A distinção dos dois institutos jurídicos não foi ignorada pela Lei federal 8.666, que os tratou em disposições diferentes, conforme apontei acima.

Não há na Medida Provisória 681/94 qualquer restrição à correção dos débitos contratuais em atraso.

A medida provisória, pelo contrário, prescreve que a correção de expressão monetária em virtude de disposição legal deverá dar-se pela variação acumulada do IPC-r.

Como eu já disse, a Lei federal 8.666/93 prevê a correção monetária das importâncias pagas a destempo pela Administração. Segue-se que essa correção foi atrelada à variação do IPC-r.

A limitação temporal prevista no art. 28 da mesma medida provisória alcança apenas os *reajustes contratuais de preços.*

Resumo, assim, as restrições impostas pela medida provisória à aplicação da correção monetária.

a) A correção das expressões monetárias deve obrigatoriamente ficar vinculada à variação do IPC-r, seja se sua adoção decorre de negócios jurídicos, seja se decorrente de previsão legal.[7]

b) A periodicidade de reajuste dos preços *pactuada em contratos* não poderá ser inferior a um ano.[8]

Dessa forma, a única alteração que a Medida Provisória 681 trouxe em relação à correção monetária incidente sobre as importâncias pagas em atraso pela Administração Pública nos contratos que celebra é sua vinculação à variação do IPC-r. Nada mais!

É verdade que a Lei federal 8.880, de 27.5.94, que criou a Unidade Real de Valor — URV e permitiu que as partes — Administração Pública e particular contratado — pactuassem a vinculação dos preços contratuais à variação daquela Unidade, determinava que, uma vez editado para esse fim, a cláusula de correção monetária por atraso de pagamento seria suspensa pelo prazo de um ano (§ 4º do art. 15).

Esse artigo da Lei federal 8.880/94 alcança apenas os contratos que tenham sido aditados para vincular o reajuste de preços à variação da URV, ou, como diz a lei, para "convertê-los" naquela Unidade de Valor.

7. Isso não afasta a possibilidade de adoção do reajustamento de preços nos contratos de obras e serviços.

8. Ressalvada a possibilidade de o Poder Executivo reduzi-la.

Deixarei de lado a situação desses contratos, em virtude do seu caráter transitório.

A partir de 1º de julho de 1994, por força da Medida Provisória 542/94 (e das que a sucederam), todas as expressões monetárias devem ser expressadas em Real, novo padrão monetário nacional, e os preços reajustados por índices setoriais ou pelo IPC-r. É restrito, pois, o número de contratos naquela situação, e com a extinção deles, por qualquer forma, a questão restará superada.

Minha proposta é analisar neste trabalho apenas a regra permanente sobre o assunto.

Devo registrar, todavia, que não se pode estender a norma contida no art. 15, § 4º, da Lei federal 8.880/94 aos contratos celebrados em Real ou convertidos diretamente para a nova moeda (sem a passagem pela URV). Em primeiro lugar porque o dispositivo cuida expressa e inequivocamente apenas dos contratos que tenham sido "convertidos" em URV. Em segundo lugar porque a Medida Provisória 681, como visto, dispensou tratamento diferente ao assunto. Contemplou a correção monetária em virtude de disposição legal (art. 27) e não impôs qualquer limitação temporal à aplicação.[9] Em razão disso, se aquele dispositivo da Lei federal 8.880 tivesse alcançado os contratos celebrados em Real ou aqueles cujos preços tenham sido convertidos diretamente na nova moeda, ele restaria revogado pelo novo tratamento dispensado à matéria pela Medida Provisória 681.

Concluo que as importâncias pagas pela Administração Pública fora do prazo contratual devem ser corrigidas monetariamente, a partir do vencimento da obrigação até a data do seu efetivo pagamento, de acordo com a variação do IPC-r.

São Paulo, 3 de novembro de 1994.

9. Como já se viu, a limitação temporal imposta pelo art. 28 alcança apenas a correção monetária estipulada em contrato.

DIGNIDADE HUMANA, SOBERANIA POPULAR E PENA DE MORTE

EDUARDO TALAMINI

Advogado. Professor de Processo Civil da Escola da Advocacia (OAB/PR-IAP). Mestrando em Processo Civil na Faculdade de Direito da USP

1. Introdução. 2. No direito positivo: os limites ao poder de reforma da Constituição. 3. Ainda no direito positivo: a garantia no âmbito do direito internacional e sua inserção na ordem jurídica interna. 4. Reinstauração da pena de morte pela via do referendo popular: análise formal da questão. 5. Indo além do direito positivo: 5.1 Os fundamentos de legitimidade da ordem jurídica — 5.2 Direitos humanos e soberania popular. Análise material. 6. Genocídio e pena de morte. 7. Encerramento. Inversão de perspectiva. Bibliografia.

1. *Introdução*

A persistência com que os defensores da pena de morte têm buscado sua adoção no Brasil impede que o assunto saia da ordem do dia. Eis a primeira razão da sua escolha como objeto do presente trabalho. Trata-se de tema bem distante das meras questões acadêmicas: tem, literalmente, importância vital.

E seu exame — ao contrário do que pretendem alguns — é tarefa que não se cumpre através de simples considerações de ordem prática. Tampouco é questão puramente "política"— tomado o termo no sentido usualmente empregado para indicar uma matéria impassível de apreciação jurídica. Pelo contrário: é necessária a análise da pena de morte no âmbito do Direito — e nas várias perspectivas deste. E a isso está ligada a segunda razão da escolha do tema. Ele envolve alguns dos mais relevantes aspectos da teoria fundamental dos direitos humanos: o regime constitucional dos direitos e garantias fundamentais; a relação, no que tange a estes, entre direito interno e direito internacional; a definição quanto ao fundamento do Direito; a compatibilização entre soberania popular e dignidade humana.

Por fim, há uma terceira justificativa a ser dada, a qual não diz respeito à opção pelo tema, e sim a um de seus tópicos específicos. Neste século, a Humanidade finalmente se apercebeu, ainda que por caminhos trágicos, da extrema riqueza que reside na sua diversidade de etnias, tradições, crenças, línguas. Foi-se ao ponto de ser reconhecido um "crime contra a Humanidade", o genocídio — primeiro passo em direção de um "direito penal internacional". Este, por sua vez, na medida em que não regula apenas relações entre Estados, mas incide diretamente sobre pessoas, aponta para um futuro "direito cosmopolita". Então, as perguntas que se põem são as seguintes. A especialidade de que se reveste um crime contra a Humanidade justifica tratamento penal diferenciado? E, em caso positivo, em que termos isso deve-se dar?

2. *No direito positivo: os limites ao poder de reforma da Constituição*

O primeiro óbice que se põe à aprovação de emenda constitucional ampliando as hipóteses em que se admita a pena de morte refere-se aos limites do poder constituinte de revisão. O art. 60, § 4º, IV, da Constituição estabelece que "não será objeto de deliberação a proposta de emenda tendente a abolir os direitos e garantias individuais". Aquela emenda afetaria frontalmente o direito à vida, estabelecido já no *caput* do art. 5º da Constituição Federal. A alínea "a" do inciso XLVII do art. 5º, ao vedar a pena de morte, "salvo em caso de guerra declarada",[1] traz um desdobramento direto daquele direito fundamental.

Segundo os defensores da pena de morte, o direito abrangido pela limitação do art. 60, § 4º, IV, seria o direito à vida em si, o seu núcleo — o que não incluiria o preceito que veda a pena de morte em tempos de paz. Ou seja, conforme esse entendimento, haveria apenas uma redefinição dos limites do direito à vida — que nem por isso estaria sendo abolido. Enfim, reconhecimento e preservação do direito à vida e a autorização da pena de morte para delitos de extrema gravidade, pretensamente, não seriam incompatíveis. Tanto é assim — sustentam os favoráveis à pena de morte — que a própria Constituição já autoriza a pena de morte dentro de determinadas circunstâncias, a despeito de declarar o direito à vida.

1. Quanto a essa exceção, v. o item 5.1, adiante.

Todavia, é insustentável esse argumento — e por várias razões.

Primeiro, não procede a alegação de que "abolir" seja diferente de "limitar".

A vida, enquanto bem essencial, não suporta qualquer limitação sem que seu próprio cerne seja aniquilado. Ou se vive, ou não: não há meio-termo. A noção de "limitação" só é concebível — quando o é — em relação aos chamados "direitos-meios", aqueles que estão funcionalmente voltados para a consecução de um valor maior (assim, a propriedade, as liberdades de empresa, de imprensa, de locomoção...). Tais direitos têm seus perfis definidos ou redefinidos a fim de que continuem cumprindo a função a que se destinam (daí haver até uma certa impropriedade em se falar em "limitação", em tais casos). Portanto, ao ser autorizada a pena de morte, está a se *suprimir*, relativamente a alguns, o direito à vida. Não haveria, então, propriamente uma limitação quanto ao conteúdo do direito, mas no que tange ao âmbito de pessoas que o titularizariam. Mas também isso é descabido, na medida em que os direitos humanos são precisamente aqueles que *todo* homem possui enquanto tal.[2]

Depois, de nada serve invocar-se a ressalva da possibilidade de pena de morte em caso de guerra declarada. Primeiro porque ela também dá subsídio para um argumento no sentido contrário ao pretendido pelos defensores da pena capital: a própria Constituição excetuou expressamente os casos em que se admitiria a pretensa "limitação" do direito à vida — o que exclui outros. Além disso, põe-se em dúvida a legitimidade dessa exceção. A questão é abordada adiante (item 5.1).

Por fim, também é infundado o argumento dos defensores da pena de morte porque o art. 60, § 4º, IV, assegura não só

2. Quanto a todo o exposto nesse parágrafo, v. os itens 5.1 e 5.2, adiante.

os direitos, mas também as garantias fundamentais. Embora a Constituição não os tenha arrolado separadamente, a doutrina, de há muito, distingue direitos de garantias fundamentais.[3] Enquanto os direitos são bens e vantagens diretamente reconhecidos pelas normas, as garantias fundamentais destinam-se a fazer com que esses bens possam ser efetivamente fruídos. Enfim, as garantias são todos os instrumentos, técnicas e procedimentos destinados a possibilitar a efetividade dos direitos. Ora, a vedação à pena de morte é também uma *garantia fundamental*:[4] trata-se de um mecanismo de proteção do direito à vida. E, como tal, é intocável pelo poder constituinte reformador: o art. 60, § 4º, IV, é explícito e direto na referência a "garantias individuais".

3. *Ainda no direito positivo: a garantia no âmbito do direito internacional e sua inserção na ordem jurídica interna*

De qualquer modo, o próprio direito positivo contém outra vedação — também expressa, textual e explícita — à reinstauração da pena de morte.

O art. 4º da Convenção Americana de Direitos Humanos (*Pacto de San José da Costa Rica)* consagrou o direito à vida. No seu § 2º, estabeleceu-se que a pena de morte não poderia ser estendida a crimes a que não se aplicasse até então. Ainda, o § 3º do mesmo artigo vedou o restabelecimento da pena de morte nos países que a tenham abolido por completo. O Brasil ratificou o *Pacto* através do Decreto 678, de 1992.

Assim, e já não bastassem os outros obstáculos, existe mais este à reinstauração da pena de morte.

Nem se diga que, sendo a proposta de sua reimplantação veiculada através de emenda constitucional, ela seria hierarquicamente superior a uma norma constante de tratado internacional. Sem dúvida, a regra geral é a de que os pactos internacionais, uma vez ratificados, ingressam na ordem jurídica brasileira como normas infraconstitucionais. Por isso é que se submetem ao controle de constitucionalidade (CF, art. 102, III, "b"). Ademais, prevalece o entendimento de que, também em regra, possuem nível hierárquico equiparado ao da lei federal.[5] Todavia, os tratados internacionais que reconheçam direitos e estabeleçam garantias fundamentais submetem-se a um regime diferenciado, em face da expressa previsão constitucional. O § 2º do art. 5º estabeleceu que os direitos e garantias expressos na Constituição não excluem outros decorrentes do regime e dos princípios constitucionais, "ou dos tratados internacionais em que a República Federativa seja parte". Em sua primeira parte, o dispositivo basicamente repete norma já contida em todas as Constituições brasileiras anteriores, desde a de 1891 (que se inspirou, por sua vez, na Emenda IX à Constituição norte-americana): a enumeração constitucional dos direitos e garantias fundamentais não é exaustiva. A substan-

3. Sobre as garantias fundamentais, inclusive as noções expostas nas próximas linhas, sejam conferidos: José Afonso da Silva, *Curso de Direito Constitucional Positivo*, pp. 183-186 e 392-398; Paulo Bonavides, *Curso de Direito Constitucional*, cap. 15, pp. 481-513; Jorge Miranda, *Manual de Direito Constitucional*, t. IV/88-92. Não existe unanimidade terminológica quanto às garantias fundamentais. Mas, sem perigos de maiores distorções, poderiam ser divididas em: *garantias gerais* (destinadas a assegurar a existência da Constituição e do Estado Democrático como um todo); *garantias institucionais* (institutos e instituições funcionalmente orientados para a proteção e fortalecimento dos direitos humanos) e *garantias especiais* (que são as de que se trata no texto).

4. Nesse sentido, expressamente, José Afonso da Silva, ob. cit., p. 418.

5. Cf. J. F. Rezek, *Direito Internacional Público*, pp. 106-107; *RTJ* 83/809, decisão por maioria, com referência a precedentes do próprio Supremo.

cial inovação está na parte final do parágrafo, na menção aos tratados internacionais. Caso não existisse essa previsão, nem por isso os direitos e garantias fundamentais previstos em tratados internacionais deixariam de ingressar na ordem jurídica brasileira. Nessa hipótese, contudo, teriam apenas *status* infraconstitucional. Portanto, o § 2º do art. 5º não teria razão de ser caso se destinasse apenas a prever o acolhimento dos tratados como normas de grau hierárquico inferior à Constituição, vez que isso é o que já decorre da regra geral. Desse modo, o sentido do preceito não pode ser outro: as normas decorrentes de tratados internacionais que veiculam direitos e garantias ingressam no Direito interno brasileiro com hierarquia constitucional.[6-7] Portanto, o rol dos direitos e garantias fundamentais constitucionalmente protegidos foi acrescido dessa expressa vedação à reinstauração da pena de morte. E tal proibição, na medida em que adquiriu *status* constitucional, está também abrangida pelo art. 60, § 4º, IV, da Constituição (pois é, nitidamente, uma garantia fundamental) — sendo insuprimível pela via da reforma constitucional. Assim, não é possível que emenda constitucional venha estender a pena de morte para crimes a que não se aplique atualmente.

Situação um tanto diversa dá-se relativamente à pena de morte para determinados crimes praticados no curso de guerra declarada. Em tal caso, não é possível sustentar-se que incidiram os §§ 2º ou 3º do art. 4º do *Pacto de San José*, sob o argumento de que a pena não está sendo aplicada atualmente. Afinal, há legislação em vigor contendo a tipificação de crimes de guerra e cominando a morte como pena máxima (Código Penal Militar, arts. 355-362, 364-366, 368, 371 e 372, 375, 378, 379, § 1º, 383-387, 389, 390, 392, 394-396, 400, 401, 405, 406 e 408, parágrafo único, "b"; a execução da sentença da condenação à morte está disciplinada pelos arts. 707 e 708 do Código de Processo Penal Militar). A ausência de aplicação a que se refere o *Pacto* é a inexistência de previsão normativa, e não a falta de incidência da norma. Todavia, e conforme já se antecipou acima, outros motivos obstam à aplicação de pena de morte, mesmo em caso de guerra (v. o item 5.1, abaixo).

4. *Reinstauração da pena de morte pela via do referendo popular: análise formal da questão*

Por outro lado, há quem sustente que, como haveria consulta direta à população,[8] a emenda que propõe a pena de morte não se submeteria aos limites do poder constituinte derivado. Aqui já se põe, em certo sentido, a questão dos limites ao princípio da soberania popular. Por ora, far-se-á uma análise "formal" do problema, abordando-se, novamente, o alcance

6. Precisamente por não se aperceber dessa dimensão do § 2º do art. 5º é que C. D. de Albuquerque Mello qualifica-o como "supérfluo", "redundante" e "pleonástico" (*Direito Constitucional Internacional*, p. 188).

7. Note-se que, no sistema brasileiro, as normas internacionais veiculadoras de direitos humanos ingressam na ordem jurídica não só recebendo grau hierárquico superior ao das leis infraconstitucionais (como se dá na França e na Alemanha — respectivamente, arts. 55 e 25 das suas Constituições): elas também passam a ter hierarquia constitucional. Algo semelhante é o que se dá no atual sistema constitucional argentino. A recente reforma de agosto de 1994, além de estabelecer que os tratados têm hierarquia superior às leis, incorporou expressamente à Constituição os tratados e mesmo declarações internacionais vigentes sobre direitos humanos (art. 75, inciso 22) — em relação aos quais passam a valer os limites ao poder constitucional de reforma. Na Argentina, mesmo antes da reforma, Agustín Gordillo vinha sustentando que as normas internacionais sobre direitos humanos haveriam de gozar de supremacia, inclusive em face da Constituição (*Tratado de Derecho Administrativo*, t. I/V-11 e V-12 — o próprio autor noticiava que seu entendimento não era o adotado pela jurisprudência).

8. Tem-se falado em "plebiscito", mas, tecnicamente, tratar-se-ia de referendo.

da limitação constitucional ao poder de reforma.

Além daquelas duas possibilidades, específicas e já exauridas, previstas nos arts. 2º e 3º das Disposições Constitucionais Transitórias, o sistema constitucional brasileiro concebe unicamente dois meios formais de reforma da Constituição: emendas constitucionais (Constituição Federal, arts. 59, I, e 60) e, exclusivamente no âmbito dos direitos e garantias fundamentais, os tratados internacionais (art. 5º, § 2º — nos termos vistos no item 3 acima). Não há nenhum outro caminho para a alteração do texto da Constituição. Qualquer inovação constitucional há de passar por essas vias. Em suma, tirante a hipótese de tratados que incorporem novos direitos e garantias fundamentais, a emenda constitucional é o único mecanismo formal de alteração constitucional. E, por isso, submete-se *sempre* aos limites explícitos e implícitos de reforma.

O recurso a um pretenso "veredicto popular" em nada altera a situação. Primeiro porque o veículo de reforma continuaria, necessariamente, sendo uma emenda (que conteria a proposta de consulta direta aos cidadãos), recaindo no que já se disse acima. Depois, não fosse assim, as chamadas "cláusulas pétreas" seriam letra morta: o recurso a um referendo popular sempre permitiria a alteração do texto constitucional, independentemente de qualquer limite.

A tese de que a reforma pela via do referendo não se submeteria aos limites do art. 60, § 4º, IV, decorre da noção equivocada de que a manifestação popular seria sempre expressão do poder constituinte originário (o então deputado Nélson Jobim, em parecer sobre emenda referente à pena de morte, no "Congresso Revisor", manifestou-se explicitamente nesses termos). Não obstante se consagre o princípio da soberania popular, reconhecendo-se que o poder constituinte é titularizado pelo povo, nem por isso toda e qualquer manifestação popular implica exercício do poder constituinte originário. A valer aquele raciocínio, a cada eleição para a presidência da República estaria sendo instaurada uma nova ordem constitucional, na medida em que teria havido a manifestação direta dos cidadãos, no suposto exercício de poder constituinte originário. O despropósito é patente. A rigor, só há verdadeiro exercício do poder constituinte originário em momentos de ruptura, de formação ou transformação da sociedade e do Estado.[9] Quando há mera manifestação pontual, mesmo que concernente a questão relevante, tem-se, desde que se trate de matéria constitucional, exercício do poder constituinte derivado.

Enfim, a simples participação do povo, pela via do referendo, não significa manifestação do poder constituinte originário. Mas, se, no devido exercício do poder constituinte originário, a maioria optasse pela adoção da pena de morte, esta seria admissível? A questão fica, por ora, em suspenso, e será retomada adiante (item 5.2).

5. *Indo além do direito positivo*

5.1 *Os fundamentos de legitimidade da ordem jurídica*

Mas a análise da viabilidade da pena de morte não se pode limitar ao direito positivo. Existe a necessidade de se encontrar uma resposta na esfera dos valores que condicionam toda a ordem jurídica — até para que se defina se é legítimo um poder constituinte originário instaurar a pena de morte.

9. "Na sua expressão inicial e mais elevada de poder de auto-organização e auto-ordenação, o poder constituinte material entremostra-se de exercício raro, ainda que permaneça latente em toda a existência do Estado, pronto a emergir e a atualizar-se em qualquer instante. Não é, com efeito, todos os dias que uma comunidade política adota um novo sistema constitucional, fixa um sentido para a ação do seu poder, assume um novo destino; é apenas em tempos de 'viragem histórica' (...)" (J. Miranda, *Manual de Direito Constitucional*, t. II/65).

Nesse âmbito, que se poderia denominar *metajustapositivo*, tem de ser ressaltada, antes de tudo, a inservibilidade de certos argumentos contrários à pena de morte, comumente usados. Melhor dizendo, trata-se de apontar a insuficiência de tais argumentos (que bem podem servir como esforço retórico, para convencimento em um debate público, mas não dão uma resposta segura nem definitiva para a questão).

Assim, é, no mínimo, ambígua a postura de não se admitir a pena de morte *exclusivamente* sob o argumento de que só a sofreriam os social e economicamente menos favorecidos. Ela abre margem para a noção de que a pena de morte seria legitimada se aplicada "igualitariamente" para todas as classes e categorias.

Do mesmo modo, a invocação de seu caráter pouco intimidatório na prevenção da criminalidade não é fundamento categórico. Ainda que a pena capital servisse para diminuir a prática de crimes, nem por isso estaria resolvido o problema da sua legitimidade — a não ser que se adotasse um critério unicamente utilitarista de legitimação, ao estilo: "é justo o que é vantajoso para a maioria" (mas, quanto a isso, v. adiante).

Por fim, rechaçar-se a pena de morte em face da irreversibilidade do erro judiciário em tal caso também não é solução definitiva para o problema da sua legitimidade.

De um lado, pode-se fazer o mesmo tipo de indagação feita nos casos anteriores: se, hipoteticamente, fosse atingida a certeza absoluta nos julgamentos, isso a legitimaria?[10]

De outra parte, a inviabilidade de se encontrar uma "verdade absoluta" é inerente ao juízo humano. Em relação a toda e qualquer pena se põe tal óbice. Toda sanção é precedida de um mero juízo de verossimilhança, o único humanamente atingível.[11] A possibilidade do erro, portanto, não está nunca afastada (ainda que, no moderno Estado democrático, busquem-se todos os meios para minorar tal risco, a começar pela garantia fundamental da presunção de inocência do acusado). Além disso, no mais das vezes, as medidas sancionatórias não são absolutamente reversíveis. Imagine-se a hipótese de quem, pressionado por meios coercitivos (multa etc.), cumpre determinada prestação infungível (uma apresentação artística, por exemplo). Pense-se no caso de quem é submetido a prisão. Ora, não há retorno, reversão concebível, para situações como essas. Constatado posteriormente o erro, a interferência indevida na esfera jurídica dessas pessoas já ocorreu. Eventual "compensação" pecuniária — o próprio termo indica — não terá o condão de apagar o que se fez. Enfim, a irreversibilidade da pena de morte, por si só, não é o que a diferencia de outras tantas sanções, unanimemente consentidas. Portanto, também não é esse argumento, em si, que afasta sua aceitação.

10. Quando se fala, aqui, em "insuficiência" dessas razões não se nega que cada uma delas muito provavelmente já baste, em termos práticos, para afastar a aceitação da pena de morte. Ou seja: é irrefutável que, sobretudo em uma sociedade com péssima distribuição de renda, a pena de morte tenderia a atingir prevalentemente seus "párias"; não se contesta, tampouco, que os defensores da adoção de tal pena jamais lograram comprovar sua eficiência na diminuição da criminalidade; por fim, não se ignoram os enormes riscos da eliminação de inocentes. Todas essas constatações são, enfim, bastante fortes razões contrárias à pena de morte. O que se pretende realçar, contudo, é que esses argumentos devem ser entendidos como "hipotéticos"— no sentido de que estão condicionados a outros fatores. Caso desaparecessem tais outros fatores (seja porque demonstrados incorretos; seja porquanto alterados pelo desenvolvimento dos fatos), aqueles argumentos deixariam de valer. Dai a afirmação de Bobbio no sentido de que o erro de quem se concentra unicamente no argumento da ineficácia intimidatória "consiste em jogar o jogo apostando tudo numa única carta" (*A Era dos Direitos*, p. 194). A observação vale para os outros dois argumentos acima apontados.

11. Calamandrei, "Verità e verosimiglianza nel processo civile", in *Rivista de Diritto Processuale*, 1955, pp. 165-166; Carnelutti, *Diritto e Processo*, p. 254.

Mas — e, nesse ponto, já se vai aproximando do cerne da questão — a preocupação com a irreversibilidade da pena capital injustamente aplicada tem por trás de si uma consideração maior, de raízes mais profundas.

Tal preocupação traz embutido o reconhecimento da gigantesca diferença qualitativa existente entre a vida humana e os outros bens eventualmente sacrificados pelas sanções negativas. Ou seja, há a constatação da *máxima essencialidade* que possui a vida humana. Afinal, a restrição da liberdade e o abalo moral decorrentes da prisão injusta não podem ser obliterados. Igualmente, não há o que desfaça a violação à esfera de autonomia de quem se vê indevidamente constrangido por meios coercitivos estatais a praticar conduta que, espontaneamente, não adotaria. Nesses casos, contudo, a medida sancionatória, por si, não elimina a vítima do erro. Esta continua existindo — havendo sempre a hipótese de que, no curso de sua existência, venha a ser "compensada" pela injustiça que sofreu. Terá havido a irrevertível destruição ou diminuição de um bem jurídico. Contudo, o sujeito titular do bem permanece. Não é o que se dá, evidentemente, com a aplicação da pena de morte.

Eis a fundamental diversidade entre a vida e todos os demais bens jurídicos, posta em evidência por um exame mais atencioso do argumento da irreversibilidade do erro judiciário no caso da pena de morte: a vida, mais do que objeto de direito, *constitui* o próprio sujeito de direito. Nisso reside sua máxima essencialidade: ela não é só imprescindível para que o sujeito exista; ela *é* a própria existência. E disso decorre a diferença radical entre a pena de morte e outras sanções: ela recai exclusivamente sobre o sujeito, que, então, torna-se, exclusivamente, objeto.[12]

E essa essencialidade da vida (nos termos acima demonstrados e com a inafastável decorrência de que a pena de morte faz do ser humano não sujeito, mas, exclusivamente, objeto), no fundo, acaba sendo implicitamente reconhecida até pelos modernos defensores da pena de morte. Afinal, também eles (pelo menos em sua retórica) assumem a preocupação com o risco da irreparabilidade do erro judiciário, pretendendo afastá-lo com o argumento de que a pena de morte seria reservada para os casos de "certeza absoluta" de culpa (ignorando a já apontada inatingibilidade da verdade absoluta). Ou seja, tanto reconhecem a enorme distância qualitativa que separa a vida dos outros bens, que pretendem limitar seu sacrifício a casos especiais e distintos, em que o convencimento judicial que a precede teria atingido um grau "máximo" — seja lá o que isso signifique —, diverso, ao que se infere, daquele que comumente se exige.

Assim, estabelecido que a pena de morte transforma o homem de sujeito em objeto, a definição de sua legitimidade passa pela análise da compatibilidade de

12. Com isso, não se quer dizer que outras sanções não afetem também, em maior ou menor medida, a pessoa. Mesmo na esfera civil, em que usualmente se propala o princípio da "realidade" da execução (segundo o qual a atuação da sanção teria por objeto apenas bens patrimoniais do executado), é evidente que também a pessoa pode ser atingida (pense-se no despejo, na reintegração de posse ou na "execução indireta", consistente na imposição de prisão ao devedor de alimentos). Mas em nenhum desses casos a própria existência do sancionado é eliminada. Há, sempre e apenas, a temporária e proporcional restrição de um bem seu, que reflexamente atinge sua pessoa. Ou seja, o objeto direto da sanção, nesses casos, não é a própria pessoa no seu cerne (tanto é assim que ela continua gozando dos seus demais direitos não afetados, no curso da atuação da sanção; e, depois desta, torna inclusive a gozar daqueles que haviam sido temporariamente sacrificados). Bem diferente é o que se dá quanto à pena capital, à imposição da "morte ficta" e à tortura física ou moral. Nesses casos, atingindo-se a própria vida, o "direito a ter direitos" ou a integridade física e moral, visa-se diretamente à própria pessoa do sancionado, naquilo que ela tem de essencial para que permaneça sujeito — e sem o quê torna-se mero objeto.

tal transformação com os valores que embasam a ordem jurídico-positiva.

O reconhecimento da existência de valores superiores ao direito positivo, que estão a condicioná-lo em sua legitimidade (e conseqüente validade), tornou-se imprescindível depois do advento dos regimes totalitários desse século. Antes disso e desde o surgimento do positivismo, a limitação da análise da validade da norma jurídica ao simples exame da regularidade formal de sua emissão não havia acarretado maiores distorções (ou, pelo menos, parecia existir um constante desenvolvimento, no qual estariam inseridas as instituições jurídicas, no sentido do progressivo desaparecimento de eventuais distorções). Ou seja, enquanto se permaneceu naquilo que alguém já denominou como âmbito do "razoável",[13] a preocupação com a existência e determinação dos fundamentos de validade do Direito parecia ser mera questão acadêmica — no mais das vezes, associada a uma arcaica concepção jusnaturalista. Foram necessários os "horrores da legalidade totalitária" para que se verificasse o quão crucial era não só a admissão da existência de condicionantes axiológicas da validade do direito positivo como, principalmente, a fixação de seu conteúdo. Enfim, foi preciso a ocorrência de uma "situação-limite"— verdadeira experimentação da trágica constatação do personagem de Dostoiévski de que, "se Deus não existe, então tudo é permitido"— para que se descartasse a existência de um poder constituinte onipotente e se procurassem seus fundamentos e lindes.

Obviamente, isso não significa mero retorno a um jusnaturalismo tradicional, segundo o qual haveria uma ordem superior de leis absolutas e imutáveis, continentes de um rol de "direitos naturais", a serem descobertas e aplicadas ao direito positivo. Primeiro porquanto a própria variação do elenco e da hierarquia dos direitos fundamentais, no curso dos séculos, indica a implausibilidade de uma tal ordem eterna e rígida. Depois porque a própria concepção de direito natural, em certo sentido, saiu-se enfraquecida das experiências totalitárias. Ficou claro que, assim como o jusnaturalismo pode funcionar como uma crítica ao direito positivo, apontando o que é justo ou não, pode também servir — quando manipulado ao extremo — como embasamento transcendental de um Direito eventualmente absurdo. Foi exatamente o que se deu no nazismo.[14] Afinal, o que era a "superioridade da raça ariana" senão uma justificativa transcendental para o direito positivo do Terceiro *Reich*? Assim, e quando menos, a invocação de um direito natural como fundamento da ordem jurídica é insuficiente: o problema é simplesmente transferido para a determinação do conteúdo das leis naturais.

Por outro lado, também não é concebível uma absoluta relativização de tais fundamentos, com a total negação da existência de qualquer valor que resista a variações de tempo e lugar. Decorrência direta desse relativismo ético exacerbado é o emprego de um critério exclusivamente utilitarista de legitimação. Com a recusa de padrões de referência absolutos e transcendentais, recorre-se a um conceito relativo e instrumental por excelência, a "utilidade". Adota-se a noção de que algo se legitimaria na medida em que fosse útil ou vantajoso, em determinado tempo e lugar. Obviamente, também esse critério passa ao largo da questão ora discutida. Afinal, a pergunta que imediatamente se põe é: útil ou vantajoso para quem? Não é demais lembrar que o problema não se resol-

13. V. Celso Lafer. *A Reconstrução dos Direitos Humanos*, especialmente cap. II, parte final, e cap. III.

14. Aliás, dois ou três séculos antes, outro não foi o uso do direito natural para a justificação das monarquias absolutistas. Nada de muito diverso ocorre atualmente nos Estados que se amparam no fundamentalismo religioso.

ve com a consideração de que o "todo" ou a "maioria" seriam os destinatários daquela "utilidade" ou "vantagem". Já é bem conhecida a crítica que se faz a esse entendimento, que pode ser sintetizada pelas seguintes palavras de Hannah Arendt: "Os crimes contra os direitos humanos, especialidade dos regimes totalitários, podem sempre se justificar pela desculpa de que o Direito equivale ao que é bom ou útil para um todo, em contraste com as suas partes". A seguir, Arendt destaca que o lema de Hitler, de que "o Direito é aquilo que é bom para o alemão", era apenas a "forma vulgar" de uma tal concepção. Por fim, ela afirma que "essa situação de forma alguma se resolverá pelo fato de ser a Humanidade a unidade à qual se aplica o que é "bom". Pois é perfeitamente concebível, e mesmo dentro das possibilidades políticas práticas, que, um belo dia, uma Humanidade altamente organizada e mecanizada chegue, de maneira democrática — isto é, por decisão da maioria —, à conclusão de que, para a Humanidade como um todo, convém liquidar certas partes de si mesma".[15] Sob certo aspecto, retomar-se-á esse tema adiante, ao se tratar da posição que deve ocupar o princípio da soberania popular em relação aos direitos humanos. Por ora, importa realçar que, a exemplo do positivismo formalista e do jusnaturalismo tradicional, também o utilitarismo teve suas mazelas expostas pela ruptura totalitária.

Mas a experiência totalitária não apenas trouxe à tona o problema existente. De alguma forma, também serviu para indicar em que direção deveria ser buscada a solução. Afinal, o que mais assombrou foi a constatação de que o Direito, destinado precisamente a regular e enriquecer a coexistência dos homens, prestou-se a eliminá-los — e em massa. Vidas humanas, a valer o absurdo totalitário, seriam descartáveis supérfluas.

15. *Origens do totalitarismo*, p. 332.

Frente a isso, a resposta não pode ser outra: o homem há de estar na base de todo e qualquer mecanismo de convívio social — não o "Homem" abstrato e idealizado, nem "alguns" homens selecionados por esse ou aquele critério, mas, sim, simultaneamente, *todos* os homens e *cada* homem concretamente considerado.

E assim se dá porque se reconhece que o homem possui atributos que o diferenciam de todos os outros seres. Atributos que justificam a própria existência do Direito. O ser humano é o único capaz de pautar suas condutas por regras que ele mesmo estabelece, *cria*. Não age apenas instintivamente. Mais do que isso, o homem possui, como elemento distintivo, a capacidade de síntese. É capaz de acumular experiências — em sua vida e no curso das gerações — e construir coisas novas a partir desse acúmulo. Enfim, interage com a História: esta, ao mesmo tempo em que interfere no modo de ser do homem, é afetada por suas ações. Tudo isso é que lhe confere uma condição especial, sua *dignidade*.

Essa dignidade impõe o reconhecimento da fórmula: "o homem como medida de todas as coisas". Esse dito, contudo, não é mais usado no sentido de que se valeu Protágoras, para expressar um ceticismo quanto ao conhecimento universal. A fórmula assume um conteúdo axiológico: o homem como valor último, originador de todos os outros. Isso é o que distingue a moderna concepção de dignidade humana daquela prenunciada na filosofia estóica, que via como homem "livre" aquele que se guia pela "reta razão", vencendo as paixões e instintos: no estoicismo, essa "reta razão" é determinada por uma "lei natural", que transcende ao homem (a medida, então, não residiria *no homem*). O mesmo pode ser dito da ética cristã (com a medida passando da lei natural para Deus). É com o voluntarismo que se dá a radical mudança: a figura hipotética do "contrato social" indica que são os homens que estão na origem do Estado, do Direito e de qualquer outro mecanismo de convívio.[16] Kant veio a formular expressamente o princípio: a dignidade do homem deriva de sua capacidade de estabelecer normas que possam valer para si e os demais e, ao atuar como "legislador universal", há de respeitar essa dignidade, tratando a si mesmo e aos demais, sempre, como fim, e não como meio.[17] A isso, o pensamento mais recente apenas acrescentou as já mencionadas dimensão histórica e capacidade sintética do homem — que, longe de afastar, apenas reforçam aquela primeira formulação acerca da dignidade humana.[18]

Os chamados "direitos humanos", por sua vez, estão instrumentalmente ligados à dignidade humana. Destinam-se à sua preservação e enriquecimento. Por isso, são titularizados por todo e qualquer homem enquanto tal — independentemente de sua positivação (ainda que esta seja importante passo para sua efetividade). A circunstância de, no curso das épocas, modificarem-se a enumeração e a relação hierárquica desses direitos é decorrência direta da própria inserção do homem na História e do seu poder de síntese. O homem, portanto, é um valor dinâmico e permanente que condiciona todos os outros valores.

E o reconhecimento desse fundamento se faz, hoje, em termos expressos, quer no direito internacional (Preâmbulo da Carta da ONU; Declaração Universal dos Direitos do Homem, Preâmbulo e art. I), quer na ordem constitucional brasileira (art. 1º, III). Aliás, a dignidade humana é o fundamento último do Estado brasileiro. Todos os demais "fundamentos" mencionados no art. 1º da Constituição são desdobramentos daquele. Quanto a isso, especificamente no que tange à soberania popular, confira-se o item 5.2 a seguir.

Portanto, a resposta para a questão da legitimidade da pena de morte só se pode encontrar considerando-se o ser humano (melhor dizendo: *cada* ser humano), naquilo que ele tem de essencial, como medida e fim de todos os mecanismos destinados a assegurar e enriquecer o convívio social (entre os quais se inclui o Direito). Há de se indagar se a pena de morte é compatível com o imperativo de que se deve agir de modo a tratar a Humanidade, em cada pessoa, não como meio, mas, sempre, como fim. Em outros termos: a pena de morte só passaria pelo crivo da legitimidade se demonstrado que o homem não está sendo usado como simples meio quando a sofre.

Caso se conceba a sanção punitiva como medida preventivo-intimidatória, a incompatibilidade da pena de morte com o primado da dignidade do homem se apresenta de pronto. A absoluta instrumentalização da vida humana, sob essa perspectiva, é evidente: mata-se sem que nem mesmo se tenha em vista a pessoa do executado, mas, apenas, o efeito que sua morte há de causar nos demais. Aliás, é tão gritante tal incompatibilidade, que até aqueles defensores da pena de morte que se propõem a demonstrá-la em consonância com a dignidade humana apressam-se, invariavelmente, em negar-lhe qualquer função intimidatória. Significativas, nesse sentido, são as manifestações de Kant e Hegel.

Segundo Kant, para certos crimes, a única "justa retribuição" possível seria a morte. Tratar-se-ia de um "imperativo categórico de justiça". Indo além, sustentava que tal punição, desde que concebida como justa retribuição, e não como medida de intimidação, estaria tratando a pessoa como fim. A justa retribuição como

16. V. Bobbio, *A Era dos Direitos, passim,* e "O modelo jusnaturalista", in *Sociedade e Estado na Filosofia Política Moderna, passim.*

17. *Fundamentos da Metafísica dos Costumes,* caps. II e III, especialmente pp. 78, 79, 83, 85, 86, 90, 92 e 102.

18. V. por exemplo, Miguel Reale, *Filosofia do Direito,* pp. 208-214, e Hannah Arendt, *A Condição Humana,* pp. 15-20 e 149-152.

que "dignificaria" o executado.[19] Hegel, igualmente conferindo uma função retributiva à sanção penal, chegou a conclusões semelhantes, ainda que por caminhos bastante diferentes (a começar pela circunstância de que adota uma perspectiva organicista do Estado e do Direito, em evidente contraste com a concepção individual-contratualista kantiana). A pena seria um "direito" do criminoso, vez que somente a punição o resgataria, "dignificando-o como ser racional". E prossegue, negando à pena qualquer caráter preventivo ou educativo: "Tal dignificação não existirá se o conceito e a extensão de pena não forem determinados pela natureza do ato criminoso, o que também acontece quando ele é considerado como um animal perigoso, que se tenta intimidar ou corrigir ou que é preciso suprimir".[20] Em suma, de acordo com essas concepções, a pena de morte, enquanto justa punição, seria, verdadeiramente, um bem para quem a sofre.

Ora, mas para que o homem receba qualquer bem temporal há um pressuposto inarredável: estar vivo. Estar vivo — ou, em outros termos, *a vida* — é a fonte primária de todos os bens jurídicos.[21] Quanto a isso, reitere-se o já exposto antes, quando se apontou a máxima essencialidade da vida e se demonstrou que mesmo os defensores da pena de morte reconhecem essa sua radical diferença em relação a outros bens. Obviamente, a idéia de um bem a ser usufruído no além-vida só pode ser concebida no âmbito da Religião — não no do Direito, e nem mesmo no da Moral (tanto mais quando se descartam, como fundamento dos mecanismos de coexistência, medidas transcendentais da Religião ou das "leis da natureza").

A pena de morte, então, *elimina* aquele a quem ela se destina. Nega a pessoa. Coisifica-a.[22]

Deste modo, seja qual for a concepção que se adote acerca da sanção penal, há uma radical incompatibilidade entre pena de morte e respeito à pessoa como fim. Aliás, uma análise tal como a que se buscou empreender serve não só para apontar a ilegitimidade da pena de morte como, também, lança alguma luz na questão das *funções* da sanção penal. Parece inegável que a pena presta-se *também* para prevenir e retribuir. Mas essas duas tarefas encontram um limite precisamente na dignidade humana. Retribuição ilimitada é vingança. Intimidação, por si e em si, é terror. E o que coordena esses caracteres da pena (que podem ser ditos secundários), o que lhes confere uma unidade, é exatamente a *função educativa*. Assim, a idéia de "punição exemplar" só se legitima enquanto funcione como um exemplo *didático*, tanto para quem a sofre como para os demais. Igualmente, a retribuição contida na pena só é justificável se voltada para um escopo educativo, inclusive para o apenado (na medida em que realça o valor justiça). Há um desvio funcional quando se vai além disso. Sob a perspectiva do executado, de plano, fica excluída uma função educativa para a pena de morte (a evidente ausência de qualquer caráter educativo também em relação aos demais membros da coletividade é abordada no item 7, adiante).

Logicamente, a noção da vida como "valor-fonte" não exclui em termos absolutos situações em que se admita seu sacrifício. É o que se dá na legítima defesa

19. V. *Doutrina do Direito,* segunda parte, seção I, cap. XLIX, item E-I. Quanto à suposta dignificação do apenado: "O malfeitor deve ser julgado *digno de punição* antes de se extrair de sua pena alguma utilidade para ele ou para seus concidadãos" (p. 176).

20. *Princípios da Filosofia do Direito,* § 100 (pp. 103-104).

21. Aliás, o próprio vocábulo traz em si esse sentido, "vida" presta-se a significar "sustentáculo, apoio principal, essência, causa, origem" (Caldas Aulete).

22. Miguel Reale, "Pena de morte e mistério" in *O Direito como Experiência*, p. 284.

ou no estado de necessidade, quando a única forma de alguém preservar a própria vida é através de uma ação (ou reação, no caso da legítima defesa) imediata, consistente na morte de outrem. Mas não há como se enquadrar a pena de morte nessas situações. Ora, o próprio caráter *institucional* de que se reveste a sanção jurídica[23] impede tal enquadramento. A sanção jurídica, sobretudo a penal, é precedida de todo um processo destinado a verificar a efetiva ocorrência do ato censurável e a determinar a resposta que ele merece. Fica afastada, assim, a ação ou reação imediata, característica do estado de necessidade e da legítima defesa. Mais do que isso: a própria circunstância de o Estado continuar existindo no momento em que vai aplicar a sanção penal, a despeito de já haver transcorrido algum lapso de tempo desde a conduta criminosa, indica que essa não punha "em risco" a "vida" do Estado. Por fim, o Estado possui todo um sistema preventivo e repressivo (com um amplo rol de medidas alternativas): a morte do criminoso não é único o caminho que se lhe põe. Hart lembra ser concebível (e até constatável historicamente) uma sociedade em que não existam "regras secundárias" (e, conseqüentemente, não existam sanções institucionalizadas). Em tal sistema, ainda segundo Hart, a observância das "regras primárias" depende da "pressão social" exercida sobre os que as rejeitam — o que pressupõe que esses discordantes sejam uma minoria.[24] A essas observações de Hart não é difícil acrescer uma conclusão óbvia: unicamente nessa comunidade muito primitiva a eliminação dos "dissidentes", através da autotutela, poderia ser encarada como forma de preservação do grupo social (nem por isso necessariamente justificável), na medida em que se prestasse a assegurar que aqueles fossem sempre uma minoria.

Em suma: o Estado não está em "risco de vida" quando aplica a pena de morte, e, ainda que estivesse, essa não seria o único meio de preservá-la — nem poderia ser caracterizada como uma ação ou reação imediata.

Em relação ao Estado, a situação análoga àquilo que a legítima defesa representa para o indivíduo não é a aplicação da pena de morte ao criminoso, e sim a guerra, em uma das restritas hipóteses em que é modernamente admitida pelo direito internacional público: a reação do Estado a ataque externo armado, proveniente de outro corpo político (art. 51 da Carta da ONU; Constituição brasileira, art. 84, XIX). Nesse caso, e desde que ausente qualquer outro meio menos sacrificante, admite-se a morte do integrante do exército inimigo *em combate*. Em qualquer outra hipótese, mesmo no curso da guerra juridicamente tolerada, nada há que justifique o Estado matar (aliás, em relação aos membros do corpo político inimigo e aos "neutros", isso está, inclusive, expressamente estabelecido nas quatro Convenções de Genebra de 1949 e reforçado em seus dois Protocolos adicionais, de 1977).

23. Bobbio demonstra não ser o uso da força o que faz a sanção jurídica distinguir-se daquelas adotadas em outros sistemas sociais: há sanções jurídicas que não envolvem diretamente o emprego da força (tais como as "positivas" e, mesmo entre as negativas, as que se valem de "medidas de natureza social ou moral") e sanções não-jurídicas que se valem da força (por exemplo, a morte daquele que trai a Máfia). Adiante, afirma que *"la caractteristica delle sanzioni giuridiche è quella di aver raggiunto la massima instituzionalizzazione"*, em contraste com o caráter difuso, informal e espontâneo das sanções não-jurídicas. E tal "institucionalização" significa: a) o prévio estabelecimento das condutas que merecem uma "resposta"; b) a medida em que a resposta vai se dar; c) a designação de pessoas às quais cabe decidir se o ato praticado merece uma resposta e em que medidas; e d) a fixação de regras que embasarão tal processo de decisão (verbete "Sanzione" in *Novíssimo Digesto Italiano*, v. XVI/537-539; também: *As Ideologias e o Poder em Crise*, Terceira Parte, especialmente pp. 99-103).

24. *O Conceito de Direito*, cap. V, tópico 3, p. 101.

Conseqüência óbvia de tudo isso é que nem mesmo a guerra (ainda que juridicamente admitida) autoriza a aplicação da pena de morte. A preservação da existência do Estado se dá *em combate*. Apenas o ataque violento de outro grupo político enseja a legítima defesa do Estado — e esta atingirá os indivíduos que combatem pelo inimigo estritamente na medida em que isso seja necessário para conter aquela agressão. Enfim, o inimigo do Estado será sempre e apenas um outro corpo político — jamais indivíduos.[25] Quanto às condutas criminosas praticadas no curso da guerra (inclusive a "traição"), vale tudo o que já se disse acerca do caráter institucional da sanção jurídica e suas decorrências.

Portanto, e mesmo "em caso de guerra declarada", a pena de morte é ofensiva à dignidade humana. A ressalva existente na letra "a" do inciso XLVII do art. 5º da Constituição é ilegítima.[26]

25. E tal idéia, que está na base de toda a moderna regulamentação do direito *da* guerra, já se fazia presente na obra de Rosseau: "Em suma, um Estado não pode ter por inimigos senão outros Estados e não homens, considerando que entre coisas de natureza diversa não pode existir relação alguma" (*O Contrato Social,* livro primeiro, cap. IV, p. 32). Contraditoriamente, o próprio Rosseau — é sabido — defendia a pena de morte como forma de legítima defesa social, sob o argumento de que o indivíduo, ao praticar o crime, entraria em "guerra" com o Estado, tornando-se seu "inimigo" (ob. cit., livro-segundo, cap. V, pp. 51-52).

26. A legitimidade de tal ressalva não é usualmente questionada nos comentários e manuais de direito constitucional. Voz isolada quanto a isso é a de Paulo Bonavides. Embora trate precipuamente da inviabilidade da adoção da pena de morte pela via da reforma à Constituição, Bonavides, de passagem, aponta a "inconstitucionalidade material" daquela exceção, por força do inciso III do art. 1º e do *caput* do art. 5º (*A Constituição Aberta*, pp. 199-200). A tal entendimento há de se acrescentar, apenas, que permaneceria existindo a ilegitimidade (no caso, termo preferível a "inconstitucionalidade") da ressalva ainda que inexistissem no texto constitucional os dois preceitos citados.

5.2 *Direitos humanos e soberania popular. Análise material*

Já é possível o retorno à questão antes proposta: se, no efetivo exercício de poder constituinte originário, a maioria optasse pela adoção da pena de morte, esta seria admissível?

Dentre os detratores da pena de morte, a começar por Beccaria,[27] é comum a afirmação de que se trataria de matéria alheia à deliberação popular.

O reconhecimento da inviabilidade de o tema ser submetido à decisão popular é acertado. Porém, e com base em tudo que já se expôs, cumpre precisar-lhe os corretos motivos. Não se trata de assumir posição aristocrática ou elitista — negando-se ao povo discernimento suficiente para resolver certos problemas. Tampouco tal entendimento embasa-se em um jusnaturalismo racional — pelo qual se estaria diante de uma daquelas "verdades" a serem encontradas pelo exercício da razão, e não pela opção da maioria.

A questão vai além.

O princípio da prevalência da vontade majoritária não suplanta o do respeito à dignidade humana (que é o cerne dos direitos humanos). Pelo contrário, aquele subordina-se a esse. Ou seja, a dignidade humana — vale dizer, o postulado do respeito à vida digna de cada ser humano, o núcleo dos direitos humanos — é que fundamenta e condiciona axiologicamente o princípio da decisão pela maioria.

Cabe, aqui, o recurso a uma análise funcional. A soberania popular não é um valor absoluto, um fim em si mesmo. É um *mecanismo a serviço e em função* da dignidade humana. Reconhece-se na soberania popular importante instrumento de realização, garantia e enriquecimento da dignidade humana. Isso fica evidente já nas primeiras formulações teóricas acerca

27. *Dos Delitos e das Penas,* § XVI, p. 72.

da dignidade humana. Volte-se a Kant: todo homem é digno precisamente porque, ao contrário dos seres irracionais, é capaz de estabelecer regras que se prestem a valer simultaneamente para si e para os demais — e, na formulação de tais regras, há de levar em conta a dignidade de cada um.

Normalmente se apresenta o princípio da dignidade humana (expresso no respeito às minorias) como simples fator corretivo da soberania popular: esta seria um valor maior que encontraria apenas um freio naquele, que seria elemento acessório. Todavia, há muito mais a se considerar. Vontade da maioria e respeito à minoria fundam-se ambos na dignidade humana — daí a necessidade da constante compatibilização. Então, o princípio do respeito à dignidade humana não é mero aspecto moderador do princípio da vontade da maioria, mas sua própria razão de ser. Todos os limites à soberania popular que disso advém não são externamente estabelecidos: são-lhe inerentes à própria finalidade (a exemplo do que se dá com a propriedade no Estado contemporâneo: muitos de seus supostos "limites" não lhe são externos, mas decorrem de sua própria função social — razão pela qual não se confundem, pura e simplesmente, com as limitações administrativas).

Daí ser a soberania popular importante meio de efetivação e preservação dos direitos humanos. Não é, contudo, mais do que isso. Do mesmo modo que a votação majoritária não cria tais direitos, não lhe é dado suprimi-los ou restringi-los.[28] E é assim precisamente porque o respeito à vontade da maioria não se fundamenta em uma concepção utilitarista do Direito (v. item 5.1, acima).

Sempre que se põe a soberania popular acima da dignidade humana, está a se substituir a finalidade pelo mero instrumento, o artesão e sua obra pela ferramenta. Portanto, a decisão pela maioria encontra limites no respeito ao princípio que assegura a vida digna a todos e a cada um — sob pena de voltar-se contra seus próprios fins. Daí por que nem mesmo o princípio da soberania popular (mesmo no exercício do poder constituinte originário) justificaria a adoção da pena de morte.

6. *Genocídio e pena de morte*

Resta analisar se o genocídio, crime cujas gravidade e especialidade também vieram a ser evidenciadas pela "ruptura" totalitária, autorizaria a pena de morte. O questionamento não é casual. O art. 6º do *Pacto Internacional sobre Direitos Civis e Políticos*, por exemplo, ao estabelecer uma diretriz de progressiva abolição da pena de morte (§ 2º), ressalva que o estabelecido no preceito não autoriza nenhum Estado a eximir-se dos deveres que tenha assumido em virtude da *Convenção para a Prevenção e Repressão do Genocídio* (§ 3º). Disso pretendeu-se extrair uma autorização à pena de morte nesses casos.

Não há dúvidas de que o genocídio é um crime mais grave do que qualquer outro. Além da lesão à vida, à integridade física ou à liberdade do grupo atingido, ofende-se um direito difuso titularizado por toda a Humanidade: o direito à diversidade.[29] Por isso, o genocídio recebe a

28. Fábio Konder Comparato. "Igualdade, desigualdades", in *RTDP* 1/75.

29. Enfim, na sua forma mais grave (o assassínio de membros do grupo), o genocídio não se confunde simplesmente com o homicídio qualificado, nem é definido pela quantidade de vidas eliminadas (a morte de todos os 300 passageiros de um avião pode não caracterizar genocídio; o assassinato dos 10 ou 15 únicos integrantes de um grupo indígena certamente o caracterizará). A objetividade jurídica do seu tipo é acrescida de um outro valor: a diversidade. O STF tratou da questão do genocídio no julgamento do pedido de extradição de Franz Paul Stangl (diretor dos campos de Sobibor, Treblinka e Hartheim). Apenas de uma forma rápida e incidental a especialidade do crime foi abordada (Extr. 272-4, HC 44.074-DF, *RTJ* 43/168-218).

qualificação de "crime contra o direito internacional" (*Convenção para Prevenção e Repressão do Crime de Genocídio*). Merece, então, na escala de proporcionalidade que deve pautar as sanções, uma punição mais severa.

Mas a gravidade do genocídio não anula as já expostas razões contrárias à pena de morte. Afinal, não se nega dignidade ao genocida — a qual é inerente à própria condição humana (tanto é assim que, mesmo nos sistemas que impõem a morte do genocida, não se admite sua tortura ou tratamento degradante). Afirmar-se que o genocida despe-se ou abdica dessa condição seria fazer *tabula rasa* da própria dignidade humana como valor fundamental.

Depois, além de não serem afastáveis os argumentos gerais contra a pena de morte, no que tange ao genocídio, podem ser acrescidos outros dois — intimamente ligados à especialidade do crime —, que indicam sua inservibilidade.

O primeiro deles envolve a própria noção de morte, que implica a de desfecho, encerramento de um ciclo (não por outro motivo, coloquialmente afirma-se que um assunto "está morto e enterrado" quando não se pretende rediscuti-lo). Sua aplicação, no caso do genocídio, pode transmitir a incorreta impressão de que traria a solução total da questão: tudo o que ocorrera dali para trás seria como que apagado ou esquecido. E isso é exatamente o que não se quer em relação ao genocídio. Apenas a constante e crítica lembrança do que ocorreu, somada ao também permanente cuidado para que as circunstâncias não se repitam, pode prevenir adequadamente o genocídio. Daí por que, na Alemanha do pós-guerra, tem-se falado sempre no "dever de recordar". Dir-se-á que a morte do genocida não significa, tecnicamente, o encerramento da questão. Mas, em um caso como esse, que envolve precipuamente uma conscientização coletiva (sobre isso, veja-se o parágrafo seguinte), importa bastante o senso comum. E, no senso comum, a morte do criminoso vincula-se à *expiação definitiva* (diz-se: "morreu para pagar seus pecados"). Portanto, a reclusão do genocida, se conjugada com a observância daquele "dever de recordar", representa mecanismo bem mais eficiente à prevenção do genocídio.

Além disso, tem-se reiteradamente observado o quão irrealista é a *Convenção para Prevenção e Repressão do Genocídio* ao confiar em grande parte a cada Estado a tarefa da punição do genocida (inclusive no que tange ao estabelecimento das penas), vez que tal crime, em regra, não pode ser cometido "sem a anuência, participação, instruções ou até a cumplicidade estatais".[30] A partir dessa crítica, surge outro argumento contra a pena de morte em tal caso. A diferença da ação criminosa genocida não se situa apenas no seu âmbito passivo (a vítima e os valores ofendidos). São também bastante diversos, em regra, seu autor ou as circunstâncias em que este age: normalmente, há a atuação de todo um corpo político, ou, no mínimo, age-se sob os seus auspícios (sem que isso simplesmente se confunda com "concurso de agentes" ou qualquer outra figura do direito penal tradicional). Mais do que isso, chega a existir, por vezes, um problema mais amplo: há toda uma comunidade que, quando menos, adota uma atitude passiva diante da ação genocida, assumindo-a com "naturalidade". Obviamente, não se pretende, com tal constatação, a legitimação do raciocínio de que, "onde todos são culpados, ninguém o é" (Hannah Arendt demonstrou com propriedade o despropósito de tal suposto excludente de imputabilidade[31]). Quer-se, isso, sim, evidenciar que a extrema especialidade do crime de geno-

30. Giorgio Bianchi, verbete "Genocídio", in *Dicionário de Política*, v. I/544.

31. *Eichmann em Jerusalém*, cap. 6 e epílogo (especialmente pp. 286-287).

cídio — residindo não só na magnitude dos valores ofendidos, mas também nas peculiaridades que geralmente envolvem sua prática — impõe mecanismos igualmente diferenciados de prevenção e repressão. Em outros termos, vez que o genocídio não é só um "crime contra a Humanidade", mas também um crime quase sempre praticado ou consentido por um grupo politicamente organizado, sua prevenção e repressão não podem ser apenas moldadas à semelhança das sanções para os crimes "tradicionais". Estas (incluindo a pena de morte, caso fosse legítima) são insuficientes para combatê-lo. Diante de tudo isso, torna-se deslocada e supérflua a discussão da viabilidade da pena de morte para reprimir o genocídio. Não será a adoção de penas individuais mais severas (ainda que isso se dê no âmbito do direito internacional penal) que resolverá o problema. A solução passa, isso, sim, pela instauração de um sistema efetivo de tutela internacional supra-estatal (com a instauração de uma corte penal internacional instrumentalizada para adotar medidas inibitórias e sancionatórias também diretamente contra os Estados e outros grupos políticos, inclusive a intervenção armada — independentemente de qualquer submissão voluntária à sua jurisdição), possibilitando-se a indivíduos e organizações não-governamentais o acesso a tal sistema (quando menos, mediante provocação de órgãos que funcionariam como substitutos processuais).

Por fim, é incorreto o entendimento de que o § 3º do art. 6º do *Pacto de Direitos Civis e Políticos* autoriza a pena de morte. O preceito apenas estabelece que a progressiva vedação da pena de morte não pode servir de pretexto para a não-punição do genocida em Estados em que aquela seja a sanção formalmente prevista. Em tais casos, haverá de se comutar a pena, impondo-se outra que seja admissível.

7. Encerramento. Inversão de perspectiva

Adotou-se intencionalmente uma perspectiva "individualista". Ou seja, partiu-se da dignidade que possui cada integrante da coletividade, a fim de se demonstrar a inadmissibilidade da pena de morte. Mas tal concepção centrada em "cada um" não é necessariamente excludente daquela outra que leva em conta a posição da coletividade, do "todo" em relação à "parte" (hoje, já está mais do que evidente que todas as conquistas daquilo que se convencionou chamar Estado-Social não tiveram por base uma concepção organicista, antiindividualista. Tais avanços tomaram por arrimo, isso, sim, a própria consideração da dignidade humana, *da igual dignidade humana que cada um possui.* Da dignidade humana — e não de algum valor externo ao homem, imposto pelo "todo"— decorrem a igualdade e a solidariedade). Obviamente, é inconcebível total harmonia entre uma e outra perspectiva (há sempre o risco de conflitos — alguns deles resolúveis apenas através da ponderação dos bens concretamente envolvidos). Seja como for, pretende-se demonstrar, brevemente e a título de conclusão, que, mesmo sob essa outra perspectiva (do "todo" em relação à "parte"), há de se descartar a pena de morte.

Apontou-se, acima, o absurdo que é a pena de morte em relação ao executado, se considerado seu escopo educativo (v. item 5.1). Mas, também no que concerne à coletividade, a pena de morte descumpre por completo essa função. A educação desenvolve-se mediante a apresentação de exemplos que consagrem valores positivos e a censura das situações contrárias a tais valores. Essas duas tarefas hão de ser atuadas coordenadamente. A segunda jamais pode destruir a primeira. Quando a repreensão à conduta axiologicamente negativa traz em si uma carga de negatividade igual ou até maior do que aquela, o processo educativo torna-se contraproducente. É precisamente o que se dá em relação à pena de morte: a vida, em vez de ser apresentada como bem supremo, é exposta como coisa de que o Estado, sistematicamente, possa se utilizar. E isso contribui para a adoção, por parte da coletividade, de uma atitude instrumentalista em relação à vida humana. Em cada um vai-se incutindo o sentimento de que a vida de outrem é descartável, sendo possível sua privação em prol de benefícios supostamente maiores.[32] Nem se diga que, perante os olhos de cada membro da sociedade, ficariam bem evidenciadas duas situações distintas: homicídio e aplicação legal da morte. Isso é desmentido pelo estigma que recai sobre a figura do carrasco: perante todos, ele é um assassino. Não são raros os relatos históricos de episódios nos quais, à falta do carrasco oficial, ninguém se dispôs a assumir-lhe a função (recorde-se a "recusa dos carniceiros", no Rio de Janeiro imperial). Portanto, e não bastassem todas as considerações atinentes à dignidade humana, a pena de morte, na medida em que não ressalta a vida como valor, põe em risco a própria segurança social.

Apenas conferindo-se à sanção penal uma finalidade educativa é possível a compatibilização entre a dignidade de cada um e as necessidades da coletividade. E tais considerações, obviamente, prestam-se não só para impor a resposta negativa à adoção da pena de morte, como hão de nortear toda a atividade punitiva estatal.

32. Isso é destacado não só recentemente (C. Santiago Nino, *Ética y Derechos Humanos*, pp. 464-465), como já o foi há mais de dois séculos, por Beccaria: "O assassínio, que nos parece um crime horrível, nós o vemos cometer friamente e sem remorso. Não poderemos autorizar-nos com esse exemplo? Pintavam-nos a morte violenta como uma cena terrível, e é apenas questão de um momento" (ob. cit., § XVI, pp. 72-73).

Bibliografia

ARENDT, H. *Condição Humana.* 7ª ed., trad. de R. Raposo. Rio de Janeiro, Forense Universitária, 1995.

________. *Eichmann em Jerusalém: um Relato sobre a Banalidade do Mal.* São Paulo, Diagrama e Texto, 1983 (S. O. Heinrich).

________. *Origens do Totalitarismo.* Trad. de R. Raposo. São Paulo, Companhia das Letras, 1989.

BECCARIA. *Dos Delitos e das Penas.* Trad. de P. M. Oliveira. Rio de Janeiro, Tecnoprint, s.d.

BIANCHI, G., "Genocídio". In: *Dicionário de Política.* 5ª ed., v. I. Brasília, UnB, 1993.

BOBBIO, N. *A Era dos Direitos.* Trad. de C. N. Coutinho. Rio de Janeiro, Campus, 1992.

________. *As Ideologias e o Poder em Crise.* 3ª ed., trad. de J. Ferreira, Brasília, UnB, 1994.

________. "O modelo jusnaturalista". In: *Sociedade e Estado na Filosofia Política Moderna*, 2ª ed., trad. de C. N. Coutinho. São Paulo, Brasiliense, 1987.

________. "Sanzione". In: *Novíssimo Digesto Italiano.* v. XVI. Turim, UTET, 1969.

BONAVIDES, Paulo. *A Constituição Aberta.* Belo Horizonte, Del Rey, 1993.

________. *Curso de Direito Constitucional.* 5ª ed., São Paulo, Malheiros Editores, 1994.

CALAMANDREI, P. "Verità e verosimiglianza nel processo civile". In: *Rivista di Diritto Processuale.* 1955.

CALDAS AULETE. *Dicionário Contemporâneo da Língua Portuguesa.* 5ª ed., atualiz. H. de Garcia, v. V. Rio de Janeiro, Delta, 1964.

CARNELUTTI, Francesco. *Diritto e Processo*, Nápoles, Morano, 1958.

COMPARATO, Fábio Konder. "Igualdade, desigualdades". In: *RTDP* 1. 1993.

GORDILLO, Agustín A. *Tratado de Derecho Administrativo — Parte General.* 2ª ed., t. I, Buenos Aires, Macchi, 1994.

HART, H. *O Conceito de Direito.* Trad. de A. R. Mendes. Lisboa, Gulbenkian, 1986.

HEGEL. *Princípios da Filosofia do Direito.* Trad. de O. Vitorino. Lisboa, Guimarães, 1990.

KANT. *Doutrina do Direito,* Trad. Edson Bini. São Paulo, Ícone, 1993.

________. *Fundamentos da Metafísica dos Costumes.* Trad. de L. de Q. Henkel. Rio de Janeiro, Tecnoprint, s.d.

LAFER, C. *A Reconstrução dos Direitos Humanos: um Diálogo com o Pensamento de Hannah Arendt.* São Paulo, Companhia das Letras, 1988.

MELLO, C. D. de A. *Direito Constitucional Internacional: uma Introdução.* Rio de Janeiro, Renovar, 1994.

MIRANDA, J. *Manual de Direito Constitucional.* 2ª ed., t. II, e 1ª ed., t. IV. Coimbra, Ed. Coimbra, 1988.

REALE, Miguel. *Filosofia do Direito.* 13ª ed. São Paulo, Saraiva, 1990.

_______ . "Pena de morte e mistério". In: *O Direito como Experiência: Introdução à Epistemologia Jurídica*. 2ª ed., São Paulo, Saraiva, 1992.

REZEK, J. F. *Direito Internacional Público: Curso Elementar.* 5ª ed. São Paulo, Saraiva, 1995.

ROSSEAU, *O Contrato Social (Princípios de Direito Político).* Trad. de A. de P. Machado. Rio de Janeiro, Tecnoprint, s.d.

SANTIAGO NINO, C. *Ética y Derechos Humanos: un Ensayo de Fundamentación.* 1ª ed. Barcelona, Ariel, 1989.

SILVA, José Afonso da. *Curso de Direito Constitucional Positivo.* 10ª ed. São Paulo, Malheiros Editores, 1995.

EXPROPRIAÇÃO DOS BENS UTILIZADOS PARA FINS DE TRÁFICO ILÍCITO DE ENTORPECENTES

EDÍLSON PEREIRA NOBRE JÚNIOR
Juiz Federal no Rio Grande do Norte

1. Breve introdução. 2. Natureza jurídica. 3. O objeto. 4. Modo de concretização. 5. Procedimento. 6. Aquisição originária ou derivada. 7. Extensão. 8. Parágrafo único do art. 243 da Constituição Federal. 9. Destinatário. 10. Conclusões.

1. *Breve introdução*

O presente estudo, malgrado a sua singeleza, tem por escopo gizar os contornos do instituto previsto no art. 243, *caput*, da Lei Fundamental, ao dispor: "As glebas de qualquer região do País onde forem localizadas culturas ilegais de plantas psicotrópicas serão imediatamente expropriadas e especificamente destinadas ao assentamento de colonos, para o cultivo de produtos alimentícios e medicamentosos, sem qualquer indenização ao proprietário e sem prejuízo de outras sanções previstas em lei".

As nossas atenções centrar-se-ão, principalmente, no investigar a sua natureza jurídica, seu objeto, a maneira de sua realização, sua extensão, seus destinatários, entre outros temas correlatos.

Trata-se de inovação no direito positivo e, como tal, capaz de justificar supostos percalços do expositor.

2. *Natureza jurídica*

Neste tópico, passo a cotejar o art. 243 da Constituição com as várias modalidades de intervenção estatal na propriedade privada.

Dista — e bastante — da requisição, autorizada pelos arts. 5º, XXV, e 22, III, ambos da Norma Ápice. São basicamente dois os pontos de distanciamento: a) naquela, a ação do Poder Público preordena-se ao uso da propriedade privada, ao invés de sua aquisição; e b) a requisição é auto-executável, dispensando procedimento judicial.

Tampouco enquadra-se como servidão administrativa. Esta, lembrava Hely Lopes Meirelles,[1] forte em lição de Benjamin Basavilbaso, é "um *ônus real*, incidente sobre um *bem* particular, com a finalidade de permitir uma *utilização pública*".

Diferente se passa com o prescrito no art. 243, *caput*, da Lei Maior, uma vez este implicar a extinção do *jus proprietatis* do cidadão, o que não ocorre com a servidão.

1. *Direito Administrativo Brasileiro*, 14ª ed., pp. 524-525.

A despeito do *nomen juris* atribuído pelo Constituinte, com a desapropriação não se confunde. É que a perda da propriedade por ato compulsório do Estado não vem acompanhada de compensação financeira.

Embora vedado a princípio, justifica-se por força de exceção constitucional, sancionadora do uso da propriedade para fins antijurídicos.

Não se ataca, aqui, o espírito informador da propriedade como direito individual e inalienável do homem, tal como consagrado em inúmeras declarações constitucionais.

É que, quando a Constituição assegura a intangibilidade do patrimônio privado, atua, segundo Celso Ribeiro Bastos[2] para "impedir que o Estado, por medida genérica ou abstrata, evite a apropriação particular dos bens econômicos", o que não se confunde com o dispositivo sob exame, no qual, torno a frisar, é reprimida a utilização ilícita da propriedade. Da fruição de tal prerrogativa em contrariedade ao Direito é que decorre a dispensa do ressarcimento pecuniário ao seu titular.

3. *O objeto*

O confisco, sobranceiramente permitido, atinge imóveis rurais, localizados em qualquer ponto do território patrial, posto que o Constituinte serviu-se do vocábulo *gleba*, a significar área apropriada para o cultivo de produtos vegetais.

O critério para a definição de imóvel rural, pena de afronta à efetividade da dicção magna, é o da destinação.[3] Exclui-se o da localização, indicado pelo art. 29 do Código Tributário Nacional, pouco importando que o bem situe-se na zona urbana ou de extensão urbana do Município.

Mister se faz que, nessas terras, sejam descobertas culturas de plantas psicotrópicas, conceituadas pelo art. 2º da Lei 8.257, de 26.11.91, como sendo aquelas que, enumeradas pelo Ministério da Saúde, permitam a obtenção de substância entorpecente proscrita.[4]

Acresça-se, por importante, que o cultivo precisa ser contrário ao *ordo juris*.

A ilegalidade em causa deflui do art. 2º, § 2º, da Lei 6.368/76, secundada pelo art. 2º parágrafo único, da Lei 8.257/91. Reputa-se com tal mácula o plantio não autorizado, pelo Ministério da Saúde, para fins exclusivamente terapêuticos ou científicos. Fora disso, a plantação é ilegal.

O conceito de cultura, minudenciado em nível infraconstitucional corporifica-se "pelo preparo da terra destinada a semeadura, ou plantio, ou colheita".

Observa-se, por seu turno, não ser somente a propriedade o alvo da medida drástica. A simples posse também pode sofrer os seus efeitos.

Todavia, quer se esteja diante de propriedade ou posse, imprescindível que o respectivo titular atue com culpa *lato sensu* (ação ou omissão dolosa, negligência ou imprudência). Inconcebível que a perda da coisa seja imputada a título de responsabilidade objetiva.

Por derradeiro, transferida, mediante arrendamento ou parceria, a posse direta da coisa a terceiro (art. 486 do Código Civil), o confisco também poderá ter lugar. Nos contratos rurais, pelos quais é cedido o uso temporário da terra, constitui obrigação do arrendatário ou parceiro-outor-

2. *Comentários à Constituição do Brasil*. v. 2º/119, Saraiva, 1989.

3. V. arts. 4º, I, das Leis 4.504/64 e 8.629/93 e do Decreto 55.891/65.

4. Mais severa, nesse ponto, a Lei 6.368, de 21.10.76, ao vedar, no seu art. 2º, o plantio, a cultura, a colheita e a exploração de todas as plantas que contenham substância entorpecente, ou que determine dependência física ou psíquica.

gado, cujo cumprimento compete ao arrendador ou parceiro-outorgante, exigir a utilização do imóvel rústico na maneira convencionada, devendo, se for o caso, optar pela rescisão da avença (arts. 26, IV, 41, II, e 48 do Decreto 59.566, de 14.11.66).

Assim, quer o arrendador ou parceiro-outorgante tenha-se omitido no dever de fiscalizar a execução do contrato, quer saiba, desde o início, da intenção indevida do outro contratante, cabível a incidência do art. 243, *caput*, da Constituição Federal. É hipótese de culpa *in vigilando*, decorrente da não-fiscalização do comportamento da parte obrigada.

4. *Modo de concretização*

Quanto à maneira por que os bens referidos no art. 243, *caput*, da Lei Máxima são trasladados ao acervo patrimonial da Administração, toca, de logo, asseverar constituir monopólio da jurisdição. Prestigiando tradição instaurada pelo art. 39 da Magna Carta[5] outorgada por João-Sem-Terra aos seus barões, o art. 5º, LIV, do Estatuto Básico atual proclama: "ninguém será privado da liberdade ou de seus bens sem o devido processo legal".

Perfilha-se, sem a menor transigência, o ideário do *due process of law*.

Por devido processo legal deve-se entender o procedimento em que são respeitados o contraditório e a ampla defesa, exsurgindo inelutável a figura do julgador imparcial e independente. Por isso, não pode desenvolver-se fora da liça judicial.[6]

Fincada, em balizas sólidas, a premissa acima, biparte-se a doutrina no descortinar a ação adequada.

Carlos Ari Sundfeld[7] pugna pela necessidade de ajuizamento, pela União Federal, na qualidade de titular da competência, insculpida no art. 144, § 1º, II, da Constituição, de ação civil de rito ordinário perante a Justiça Federal.

Já, Clóvis Beznos, citado por Lucia Valle Figueiredo[8] entende que não se cuida de direito novo, ao fazer referência ao art. 125, do Código de Processo Penal.

Pode-se, assim, vislumbrar que, em se cuidando o imóvel onde encontradas cul-

5. O comando da *Magna Charta Libertatum*, de 15.6.1215, dispunha: "Nenhum homem livre será detido ou sujeito a prisão, ou privado dos seus bens, ou colocado fora da lei, ou exilado, ou de qualquer modo molestado, e nós não procederemos nem mandaremos proceder contra ele senão mediante um julgamento regular pelos seus pares ou de harmonia com a lei do país".

6. Dentre muitos doutrinadores, pensa assim o lente da UFRN e eminente Juiz Federal: José Daniel Diniz: "Diante disso, é irrecusável concluir que o art. 5º, inciso LIV, da Constituição da República assegura que qualquer pessoa só pode vir a ser privada de seus bens ou de sua liberdade em decorrência de decisão tomada por julgador independente e imparcial, com competência previamente determinada em lei, em cujo processo tenham sido observados os outros princípios processuais básicos, como os do contraditório, da ampla defesa, da publicidade, da motivação da sentença etc. Sendo assim, é evidente que ninguém pode ser privado de seus bens em virtude de decisão administrativa, mesmo que ela tenha sido proferida com obediência ao contraditório e à ampla defesa, pois lhe falta o pressuposto da independência e imparcialidade do julgador" (*O Procedimento Administrativo e o Devido Processo Legal*, notas do autor). Idem Carlos Ari Sundfeld: "O que significa o processo legal, nesse dispositivo? Este deve ser entendido como o desenvolvido perante o Juiz competente e cercado das garantias inerentes ao contraditório e à ampla defesa (com todas as conseqüências derivadas dessas cláusulas). É fundamental deixar assentado o primeiro aspecto. O devido processo legal não é apenas o informado pelos princípios do contraditório e da ampla defesa (aspecto material), mas o realizado pelo Poder Judiciário (aspecto subjetivo). Aqueles princípios têm aplicação mais ampla, para além do processo judicial; vinculam também o procedimento administrativo, nos termos expressos do art. 5º, LV, da Carta Constitucional Brasileira. Mas, em se tratando de privação da liberdade ou da propriedade, não basta o respeito a tais cláusulas — é dizer, não basta a observância do inciso LV, em sede administrativa; necessário que o processo seja judicial" (*Direito Administrativo Ordenador*, Malheiros Editores, 1993, pp. 105-106).

7. *Desapropriação,* Ed. RT, Primeira Leitura da Constituição de 1988, pp. 55-56.

8. *Curso de Direito Administrativo,* Malheiros Editores, 1994, p. 221.

turas ilegais de *instrumenta sceleris* do delito tipificado no art. 12, § 1º, I, da Lei 6.368/76, sob o núcleo *semear*, a previsão constitucional já constava, no regime anterior a 1988, da legislação penal vigente (art. 91 do Código Penal). Havia, ainda, no terreno específico, o art. 34, § 2º, da Lei de Tóxicos, ao mencionar, às expressas, serem os instrumentos e produtos do crime, após o trânsito em julgado da sentença condenatória, confiscados, destinando-se à alienação para terceiros ou à utilização pela atividade administrativa.

A perda decorreria de efeito automático da condenação (cf. Celso Delmanto[9] e Damásio de Jesus[10]) proferida em processo em que o proprietário ou possuidor do bem fosse denunciado como autor ou partícipe dos delitos definidos na Lei 6.368/76. O seu suporte vertical de validade estaria no art. 5º, XLVI, "b", sendo desnecessária até a edição do art. 243, ambos da *Lex Legum*.

O embate doutrinário foi merecedor de equacionamento via legal. Em 26.11.91 veio a lume a Lei 8.257, cujo art. 6º, resolvendo o impasse, prescreveu: "A ação expropriatória seguirá o procedimento judicial estabelecido nesta Lei".

Propiciando a melhor execução do diploma suso-mencionado, foi aprovado regulamento pelo Decreto 577, de 24.6.92.

5. *Procedimento*

Conditio sine qua non para a concretização da perda do bem é o ajuizamento da ação prevista na Lei 8.257/91, cuja legitimidade ativa pertence à União, beneficiária da utilidade a ser buscada em juízo (art. 15 da Lei 8.257/91; Decreto 577/92, arts. 3º e 5º).

Compete ao representante judicial daquela, na peça vestibular, além da enunciação dos fatos e fundamentos jurídicos, caracterizar bem o imóvel atingido pelo confisco, especificando sua área, limites, parcela ocupada com o cultivo proscrito, protestar pela produção das provas que entender necessárias e, ao final, formular o pedido adequado.

A fim de fornecer subsídios à Advocacia-Geral da União, a Polícia Federal, em trabalho articulado com o INCRA, tão logo ultimada, com êxito, a diligência de localização de culturas ilegais de plantas psicotrópicas, remeterá cópia do inquérito policial e de relatório técnico (arts. 3º, 4º e 5º do Decreto 577/92). Este último, elaborado num prazo de oito dias da conclusão dos autos informativos do inquérito, conterá: "a) a caracterização do imóvel onde foi localizada a cultura ilegal de plantas psicotrópicas, mediante indicação, pelo menos, da denominação e das confrontações e das vias de acesso; b) descrição da área onde localizada a cultura; c) comprovação da existência do cultivo ilegal; d) indicação e qualificação do proprietário ou do possuidor do imóvel, bem como as de todos os seus ocupantes e de outras pessoas nele presentes no momento da lavratura do auto de apreensão; e) relação de bens móveis encontrados na área e apreendidos".

A qualidade do réu não é provida, necessariamente, pelos supostos agentes da infração penal; cabe, ao invés, ao proprietário ou possuidor da gleba.

O poder jurisdicional para o processo e julgamento do feito será da Justiça Federal (art. 109, I, da CF), mais precisamente da Seção Judiciária do Estado onde encravado o malsinado imóvel. Situado este em zona limítrofe com mais de um Estado, prevalecerá o lugar do registro.

Verificando encontrar-se em ordem a inaugural, o magistrado, ao despachá-la, ordenará a citação dos réus, nomeando, ao mesmo tempo, perito.

9. *Código Penal Comentado*, 3ª ed. Renovar, p. 141.

10. *Código Penal Anotado*. Saraiva, 1989, p. 217.

É lídima ação real imobiliária, a ensejar a obrigatoriedade da citação do cônjuge, se o demandado casado for. Assim entendeu a seleta 1ª Turma do Tribunal Regional Federal da 5ª Região na Ap. Cível 36.810-PE, brilhantemente relatada pelo eminente Juiz Ridalvo Costa, a consideração de ser inaplicável o art. 16 do Decreto-lei 3.365/41, por a Lei 8.257/91 remeter, nas suas omissões, o intérprete ao adminículo do Código de Ritos. De transcrição compulsória a ementa do julgado: "Ação de desapropriação — Cultivo ilegal de plantas psicotrópicas — Constituição Federal, Art. 243 e Lei 8.257/91 — Prova pericial — Obrigatoriedade — Ausência de citação de ambos os cônjuges — Nulidade. Na desapropriação de gleba destinada ao cultivo de plantas psicotrópicas, ainda que não haja indenização, é obrigatória a realização de perícia, por disposição expressa da Lei 8.257/91, art. 7º, § 2º. A ação expropriatória, por envolver o direito de propriedade, tem natureza real imobiliária, impondo-se a citação de ambos os cônjuges, sob pena de nulidade (CPC, art. 10, I). Inaplicabilidade do disposto no art. 16 da LGD (Decreto-lei 3.365/41), que dispensa a citação de ambos os consortes. A desapropriação, no caso, é regida por norma específica (Lei 8.257/91), não se aplicando as disposições da LGD, nem havendo qualquer dispositivo que permita que a ação seja proposta contra apenas um dos cônjuges. Antes, pelo contrário, o art. 23 da Lei 8.257 manda aplicar subsidiariamente as normas do Código de Processo Civil".[11]

Os demandados deverão, em um decênio, contado da juntada aos autos do último mandado de citação, apresentar resposta.

O mesmo prazo servirá para ambas as partes indicarem assistentes técnicos e elaborarem seus quesitos.

11. *DJU*, Seção II, 2.9.94, p. 48.323.

A prova técnica deverá ser concluída oito dias após a investidura do perito.[12]

No particular da prova pericial, restou fixado, na já citada Ap. cível 36.819-PE, ser de realização obrigatória, em face da natureza cogente do art. 7º, § 2º, da Lei 8.257/91.

Conquanto ausente, aqui, o propósito de se estabelecer indenização justa, motiva a vistoria pericial a necessidade de se caracterizar a área do imóvel utilizado, direta ou mediatamente, pelas plantações indevidas, porquanto, como adiante se verá, somente estas as abrangidas pelo édito judicial.[13]

Concluída a perícia, o julgador designará audiência de instrução e julgamento, oportunidade na qual cada parte poderá arrolar até cinco testemunhas.

Veda-se, em repetição a preceptivo já constante do Código de Processo Civil (art. 453, II, e § 1º), o adiamento da audiência, exceto motivo de força maior.

Suspensa a audiência pela impossibilidade da produção de toda a prova oral no mesmo dia, a sua continuação deverá ocorrer em data não superior a três dias.

Encerrada a fase instrutória, o juiz dispõe do prazo de cinco dias para proferir sentença.

O mencionado decisório desafiará apelação no prazo da lei processual civil, con-

12. Note-se que a Lei 8.257/91, ao falar em investidura, fugiu à nova sistemática do Código de Processo Civil em dispensar, ao depois da Lei 8.455/92, o compromisso do perito e assistentes. O diploma acima, sendo especial, não encontra-se revogado pelo Código de Ritos, lei geral. Permanece, aqui, a necessidade de os expertos serem compromissados.

13. Prova insofismável disso consta de passagem do voto do Relator: "Pela redação do dispositivo acima, depreende-se que a perícia é obrigatória. Sem falar que a área expropriada apresenta-se controvertida, pertencente a vários condôminos, não se sabendo, ao certo, em qual dos quinhões foi encontrada a maconha. A perícia, no caso, afigura-se imprescindível e, ainda que não houvesse disposição expressa na Lei 8.257/91, a sua não realização representaria manifesto cerceamento de defesa".

tado em dobro quando sucumbente a União, hipótese em que, à míngua de recurso voluntário, os autos serão remetidos à jurisdição superior, para fins de reexame necessário (art. 475, II, do CPC).

Prevê a Lei 8.257/91 (art. 10) a possibilidade de a União imitir-se, liminarmente, na posse do imóvel. Para tanto, compete ao julgador, pena de malferição ao contraditório, realizar audiência de justificação de posse, sede onde, superficialmente, deverá restar provada a existência da plantação ilegal.

Poderia o legislador, sem ofensa à máxima *audiatur et altera pars*, e em homenagem à celebridade conatural ao procedimento que regula, dispensar a justificação se a União provar, de plano, a ocorrência material descrita no art. 243 da Lei Mor.

O não-cumprimento injustificado dos intervalos temporais fixados na Lei 8.257/91 ensejará a imposição de pena pecuniária aos serventuários ou peritos, cujo *quantum* será fixado pelo juiz.

Silente a lei própria, aplicar-se-á, ausente qualquer incompatibilidade, o Código de Processo Civil. Mais apropriada seria, a nosso ver, a incidência dos dispositivos instrumentais do Decreto-lei 3.365/41, dada a afinidade entre o art. 243 e a desapropriação, separada apenas pela inexistência de prestação indenizatória.

6. *Aquisição originária ou derivada*

Aspecto de interesse é o pertinente ao modo de aquisição do domínio pela União, se originário ou derivado.

Maria Helena Diniz comenta a bipartição clássica entre as maneiras pelas quais alguém se alça à condição de *dominus* de uma coisa, pontificando, com a maestria que lhe constitui nota peculiar, que: "Tem-se a aquisição originária quando o indivíduo faz o seu bem sem que este lhe tenha sido transmitido por alguém, não havendo qualquer relação entre o domínio atual e o anterior, como sucede na acessão e no usucapião. Diz-se derivada a aquisição quando houver transmissibilidade de domínio, por ato *causa mortis* ou *inter vivos*. Tal se dá no direito hereditário e em negócio jurídico seguido de transcrição".[14] Igualmente, Darcy Bessone.[15]

Vê-se serem requisitos distintivos entre as aquisições originária e derivada: a) o fato de naquela inexistir qualquer ato translativo *(inter vivos* ou *causa mortis*) entre o titular do domínio e o adquirente; b) a propriedade incorporar-se plenamente no patrimônio do novo proprietário, desvinculada das características e ônus que pesavam sobre o antigo senhor.

Trata-se, indubitavelmente, o confisco em tela, de modalidade originária de aquisição da propriedade, por dois motivos: *primus* — inexiste, por parte do proprietário ou possuidor, ato de transferência em favor da União, decorrendo o fenômeno de provimento jurisdicional; *secundus* — a exemplo do prescrito no art. 31 do Decreto-lei 3.365/41, o art. 17 da Lei 8.257/91 é peremptório em assentar que a mutação dominical prevalecerá sobre os direitos reais de garantia (penhor, hipoteca e anticrese) incidentes sobre o imóvel, não se admitindo embargos de terceiro. Vou adiante: não subsistirão também, pelo próprio fato de a aquisição não ser derivada, os demais direitos reais de terceiros existentes sobre o bem, como o usufruto, o uso, a habitação etc.

7. *Extensão*

Ponto assaz delicado diz respeito à eficácia espacial da deliberação confiscatória. Melhor explicando: deverá atingir toda

14. *Curso de Direito Civil Brasileiro.* v. 4º/97, Saraiva, 1987.

15. *Direitos Reais,* Saraiva, 1988, p. 128.

a propriedade, ou apenas a área afetada ao plantio?

A sanção contida na Constituição é de cunho administrativo — embora infligida pelo Judiciário por envolver o perdimento de bens —, independendo de condenação criminal, a qual pode até inexistir.[16] Essa a opção escolhida pela Lei 8.257/91.

Forçosamente, terá de conformar-se com os postulados punitivos traçados para a Administração, entre os quais sobressai o cânon da proporcionalidade, a recomendar, em tom vinculativo, a adstrição da pena imposta à finalidade legalmente prevista.

Comenta Celso Antônio Bandeira de Mello:[17] "A utilização de meios coativos, por parte da Administração, conforme o indicado, é uma necessidade imposta em nome da defesa dos interesses públicos. Tem, portanto, na área de polícia, como em qualquer outro setor de atuação da Administração, um limite conatural ao seu exercício. Este limite é o atingimento da finalidade legal em vista da qual foi instituída a medida de polícia. Mormente no caso da utilização de meios coativos, que, bem por isso, interferem energicamente com a liberdade individual, é preciso que a Administração se comporte com extrema cautela, nunca se servindo de meios mais energéticos que os necessários à obtenção do resultado pretendido pela lei, sob pena de vício jurídico que acarretará responsabilidade da Administração. Importa que haja proporcionalidade entre a medida adotada e a finalidade legal a ser atingida".

O aludido pensar é corroborado por Carlos Ary Sundfeld:[18] "Refira-se, por fim, limite fundamental ao exercício da competência para executar materialmente atos administrativos: o princípio da proporcionalidade, diretamente derivado dos princípios da racionalidade e da razoabilidade, a que nos referimos no capítulo anterior. Se toda competência é vinculada a uma finalidade, que racionalmente justifica a ação administrativa, a medida de sua utilização depende do grau de sua necessidade para a obtenção dos fins legais. Todo ato — e, portanto, toda constrição material — mais intenso que o estritamente necessário à implementação da finalidade buscada é, por isso, ilegítimo".

Embasado em tal princípio, o colendo Tribunal Regional Federal da 5ª Região, por sua 1ª Turma, em *leading case* na Ap. cível 13.308-PE, sufragou, sem embargo de brilhante voto divergente, a tese de que o ideal de concretização da reforma agrária não justifica a perda total da propriedade, mas tão-só a das glebas utilizadas a serviço da droga. A ementa do julgado, da lavra do eminente Juiz Hugo Machado, apresenta-se assim construída: "Constitucional — Cultivo de plantas psicotrópicas — Expropriação de glebas — Art. 243 da Constituição Federal de 1988. Jurisdições civil e penal — Independência. A expropriação de glebas nas quais é encontrado cultivo de plantas psicotrópicas tem natureza punitiva, mas independe de ação penal. Processa-se no juízo cível e deve levar em conta o princípio da proporcionalidade. O desejo de promover a reforma agrária, com o assentamento de colonos, não autoriza violação do texto constitucional, que determina a expropriação das glebas onde *forem localizadas culturas ilegais de plantas psicotrópicas*, e não de

16. Sem embargo, não se olvide a comunicabilidade de instâncias evocada no art. 65 do Código de Processo Penal, ao determinar fazer "coisa julgada no Cível a sentença penal que reconhecer ter sido o ato praticado em estado de necessidade, em legítima defesa, em estrito cumprimento de dever legal ou no exercício regular de direito". Similarmente, inviável se ignore o art. 66 da mesma ordenança codicial, ao estabelecer que, "não obstante a sentença absolutória no juízo criminal, a ação civil poderá ser proposta quando não tiver sido, categoricamente, reconhecida a inexistência material do fato".

17. *Curso de Direito Administrativo*, 4ª ed. Malheiros Editores, pp. 366-367.

18. *Direito Administrativo Ordenado*, p. 84.

toda a área de terras pertencentes ao responsável por aquelas culturas. O art. 243 da Constituição Federal de 1988 alberga norma auto-aplicável, e assim podia ser aplicado mesmo antes da Lei 8.257, de 26.11.91, e independentemente da ação penal".[19]

Em seu luzido voto colhe-se a seguinte passagem: "A expropriação, como se disse, é punitiva, e por isto há de ser proporcional à falta. Aliás, à justiça está sempre ligada a idéia de proporcionalidade. Imaginemos que é encontrada plantação de maconha em duas fazendas. Numa, o cultivo ilícito está sendo feito em toda a área. Na outra, menos de 1% da área está com aquele cultivo ocupada. Evidentemente, não é justo aplicar aos dois proprietários a mesma punição, com a perda total de suas terras. Se em uma fazenda de 5.000 ha são encontrados uns poucos pés de maconha, não se justifica a expropriação da área inteira. O argumento em contrário só encontraria fundamento na ideologia marxista, contrária ao direito de propriedade. Diante de um ordenamento jurídico em que esse direito é garantido, é inadmissível. No único caso até agora apreciado pelo Tribunal Regional Federal da 5ª Região, foi confirmada a sentença do Juiz que determinou a expropriação das terras em que se localizavam culturas ilegais de maconha. Foram rejeitados os argumentos, que eram muitos, dos proprietários, que pretendiam manter as suas terras. E os argumentos do Governo, que pretendia expropriar as áreas totais das propriedades, e não apenas 'as glebas onde foram encontradas culturas ilegais de plantas psicotrópicas', como dizem a Constituição e a lei. É importante observar que naquele caso não se tratava de grandes fazendas, mas de pequenas propriedades, cujos donos, responsabilizados pelo plantio ilegal, receberam aquelas terras do Governo do Estado de Pernambuco, assistido pelo INCRA, exatamente em função da reforma agrária. Assim, pelo menos em relação a este caso, já apreciado, pode-se afirmar que foi a reforma agrária que viabilizou o plantio da maconha. Por isto é que o INCRA, para desestimular tais cultivos ilícitos, deve incluir nos títulos de propriedade que fornece uma cláusula de rescisão automática do negócio jurídico respectivo".

Discordando do entendimento vencedor, o eminente Juiz Francisco Falcão argumentou que, não decretada a perda integral da propriedade, o anelo de reforma agrária, visado pelo Constituinte, esvaziar-se-á totalmente.

Concessa venia, dissentimos desse entendimento. É certo que a reforma agrária, como visualizada no Estatuto da Terra (Lei 4.504/64, arts. 1º, § 1º, 16, 20, I, e 21), repousa num conjunto de práticas tendentes à redução gradual não apenas no latifúndio, mas, por igual, do minifúndio, considerado como o prédio rústico de área inferior ao módulo rural ou à fração mínima do parcelamento (Lei 4.504/64, art. 4º, III e IV; Lei 5.868/72, art. 8º, § 1º). Há também o óbice do art. 65 do mencionado diploma, a impedir que a divisão de imóvel rural se faça, para qualquer fim de direito, em dimensões àquelas inferiores.[20]

No entanto, o fato de o imóvel, ou parcela deste, ser inferior territorialmente a tais lindes não o livra do confisco alvitrado pelo Texto Magno. A única ponderação

19. Julgamento em 3.9.94.

20. Essa proibição — advirta-se —, no esteio do decidido pelo Sumo Pretório (RE 78.048-SP, 1ª T., ac. un., rel. Min. Aliomar Baleeiro, *RTJ* 73/860; RE 87.013-MG e 92.626-7-MG), é absoluta, valendo para as transmissões *inter vivos* e *causa mortis*, sequer liberando a possibilidade de extinção do condomínio. Por outro lado, a jurisprudência não tem acolhido pleitos de usucapião de imóveis de vocação agrária, sob quaisquer de suas modalidades (extraordinário, ordinário e especial), quando o lote usucapiendo for inferior ao módulo rural ou à fração mínima de parcelamento, por contrariar o objetivo de ordem pública delineado pelo art. 65 do Estatuto da Terra. Consultar: *RJTJ/SP* 90/335, 123/226 e 136/300 e *RT* 652/65.

a ser feita, no intuito de harmonizar a ação administrativa aos institutos vigentes, é a de que o perdimento terá seu espeque no parágrafo único do art. 243 da Constituição Federal, abrangedor de todo e qualquer bem usado a serviço de crime de tráfico de entorpecente, cuja destinação é diversa da reforma agrária.

Verificada tal situação, remanescem à União dois caminhos, a saber: a) alterar, na forma dos Decretos 62.504/68 (arts. 1º, 2º e 4º) e 63.058/68 (art. 1º), a destinação do bem para uma finalidade urbana, alienando-o, posteriormente, a terceiros na forma do art. 4º da Lei 7.560/86,[21] cuja recepção foi reconhecida pelos tribunais e pelo Decreto 577/92 (art. 8º, parágrafo único); b) persistindo na intenção de patrocinar reforma agrária, poderá a União, nos termos do art. 15, parágrafo único, da Lei 8.257/91, ao depois de agregar a gleba ao seu patrimônio, desapropriar a parte restante, escolhendo entre a desapropriação ordinária por interesse social, facultada pelos arts. 5º, XXIV, da Constituinte Federal e 2º, I a III, da Lei 4.132/62, efetivada com o pagamento da prévia e justa indenização em dinheiro, ou a desapropriação — sanção regulada pelo art. 184 da Lei Maior, Lei 8.629/93 e Lei Complementar 76/93, caso não existam as situações constitucionais ou legais estorvadoras de seu exercício.

8. *O parágrafo único do art. 243 da Constituição Federal*

Eis a dicção do preceito em epígrafe: "Todo e qualquer bem de valor econômico apreendido em decorrência do tráfico ilícito de entorpecentes e drogas afins será confiscado e reverterá em benefício de instituições e pessoal especializados no tratamento e recuperação de viciados e no controle, prevenção e repressão do crime de tráfico dessas substâncias".

Há, em relação ao *caput* do art. 243 da Constituição Federal, nítida ampliação da providência inicialmente arbitrada, no sentido de que todos os bens — e não só as glebas — utilizados como *instrumenta* ou *producta sceleris* do tráfico de entorpecentes serão confiscados em prol da União. Erigiu a nível magno o que continua no art. 34, *caput* e § 2º, da Lei 6.368/76, só que com a diferença essencial de o confisco não mais resultar da condenação criminal, mas de demanda específica, disciplinada, ausente qualquer incompatibilidade, pela Lei 8.257/91.

A qualidade de autor é da União, não sendo, à falta de imóveis, imperiosa a citação do cônjuge da parte ré.

Versando sobre coisas mobiliárias, entendo não subsistir razão para a perícia.

A obtenção do domínio pela União é, igualmente, de feição originária.

9. *Destinatário*

Na hipótese do art. 243, *caput*, os bens confiscados serão utilizados pela União, em colaboração com o INCRA, se possível dentro do prazo de 120 dias do trânsito em julgado de sentença, na execução de planos de reforma agrária.

Penso que, *in casu*, aplicar-se-ão, no que couber, as normas da Lei 8.629, de 25.2.93, relativas à preferência da área dos assentamentos (art. 17), ao modo de alienação (título de domínio ou concessão de uso, inegociáveis por 10 anos; art. 18), à ordem de preferência para aquisição (art. 19, I-IV), proibições para adquirir (art. 20) etc.

De observância compulsória também os arts. 21 e 22 da referida lei, ao prescreverem que os contemplados assumirão o compromisso de explorar pessoalmente,

21. TRF, 5ª R., 1ª T., REO 0504902-2/90-PE, ac. un., rel. Juiz Ridalvo Costa, *DJU*, Seção II, 7.6.91, p. 13.069.

ou através de seu núcleo familiar, o imóvel, bem assim que, no inadimplemento das condições assumidas, entre as quais a de empregar o imóvel na produção de alimentos ou medicamentos, poderá o concedente resolver, de pleno direito, o contrato, revertendo em seu favor o bem.

Volvendo-se ao parágrafo único do art. 243 da Constituição Federal nota-se que os bens reverterão ora em benefício de instituições especializadas no tratamento e recuperação de viciados, ora na mantença das atividades de fiscalização, controle, prevenção e repressão dos crimes de tráfico de entorpecentes.

Fica o administrador com a opção de, se conveniente ao interesse público, poder utilizar as coisas perdidas no exercício das atividades elencadas constitucionalmente ou, caso tal não aconteça, aliená-las em compasso com o art. 4º da Lei 7.560/86,[22] cujo produto integrará os recursos do Fundo de Prevenção, Recuperação e de Combate às Drogas de Abuso — FUNCAB.

Tais recursos serão destinados, enunciam os incisos do art. 5º da lei em exame, aos seguintes objetivos: "I — aos programas de formação profissional sobre educação, prevenção, tratamento, recuperação, repressão, controle e fiscalização do uso ou tráfico de drogas de abuso; II — aos programas de educação preventiva sobre o uso de drogas de abuso; III — aos programas de esclarecimento ao público; IV — às organizações que desenvolvam atividades específicas de tratamento e recuperação de usuários; V — ao reaparelhamento e custeio das atividades de fiscalização, controle e repressão ao uso e tráfico ilícitos de drogas e produtos controlados; VI — ao pagamento das cotas de participação a que o Brasil esteja obrigado como membro de organismos internacionais ou regionais que se dediquem às questões de drogas de abuso; VII — à participação de representantes e delegados em eventos realizados no Brasil ou no Exterior que versem sobre drogas e nos quais o Brasil tenha de se fazer representar; VIII — aos custos de sua própria gestão".

22. A lei suso-mencionado teve sua execução regulamentada pelo Decreto 95.650, do 19.11.88.

A alienação de tais bens será promovida, direta ou indiretamente, em hasta pública, pelo Conselho Federal de Entorpecentes — CONFEN, podendo, com a devida autorização judicial, ser realizada antes do trânsito em julgado da sentença, desde que se cuide de bens perecíveis ou de guarda dispendiosa, ficando as importâncias do lanço vencedor custodiadas em conta aberta em nome do citado colegiado administrativo e, igualmente, à disposição do Judiciário.

10. Conclusões

Alfim do exposto, conveniente sejam elencados alguns remates:

a) O art. 243, *caput*, do Diploma Básico introduziu na órbita jurídica tipo corporificador de confisco, pois o seu império dá-se sem nenhuma compensação financeira.

b) Incide sobre imóveis com destinação rural onde constatado cultivo de plantas psicotrópicas não consentido pelo Ministério da Saúde para fins medicinal ou de pesquisa, atingindo tanto a propriedade quanto a posse.

c) A inflição do confisco emana de processo judicial, ajuizado pela União, perante a Justiça Federal, o qual tomará o rito estatuído na Lei 8.257/91.

d) A Lei 8.257/91, no que concerne à materialização do art. 243, *caput*, da Constituição Federal, trouxe a lume a ação real imobiliária, sendo impositiva a produção de prova pericial, concebida, para delimitar as áreas afetadas ao cultivo combatido.

e) A movimentação do aparato judicante do Estado no caso do art. 243, *ca-*

put, da Lei das Leis guarda adstrição ao postulado da proporcionalidade, de sorte a não abranger as áreas não vinculadas, direta ou mediatamente, ao plantio proibido.

f) Pelo parágrafo único do art. 243 da Lei Maior, assentimento magno para o manuseio do poder-dever confiscatório, estende-se a todo e qualquer bem que sirva como instrumento ou produto do crime e tráfico de entorpecente.

g) A aquisição do domínio dos bens enunciados no art. 243, *caput*, bem como no seu parágrafo único, ambos da Constituição de 1988, ostenta color originário, desvinculando-se de quaisquer encargos constituídos anteriormente ao trânsito em julgado da sentença.

h) As coisas confiscadas ora se destinam à execução de planos de reforma agrária (art. 243, *caput*, da Constituição) ora colimam beneficiar as instituições especializadas da terapêutica de viciados, ou na repressão do tráfico de entorpecentes (art. 243, parágrafo único, da Constituição).

CONFERÊNCIAS & DEBATES

EFETIVIDADE DA PRESTAÇÃO JURISDICIONAL*

José Néri da Silveira
Ministro do Supremo Tribunal Federal

1. Introdução. 2. Acepções do termo "efetividade", no direito internacional público e na ordem jurídica interna. 3. Efetividade do processo: significado. 4. Processo e ordem constitucional democrática. O processo como instrumento de ação política estatal e a justiça social. Concepção publicística do processo e os poderes do juiz. 5. Princípios processuais constitucionais. Devido processo legal. Contraditório e ampla defesa. Publicidade e fundamentação da sentença. 6. Efetividade da prestação jurisdicional. Jurisdição como prerrogativa eminente da soberania nacional. Processo como instrumento da jurisdição. Princípio da inafastabilidade do controle judicial (Constituição, art. 5º, XXXV). Princípio da unidade de jurisdição. 7. Poder judiciário independente é presuposto da efetividade da prestação jurisdicional. Judiciário como poder político. Direito a um juiz imparcial. 8. Acesso efetivo à jurisdição e efetividade da prestação jurisdicional. Acesso à jurisdição e a "pobreza no sentido legal". Igualdade jurídico-formal e desigualdade sócio-econômica. 9. Obrigação do Estado de prestar assistência jurídica e judiciária aos necessitados. Defensoria Pública. Constituição, arts. 5º, LXXIV, e 134. 10. Morosidade na distribuição da justiça. O povo procura o serviço público essencial da justiça, com freqüência superior às possibilidades das estruturas atuais dos serviços de justiça, para pronto atendimento. Dados estatísticos de distribuição de ações novas em diversos ramos do Poder Judiciário, bem assim dos julgamentos. Deficiência do número de magistrados. Percentual de cargos vagos. 11. Aspectos de providências cabíveis diante da morosidade. 12. Encerramento.

1. Honrou-me o convite que me foi formulado por intermédio da ilustre Juíza Presidente da AMATRA IV, Dra. Maria Helena Mallmann Sulzback, para participar do painel sobre "Efetividade da Prestação Jurisdicional", durante o V Congresso Nacional dos Magistrados do Trabalho (CONAMAT), nesta nossa sempre simpática e acolhedora Porto Alegre.

* Palestra proferida no painel sobre "Efetividade da Prestação Jurisdicional", a 13.5.94, em Porto Alegre, no V Congresso Nacional de Magistrados do Trabalho (CONAMAT).

Agradeço a oportunidade de estar entre os amigos e colegas da Justiça do Trabalho, de já longas, fecundas e gloriosas tradições no seio do Poder Judiciário brasileiro.

Saúdo os eminentes juristas e professores Celso Antônio Bandeira de Mello, José Geraldo de Souza Júnior e Ronaldo José Lopes Leal, cuja presença, neste painel, tanto o enriquece e o ilustra.

2. Introdutoriamente, consigno que deixo à margem, aqui, as variações em torno do sentido do termo "efetividade", que ganhou curso significativo na Ciência do Direito, mais do que na Filosofia em geral, após a II Guerra Mundial, vindo, de certo modo, também, a substituir, na tradição européia, o consagrado vocábulo francês *efficacité*.

Não obstante as diversificadas acepções com que o termo logra uso na teoria jurídica, certo está ganhou corpo, no âmbito do direito internacional, a efetividade como princípio que serve de critério para determinar-se quando a ordem estatal se concretiza e passa a existir, ou quando, pela perda de certos requisitos, desaparece ou deixa de existir. O saudoso Min. Leitão de Abreu, em sua esplêndida monografia sobre *A Validade da Ordem Jurídica*, p. 179, anotou, nesse sentido, que se recorre, "particularmente, ao princípio da efetividade, na esfera do direito internacional, quando se cogita de apurar os requisitos que a ordem estatal há de satisfazer para ser reconhecida pelo direito das gentes". acrescentando: "O princípio da efetividade, onde reside o critério para que se reconheça a existência do Estado, constitui, também, o critério para que se tenha como existente a ordem jurídica que lhe é conatural" (ob. cit., p. 188). Fecundíssimas são, de outra parte, as disceptações acerca da *efetividade* no pensamento kelseniano, quer de referência ao direito das gentes, e, aqui, em particular, quanto ao direito internacional costumeiro, já no que concerne à ordem jurídica interna. A invocada relação necessária entre validade e efetividade, na compreensão da ordem jurídica positiva, enquanto correlação dialética de complementariedade, leva os estudiosos do tema, nessa perspectiva, a afirmar que "a ordem jurídica é válida porque é efetiva e na medida desta efetividade". Anotou, em tal linha, ilustre estudioso da doutrina kelseniana, entre nós, o professor Tarcísio de Miranda Burity, em um de seus ensaios — *Kelsen e o Direito Internacional Consuetudinário*: "A efetividade, sendo objeto cultural, isto é, síntese de *ser* e *dever-ser*, sendo um fato-no-sentido-da-norma, vale dizer, um *so-sein*, não apenas surge como a *conditio sine qua non* da validade, mas também como a sua *conditio per quam*, quer dizer, sua razão suficiente. Dessa maneira, a *efetividade* não apenas possui a mesma abrangência da *positividade* do Direito, como também se constitui no fundamento real, objetivo, cientificamente observável, da sua *legitimidade*".

Não cabe, destarte, no tema proposto, visualizar a *efetividade* em suas diversas perspectivas categoriais, tão diversificadas se entremostram no vasto domínio da teoria jurídica contemporânea.

Embora essa necessária observação, relevante se faz, entretanto, delimitar o sentido segundo o qual se há de compreender a *efetividade* no plano do *processo* e da *prestação jurisdicional*, enquanto constitui o objeto do presente painel.

3. José Carlos Barbosa Moreira, acerca da *efetividade do processo*, observou: "Se por *efetividade* se entende aptidão de um meio ou instrumento para realizar os fins ou produzir os efeitos a que se ordena, poderia julgar-se necessário, e não sem alguma lógica, que a qualquer discussão séria do assunto houvesse de preceder uma clara tomada de posição acerca do fim que se atribui ao processo. (...). Digladiam-se as doutrinas, mas, para fins práticos, talvez seja possível enunciar algumas proposições em que todos (ou quase todos) se inclinarão a convir, sempre que se queira fixar os requisitos básicos que o processo há de buscar satisfazer, para merecer a qualificação de 'efetivo'". E acrescenta: "Elas configuram, por assim dizer, a problemática essencial da 'efetividade', que ousaríamos resumir nos seguintes pontos: a) o processo deve dispor de instrumentos de tutela adequados, na medida do possível, a todos os *direitos* (e outras posições jurídicas de vantagem) contemplados no ordenamento, quer resultem de expressa previsão normativa, quer se possam inferir do sistema; b) esses instrumentos devem ser praticamente utilizáveis, ao menos em princípio, sejam quais forem os supostos titulares dos direitos (e das outras posições jurídicas de vantagem) de cuja preservação ou reintegração se cogite, inclusive quando indeterminado ou indeterminável o círculo dos eventuais sujeitos; c) impende a exata e completa reconstituição dos fatos relevantes, a fim de que o convencimento do julgador corresponda, tanto quanto puder, à realidade; d) em toda a extensão da possibilidade prática o resultado do processo há de ser tal que assegure à parte vitoriosa o gozo pleno da específica utilidade a que faz *jus* segundo o ordenamento; e) cumpre que se possa atingir semelhante resultado com o mínimo dispêndio de tempo e energias". Assim conclui a delimitação da temática em torno da efetividade do processo o ilustre processualista fluminense: "Supérfluo frisar que nas linhas precedentes se indicam as metas ideais, a que o processo deve tender" (in "Notas sobre o problema da 'efetividade' do processo", *Ajuris* 29/77-78.

Referindo-se à efetividade do processo, também o ilustre Min. Sálvio de Figueiredo Teixeira observou: "Aptidão, método, orientação, postura científica ou mesmo princípio, tendo um pouco de cada um e em nenhum deles se confinando, o certo é que cada vez mais sua (efetividade) presença se faz notar entre os pensadores e mais e mais se reclama sua incidência como fator imprescindível de um bom processo e de uma boa Justiça" (in "A efetividade do processo e a reforma processual", *Ajuris* 59/254). Não é diversa a observação do Des. Kazuo Watanabe, em "As três tendências do direito processual" (*Synthesis* 12/79), quando anota: "A primeira seria a tendência do abstrato para o concreto. Já se passou a fase das construções abstratas, a ciência processual já conseguiu o seu espaço entre os ramos do Direito, e aquelas categorias dos conceitos abstratos, todos, hoje, estão sendo canalizadas para a busca de maior efetividade do processo como instrumento da realização científica do Direito, (...), do direito material e também para o exercício da admissão na jurisdição" e "tem plena aderência à realidade social" (ob. cit., p. 79).

Na mesma linha, escreveu Cândido Dinamarco, em sua obra *A Instrumentalidade do Processo*, 2ª ed., pp. 385-386: "A força das tendências metodológicas do direito processual civil na atualidade dirige-se com grande intensidade para a *efetividade do processo*, a qual constitui a expressão resumida da idéia de que *o processo deve ser apto a cumprir integralmente toda a sua função sócio-político-jurídica, atingindo em toda a plenitude todos os seus escopos institucionais*". E acrescenta: "Essa constitui a dimensão moderna de uma preocupação que não é nova e que já veio expressa nas palavras muito autorizadas de antigo doutrinador (referindo-se à lição de Chiovenda): 'na medida do que for praticamente possível, o processo deve proporcionar a quem tem um direito tudo aquilo e precisamente aquilo que ele tem o direito de obter'". E prossegue: "No contexto em que foi formulada, essa sábia advertência era portadora das acanhadas limitações inerentes às atitudes introspectivas do sistema, sem aberturas para as determinantes evidenciadas pela clara visão teleológica que hoje se tem. Ela está inserida num conceito muito individualista e de marcado positivismo jurídico, em que se via somente o escopo jurídico do processo, sem preocupações pelo social e pelo político; mas relida fora do contexto, por certo conduzirá a termos idênticos àqueles propostos". E remata: "Pois a efetividade, como se propõe, significa a sua almejada aptidão a eliminar insatisfações, com justiça e fazendo cumprir o Direito, além de valer como meio de educação geral para o exercício e respeito aos direitos e canal de participação dos indivíduos nos destinos da sociedade e assegurar-lhes a liberdade. Sempre, como se vê, é a visão dos objetivos que vem a iluminar os conceitos e oferecer condições para o aperfeiçoamento do sistema".

4. Com efeito, não é admissível pensar em uma ordem constitucional democrática sem ter presente o *processo*, enquanto instrumento indispensável à administração e realização da justiça, à busca da verdade nos conflitos de interesses, bem assim enquanto meio de efetiva garantia da liberdade, da defesa dos direitos violados ou ameaçados e, ainda, de ação política estatal. De igual modo, não é cabível visualizar o *processo* senão a partir das linhas fundamentais que o ordenamento constitucional lhe confere, da conformação que o Estatuto Maior empresta a seus institutos básicos e ao respectivo funcionamento. Como anotou Habscheid: "Os sistemas políticos se refletem na norma constitucional e têm um efeito direto sobre as bases do direito processual" (*in As Bases do Direito Processual Civil,* n. 1, esp. p. 119). Na esteira desse pensamento, escreve Cândido Dinamarco: "O processo que nos serve hoje há de ser o espelho e salvaguarda dos valores individuais e coletivos que a ordem constitucional vigente entende de cultuar. Os princípios que ela inclui não podem ter no presente a mesma extensão e significado de outros tempos e regimes políticos, apesar de eventualmente inalterada a formulação verbal. O que há de perene nos princípios é a idéia-mestra que cada um contém; e eles são sujeitos a variações histórico-culturais e políticas no tempo e no espaço, no tocante à sua extensão e à interpretação que merecem dentro de cada sistema constitucional" (ob. cit., pp. 32-33). Noutro passo, observa o ilustre Mestre paulista: "O processualista moderno adquiriu a consciência de que, como instrumento a serviço da ordem constitucional, o processo precisa refletir as bases do regime democrático, nela proclamadas; ele é, por assim dizer, o *microcosmos democrático* do Estado de Direito, com as conotações da liberdade, igualdade e participação (contraditório), em clima de legalidade e responsabilidade" (ob. cit., p. 26). "Todo o direito processual — registra, à sua vez, a ilustre professora Ada Pellegrini Grinover — tem suas linhas fundamentais traçadas pelo direito constitucional, que fixa a estrutura dos órgãos jurisdicionais, que garante a distribuição da justiça e a declaração do direito objetivo, que estabelece alguns princípios processuais. Todo o direito processual, que disciplina o exercício de uma das funções fundamentais do Estado, além de ter seus pressupostos constitucionais — como os demais ramos do Direito —, é fundamentalmente determinado pela Constituição, em muitos de seus aspectos e institutos característicos. (...). Alguns dos princípios que o informam são, ao menos inicialmente, princípios constitucionais ou seus corolários" (in *As Garantias Constitucionais do Direito de Ação*, Ed. RT, 1983, p. 12).

Nos dias em curso, o processo, em realidade, na condição também de eficaz instrumento de ação política estatal, não pode deixar de receber o influxo do universal reclamo de justiça social, que é a tônica de nossa época, e se põe entre os objetivos fundamentais da República, ao pretender "construir uma sociedade livre, justa e solidária", afirmando "a dignidade da pessoa humana" (Constituição, arts. 2º, III, e 3º, I). A existência de instrumentos que tornem reais — e não meramente simbólicos — os direitos do cidadão comum é imperativo de um Estado Democrático de Direito, tal como o concebe a Constituição de 1988. O processo, enquanto instrumento de realização da justiça, que é um valor eminententemente social, não pode ser visualizado como meio exclusivo ou predominante de utilidade privada, *modo privato*. O eminente professor Galeno Lacerda, discorrendo sobre a "abertura para o social" como uma das marcas mais características do Direito brasileiro na atualidade, registrou que essa nota "supera, em definitivo, a formação individualista que sempre caracterizou a cultura jurídica da Europa continental, retratada, de modo geral, em nossas instituições" (in "Eficácia da prestação jurisdicional no atendimento às demandas sociais", *Ajuris* 59/49). Certo está, de outra parte, que nem a ação nem a defesa podem ser consideradas na exclusividade de um ato. Realizar-se-á, assim, a plenitude do controle jurisdicional, de maneira justa, somente quando houver atenção ao devido processo legal, à garantia da participação real no feito de demandante e demandado e a observância do contraditório, "mediante uma distribuição eqüitativa de meios e possibilidades processuais" entre as partes. Registrou nesse sentido, com inteira propriedade, Ada Pellegrini Grinover, em *Novas Tendências do Direito Processual*, 1ª ed., 1990, p. 11: "A plenitude e a efetividade do contraditório indicam a necessidade de se utilizarem todos os meios necessários para evitar que a disparidade de posições no processo possa incidir sobre seu êxito, condicionando-o a uma distribuição desigual de forças. A quem *age* ou se *defende* em juízo devem ser asseguradas as mesmas possibilidades de obter a tutela de suas razões".

De outro lado, na pugna judiciária, não é suficiente se desenhe mera igualdade formal na relação processual, como a entendia bastante a antiga concepção privatística do processo, para propiciar uma justa solução das demandas. Distante de mais de um século está a quadra em que exacerbado individualismo reduzia a limites estreitos a área de atividade do juiz, aparecendo as demandas como de interesse exclusivo dos litigantes, intervindo o Estado, tão-só, para que as regras fossem observadas pelos contendores e não se fizesse justiça pelas próprias mãos. Tornada predominante, porém, a concepção publicística do processo, não apenas cresceu de ponto a importância da jurisdição no quadro das funções do Estado, como a finalidade do processo deixou de ser exclusivamente a proteção dos direitos subjetivos, passando a garantir ou a atuar o direito objetivo, o que seria de interesse do Estado, e não apenas dos particulares.

Nessa linha do pensamento político-filosófico, recolhido pelo constitucionalismo pátrio, foram aumentados os poderes do juiz, na cena judiciária, que deixou de ser espectador quase inerte da batalha judicial, cabendo-lhe impulsionar o andamento das causas, determinar provas, reprimir a má conduta das partes, conhecer, *ex officio*, de circunstâncias, até então dependentes de alegação do interessado. E nada parece, todavia, ter ocorrido, como antes se supunha, em prejuízo da imparcialidade do magistrado. Cumpre, nesse sentido, por primeiro, ter presente que o que bem interessa é a verdade na decisão final. O triunfo na luta judiciária não deve resultar de pequenos lapsos na atividade do adversário, nem convém à Justiça que as demandas se inutilizem por preliminares de natureza processual, mas, sim, que se decidam os conflitos no seu mérito, pela efetiva existência do direito ao lado do vencedor. Manter o juiz, em relação aos membros do Ministério Público, advogados, procuradores judiciais e defensores públicos, que se hão de ter como efetivos colaboradores na administração da Justiça (Constituição, arts. 127, 131, 132, 133 e 134), a mais ampla abertura, prestando-lhes, inclusive, se necessário, esclarecimentos, chamando a atenção dos litigantes para aspectos das causas não suficientemente elucidados, alertando-os, outrossim, para circunstâncias descuidadas, por um ou outro dos demandantes, mas que podem ser conhecidas, *ex officio*, pelo magistrado, não constitui, por si só, quebramento da imparcialidade do julgador, mas representa, isto, sim, forma de favorecer o andamento das causas e a justiça das decisões. Não há, inclusive, o juiz de recear que essa atividade esclarecedora denuncie sua opinião sobre certos pontos menores ou secundários do processo, pois o derradeiro desate pende sempre da concorrência de uma pluralidade de fatores. Na condução do processo, contribui, desse modo, o magistrado para que, de atuação do direito objetivo, ocorra, quando possível, a realização efetiva da justiça no desate das controvérsias. Não é possível, ademais, deixar, aqui, de ter presente esta lição de Ada Pellegrini Grinover, em seu *Processo Constitucional em Marcha*, p. 8, item 2: "Desse modo, as garantias constitucionais do devido processo legal convertem-se de garantias exclusivas das partes em garantias da jurisdição, e transformam o procedimento em um processo jurisdicional de estrutura cooperatória, em que a garantia de imparcialidade da jurisdição brota da colaboração entre partes e juiz. A participação dos sujeitos no processo não possibilita apenas a cada qual aumentar as possibilidades de obter uma decisão favorável, mas significa cooperação no exercício da jurisdição. Para cima e para além das intenções egoísticas das partes, a estrutura dialética do processo existe para reverter em benefício da boa qualidade da prestação jurisdicional e da perfeita aderência da sentença à situação de direito material subjacente".

5. Nessa realização da efetivação do processo, princípio básico, inscreveu-se na Carta de 1988, em seu art. 5º, LIV, segundo o qual "ninguém será privado da liberdade ou de seus bens sem o devido processo legal". Como garantia dos litigantes, o *due process of law* é, no dizer de Willoughby, um fundamental *principle of justice.* Postulado expresso da ordem constitucional, com suas origens na cláusula 39 da Magna Carta de 1215 e na Emenda XIV à Constituição americana, ao lado do controle jurisdicional (art. 5º, XXXV) e dos princípios do contraditório e da plenitude de defesa (art. 5º, LV), fecha, na expressão de José Afonso da Silva (in *Curso de Direito Constitucional Positivo*, 5ª ed., p. 373), "o ciclo das garantias processuais". Acrescenta o autor citado: "Garante-se o *processo*, e quando se fala em 'processo', e não em simples procedimento, alude-se sem dúvida, a formas instrumentais adequadas, a fim de que a prestação jurisdicional, quando entregue pelo Estado, dê a cada um o que é seu, segundo os imperativos da ordem jurídica. E isso envolve a garantia do contraditório, a plenitude do direito de defesa, a isonomia processual e a bilateralidade dos atos procedimentais, conforme a autorizada lição de Frederico Marques". Para os juristas americanos, como observa Manoel Gonçalves Ferreira Filho, "o *due process of law* tem duas faces: uma formal, outra substancial. O aspecto formal consiste na sujeição de qualquer questão que fira a liberdade ou os bens de um ser humano ao crivo do Judiciário, por meio do juiz natural, num processo contraditório, em que se assegure ao interessado ampla defesa. O substancial importa em que as normas aplicadas quanto ao objeto do litígio não sejam desarrazoadas, portanto intrinsecamente, injustas" (*in Comentários à Constituição Brasileira*, p. 67). Detendo-se no exame dessa cláusula constitucional, Pinto Ferreira anota que ela "abrange, de forma compreensiva: a) o direito à citação, pois ninguém pode ser acusado sem ter conhecimento da acusação; b) o direito de arrolamento de testemunhas, que deverão ser intimadas para comparecer perante a Justiça; c) o direito ao procedimento contraditório; d) o direito de não ser processado por leis *ex post facto*; e) o direito de igualdade com a acusação; f) o direito de ser julgado mediante provas e evidência legal e legitimamente obtida; g) o direito ao juiz natural; h) o privilégio contra a auto-incriminação; i) a indeclinabilidade de prestação jurisdicional, quando solicitada; j) o direito aos recursos; l) o direito à decisão com eficácia de coisa julgada" (in *Comentários à Constituição brasileira de 1988*, v. 1/175-176).

Já no inciso seguinte, de número LV, o art. 5º da Constituição garante aos litigantes, em processo judicial ou administrativo, e aos acusados em geral o *contraditório* e *ampla defesa*, com os meios e recursos a ela inerentes, garantias que se põem como decorrências lógicas do devido processo legal e a ele estão incindivelmente vinculadas na formulação coerente do sistema constitucional, assim como sucede com o *juiz natural* que a Constituição contempla no inciso XXXVII do art. 5º, reafirmando, de certo modo, no inciso LIII do mesmo artigo, eis que, depois de preceituar, no inciso XXXVII, que "não haverá juízo ou tribunal de exceção", proclamam, no inciso LIII, de forma ampla, que "ninguém será processado nem sentenciado senão pela autoridade competente". Pinto Ferreira, acerca desse último dispositivo, anotou: "A pessoa deve ser julgada nos países democráticos de direito somente pelo *juiz natural,* cuja existência é um dos princípios básicos e fundamentais da jurisdição". E prossegue: "O juiz natural *(juge naturel, Gezetzliche Richter)* é somente aquele integrado no Poder Judiciário, com todas as garantias pessoais e funcionais previstas na Constituição Federal (art. 95). Somente os juízes, tribunais e órgãos jurisdicionais previstos na Constituição se identificam ao juiz natural, princípio que se estende ao poder de julgar também previsto em outros órgãos, como o Senado nos casos de impedimento de agentes do Poder Executivo" (ob. cit., p. 175). Ada Pellegrini Grinover, em *O Processo em sua Unidade-II*, 1984, p. 19, referindo-se à norma do § 4º do art. 141 da Constituição de 1946, ao proclamar: "a lei não poderá retirar da apreciação do Poder Judiciário nenhuma lesão de direito individual", escreveu: "A norma, que tem sido interpretada como garantia do devido processo legal, no que concerne ao juiz natural, consagra, em última análise, o princípio de que só é juiz o órgão do Estado investido de jurisdição. E tem-se notado, com percuciência, que o preceito acima transcrito deu à regra de juiz natural, no Direito pátrio, alcance maior do que em outros ordenamentos: 'Em nosso sistema normativo, o que existe, de maneira concludente e clara, é o princípio de que ninguém pode ser subtraído de seu *juiz constitucional*. Somente se considera juiz natural ou autoridade competente, no Direito brasileiro, o órgão judiciário cujo poder de julgar derive de fontes constitucionais'". Referindo-se, ainda, ao tema em período anterior a 1988, sinala a ilustre professora Grinover: "Pode-se afirmar, assim, sem receios, que o princípio do juiz natural, hoje, é duplamente garantido pela Constituição: quanto ao aspecto da proscrição de tribunais extraordinários, pelo art. 153, § 15, *in fine*; no que tange à garantia do juiz constitucionalmente competente, pelo § 4º do mesmo dispositivo (da Emenda Constitucional 1/69)".

De outra parte, a Constituição, no art. 5º, LV, refere-se a qualquer "processo judicial ou administrativo", ao assegurar o *contraditório*, impondo, assim, na expressão de Manoel Gonçalves Ferreira Filho, "a condução dialética do processo", de tal sorte que "em cada passo do processo cada parte tenha a oportunidade de apresentar suas razões, ou, se for o caso, as suas provas", assegurando-se, destarte, a igualdade entre as partes *(par conditio)*. Como registra Celso Agrícola Barbi, a ampla defesa, que, no dispositivo, também se garante a quem acusado, "é uma decorrência do princípio do contraditório, porque de nada serviria ouvir sempre a parte se não se lhe desse oportunidade de se defender amplamente". E aduz: "Essa amplitude inclui tanto o poder de discutir como o de provar" (in "Garantias Constitucionais processuais", *RT* 659/10), cabendo acrescentar, ainda, os meios a tanto inerentes, sendo inadmissíveis, porém, no processo, as provas obtidas por meios ilícitos, qual dispõe o art. 5º, LVI, do Estatuto Supremo, na afirmação do princípio da licitude na colheita das provas. Celso Ribeiro Bastos, sobre o princípio da ampla defesa do acusado, em processo judicial ou administrativo, registra: "Por ampla defesa deve-se entender o asseguramento que é feito ao réu de condições que lhe possibilitem trazer para o processo todos os elementos tendentes a esclarecer a verdade. É por isso que ela assume múltiplas direções, ora se traduzirá na inquirição de testemunhas, ora na designação de um defensor dativo, não importando, assim, as diversas modalidades, em um primeiro momento. Por ora basta salientar o direito em pauta como um instrumento assegurador de que o processo não se converterá em uma luta desigual em que ao autor cabe a escolha do momento e das armas para travá-la e ao réu só cabe timidamente esboçar negativas. Não, forçoso se faz que ao acusado se possibilite a colocação da questão posta em debate sob um prisma conveniente à evidenciação da sua versão. É por isto que a defesa ganha um caráter necessariamente contraditório." Noutro passo, observa: "Às alegações, argumentos e provas trazidas pelo autor é necessário que corresponda uma igual possibilidade de geração de tais elementos por parte do réu. Há que haver um esforço constante no sentido de superar as desigualdades formais em sacrifício da geração de uma igualdade real" (*apud Comentários à Constituição do Brasil*, 2º/216-267, 1989).

Remata, nesse sentido, Ada Pellegrini Grinover, em *Liberdades Públicas e Processo Penal,* Ed. RT, 1982, p. 18: "Vãs seriam as liberdades do indivíduo se não pudessem ser reivindicadas e defendidas em juízo. Mas é necessário que o processo possibilite efetivamente à parte a defesa de seus direitos, a sustentação de suas razões, a produção de suas provas. A oportunidade da defesa deve ser legalmente plena, e o processo deve desenvolver-se com aquelas garantias, em cuja ausência não se pode caracterizar o 'devido processo legal' inserido em toda Constituição realmente moderna".

Outro princípio que ganhou espaço constitucional no art. 5º, LX, da Lei Maior de 1988 foi o da *publicidade* dos atos processuais, estipulando-se, no dispositivo referido: "A lei só poderá restringir a publicidade dos atos processuais quando a defesa da intimidade ou o interesse social o exigirem", constando ainda, da parte inicial do art. 93 que "todos os julgamentos dos órgãos do Poder Judiciário serão públicos (...), podendo a lei, se o interesse público o exigir, limitar a presença, em determinados atos, às próprias partes e a seus advogados, ou somente a estes". Comenta, no particular, Celso Ribeiro Bastos que a publicidade dos atos processuais "insere-se em um campo mais amplo da transparência da atuação dos Poderes Públicos em geral. É uma decorrência do princípio democrático. Este não pode conviver em regra com o sigilo, o segredo, o confinamento a quatro portas, a falta de divulgação, porque por este caminho, da sonegação dos atos à coletividade, impede-se o exercício importante de um direito do cidadão em Estado governado pelo povo, qual seja: o do controle". E prossegue: "Não há dúvida, portanto, de que a publicidade dos atos, e especificamente dos atos jurisdicionais, atende ao interesse das partes e ao interesse público. Protege o magistrado contra insinuações e maledicências; da mesma forma que protege as partes contra um possível arbítrio ou prepotência. E confere à coletividade, de um modo geral, a possibilidade de controle sobre atos que são praticados com a força própria do Estado" (ob. cit., p. 284). Se é certo que a lei poderá definir exceções ao princípio da publicidade, não menos exato é que o legislador ordinário deverá ater-se aos limites definidos no texto constitucional, sujeito ao controle do Judiciário, na apreciação dos conceitos de interesse social e defesa da intimidade.

Emprestou-se, de outra parte, *status* constitucional a antiga norma do direito processual ordinário, quanto à obrigatoriedade de *fundamentação da sentença,* sob cominação de nulidade. É o que está no inciso IX do art. 93, ao determinar sejam "fundamentadas todas as decisões, sob pena de nulidade". Diante do inciso IX do art. 93 da Lei Magna em vigor, é cabível afirmar que não mais é possível julgamento secreto e não fundamentado, o que, no dizer de Celso Agrícola Barbi, "é uma tranqüilidade para o cidadão, que quer saber por quê não teve êxito em sua demanda" (ob. cit., p. 11).

6. Todos esses aspectos ligados à efetividade do processo concernem, à evidência, também, ao tema ainda mais amplo da "efetividade da prestação jurisdicional", certo ser o processo instrumento da jurisdição, meio de efetivação das garantias constitucionalmente asseguradas aos cidadãos na defesa da liberdade e dos direitos, violados ou ameaçados. A jurisdição, prerrogativa eminente da soberania nacional, exercita-se, em princípio, por um dos Poderes do Estado, nos limites definidos na Constituição. Se não pode a prestação jurisdicional prescindir do processo, a este, entretanto, não se limita, nem nele se exaure sua complexa problemática.

Com efeito, adotado o monopólio estatal da jurisdição, proibida a autotutela privada, estabeleceu-se compromisso do Estado de garantir a efetividade da tutela jurisdicional, com a atuação das medidas adequadas, na generalidade das situações conflitivas concretas. Ao estipular o art. 5º, XXXV, da Constituição de 1988 que "a Lei não excluirá da apreciação do Poder Judiciário lesão ou ameaça a direito", não se inseriu, nessa norma maior, simples promessa, senão que, nela, já se retrata, de maneira definitiva, traço marcante da fisionomia do Estado, resultante do pacto fundamental, que se expressa, basicamente, na garantia máxima da inafastabilidade do controle e da proteção judicial dos direitos e da liberdade dos cidadãos, contra quem quer que seja.

Manteve-se, desse modo, é exato, o princípio da unidade de jurisdição, no inciso XXXV do art. 5º da Constituição de 1988, ainda com maior amplitude, na medida em que não se excluirá da apreciação do Poder Judiciário "lesão ou ameaça a direito", e não apenas "lesão de direito individual", tal como definido o postulado nas Constituições de 1946 e 1967. Afastou-se, assim, a polêmica perspectiva do que alguns entendiam como "contencioso administrativo", constante do art. 153, § 4º, da Emenda Constitucional 1/69, na redação da Emenda Constitucional 7/77, para certas causas, o que não se fez definitivamente implantado, no regime anterior, por falta de respectiva regulamentação. Observou, nesse sentido, adequadamente, o ilustre professor Celso Agrícola Barbi:

"A redação do inciso legal em exame permite a conclusão de que o direito cuja ameaça ou lesão não pode ser subtraída da apreciação do Poder Judiciário não é mais apenas o direito subjetivo individual, mas também o direito coletivo, nome que é usado, com freqüência, como sinônimo de interesse difuso ou de interesse legítimo.

"Desse modo, a Constituição deu um grande passo para o aprimoramento dos costumes na atividade dos órgãos públicos, vedando à lei retirar da apreciação do Poder Judiciário a ameaça ou lesão de direito coletivo, interesse difuso, ou interesse legítimo.

"Em outras palavras, a Constituição deu ao Poder Judiciário a atribuição de controlar a legalidade dos atos da Administração, impedindo-a de praticar atos ilegais que firam direito coletivo, interesse difuso ou legítimo, ou tirando os efeitos a esses atos e suas conseqüências" (in "Garantias constitucionais processuais", *RT* 659/8).

Nessa linha, ainda, registra Galeno Lacerda (ob. cit., p. 50): "Operou-se, enfim, a extensão de jurisdição a todos os direitos e não apenas aos individuais. Enquanto o art. 153, § 4º, da Carta de 1969 declarava que 'a lei não poderá excluir da apreciação do Poder Judiciário qualquer lesão de direito individual', a Constituição vigente, no art. 5º, XXXV, eliminou do texto o adjetivo 'individual': 'A lei não excluirá da apreciação do Poder Judiciário lesão ou ameaça a direito', a abranger, igualmente, todos os direitos sociais e coletivos. Na análise do tema proposto, cumpre examinar, portanto, as transformações mais importantes ocorridas no Brasil, no que concerne à eficácia da sentença quanto às demandas sociais, o que nos levará a um rápido estudo das ações popular e civil pública, das relativas ao consumidor, às entidades associativas propostas no interesse de seus filiados, do mandado de segurança coletivo, passando antes, porém, pelos dissídios coletivos e sentenças normativas no direito do trabalho".

7. Cumpre, de outra parte, entender que é pressuposto da efetividade da prestação jurisdicional ampla a existência de um Poder Judiciário independente.

Com efeito, assenta o sistema jurídico americano, que nos serviu de modelo, ao implantar-se a República, em 1889, no princípio da supremacia da Constituição, à qual se subordinam todos os Poderes, cujos limites nela se definem, e, por igual, no postulado da independência do Judiciário, que se manifesta, por primeiro, na prerrogativa eminente de proceder à revisão das leis diante da Constituição, anulando-as quando com esta incompatíveis. Tal competência para operar, acerca da lei e dos atos de governo, a chamada *judicial review*, a revisão judicial, revela manifesto *poder político*, porquanto, se este existe no órgão que faz a lei, cumpre entender, inafastavelmente, estar presente, também, no órgão que dispõe de império para declarar-lhe a invalidade. Bem de compreender é, destarte, que essa dimensão política do Judiciário, onde consagrado o controle judicial da constitucionalidade dos atos do Congresso e do Governo, confere-lhe a inequívoca nota de *independência* e proclama que a atividade jurisdicional não é simples atividade jurídica. A plena realização de um Judiciário, institucionalmente independente, com autonomia administrativa e financeira, é condição indispensável à efetividade da prestação jurisdicional. Referindo-se às garantias do processo, Mauro Cappelletti arrola "o direito a um juiz imparcial, o que comporta, entre outras coisas, a garantia da independência da Magistratura em face do poder político, porque não há verdadeira função jurisdicional onde o juiz não seja *tertius super partes*" (in "Problemas de reforma do processo civil nas sociedades contemporâneas", *Repro* 65/129). Na efetiva prestação jurisdicional não é possível admitir-se, de outra parte, que ao juiz caiba, predominantemente, a tarefa de especulação abstrata ou a simples exegese do Direito constituído. Se não lhe é autorizada a criação livre do Direito, para o caso concreto, partindo o juiz, nas decisões, ou de meras ideologias ou concepções pessoais sobre a sociedade ou o homem, ou curvando-se ao império das emoções no subjetivismo de seus julgamentos, não lhe compete, também, perder-se em puras divagações doutrinárias alheias às realidades da vida. Cumpre-lhe, pois, pelo estudo e a reflexão, tecer suas construções, a partir da descoberta de elementos existentes na intimidade do ordenamento jurídico, com base nos quais encontra, dentro do possível e enquanto cabível, a correta solução às transformações sociais necessárias e, por vezes, indiscutivelmente, desejadas. Nisso está uma das mais significativas atividades do juiz na busca do bem comum, que não se compreende, nem se pode realizar, sem justiça.

8. Exsurge, noutra parte, como decorrência natural, que não é possível pensar em um Estado Democrático de Direito, entre cujos fundamentos se alinham a *cidadania* e a *dignidade* da pessoa humana, e sob a égide da justiça social, sem assegurar a tutela jurisdicional a todos os cidadãos, afastada qualquer discriminação, inclusive de fortuna. Põe-se, destarte, no plano da efetividade da prestação jurisdicional a garantia, em concreto, do acesso efetivo à jurisdição, por todos — vale ressaltar, inclusive pelos pobres e necessitados — na defesa de seus direitos e da liberdade, quando violados ou ameaçados. Constitui, pois, tal ponto postulado central dessa ordem, que aos Poderes do Estado cumpre diligenciar na plena consecução, sendo ilícito, assim, a qualquer deles opor-lhe obstáculo, quer por injustas ou ilegítimas restrições à *ação*, como poder de exigir do Estado o exercício da jurisdição, que incumbe aos juízes e tribunais, em todo o território nacional, prestar, e à *defesa*, como instituto também essencial em qualquer processo.

Acerca desse tema, Mauro Cappelletti anota que o *acesso à Justiça* pode, hoje, ser encarado como o requisito fundamental — "o mais básico dos direitos humanos — de um sistema jurídico moderno e igualitário que pretende garantir, e não apenas proclamar, os direitos de todos" (in *Acesso à Justiça*, 1978, Mauro Cappelletti e Bryant Garth, trad. de Ellen Gracie Northfleet, p. 12).

Em verdade, superada está a época em que o direito ao acesso à proteção judicial significava, essencialmente, o *direito formal* do indivíduo agravado de propor ou contestar uma demanda, não constituindo preocupação do Estado, neste plano, afastar a "pobreza no sentido legal" — a incapacidade que muitas pessoas têm de utilizar plenamente a Justiça e suas instituições. Nessa linha, observa Mauro Cappelletti: "A Justiça, como outros bens, no sistema do *laissez faire*, só podia ser obtida por aqueles que pudessem enfrentar seus custos; aqueles que não pudessem fazê-lo eram considerados os únicos responsáveis por sua sorte. O acesso formal, mas não efetivo, à Justiça correspondia à igualdade, apenas formal, mas não efetiva" (ob. cit., p. 9). À medida, entretanto, que a visão individualista dos direitos, refletida nas "declarações de direitos" dos séculos XVIII e XIX, foi-se modificando, com o movimento no sentido de se reconhecerem, também, os direitos e deveres sociais dos governos, comunidades, associações e indivíduos, assegurando-se, nas modernas Constituições, entre outros, os direitos ao trabalho, à saúde, à segurança material e à educação, o direito ao acesso efetivo à Justiça vem logrando particular atenção, como de importância capital entre os novos direitos individuais e sociais, uma vez que a titularidade de direitos é destituída de sentido na ausência de mecanismos para sua concreta reivindicação. O Estado Democrático encontra-se preso a seus jurisdicionados pelo dever de garantir-lhes o regular exercício de seus direitos conquistados, quanto de facilitar-lhes a reintegração ou a defesa de direitos violados, ou ameaçados, ou, ainda, a reparação de lesões oriundas de atos ilícitos, bem assim de proporcionar-lhes condições de realizar a dignidade da pessoa humana.

É, no particular, pois, questão de primeiro plano a oferta de justiça, pelo Estado, compatível com a procura e a necessidade decorrentes de uma convivência social, cada vez mais complexa, posto que se acentua, extraordinariamente, nos países de desequilíbrios sociais graves. Entre nós, a melhoria do serviço público de administração da Justiça, incumbência institucional do Judiciário, enquanto poder político do Estado, afirma-se como anseio profundo da Nação. O serviço de justiça ao povo há de ser prestado de forma satisfatória, o que pressupõe boa qualidade, acessibilidade a todos e pronto desempenho. Nessa ordem, as preocupações com o acesso efetivo à Justiça, por todos, inclusive pelos menos favorecidos da fortuna, tornaram-se, nas últimas décadas, de uma forma mais intensa, questão, ao mesmo tempo, do interesse da ciência do Direito quanto da Sociologia Jurídica. As relações entre o processo civil e a justiça social, entre a igualdade jurídico-formal e a desigualdade sócio-econômica, ganham, neste plano, significativas dimensões. A função do Poder Judiciário cresce, em conseqüência, de interesse, não só ao saber dos profissionais do Direito mas, também, relativamente ao domínio da Sociologia Jurídica.

9. Nessa linha, estudos de natureza sociológica, no campo da administração da Justiça, evidenciam que dificuldades de todas as ordens cercam os pobres e necessitados, quer as econômicas, quer as condicionantes sociais e culturais, constituindo, todas elas, obstáculos reais ao acesso à Justiça. Em razão disso, lamentavelmente, são milhares (e cada vez maior se torna o número) os estados de insatisfação que se perpetuam e se convertem em decepções permanentes ou em casos de violência, ou procuram soluções aos conflitos à margem das estruturas e dos órgãos do Poder Judiciário, porque as pessoas não se animam ou não podem litigar em juízo, nem logram meios a fazê-lo. Disso resulta, em conseqüência, lhes ficar distante o acesso à tutela jurisdicional, que o Estado moderno lhes promete como um dos princípios fundamentais da ordem democrática. Incompatível com a fisionomia e as metas do Estado de Direito, realmente democrático, sob a égide da justiça social, é não assegurar tutela jurisdicional a todos os cidadãos, notadamente quando essa discriminação se dá por razões de fortuna.

Há, no concernente a esse tema, no Brasil, longa tradição constitucional — que remonta à Carta Política de 1934 (art. 113, inciso 32) —, bem assim legal e jurisprudencial, reconhecendo-se a obrigação do Estado de prestar assistência judiciária aos necessitados. Esteve o constituinte de 1988, destarte, sob a melhor inspiração de justiça social ao emprestar acertado realce à matéria, prevendo, inclusive, no art. 134 da Lei Magna, entre as instituições essenciais à função jurisdicional do Estado, a *Defensoria Pública*, com a incumbência de realizar o serviço público de assistência jurídica integral e gratuita aos que comprovarem a insuficiência de recursos, defendendo-os, em todos os graus de jurisdição. Trata-se, assim, de orientar e assistir aos necessitados, na forma do art. 5º, LXXIV, da Constituição, em juízo ou fora dele, onde haverá, também, espaço às atividades de autêntica educação para o exercício dos direitos e prerrogativas da cidadania e para a solução extrajudicial de conflitos. Da boa organização e funcionamento dos serviços das Defensorias Públicas, da União, do Distrito Federal e, especialmente, dos Estados, resultará, de modo inequívoco, contribuição inestimável à administração e efetiva democratização da Justiça, no País. Há, é exato, milhares de conflitos não trazidos ao exame do Poder Judiciário, particularmente pequenas causas, insatisfações não resolvidas ou, por vezes, dúvidas acerca de direitos, que atormentam pessoas desamparadas da fortuna e sem condições de acesso a escritórios de Advocacia. Quantos conflitos de vizinhança, querelas provenientes de incidentes de pequena monta, que acabam, desnecessariamente, em questões que, ou não se resolvem por simples falta de uma orientação, ou degeneram em atos de violência ou dissídios de profundidade! Organizadas as Defensorias Públicas, como ordena a Constituição, com profissionais do Direito, de alta competência, selecionados em concurso público, provendo cargos de carreira, com garantias funcionais de independência no exercício das funções, afastados de preocupações com a Advocacia particular, mas remunerados condignamente, como se impõe, bem de ver é que se abrem amplas perspectivas de assistência aos necessitados, esclarecendo-lhes os direitos e as obrigações, em consultas regulares, inclusive com escritórios localizados em bairros da periferia das grandes cidades, prevenindo-se, em conseqüência, também, centenas de ações desnecessárias, realizando-se conciliações, orientando-se, superiormente, soluções no âmbito da família, na proteção a menores e incapazes, na defesa dos consumidores, dentre tantas outras providências que a boa organização das Defensorias Públicas e a experiência de seu funcionamento hão de trazer. No que concerne à defesa, em juízo, aos direitos e liberdades dos pobres, é de esperar, com o exercício efetivo dos defensores públicos, dedicados com exclusividade a esse múnus, exista patrocínio competente, dedicado, atento, evitando-se que a desigualdade sócio-econômica, por vezes, existente entre as partes, acarrete, também, a desigualdade na sustentação das respectivas razões e defesas no processo. A Defensoria Pública, como instituição essencial à função jurisdicional, alcança, desse modo, *status* constitucional, a par de outras instituições contempladas no mesmo capítulo da Lei Fundamental (Ministério Público, Advocacia-Geral da União e dos Estados) e dos advogados.

Com propriedade, acentua José Afonso da Silva, quanto ao novo sistema constitucional, no particular: "Os Estados não têm a faculdade de escolher se instituem e mantêm, ou não, a Defensoria Pública. Trata-se de instituição já estabelecida para eles na Constituição Federal, sujeita até mesmo a normas gerais a serem prescritas em lei complementar federal para a sua organização em cada Estado, em cargos de carreira, providos, na classe inicial, mediante concurso público de provas e títulos, assegurada a seus integrantes (...) a garantia da inamovibilidade e vedado o exercício da Advocacia fora das atribuições institucionais". E acrescenta: "Não satisfaz aos ditames do art. 134 a simples criação ou manutenção de Procuradoria de Assistência Judiciária, subordinada à Procuradoria-Geral ou à Advocacia-Geral. A Constituição considera a Defensoria Pública uma instituição essencial à função jurisdicional, destinada à orientação jurídica e à defesa, em todos os graus, dos necessitados, na forma do art. 5º, LXXIV. Se é uma instituição e ainda sujeita a normas gerais de lei complementar federal, a toda evidência, não pode ser órgão subordinado ou parte de outra instituição, que não ao próprio Estado. (...)" (in *Curso de Direito Constitucional Positivo*, 5ª ed., pp. 533-534).

10. Não será admissível, de outra parte, pensar em efetividade da prestação jurisdicional sem pressupor que a garantia, a todos os cidadãos, da inafastabilidade da apreciação, por um Poder Judiciário independente, de qualquer lesão ou ameaça a direito (Constituição, art. 5º, XXXV) há de estar revestida das conotações de boa qualidade e presteza. Põe-se, nesse plano, a "morosidade na distribuição da justiça" como problema de primeira linha a merecer solução, quanto aos resultados da prestação jurisdicional. Embora fenômeno universal, como bem referiu Mauro Cappelletti em conferência pronunciada em Curitiba, em 1991, sobre "Problemas de reforma do processo civil nas sociedades contemporâneas" (*Repro* 65/127), a morosidade na entrega da prestação jurisdicional solicitada concorre, desde logo, para desestimular a procura do aparelho judiciário, máxime nos litígios de pequeno valor, preferindo o cidadão, por vez, amargar a injustiça que lhe decorra do ilícito civil ou da violência a enfrentar as dificuldades e os dispêndios do acesso à Justiça. Com isso, alargam-se as faixas da violência e de solução dos conflitos à margem das estruturas oficiais do Poder Judiciário, a quem, no Estado de Direito Democrático, há de incumbir solver, em decisões definitivas, os conflitos de interesses dos cidadãos entre si, ou destes com a autoridade pública, aplicando, quando for o caso, as sanções cabíveis.

Inobstante esse fato, não é possível deixar de reconhecer que o povo brasileiro procura o serviço público essencial da Justiça com freqüência superior às possibilidades atuais de pronto atendimento, segundo os mecanismos judiciários em funcionamento no País. Disso resulta, de uma forma geral, o crescimento do resíduo de processos, cada ano, nos tribunais e juízos, salvo raras exceções, sem embargo do extraordinário esforço dos magistrados brasileiros, no desempenho de seu múnus.

Nesse particular, a só referência ao fato do ajuizamento de 1.233.410 feitos trabalhistas novos em 1990 está a evidenciar o extraordinário volume de demandas distribuídas nas 722 Juntas de Conciliação e Julgamento, em todo o território nacional, entre os 911 magistrados de primeiro grau que nelas oficiaram, de um total de 1.161 cargos existentes. Essa cifra revela, outrossim, a destacada participação da Justiça do Trabalho no movimento forense nacional, que atingiu, em 1990, um total de cerca de 5.163.410 processos novos, em todas as jurisdições federais e estaduais de primeira instância, assim distribuídos: Justiça dos Estados — 3.530.000; Justiça do Trabalho — 1.233.410; Justiça Federal — 400.000. Ora, ao iniciar-se o ano de 1990, segundo os registros do Banco Nacional de Dados do Poder Judiciário, que se mantém no Supremo Tribunal Federal, alimentado com informações dos tribunais federais e estaduais, havia um resíduo, no âmbito da Justiça dos Estados, de cerca de 5.500.000 feitos em andamento, sendo de registrar o montante de 3.089.989 processos somente no Estado de São Paulo. Considerando-se que os julgamentos em primeiro grau, em 1990, embora hajam atingido cifra excedente a 3.500.000 processos, sendo 2.180.000 feitos na Justiça dos Estados, 1.053.237 processos nas 722 Juntas de Conciliação e Julgamento, e 270.000 na Justiça Federal de primeira instância, ainda assim, é bem de ver, aumentou o já elevado resíduo existente no começo do ano de 1990.

Rápido exame das estatísticas dos serviços forenses, no País, em primeiro grau indica que na Justiça dos Estados, em 1991, ajuizaram-se 5.399.376 feitos novos, sendo julgados em torno de 3.000.000 de processos, nos diversos Estados. Já em 1992, o volume de ações novas, na Justiça dos Estados, atingiu a cifra de 5.271.027, dos quais 2.571.027 somente no Estado de São Paulo, alcançando o número de julgamentos 2.869.195, sem computar os números dos Estados da Bahia, Ceará, Pará, Paraíba e Rio Grande do Norte. A Justiça do Trabalho somou 1.517.916 reclamações novas, havendo, no mesmo ano, julgado 1.337.986 feitos. A Justiça Federal de primeira instância, em todas as Seções Judiciárias, teve o ajuizamento de 554.382 ações, com o total de julgamentos de 422.981 processos. Quanto a 1993, distribuíram-se, na Justiça do Trabalho, 1.429.603 reclamações, sendo julgados 1.400.807 feitos, enquanto na Justiça Federal de primeira instância somaram 535.438 os processos novos, sendo julgados 328.733. No qüinqüênio 1989 a 1993 atingiram o montante de 2.317.444 os processos distribuídos na Justiça Federal de primeira instância, sendo julgados, no mesmo período, 1.325.418 processos.

Essas breves anotações servem a indicar que o povo brasileiro aflui ao Poder Judiciário para a solução de suas controvérsias, sendo expressivos os números no que respeita, também, aos litígios dos cidadãos com o Poder Público.

Concorre, de outra parte, para a morosidade na solução definitiva dos litígios não só o significativo número de recursos previstos na legislação mas, em primeiro grau, a deficiência da quantidade de magistrados, alcançando, até data recente, em torno de 25% o percentual de cargos vagos, pela inviabilidade de aproveitamento de candidatos submetidos aos concursos públicos de ingresso na carreira, realizados pelos tribunais, em todos os Estados. No âmbito da Justiça dos Estados, *ad exemplum*, havia, em abril/91, 1.669 cargos vagos, ou seja, 24,43% dos cargos criados, estando providos, apenas, 5.163 cargos. A média nacional era de 22.540 habitantes por cargo criado de juiz de direito, elevando-se para 28.963 habitantes por juiz em exercício a relação aludida, diante do elevado número de cargos vagos.

11. A reflexão que esses fatos suscitam, especialmente, no espírito dos magistrados faz-nos sentir a angústia de uma realidade que constitui um desafio e diante da qual não podem ser indiferentes os membros do Poder Judiciário, que têm, por força da Constituição, a incumbência de administrar a Justiça, no País.

No debate deste tema, ganha particular espaço, entre nós, nos dias em curso, na projeção da responsabilidade do Poder Judiciário quanto à boa execução dos serviços da Justiça, o fato de a Constituição de 5.10.88 lhe haver conferido, no art. 99, autonomia administrativa e financeira, assegurando-lhe elaborar sua proposta orçamentária. Em torno dessa cláusula da Lei Maior, já tive ensejo de afirmar: "Cumprindo ao Judiciário, enquanto poder político do Estado, com exclusividade, a execução do serviço público da administração da Justiça, importa entender que a Constituição, ao lhe conferir autonomia administrativa e financeira, quis assegurar-lhe competência não só para pensar e planejar as estruturas mais convenientes, quais meios, à execução do fim, mas, também, para propor, quando a tanto necessário, aos outros Poderes, as providências que compreenda indispensáveis, em ordem a dar-se prestação jurisdicional, de maneira mais eficiente e pronta, assegurando o acesso de todos à justiça. Distintos os planos da atividade jurisdicional e da atividade administrativa, no âmbito do Judiciário, força é entender que — enquanto a primeira se exerce com inteira e intocável independência, nas diversas instâncias e juízos, de acordo com as competências previstas na Constituição — certo está que a segunda, na medida em que se manifesta como atos de administração, há de conceber-se numa perspectiva nova, tornando viável, inclusive, um amplo plano de aperfeiçoamento do Poder Judiciário brasileiro".

Verifica-se, é certo, hoje, de uma forma geral, um esforço altamente positivo das administrações das Cortes Judiciárias do País para superar antigas dificuldades que se antepõem à boa prestação jurisdicional.

Em primeiro lugar — e isso é fundamental — instalou-se, no âmbito do Poder Judiciário, a lúcida compreensão de sua independência e do compromisso do magistrado com a Constituição e as leis, que lhe incumbe aplicar, não estando sujeito, no exercício de seu múnus, senão à ordem constitucional e legal, bem assim aos ditames de sua consciência, cônscios os juízes de seu dever para com a Pátria, cujo cumprimento há de manifestar-se no exercício diuturno das funções, com integridade e independência, sem temor algum, nem desejo de decidir para agradar a quem quer que seja. O povo, numa democracia, há de ter no Judiciário a garantia de sua liberdade e de seus direitos, qualquer que seja a origem da violência ou ameaça.

É exato, de outra parte, que a celeridade da prestação jurisdicional não se alcançará sem alterações nas leis do processo e a ampla utilização dos Juizados Especiais de Pequenas Causas e da Justiça de Paz, previstos no art. 98 da Constituição, ao estipular, *verbis*: "Art. 98. A União, no Distrito Federal e nos Territórios, e os Estados criarão : I — juizados especiais, providos por juízes togados, ou togados e leigos, competentes para a conciliação, o julgamento e a execução de causas cíveis de menor complexidade e infrações penais de menor potencial ofensivo, mediante os procedimentos oral e sumaríssimo, permitidos, nas hipóteses previstas em lei, a transação e o julgamento de recursos por turmas de juízes de primeiro grau; II — justiça de paz, remunerada, composta de cidadãos eleitos pelo voto direto, universal e secreto, com mandato de quatro anos e competência para, na forma da lei, celebrar casamentos, verificar, de ofício ou em face de impugnação apresentada, o processo de habilitação e exercer atribuições conciliatórias, sem caráter jurisdicional, além de outras previstas na legislação".

É que, em realidade, são de extraordinária expressão, nos números de feitos aforados, as causas de pequeno valor, sem complexidade, que, entretanto, devem seguir os ritos processuais, ordinários ou sumaríssimos, consignados nas leis processuais, retardando solução que poderia ser obtida em juízos de conciliação, com amplíssima margem de sucesso, tal como já se está verificando nos ainda poucos Juizados de Pequenas Causas que funcionam nos Estados e no Distrito Federal.

12. Devo terminar. Ao fazê-lo, reitero minha fé no Poder Judiciário brasileiro e em seus magistrados, de todas as jurisdições e graus. Consciente de sua independência e da imensa responsabilidade para com o povo, no exercício de seu múnus, a alma de um magistrado autêntico não se pode moldar para o egoísmo ou a soberba, que Calamandrei disse ser o grande pecado do juiz, mas, sim, para a generosa mensagem da verdade e da justiça. Se é válido reconhecer que, em cada processo, em princípio, há problemas humanos, e não apenas questões de técnica jurídica, cumpre ocorra, na decisão, um ato de comunicação, como se algo do juiz se separasse, num aceno existencial. Na eqüidistância dos interesses em conflito, na preocupação exclusiva com a verdade, o justo e o bem comum, o ofício de administrar a justiça, no exercício do poder, há de dar ao juiz a íntima convicção de que, em essência, o mistério do poder é simplesmente o mistério do amor, que se revela no serviço aos outros. E nisso o juiz compreende, também, que a solidão do julgar não é nem a solidão do egoísmo ou do orgulho, ou, pior, a da avareza, mas, sim, a solidão do sentinela, à beira do acampamento, responsável, mais que ninguém, pela tranqüilidade de todos e, não obstante, tranqüilo e silencioso, ele próprio. Realiza-se, desse modo, a maravilhosa e fascinante missão do magistrado, que está em dar-se todo ao serviço em favor de todos, buscando permanecer, entretanto, para sempre, fiel aos valores de sua vida, quaisquer que sejam as dificuldades, vivendo o espírito da verdade, da bondade e da justiça.

Muito obrigado.

CONFERÊNCIAS & DEBATES

SEGURANÇA PÚBLICA NO ÂMBITO MUNICIPAL*

JOSÉ AFONSO DA SILVA
Professor Titular da Faculdade de Direito da USP

1. Polícia e segurança pública. 2. Organização da segurança pública. 3. Polícias federais. 4. Polícias estaduais. 5. Guardas municipais. 6. Conselhos municipais de segurança comunitária.

1. *Polícia e segurança pública*

"Polícia" e "segurança" são dois termos que demandam esclarecimento prévio, antes que entremos na discussão da temática da *segurança pública*, a que, agora, a Constituição reserva um capítulo, onde institui princípios sobre o assunto.

Na teoria jurídica, a palavra "segurança" assume o sentido geral de garantia, proteção, estabilidade de situação ou pessoa em vários campos, dependente do adjetivo que a qualifica. "Segurança jurídica" consiste na garantia de estabilidade e de certeza dos negócios jurídicos, de sorte que as pessoas saibam de antemão que, uma vez envolvidas em determinada relação jurídica, esta mantém-se estável, mesmo se se modificar a base legal sob a qual se estabeleceu. "Segurança social" significa a previsão de vários meios que garantam aos indivíduos e suas famílias condições sociais dignas; tais meios se revelam, basicamente, como conjunto de direitos sociais. A Constituição, nesse sentido, preferiu o espanholismo *seguridade social*. "Segurança nacional" refere-se às condições básicas de defesa do Estado. "Segurança pública" é manutenção da *ordem pública* interna.

Mas aí se põe uma petição de princípio, já que a *ordem pública* requer definição, até porque, como dissemos de outra feita, a caracterização de seu significado é de suma importância, porquanto se trata de algo destinado a limitar situações subjetivas de vantagem, outorgadas pela Constituição.[1] Em nome dela se têm praticado as maiores arbitrariedades. Com a justificativa de garantir a ordem pública, na verdade, muitas vezes, o que se faz é desrespeitar direitos fundamentais da pessoa humana, quando ela apenas autoriza o exercício regular do poder de polícia. *Ordem pública* será uma situação de pacífica convivência social, isenta de ameaça de violência ou de sublevação que tenha produzido ou que supostamente possa produzir, a curto

* Conferência proferida no Curso de Direito e Administração Municipal do 39º Congresso Estadual de Municípios, em Águas de Lindóia, em 28.4.95.

1. Cf. nosso *Aplicabilidade das Normas Constitucionais*, p. 96.

prazo, a prática de crimes.[2] Convivência pacífica não significa isenta de divergências de debates, de controvérsias e até de certas rusgas interpessoais. Ela deixa de ser tal quando discussões, divergências, rusgas e outras contendas ameaçam chegar às vias de fato com iminência de desforço pessoal, de violência e do crime. A *segurança pública* consiste numa situação de preservação ou restabelecimento dessa convivência social que permite que todos gozem de seus direitos e exerçam suas atividades sem perturbação de outrem, salvo nos limites de gozo e reivindicação de seus próprios direitos e defesa de seus legítimos interesses. Na sua dinâmica, é uma *atividade de vigilância, prevenção e repressão de condutas delituosas.* Segundo a Constituição, a *segurança pública é exercida para a preservação da ordem pública e da incolumidade das pessoas e do patrimônio através da polícia federal, da polícia rodoviária federal, da polícia ferroviária federal, das polícias civis, das polícias militares e corpos de bombeiros militares* (art. 144).

A palavra *polícia* correlaciona-se com a segurança. Vem do grego *polis*, que significava o ordenamento político do Estado. "Aos poucos (lembra Hélio Tornaghi), *polícia* passa a significar a atividade administrativa tendente a assegurar a ordem, a paz interna, a harmonia e, mais tarde, o órgão do Estado que zela pela segurança dos cidadãos".[3] Acrescenta que *polícia*, sem qualificativo, "designa hoje em dia o órgão a que se atribui, exclusivamente, a função negativa, a função de evitar a alteração da ordem jurídica".[4]

A atividade de polícia realiza-se de vários modos, pelo quê a *polícia* se distingue em *administrativa* e de *segurança*, esta compreendendo a *polícia ostensiva* e a *polícia judiciária*. A *polícia administrativa* tem "por objeto as limitações impostas a bens jurídicos individuais" (liberdade e propriedade). A *polícia de segurança*, que, em sentido estrito, é a *polícia ostensiva,* tem por objetivo a preservação da ordem pública e, pois, "as medidas preventivas que em sua prudência julga necessárias para evitar o dano ou o perigo para as pessoas". Mas apesar de toda vigilância, não é possível evitar o crime, sendo, pois, necessária a existência de um sistema que apure os fatos delituosos e cuide da perseguição aos seus agentes. Esse sistema envolve as atividades de investigação, de apuração das infrações penais, a indicação de sua autoria, assim como o processo judicial pertinente à punição do agente. É aí que entra a *polícia judiciária*, que tem por objetivo precisamente aquelas atividades de investigação, de apuração das infrações penais e de indicação de sua autoria, a fim de fornecer os elementos necessários ao Ministério Público em sua função repressiva das condutas criminosas, por via de ação penal pública.

Mas a segurança pública não é só repressão e não é problema apenas de polícia, pois a Constituição, ao estabelecer que a *segurança é dever do Estado, direito e responsabilidade de todos* (art. 144), acolheu a concepção do *I Ciclo de Estudos sobre Segurança*, segundo a qual é preciso que a questão da segurança seja discutida e assumida como tarefa e responsabilidade permanente de todos. Estado e população.[5] Daí decorre também a aceitação de outras teses daquele certame, tal como a de que "se faz necessária uma nova concepção de ordem pública, em que a colaboração e a integração comunitária sejam os novos e importantes referenciais", e a de que, tendo em vista "a amplitude da

2. Cf. Paulo Barile, *Il Soggetto Privato nella Costituzione Italiana*, Pádua, CEDAM, 1953, p. 117.

3. Cf. *Processo Penal*, Rio de Janeiro, Coelho Branco Editor, 1953, p. 255.

4. Ob. cit., p. 256.

5. Cf. "25 sugestões para uma polícia melhor". Polícia Militar, *Revista da PMERJ* 4/26, outubro/85.

missão de manutenção da ordem pública, o combate à criminalidade deve ser inserido no conteúdo mais abrangente e importante da proteção da população", o que requer a adoção de outro princípio ali firmado, de acordo com o qual é preciso "adequar a polícia às condições e exigências de uma sociedade democrática, aperfeiçoando a formação profissional e orientando-a para a obediência aos preceitos legais de respeito aos direitos do cidadão, independentemente de sua condição social".

2. *Organização da segurança pública*

Indicamos, antes, que a segurança pública é exercida pelos seguintes órgãos: polícia federal, polícia rodoviária federal, polícia ferroviária federal, polícias civis, polícias militares e corpos de bombeiros militares. Há, contudo, uma repartição de competências nessa matéria entre a União e os Estados de tal sorte que o princípio que rege é o de que o problema da *segurança pública* é de competência e responsabilidade de cada unidade da Federação, tendo em vista as peculiaridades regionais e o fortalecimento do princípio federativo[6] como, aliás, é da tradição do sistema brasileiro.

Quando a Constituição atribui às *polícias federais* competência na matéria, logo se vê que são atribuições em campo e questões delimitadas e devida e estritamente enumeradas, de maneira que, afastadas essas áreas especificadas, a segurança pública é de competência da organização policial dos Estados, na forma mesma prevista no art. 144, §§ 4º, 5º e 6º. Cabe, pois, aos Estados organizar a segurança pública. Tanto é de sua responsabilidade primária o exercício dessa atividade que, se não a cumprirem devidamente, poderá haver ocasião de intervenção federal, nos termos do art. 34, III, que dá como um dos objetivos da intervenção federal "pôr em termo a grave comprometimento da ordem pública".

Então, quando a Constituição determina que a *lei* disciplinará a organização e o funcionamento dos órgãos responsáveis pela segurança pública, de maneira a garantir a eficiência de suas atividades, isso significa, basicamente, a *lei estadual*, mas também a *lei federal,* nos estritos limites de sua competência, relativamente às polícias federais (federal, rodoviária e ferroviária), ressalvada, é claro, a competência da União para estabelecer as normas gerais mencionadas nos arts. 22, XXI, e 24, XVI, respectivamente sobre as polícias militares e as polícias civis.

3. *Polícias federais*

Estão mencionadas três polícias federais no art. 144, I-III: a *polícia federal* propriamente dita, a *polícia rodoviária federal* e a *polícia ferroviária federal.* Todas elas são organizadas e mantidas pela União (art. 21, XIV), que também organiza e mantém a polícia civil, a polícia militar e o corpo de bombeiros militar no Distrito Federal e nos Territórios. Todas elas hão de ser *instituídas em lei,* como *órgãos permanentes estruturados em carreira.*

A *polícia federal* destina-se a:

1) apurar infrações penais contra a ordem política e social (*não contra a ordem pública*, note-se) ou em detrimento de bens, serviços e interesses da União ou de suas entidades autárquicas e empresas públicas, assim como outras infrações cuja prática tenha repercussão interestadual ou internacional e exija repressão uniforme, segundo se dispuser em lei;

2) prevenir e reprimir o tráfico ilícito de entorpecentes e drogas afins, o contrabando e o descaminho, sem prejuízo da ação fazendária e de outros órgãos públi-

6. Nesse sentido foi o pronunciamento do *I Ciclo de Estudos sobre a Segurança*, consubstanciado na sua 21ª sugestão (revista e lugar cits).

cos nas respectivas áreas de competência; *contrabando* e *descaminho* são duas modalidades de crimes parecidas mas não idênticas, embora comumente se chame tudo de *contrabando*; este consiste na introdução no território nacional, ou na retirada dele, de mercadorias proibidas; se se proíbe a importação ou a exportação de determinada mercadoria no interesse da política econômica, mas alguém, assim mesmo, atravessa as fronteiras nacionais com tal mercadoria, aí está cometendo o *crime de contrabando*; se essa pessoa, no entanto, introduz ou retira mercadorias cuja importação ou exportação é permitida mediante pagamento de tributos, mas, no caso, elidiu o Fisco e não pagou o imposto pertinente, então cometeu o *crime de descaminho*;

3) exercer as funções de polícia marítima, aérea e de fronteiras;

4) exercer, com exclusividade, as funções de polícia judiciária da União.

A *polícia rodoviária federal* e a *polícia ferroviária federal* destinam-se, na forma da lei, ao patrulhamento ostensivo, respectivamente, das rodovias e das ferrovias federais. *Só das federais,* porque o patrulhamento das rodovias e ferrovias estaduais é matéria de competência das polícias dos Estados.

4. *Polícias estaduais*

São *polícias estaduais*, responsáveis pelo exercício das funções de segurança pública e de polícia judiciária: a *polícia civil*, a *polícia militar* e o *corpo de bombeiros militar.*

À *polícia civil*, dirigida por delegado de carreira, em cada Estado, incumbem as funções de *polícia judiciária*, nos termos já definidos antes, e a apuração de infrações penais, exceto (a) as de competência da polícia federal no âmbito restrito já assinalado e (b) as militares.

À *polícia militar*, em cada Estado, cabem a *polícia ostensiva* e a *preservação da ordem pública*, enquanto ao *corpo de bombeiros militar* de cada Estado compete, além da de outras definidas em lei, como a de prevenção e debelação de incêndios, a execução de atividades de defesa civil. Essas polícias militarizadas dos Estados são consideradas *forças auxiliares* do Exército e se subordinam, juntamente com as polícias civis, aos governadores dos Estados, do Distrito Federal e dos Territórios.

As polícias civis e militares do Distrito Federal e dos Territórios são, porém, organizadas e mantidas pela União (art. 21, XIV), mas as dos Estados são por estes organizadas e mantidas, obedecidas, no entanto, normas gerais federais previstas nos arts. 22, XXI, e 24, XIV, sobre a organização, efetivos, material bélico, garantias, convocação e mobilização das polícias militares e dos corpos de bombeiros e sobre organização, garantias, direitos e deveres dos policiais civis. Essas últimas, pela primeira vez, ficam subordinadas a normas gerais federais, sem qualquer justificativa para tanto, a não ser meros interesses corporativos que fizeram introduzir tal dispositivo na Constituição.

5. *Guardas municipais*

Os constituintes recusaram várias propostas no sentido de instituir alguma forma de polícia municipal. Com isso, os Municípios não ficaram com nenhuma específica responsabilidade pela segurança pública. Ficaram com a responsabilidade por ela na medida em que, sendo entidades estatais, não podem eximir-se de ajudar os Estados no cumprimento dessa função. Contudo, não se lhes autorizou a instituição de órgão policial de segurança, e menos ainda de polícia judiciária.

A Constituição apenas lhes reconheceu a faculdade de constituir *guardas munici-*

pais destinadas à proteção de seus bens, serviços e instalações, conforme dispuser a lei. Aí, certamente, está uma área que é de segurança pública: assegurar a incolumidade do patrimônio municipal, que envolve bens de uso comum do povo, bens de uso especial e bens patrimoniais. Então, em face dessas normas constitucionais, cumpre verificar em que limites são aplicáveis as normas do art. 4º do Decreto 25.265, de 29.5.86, quando estatui que, mediante convênio, ouvido o Conselho Superior de Polícia, as guardas municipais poderão colaborar com o Estado na segurança pública, executando atividades auxiliares de policiamento ostensivo, sob coordenação da Polícia Militar, executando atividades auxiliares de polícia administrativa, judiciária e preventiva especializada, sob coordenação da polícia civil. Por certo que não lhes cabe nenhuma atividade de polícia judiciária e de apuração de infrações penais, que a Constituição atribui com exclusividade à polícia civil (art. 144, § 4º), sem possibilidade de delegação às guardas municipais, pelo quê, nesse aspecto, o referido decreto está superado.

Quanto às funções auxiliares do policiamento ostensivo, só serão admissíveis aquelas que se refiram a aspectos estáticos, como atendimento e orientação em postos policiais da polícia militar e sob a direção desta. Têm sido admissíveis, também, convênios sobre a municipalização do trânsito, desde que isso não importe transferir aos Municípios o policiamento respectivo reservado à polícia militar. Mesmo essa possibilidade tem sido contestada por alguns autores de nomeada, como é o caso de Diógenes Gasparini, segundo o qual a prestação dos serviços de trânsito pelo Município ou por uma de suas empresas não tem como ser legitimamente sustentada: "Não há qualquer valia no fato de que seu desempenho, nessa área, decorre de convênio celebrado com o Estado-membro que, por esse instrumento, lhe transferiu dita responsabilidade do policiamento ou fiscalização de trânsito. A municipalização desses serviços, porque violadora do que prescreve o ordenamento jurídico, não pode ser aceita, devendo os convênios que a permitiram ser denunciados" (Cf. parecer "Municipalização do trânsito: impossibilidade,", in *A Força Policial*, ano 1994, n. 1, pp. 46 e ss.). Entendemos, porém, que, desde que seja reservado à polícia militar o policiamento do trânsito, os convênios são legítimos.

O certo é que as guardas municipais não têm competência para fazer policiamento ostensivo nem judiciário, nem a apuração de infrações penais. Nesse sentido é o pronunciamento da jurisprudência, segundo a qual guardas municipais são incompetentes para atos de polícia, considerando irregular a condução por guardas municipais para atuação em flagrante, bem como o auto de prisão em flagrante daí decorrente, conforme acórdão da 5ª Câmara Criminal do Tribunal da Justiça de São Paulo na Ap. crim. 124-767-3/5. Fundamenta-se o v. acórdão em lições do Des. Álvaro Lazzarini e de Toshio Mukai, este dizendo que "o Município não pode ter guarda que substitua as atribuições da polícia militar, que só pode ser constituída pelos Estados, Distrito Federal e Territórios". O acórdão dá, ainda, conta de um clima de animosidade existente entre a polícia legítima e autêntica, qual seja, a polícia militar do Estado de São Paulo, e integrantes da Guarda Municipal de Americana, para concluir: "Diga-se, desde logo, com todas as letras, que guarda municipal não constitui segmento de segurança pública, não sendo lícita qualquer ação buscando a repressão à criminalidade. Esta, repete-se, pertence às polícias, e guarda municipal não é polícia" (*A Força Policial*, pp. 136 e ss.).

Igualmente assim estatuiu o acórdão prolatado na Ap. crim. 96.007-3/0, de Araras, onde se declarou a Guarda Municipal incompetente para dar busca pessoal, afirmando:

"Guarda municipal é guarda de patrimônio público municipal e não está investida de funções de natureza policial. Não lhe cabe, arvorando-se em agente policial, dar busca pessoal em quem quer que seja e sem razão plausível.

"O manifesto abuso dos guardas leva a que se rejeitem os seus informes" (idem, pp. 141-142).

6. *Conselhos municipais de segurança comunitária*

Os Municípios, contudo, têm dado importante colaboração ao Estado no campo de segurança pública, fornecendo materiais, imóveis, reformas de imóveis, conservação de imóveis destinados tanto à polícia civil como à polícia militar, além de fornecer até viaturas e combustíveis. Cumprem eles, assim, as suas responsabilidades no que se refere à prestação dos serviços de segurança pública, especialmente em face de deficiências do Estado. Muitos convênios são feitos nesse sentido.

Um campo em que a atuação do Município pode ser importante está na formação de conselhos municipais de segurança. Muitos deles já o fizeram. Nem sempre têm funcionado bem, porque, sendo comunitários, ficam eles muito na dependência da disponibilidade da comunidade, que nem sempre está motivada para o exercício dessa função. O Estado tem, hoje, cerca de 800 CONSEGS — Conselhos de Segurança Comunitária, formados pela comunidade. Tirando momentos em que alguns foram utilizados politicamente, o certo é que a maioria deles tem contribuído para a melhoria dos serviços de segurança pública. Aí está um filão importante, onde os Municípios podem oferecer grande contribuição ao Estado na função de prestar segurança pública à população, que é basicamente formada pela comunidade local, municipal.

CONFERÊNCIAS & DEBATES

A ADMINISTRAÇÃO PÚBLICA COMO LOCATÁRIA*

ALICE GONZALEZ BORGES

Professora Titular de Direito Administrativo da Faculdade de Direito da Universidade Católica de Salvador. Membro do Conselho Superior do Instituto Brasileiro de Direito Administrativo

1. Contratos da Administração e contratos administrativos típicos: distinção doutrinária clássica. 2. Contratos "privados" celebrados pela Administração Pública. Regime jurídico aplicável: 2.1 Tratamento doutrinário — 2.2 Disposições pertinentes da Lei 8.666/93. 3. Contrato de locação celebrado pelo Poder Público: 3.1 Como locador de bens públicos a particulares — 3.2 Como locatário de bens particulares, para usos do serviço público. 4. Tratamento das locações de bens particulares na Lei 8.666/93: 4.1 Normas sobre a licitação para a locação de bens particulares pelo Poder Público, como regra geral, e o disciplinamento legal de sua dispensa — 4.2 Conteúdo possível do contrato. Tríplice enfoque do exame da questão. 5. Contribuição para uma definição teórica do conteúdo das cláusulas dos contratos em que a Administração figura como locatária: 5.1 O que cabe e o que não cabe dentre as prerrogativas previstas no art. 62, § 3º, da Lei 8.666/93 — 5.2 Aplicabilidade de normas da Lei 8.245/91 — 5.3 Incidência das normas de ordem pública do Plano Real. 6. Vivenciamento prático do problema em diversas experiências administrativas consultadas. Bibliografia.

1. *Contratos da Administração e contratos administrativos típicos: distinção doutrinária clássica*

É clássica a distinção doutrinária que se costuma efetuar entre os chamados "contratos da Administração" e os típicos "contratos administrativos". A expressão *"contratos da Administração"* seria mais ampla, constituindo um gênero, abrangente de duas espécies: os *contratos privados da Administração*, nos quais esta se despojaria, para sua estipulação, das prerrogativas de potestade pública que lhe são próprias, figurando, nos ajustes, como se fora um mero particular, em plena igualdade jurídica com outro particular; e os *contratos administrativos* propriamente ditos, para cuja celebração a Administração também comparece como parte, mas utilizando seu poder de império, suas prerrogativas de potestade pública, e, portanto, desestabilizando, em nome da supremacia do interesse público que encarna, o vínculo de igualdade jurídica que, em tese, se pressupõe próprio de qualquer contrato.

* Exposição feita durante o XXI Encontro Nacional de Procuradores Municipais, realizado em Belo Horizonte-MG no dia 22.9.95.

A Lei 8.666/93, em seu art. 2º, parágrafo único — indefectivelmente, ao gosto do legislador brasileiro, "para os fins desta Lei" — define o *contrato* com essa abrangência. O que está ali conceituado é o *contrato da Administração*, tomado como gênero abrangente de duas espécies: os contratos administrativos, cujo regime jurídico especial, próprio, típico, irá ser estabelecido mais adiante, no art. 54, que textualmente a eles se refere em conjugação com os arts. 58 e 66; e os contratos especificados no § 3º inciso I, do art. 62, "cujo conteúdo seja regido, predominantemente, por norma de direito privado", os quais nada mais são que os doutrinariamente denominados de "contratos privados da Administração".

2. *Contratos "privados" celebrados pela Administração Pública. Regime jurídico aplicável*

Mas será que, na verdade, a Administração celebra contratos privados assumindo, integralmente, a posição de um simples particular, sujeitando-se, integralmente, às normas de direito privado? Ou, melhor dizendo: será que *poderia* fazê-lo sem desvirtuar gravemente a primacial missão para que é vocacionada, no atendimento do interesse público que vincula todas as suas ações?

Evidentemente que não. Pode a Administração, quando a utilização das prerrogativas de potestade pública não seja necessária para a consecução de seus fins, escolher a via privada para contratar, delas abdicando, portanto, em maior ou menor grau.

Mas o que *nunca* poderá abdicar, mesmo em tais contratações, é das sujeições e limitações que vinculam, sempre, sua atuação, em decorrência do superior e inarredável princípio da indisponibilidade do interesse público a que está atrelada.

Desse modo, cada vez mais a terminologia "contratos privados da Administração" cede passo à de "contratos regidos *predominantemente* pelo direito privado", mais tecnicamente exata, mais consentânea com a realidade dos fatos. Foi, aliás, a adotada pela Lei 8.666/93, em seu art. 62, § 3º, se bem que tal dispositivo não exauriu, em sua exemplificação, toda a vasta gama de contratos que podem ser celebrados em tais condições pela Administração. Nem foi esta a intenção do legislador. As espécies contratuais enunciadas naquele dispositivo apenas comparecem em enumeração exemplificativa, com a única e declarada finalidade de estabelecer quais as prerrogativas de que poderia utilizar-se, na celebração de tais ajustes, e, mesmo assim, somente *no que couber*.

Em matéria de terminologia, autores há que negam a existência de contratos privados da Administração, preferindo chamá-los de *semipúblicos* (Carlos Ari Sundfeld, *Licitação e Contrato Administrativo*, São Paulo, Malheiros Editores, 1994, pp. 199 e ss.), ou de *contratos administrativos de figuração privada* (Toshio Mukai, *Contratos Públicos*, São Paulo, Forense Universitária, 1995, pp. 24 e 25, com fulcro em Manoel de Oliveira Franco Sobrinho).

2.1 *Tratamento doutrinário*

Não importa o nome, entretanto, pois os referidos autores, ao imaginarem tais denominações diferenciadas, só fazem, afinal, admitir que se estão referindo a categorias também diferenciadas de contratos. O instituto existe, e o que é preciso é caracterizá-lo, delimitá-lo em seus contornos, para que se possa definir o seu real regime jurídico.

A esse respeito, assim preleciona o mestre Lafayette Pondé:

"É certo que o Estado pode participar de situações jurídicas reguladas pelo direito privado. Ainda aí, porém, sua vontade é formada e declarada conforme um regime de direito público; e a finalidade do seu ato é um objetivo de interesse público, porque este é uma constante, que domina toda a atuação do Estado. A competência do órgão agente, as condições jurídicas do exercício desta competência, a especialidade mesma da entidade pública, a forma de manifestação e os requisitos de elaboração daquela vontade, obedecem à regulação do direito público. Os efeitos jurídicos, estes é que se identificam com os efeitos das atividades privadas dos indivíduos, isto é, derivam do mesmo regime do direito privado, a que, nesse caso, ambas as atuações se submetem. Mas, ainda aí, a atividade do Estado é uma atividade pública, e sua vontade é sempre uma vontade de direito público, isto é, formada e expressa por um processo de direito público, ainda que, para produzir os efeitos de direito privado, deva submeter-se à regulação deste.

"Veja-se, por exemplo, a compra de um imóvel, contratada pela Administração. O contrato é de direito civil. A forma substancial, estabelecida por este, deve ser atendida; os seus efeitos são também por ele regulados. Mas o requisito da vontade contratante, do Estado, deverá obedecer às condições de validade reguladas pelo direito administrativo, de cujos preceitos dependem a designação do órgão competente para assinar aquela escritura, as condições de atuação deste órgão, a dependência de prévia autorização legislativa, ou de posterior aprovação de outro órgão, a admissibilidade de cláusula acessória" (*RDA* 29/16-29, p. 17).

A esse respeito, Agustín Gordillo observa que, modernamente, são muito raros os contratos da Administração que se regulam unicamente pelo direito civil ou comercial. Bem ao contrário, diz, "a realidade mostra que, em todos os vínculos da Administração, imperam o direito público e o direito privado, em maior ou menor grau", pois:

"(...) é óbvio que tudo o referente à *competência* dos órgãos que os celebram, ao *procedimento* de sua celebração, às *formas* pertinentes etc. etc. rege-se estritamente pelo direito público (...)

"Por isto, a conclusão é definitivamente a mesma que com respeito aos supostos atos civis da Administração: somente poderão reger-se pelo direito civil no que se refere ao objeto do ato ou contrato, mas isso não exclui que o dominante continue sendo o direito público, pelo quê não pode qualificar-se o contrato, em sua totalidade, como um contrato de direito civil". ("Los contratos administrativos", in *Contratos Administrativos — Regímenes de Pago y Atualización*. t. 1/16 e ss., Buenos Aires, Astrea, 1988).

Estudando o assunto à luz do Direito brasileiro, Maria Sylvia Zanella Di Pietro traça um largo bosquejo dos vários tipos de contratos celebrados pela Administração Pública: "(...) os regidos unicamente pelo direito administrativo, sem paralelo no direito privado; os que, embora tenham o equivalente no direito civil, constituem uma ramificação da categoria jurídica definida pela teoria geral do Direito; e, finalmente, os que são regidos pelo direito privado, com derrogações maiores ou menores impostas pelo direito público. Nas duas primeiras hipóteses, aplica-se o *regime administrativo*, na última, o *regime de direito privado com as derrogações impostas pelo direito público*, hipótese em que alguns preferem falar em direito misto. São muito poucas, se não raras, as hipóteses de aplicação pura do direito privado" (*Do Direito Privado na Administração Pública*, São Paulo, Atlas, 1989, p. 92).

Observando que, tendo em vista os fins de interesse geral perseguidos pela Administração, o exercício, por esta, de atividades regidas pelo direito privado sobre desvios, derrogações, impostos por normas de direito público, em maior ou menor grau, a referida autora traça algumas regras preciosas: "(...) enquanto, nas relações de direito público, os privilégios e prerrogativas se presumem, independentemente de previsão legal, porque são inerentes à *au-*

toridade de que se reveste a Administração Pública, no exercício de funções consideradas essenciais; nas relações de direito privado o que se presume, no silêncio da lei, é a igualdade de posição; *os desvios ao direito comum são apenas os expressamente estabelecidos em lei*" (ob. cit., p. 9).

Adotaremos tais judiciosas reflexões como premissas essenciais ao exame do tema, para nortear a interpretação da legislação aplicável à espécie.

2.2 Disposições pertinentes da Lei 8.666/93

Dispõe a Lei 8.666/93, a respeito da matéria, em termos expressos, unicamente no art. 62, § 3º, quando traça as seguintes regras, que a seguir se resumem:

a) Refere-se expressamente aos contratos cujo conteúdo seja regido *predominantemente* por norma de direito privado.

b) Destaca, apenas exemplificativamente, os contratos de seguro, de financiamento e de locação.

c) Quanto aos contratos de locação, abrange unicamente o regime jurídico daqueles nos quais o Poder Público figure como *locatário*.

d) Determina a aplicação, *no que couber*, de alguns de seus artigos, que especifica, e, ainda, das *demais normas gerais*.

e) Os artigos assim destacados são, unicamente, o art. 55, que trata das cláusulas obrigatórias do contrato; o art. 58, que constitui, na Lei 8.666/93, a própria essência do regime jurídico especial próprio, típico, dos contratos administrativos; o art. 59, que trata da teoria das nulidades dos contratos administrativos; e os arts. 60 e 61, que apenas cuidam das formalidades de celebração dos contratos administrativos e que, aliás, seriam perfeitamente dispensáveis em uma lei que se intitula *de normas gerais*.

f) É de notar-se que, nessa enumeração de dispositivos sobre os contratos, a lei não inclui alguns muito importantes, quais sejam: o art. 56, relativo às garantias contratuais, e o art. 57, que diz respeito à duração dos ajustes, parecendo querer, deliberadamente, submetê-los à égide da legislação civil.

Restam, no espírito do intérprete da lei, algumas indagações não resolvidas:

1. Até que ponto se aplicam tais regras aos "demais contratos, regidos predominantemente pelo direito privado"? Essa determinação se dirige a todos aqueles tradicionalmente regidos pelo direito civil, tais como compra e venda, doação, comodato etc.?

2. Quais são as *demais normas gerais* a que se refere o dispositivo (a pergunta é pertinente, porque, no seu art. 1º, a Lei 8.666/93 diz que *todas* as suas disposições são normas gerais, e, evidentemente, o enunciado legal não quis dar tal abrangência à sua determinação)?

3. Se essa aplicação dos artigos destacados será efetuada, apenas, "no que couber", o que é que cabe e o que é que não cabe?

Evidentemente, a indagação carece de maior relevância quanto aos arts. 55, 59, 60 e 61. Mas é de crucial importância no que se refere ao art. 58, consagrador, justamente, das prerrogativas da Administração Pública na celebração dos contratos administrativos, isto quando, relembremos, a lei se refere aos contratos regidos *predominantemente* pelo direito privado.

Ora, à luz da doutrina *retro*-exposta, as prerrogativas dos contratos celebrados pela Administração Pública e regidos (*predominantemente*, é a dicção da lei) pelas regras do direito privado *não se presumem*. Deveriam ser mencionadas expressamente, pois. É o que a lei não faz, pois apenas alude a um vago "no que couber". Será, então, o Poder Público quem, discricionariamente, irá decidir quais as prerrogativas que adotará, nesta ou naquela sua contratação? Em qual irá usar do poder de alterar unilateralmente as cláusulas contratuais? Em qual irá aplicar sanções unilateralmente à parte inadimplente? E em qual irá utilizar-se do seu poder de rescindir, unilateral e antecipadamente, o ajuste celebrado com o particular?

Este é o ponto central da questão, e mais um dos muitos em que a Lei 8.666/93 enseja uma série de perplexidades para sua interpretação.

Com efeito, divide-se extremamente a doutrina de quantos se debruçaram sobre o estudo sistemático das normas da referida lei quando comentam os dispositivos citados.

Hely Meirelles, que se tem notoriamente por inspirador do Decreto-lei 2.300/86, entretanto, assim se manifesta em relação ao art. 52, § 3º do aludido diploma, cuja redação era semelhante à atual: "Consideramos válida a incidência de normas administrativas procedimentais e de direito financeiro sobre os ajustes privados de Administração, mas discordamos do Estatuto na parte em que lhe concede poder para alterá-los e extingui-los unilateralmente. Trata-se de privilégio injustificado, que atenta frontalmente contra a estabilidade do contrato, um dos princípios básicos desse instituto típico de direito privado, *resultante, a nosso ver, de mera desatenção do legislador"* (grifamos) — (*Licitação e Contrato Administrativo*, 10ª ed., São Paulo, Ed. RT, 1991, p. 185, nota de rodapé 7).

Tal posicionamento, aliás, revela-se extremamente coerente com a admirável conceituação que o inesquecível Mestre faz dos contratos que denomina *contratos semipúblicos*: "Contrato semipúblico é o firmado entre Administração e particular, pessoa física ou jurídica, com predominância das normas pertinentes do direito privado, mas com as formalidades previstas para os ajustes administrativos e relativa supremacia do Poder Público" (ob. cit., p. 186).

Aliás, fato mais eloqüente não poderia haver, para demonstrar o pensamento do eminente jurista a respeito da matéria, do que o seguinte: a Lei paulista 6.544/89, cujo anteprojeto foi de sua integral autoria, não incluiu esse parágrafo no art. 58, que correspondia ao art. 52 do Decreto-lei 2.300/86.

Marcos Juruena Villela Souto, em recente comentário, manifesta-se no mesmo sentido a respeito do art. 62, § 3º, da lei 8.666/93: "A doutrina sempre considerou a norma uma aberração, descaracterizando uma distinção clássica e criando uma série de embaraços, especialmente nos contratos atípicos, *cabendo ao intérprete limitar as prerrogativas ao essencial*, sob pena de descaracterizar os pactos típicos do direito privado que foram, expressamente, excluídos do direito público no art. 2º da Lei 8.666/93" (grifamos) — (*Licitações & Contratos Administrativos*, Rio de Janeiro, ADCOAS, 1994, p. 171).

Não obstante tais candentes pronunciamentos, fato é que a possível "desatenção" do legislador de 1986 foi encampada pela lei de 1993/94: ou pelo afã comodista de repetir o Decreto-lei 2.300/86, ou por entender o legislador mesmo, necessária a atribuição de tais prerrogativas à Administração, por mais esdrúxula que pareça. Quem, em sã consciência, pode sabê-lo? O fato é que *legem habemus*, e caberá ao intérprete usar do bom senso que revelou Marcos Juruena, ao analisar a questão.

Endossamos plenamente a doutrina já exposta, e também entendemos deva o intérprete da lei limitar aquelas prerrogativas ao essencial, não somente por amor à verdade jurídica como, também, por um fator que nos parece muito importante: há um sério perigo de que a Administração que celebra tais contratos (semipúblicos, ou de configuração privada, como quer que os denominemos) não encontre particulares que queiram contratar com o Estado aceitando a imposição das aludidas prerrogativas especiais.

O que muito nos preocupa é a liberdade de decisória que a lei deixa, no caso, à apreciação discricionária da Administração, para definir o que se contém, exatamente, na vaga fórmula legal "o que couber". Bem sabemos, na prática, o quanto tendem as Administrações a abusar de suas prerrogativas, ou a nelas introduzir distorções e desvios inadmissíveis.

3. *Contrato de locação celebrado pelo poder público*

3.1 *Como locador de bens públicos a particulares*

A locação pode ser empregada como forma de contratação pelo Poder Público por duas maneiras: ou figurando a Administração como *locadora* de bens públicos a particulares, ou figurando, ao inverso, como *locatária* de bens particulares que sejam necessários para o funcionamento de algum serviço público.

A locação só aparece com o tratamento de direito privado, na Lei 8.666/93, quando se trate da segunda hipótese. Cuidando-se da locação de bens públicos a particulares, não há exclusão de normas de direito público. Aliás, a própria Lei de Locações, em seu art. 1º, parágrafo único, "a", as exclui expressamente do seu âmbito de incidência.

Ou há disposições especiais da lei federal a respeito da matéria (Decreto-lei 9.760/46), ou podem as Administrações estaduais ou municipais, que não dispõem de competência para derrogar normas do direito civil, em suas locações, utilizar-se dos institutos administrativos da concessão remunerada de uso de bem público ou da simples cessão de uso, sempre preferíveis às correspondentes formas de direito privado.

3.2 *Como locatário de bens particulares, para usos do serviço público*

Freqüentemente, necessita a Administração Pública de locar prédios para diferentes usos, em função das necessidades de interesse público, muitas vezes cruciantes.

Sem dúvida, nem sempre dispõem as Administrações, sobretudo as estaduais ou municipais, de recursos suficientes para comprar ou construir todos os prédios de que realmente necessitam para o funcionamento de sua máquina administrativa.

Por outro lado, nem sempre encontram, disponíveis, prédios em condições verdadeiramente adequadas, que possibilitem uma escolha, uma seleção. Sabemos as condições de pobreza em que vivem mergulhadas as populações dos Municípios no território deste imenso Brasil. Quantas e quantas vezes as sedes municipais se compõem apenas de uma praça principal e de uma única rua, mais ou menos extensas, onde se alinham as poucas casas habitáveis, dotadas de um mínimo de requisitos de conforto e de instalações adequadas.

Verifica-se, ainda, uma sensível retração dos possíveis locadores. O povo tem medo, certamente com bastante razão, de estabelecer negócios jurídicos com o Estado todo-poderoso, não ignorando as dificuldades administrativas e processuais que terá, em caso de inadimplência, para obter em dia, o pagamento das contraprestações devidas. E acresce o fato muito evidente, sobretudo em comunidades pouco desenvolvidas, de que o povo receia muito "brigar com o Estado", com aquela arraigada convicção íntima de que, nessa briga, sempre levará a pior a parte mais fraca.

Por todas essas razões, é sempre extremamente difícil à Administração encontrar prédios apropriados para as necessidades de funcionamento de seus serviços, ou, se os encontra, de achar quem os queira alugar ao Estado.

Tais considerações não podem deixar de nortear a tarefa do legislador, e, sobretudo, a do intérprete. Observa Gaston Jèze, muito a propósito, em sábia lição, que:

"O teórico não pode olvidar nunca que o Direito serve para resolver problemas sociais, econômicos e políticos, e é a vida quem os propõe. Não tem por que imaginar hipóteses. É a vida que os mostra com toda a complexidade, com todos os conflitos de interesses e paixões que constituem a trama das sociedades humanas (...)

"Sob todos esses pontos de vista, a missão do teórico vem a completar a do prático. Sem dúvida, a teoria é, antes de tudo, a sistematização dos dados da prática. Não há nem pode existir oposição entre a teoria e a prática: digamos, uma vez mais, que toda teoria que não se acomoda aos fatos leva em si mesma sua condenação, seu gérmen de morte" (*Los Principios Generales del Derecho Administrativo*, 2ª ed., trad. por García Oviedo, Madri, Reus, 1928, pp. 20 e 21).

4. *Tratamento das locações de bens particulares na Lei 8.666/93*

4.1 *Normas sobre a licitação para a locação de bens particulares pelo Poder público, como regra geral, e o disciplinamento legal de sua dispensa*

A regra geral para o contrato de locação é a da realização de prévia licitação. Mas nem sempre, pelos fatos já expostos, é isso possível. Freqüentemente, como vimos, configura-se, na prática, a existência de um só imóvel que se adapte aos requisitos desejáveis, e cujo proprietário consinta em locá-lo à Administração Pública.

Segundo os termos do art. 24, X, da lei em questão, é possível a dispensa da licitação em tais casos, mas desde que atendidos os pressupostos indicados na lei, isto é: a) é preciso justificar e comprovar, objetivamente, que a escolha do prédio a ser locado foi, realmente, determinada por corresponder plenamente às necessidades de instalação e localização das atividades que a Administração pretende exercer; b) indispensável se torna que haja uma avaliação prévia do valor do aluguel, o que deverá ser efetuado, preferentemente, por uma comissão de técnicos designada pela Administração, mediante pesquisa do preço corrente de mercado.

Obviamente, pois, o processo de dispensa deverá obedecer ao disposto nos incisos II e III do parágrafo único do art. 26.

4.2 *Conteúdo possível do contrato. Tríplice enfoque do exame da questão*

A determinação do conteúdo possível das cláusulas do contrato de locação no caso em que a Administração Pública seja a locatária deverá obedecer a um triplo enfoque da questão, a saber:

a) o que cabe, ou não, em tal contrato, quanto às normas regedoras dos contratos administrativos em geral, às quais alude o art. 62, § 3º, da lei em comento;

b) o que cabe, ou não, quanto às disposições especiais da Lei 8.425/91, regedora das locações de prédios urbanos;

c) a incidência das normas econômico-financeiras-monetárias, de ordem pública, relativas à implantação do Plano Real, sobre as estipulações contratuais.

5. *Contribuição para uma definição teórica do conteúdo das cláusulas dos contratos em que a Administração figura como locatária*

5.1 *O que cabe e o que não cabe dentre as prerrogativas previstas no art. 62, § 3º, da Lei 8.666/93*

Quanto à enumeração das cláusulas essenciais do contrato, conforme o que dispõe o art. 55 da lei, cabem algumas necessárias adaptações.

Se, como já referimos, o Estado, mesmo ao celebrar contratos que se dizem predominantemente regidos pelo direito privado, não pode despojar-se das sujeições e limitações que lhe são impostas pelo princípio da indisponibilidade do interesse público, então são imperativas as cláusulas relativas aos incisos V (indicação dos créditos orçamentários pelos quais correrá a despesa), XI (vinculação contratual ao edital ou convite da licitação, bem como aos termos da proposta vencedora) e XII (menção expressa da legislação aplicável ao ajuste).

Relativamente às cláusulas pertinentes ao preço, condições de pagamento, critério, data-base e periodicidade do reajustamento e critérios de atualização monetária das obrigações, efetivamente são as mesmas necessárias e até imprescindíveis no contrato. Deverão prevalecer, entretanto, sobre a vontade das partes as disposições de ordem pública da legislação relativa ao Plano Real.

Na parte relativa à duração do contrato (inciso VI) e das garantias oferecidas pelo locatário (inciso VII), há de prevalecer a legislação civil aplicável às locações, já que tais dispositivos não foram expressamente destacados pelo art. 62, § 3º, da Lei 8.666/93, e, evidentemente, não se adaptariam às peculiaridades do contrato de locação.

Quanto às prerrogativas estabelecidas no art. 58, em princípio, não teriam lugar em um contrato regido pelo direito privado. Mas, como a lei diz que elas serão obedecidas "no que couber" e, em homenagem àqueles que enxergam no multicitado dispositivo legal um deliberado propósito do legislador no sentido de publicizar o contrato de locação, procuremos descer à interpretação de cada um dos seus incisos.

Inciso I — modificação unilateral do ajustado, para melhor adequação às finalidades de interesse público, respeitados os direitos do contratado: Parece-nos que, efetivamente, pode haver casos em que a Administração se veja na contingência de alterar o ajuste, unilateralmente, se efetivamente ocorrer uma relevante necessidade de interesse público. Pois, indubitavelmente, a Administração Pública não é um locatário comum, tem necessidades e peculiaridades que não poderiam estar previstas em legislação especial direcionada para outras realidades.

Pensamos, por exemplo, em casos nos quais a Administração, em função de suas atividades, necessite substituir os órgãos que estão atuando no prédio locado, modificar o tipo de utilização, aumentar, sensivelmente, o número das pessoas que o ocupam. Não se há de imaginar que, para isso, necessite de prévio consentimento escrito do locador, ou que, por algum modo, isto caracterize infração contratual que pudesse servir de pretexto para a retomada do prédio locado, na forma do que dispõe a Lei 8.245/91.

Jessé Torres inclui entre as prerrogativas que laboram em favor da prevalência do interesse público, mesmo em tais contratos de figuração privada, esta, de alteração unilateral do ajuste: "(b) o dever-poder, reconhecido à Administração, de modificá-los unilateralmente, com o fim de, sem toldar os direitos do coobrigado privado, melhor ajustar a prestação contratada aos interesses do serviço, recompondo-se por consenso o equilíbrio econômico-financeiro acaso rompido pelas modificações (art. 58)" *(Comentários à Lei das Licitações e Contratações da Administração Pública*, 2ª ed., Rio de Janeiro, Renovar, 1994, p. 381).

Inciso II — possibilidade de rescisão unilateral do ajuste nos casos especificados no inciso do art. 79 da Lei 8.666/93: O inciso I do art. 79, supracitado, reporta-se, por sua vez, às diversas hipóteses previstas nos incisos I a XII e XVII do art. 78, todos da Lei 8.666/93.

Dessas hipóteses, as únicas que poderiam ser invocadas, no caso, pela Administração locatária seriam as do inciso XII — rescisão contratual por motivo de interesse público de alta relevância e conhecimento público e do inciso XVII — caso fortuito e força maior.

Pensemos, no caso da rescisão por motivo de interesse público, em uma hipótese bem factível. No Estado da Bahia está sendo realizado, pelo Poder Judiciário, um grande esforço para a construção de novos fóruns, no interior do Estado. Anuncia-se que, ainda este ano, em mais de 30 comarcas, os serviços judiciários, atualmente espalhados por várias casas alugadas, irão ser centralizados nos edifícios-sede que irão ser inaugurados. Esta é uma situação que bem configura o surgimento de uma necessidade de interesse público relevante, induvidosa, incontestável.

Seria esta uma hipótese em que a Administração dos serviços judiciários teria de rescindir unilateral e antecipadamente aquelas locações, naturalmente mediante o pagamento da indenização que a Lei 8.666/93 prevê em seu art. 79, § 2º.

Note-se que, nesse caso, a situação poderá não estar suficientemente resguardada pela aplicação da regra do art. 4º da Lei 8.245/91. Pelo menos, examinamos vários contratos de locação celebrados por órgãos públicos dos quais não consta *nenhuma* cláusula pactuando multa pela devolução antecipada do imóvel pelo locatário. Na inexistência de tal cláusula, a Lei de Locações prevê sua estipulação judicial. Ora, será muito mais vantajoso para ambas as partes que, nesse caso, seja aplicada a norma da Lei 8.666/93, a qual, ao invés disso, assegura não só a possibilidade de devolução imediata do imóvel locado, por parte da Administração-locatária, como, também, a obrigação, para esta, de indenizar o locador dos prejuízos ocorridos. Ora, tudo isso pode ocorrer exclusivamente na esfera administrativa.

Quanto à possibilidade da ocorrência de caso fortuito ou força maior, esta pode verificar-se em qualquer contrato, público ou privado, e a lei civil contém previsão para a espécie. A diferença está em que a Lei 8.666, no art. 79, § 2º, inclui a hipótese prevista no art. 78, XVII (ocorrência de caso fortuito ou força maior) entre as ensejadoras de indenização do prejudicado.

A não ser nos dois casos acima referidos, não encontramos nenhuma das demais hipóteses de rescisão administrativa que se possa, adequadamente, aplicar a contratos da Administração-locatária.

Talvez não seja irrelevante acentuar, por oportuno, que, nos dois casos apontados, a utilização das prerrogativas da Administração redundaria, afinal, em maior benefício para o particular-locador.

Ainda em relação aos §§ 1º e 2º do art. 58, temos notícia de casos concretos em que a Administração tem utilizado essas disposições para resolver difíceis situações em que, seja por aplicação das normas das leis de locações, seja por implicações das sucessivas medidas econômico-financeiras do Governo Federal, através de seus Planos, é seriamente perturbado o equilíbrio econômico-financeiro inicial da contratação, porque o preço da locação veio a tornar-se extremamente aviltado pela inflação.

Mais uma vez, trata-se de aplicação de cláusulas "exorbitantes" dos contratos administrativos. Porque, nunca é demais relembrar a lição de Bénoît, entre tais cláusulas, são, talvez, as mais "exorbitantes" as que procuram resguardar de possíveis prejuízos quem contrata com o Poder Público. Segundo entendemos, domina toda a execução do contrato administrativo a concepção aristotélica do *justo corretivo*, pela qual se procura evitar que qualquer das partes contratantes venha a ser prejudicada na execução do ajuste.

Quanto ao art. 59 da Lei 8.666/93, há plena aplicabilidade de suas disposições nos contratos de locação em comento. É certo que a Lei especial de Locações tem suas próprias nulidades, estabelecidas no art. 45, que hão de ser respeitadas. Mas as nulidades previstas na Lei 8.666/93 decorrem da posição especial da Administração, com suas indeclináveis e inafastáveis sujeições de potestade pública. Pense-se, por exemplo, nas hipóteses, que lembramos a esmo, de nulidade da licitação ou do processo administrativo de sua dispensa; de celebração do contrato por autoridade incompetente; do contrato celebrado com infringência da obrigatoriedade (constitucional; nos termos do art. 167, II) da indicação dos recursos orçamentários que assegurem o pagamento das obrigações pactuadas. Em todos esses casos, impõe-se, para o locatário, por ser *Administração Pública*, o dever de argüir e decretar a nulidade do ajuste, embora suas razões determinantes nada tenham a ver, em si, com as normas especiais de locações.

Os arts. 60 e 61 dispensam maiores comentários, porquanto, como já assinalado, tratam apenas de formalidades burocráticas.

5.2 Aplicabilidade de normas da Lei 8.245/91

Como vimos, em princípio aplicam-se, como regra geral, às locações em que a Administração Pública figura como inquilina, as normas da legislação específica sobre inquilinato, *mas também; advertimos, "no que couber"*. Regras há, nessa legislação, que nada têm, por sua vez, a ver com a disciplina das relações jurídicas com esse locatário incomum e, às vezes, muito complicado, ante a massa de normas que limitam e entravam sua atuação no mundo dos contratos.

Há que ressaltar, ainda, a posição peculiar das partes nesse tipo da relação jurídica travada sob a égide da Lei de Locações mas tipificada pela existência de certas prerrogativas de direito público em prol do locatário.

De um lado, na Lei 8.245/91 há normas que conferem certa proteção especial aos locatários — e a Administração, como inquilina, delas se beneficia.

De outra parte, cuidando-se de contrato celebrado pela Administração Pública, o locador há de ser tratado, em certas circunstâncias, na posição de *licitante* e de *contratado*, com as amplas conseqüências que daí resultam, como, por exemplo, a obrigatoriedade de preservação do equilíbrio econômico-financeiro do ajuste, e, dessa vez, é ele o protegido.

Cumpre, ainda, não esquecer, mais uma vez, que, de qualquer sorte, a Administração Pública, como locatária, carrega consigo o fardo de suas sujeições de potestade pública, indeclináveis e inafastáveis.

Mas, alerta Jessé Torres, a Lei 8.666/93 não exonerou a Administração das obrigações que lhe couberem segundo o contrato e seu regime de predominância privada: "Assim, ilustre-se, se o Estado, locatário de bem imóvel, não honra os aluguéres mensais, sujeitar-se-á à ação de despejo por falta de pagamento como qualquer inquilino inadimplente. A proteção do interesse público — *ultima ratio* da consagração daquelas prerrogativas — não se compadece com violações de direitos previstos na ordem jurídica, nem com atentados à lei ou ao contrato em suas disposições comutativas" (ob. cit., ibidem).

Assim, pois, impõem-se, amplamente, à Administração, como locatária, os deveres e as responsabilidades por encargos prescritos pelo art. 23, I-XII, e §§ 1º, 2º e 3º da Lei 8.245/91; a possibilidade de interposição, contra a mesma, da ação revisional dos aluguéres pelo locador (art. 19); como, também, em geral, contra a mesma cabem as ações de despejo previstas na lei.

Vale ressaltar que, no geral, não dispõe a Administração de prazos privilegiados para despejo. Não se trata de omissão, porque, quando o legislador quis, estabeleceu uma certa proteção — mas muito relativa — em relação às repartições públicas e outros estabelecimentos, tais como os hospitalares e de ensino (art. 9º, IV — reparos urgentes, determinados pelo Poder Público — e art. 53, II — retomada pelo locador para a realização de construção mais útil). A regra que vige é a de que, em relação ao despejo, não se estabelecem prerrogativas para a Administração, embora possa haver sérios interesses públicos envolvidos no funcionamento contínuo de seus serviços. Esses interesses não estão, fácil é de ver-se, suficientemente protegidos pela legislação locatícia. Porém, dentro do regime jurídico predominante de tais contratos, suas exceções *não se presumem* em favor do Poder Público.

Observa-se, também, a regra inversa: a Administração-locatária pode exigir o cumprimento dos deveres do locador — art. 22, I-X, e parágrafo único — e fazer valer, em relação ao mesmo, os seus direitos de preferência no caso de alienação do bem locado (arts. 27-34) e de retenção das benfeitorias (arts. 35 e 36). E assim por diante.

5.3 Incidência das normas de ordem pública no Plano Real

Como vimos, a matéria relativa aos preços de alugueres das locações tem sofrido a incidência de leis de ordem pública, que prevalecem, afinal, sobre a vontade contratual das partes. Assim vem ocorrendo, como não poderia deixar de ser, com o conjunto de leis e medidas provisórias que compõem o chamado Plano Real para estabilização econômica do País.

Vale ressaltar que, em relação aos contratos de locação, essa legislação previu, através das sucessivas medidas provisórias que foram convertidas, afinal, na Lei 9.069/95, a possibilidade de revisão dos aluguéis pactuados e convertidos em real, a partir de 1.1.95, através de livre negociação entre as partes, nas hipóteses em que haja ocorrido desequilíbrio econômico-financeiro, para adequá-los aos preços de mercado, ressalvando, ainda, o direito à ação revisional de que trata a Lei 8.245/91. Ditas normas se referem às locações residenciais, mas não vemos por que não se aplicariam, também, em relação àquelas locações não-residenciais em que a Administração figura como locatária.

A tanto autoriza, a nosso ver, o fato de que a Lei 8.666/93 prevê a aplicação, em tais contratos, das regras do art. 58, entre as quais se inclui, justamente, a preservação do equilíbrio econômico-financeiro dos contratos celebrados pela Administração Pública.

6. Vivenciamento prático do problema em diversas experiências administrativas consultadas

À luz da luminosa lição de Jèze, procuramos pesquisar, junto a órgãos da Administração Pública — sobretudo do Estado da Bahia — como se vêm comportando tais contratações na realidade prática. Pois, como já salientamos, a Lei 8.666/93 não é clara a respeito da espécie, deixando uma larga margem de apreciação discricionária à Administração Pública para que esta aplique suas prerrogativas aos contratos regidos predominantemente pelo direito privado, na interpretação do que se contém na ampla expressão "no que couber" e na vaga enunciação das "demais normas gerais" não explicitamente destacadas pelo art. 62, § 3º.

Como já era de se esperar, nessa pesquisa, embora aligeirada e efetuada em área restrita, encontramos, a respeito da matéria, procedimentos extremamente diversificados nos setores, denunciando a falta de uma orientação doutrinária mais segura.

Eis algumas conclusões a que chegamos a respeito de como vêm sendo praticamente realizados os comandos das leis regedoras da espécie — a de n. 8.666/93 e a de n. 8.245/91:

1. Em regra, tais contratos vêm sendo celebrados com obediência à Lei de Locações, sendo poucos os que também se referem à incidência da Lei 8.666/93.

2. Reina diversidade de orientação quanto ao prazo das locações. É certo que a Lei 8.666/93 não se referiu à espécie, diferentemente do Decreto-lei 2.300/86, que, no art. 47, § 3º, excepcionava expressamente do limite máximo qüinqüenal as contratações para a locação de bens imóveis para o serviço público. É certo, também, que a Lei 8.245, em seu art. 56, parágrafo único, dispõe sobre a prorrogação automática dos contratos, em locações não-residenciais, se o locatário permanecer no imóvel por mais de 30 dias, sem oposição do locador, convertendo-se os mesmos, assim, em contratos por prazo indeterminado, sem limite de duração.

Não obstante, em muitos setores nota-se a preocupação de estipularem os contratos o prazo de 12 meses e de serem os mesmos prorrogados ou "renovados" anualmente, através de termo aditivo, certamente para indicação das dotações orçamentárias específicas.

Recentemente, em louvável iniciativa, a Secretaria de Administração do Estado do Paraná aprovou, através da Resolução 2.462, de 19 de julho deste ano, um *Manual de Procedimentos de Locações de imóveis*. Nesse *Manual* estipula-se que o contrato vencido que não tiver sido renovado até 60 dias antes do término do prazo contratual será tratado como uma nova locação, impondo-se, obrigatoriamente, em cada renovação ou recontratação, a obrigatoriedade de "nova avaliação do imóvel, nos termos do art. 24, X, da Lei 8.666/93". Já entende a Procuradoria-Geral do Estado da Bahia, através de sua Especializada de Atos e Contratos, que as prorrogações do contrato deverão ser formalizadas em termo aditivo, descabendo, entretanto, nova avaliação.

3. A prerrogativa de rescisão unilateral do contrato pela Administração, "a qualquer tempo", aparece em alguns ajustes, e nem sempre com a observância das próprias limitações que a Lei 8.666/93 impõe.

Por exemplo, na minuta-padrão que acompanha o *Manual de Procedimentos* do Paraná figura uma cláusula segundo a qual o órgão público se reserva o direito de denúncia unilateral, a qualquer tempo, do contrato, desde que o comunique ao locador, com a antecedência mínima de 60 dias. Nada se estipula, entretanto, sobre o pagamento de qualquer indenização ao locador, nem, muito menos, sobre o cumprimento da Lei 8.245/91, a respeito da rescisão antecipada do contrato pelo locatário e da estipulação da multa devida. É claro que a simples comunicação antecipada não supriria as determinações, a respeito, das duas legislações aplicáveis à espécie.

Com variantes, aparece a mesma cláusula em outros contratos celebrados na área da Administração do Estado da Bahia (Secretaria da Educação).

Já em contratos de locação de imóveis particulares firmados pelo Tribunal de Justiça do Estado do Rio de Janeiro, conforme minuta transcrita na obra de Nagib Slaibi Filho, *Comentários à Nova Lei do Inquilinato*, aparece a mesma cláusula, com a ressalva de que, nesse caso, *não terá o locatário a obrigação de pagar multa ou indenização de qualquer espécie*. Desobedece-se, assim, expressamente, de uma penada, à Lei 8.245/91, quanto à multa; e à Lei 8.666/93, quanto à indenização pela rescisão antecipada do contrato pela Administração.

Quanto à possível prerrogativa da Administração-locatária de alterar unilateralmente as condições do contrato, por motivo de interesse público, é taxativo o *Manual de Procedimento de Locações de Imóveis* do Paraná em renunciar à mesma, ao dispor que a sublocação, o empréstimo ou a cessão do imóvel locado, parcial ou total, é vedada, salvo se expressamente autorizada *pelo locador*.

4. Encontramos em contratos celebrados pelo Tribunal de Contas dos Municípios da Bahia uma cláusula no mínimo curiosa: a obrigação, imposta ao Poder Público-locatário, de prestação de fiança bancária no caso de atraso de pagamentos dos aluguéis por mais de três meses, sob pena de rescisão do ajuste, "de pleno direito".

5. Em contratos de locação celebrados pelo IPRAJ — autarquia vinculada ao Poder Judiciário baiano — e em outros, apreciados pela Procuradoria-Geral do Estado, verificamos a admissibilidade da aplicação da revisão do valor da locação em obediência ao princípio do resguardo do equilíbrio econômico-financeiro da contratação, em casos de locação de imóveis em que, após a conversão de seus valores em Real, e aplicadas todas as correções devidas, ficaria o aluguel estipulado em preço irrisório, à vista daqueles praticados no mercado: algo como vinte e poucos reais, em um dos casos que examinamos.

Nesses casos, têm os órgãos jurídicos admitido a revisão do aluguel, após o prazo de locação previsto pela Lei 8.245/91 para a ação de revisão judicial, mas por via exclusivamente administrativa.

6. Como não poderia deixar de ser, entretanto, é uma tônica geral, nos contratos examinados, sem discrepância, a observância geral dos princípios de direito público quanto à finalidade, competência, formalidade e publicidade de tais ajustes.

Em conclusão, entendemos que a matéria relativa à locação de bens particulares pelo Poder Público é extremamente delicada, em suas especiais conotações, na medida em que envolve relevantes aspectos sociais e o atendimento de necessidades não menos relevantes do interesse público. Bem por isso, merece ser disciplinada com maior cuidado, pois não se trata de *mais um* entre os contratos regidos predominantemente por normas de direito privado. Bem ao contrário, trata-se de uma espécie contratual disciplinada por legislação própria, com regras especiais, nas quais se verifica uma notável interferência de normas de ordem pública que prevalecem sobre a própria vontade das partes. Essa legislação, por sua vez, é ditada, em princípio, pela satisfação de necessidades sociais bastante específicas e bem diversificadas, onde não há muito lugar para a apreciação das necessidades específicas de funcionamento dos órgãos do Poder Público e do aparelhamento estatal, as quais, por sua vez, se ressentem de mais adequada proteção.

Exemplo digno de louvor e imitação é o esforço que está sendo desenvolvido pelo Estado do Paraná para disciplinar adequada e uniformemente a espécie, embora, certamente, ainda mereça ser bastante aperfeiçoado em certos pontos.

Pois o que se verifica, em geral, em face das imprecisões da Lei 8.666/93, é a falta de uniformidade normativa, de orientação segura, e até mesmo de maior estudo sobre o assunto.

Como, em regra, o particular ou simplesmente evita locar ao Poder Público ou, decidindo fazê-lo, passa a evitar questionamentos com esse locatário todo-poderoso, a bem dizer não é, em geral, sentida a premência de tais disciplinamentos. Nem por isso se tornam menos necessários, pois sua falta poderá vir a ensejar, em certos casos, conseqüências muito sérias para os superiores interesses da coletividade.

Salvador, 22 de setembro de 1995.

Bibliografia

HELY MEIRELLES. *Licitação e Contrato Administrativo.* 10ª ed. São Paulo, Ed. RT, 1991.

MARIA SYLVIA ZANELLA DI PIETRO. *Temas Polêmicos sobre Licitações e Contratos.* São Paulo, Malheiros Editores, 1994.

———. *Do Direito Privado na Administração Pública.* São Paulo, Atlas, 1989.

JOSÉ CRETELLA JR. *Das Licitações Públicas.* Rio de Janeiro, Forense, 1994.

CARLOS ARI SUNDFELD. *Licitação e Contrato Administrativo.* São Paulo, Malheiros Editores, 1994.

TOSHIO MUKAI. *Contratos Públicos*. São Paulo, Forense Universitária, 1995.

LAFAYETTE PONDÉ. "A vontade privada na formação ou na eficácia do ato administrativo". *RDA* 29/16-29.

AGUSTÍN GORDILLO. "Los contratos administrativos". In: *Contratos Administrativos — Regímenes de Pago y Atualización*. t. I. Buenos Aires, ASTREA, 1988.

MARCOS JURUENA VILLELA SOUTO. *Licitações & Contratos Administrativos*. Rio de Janeiro, ADCOAS, 1994 (p. 171).

GASTON JÈZE. *Los Principios Generales del Derecho Administrativo*. 2ª ed., trad. por García Oviedo. Madri, Reus, 1928.

JESSÉ TORRES. *Comentários à Lei das Licitações e Contratações da Administração Pública*. 2ª ed., Rio de Janeiro, Renovar, 1994.

NAGIB SLAIBI FILHO. *Comentários à Nova Lei do Inquilinato*. 7ª ed. Rio de Janeiro, Forense, 1995.

ANDRÉ DE LAUBADÈRE, PIERRE DEVOLVÉ e FRANCK MODERNE. *Contrats Administratif*, t. 1º, Paris, LGDJ, 1983.

MARÇAL JUSTEN FILHO. *Comentários à Lei de Licitações*. 3ª ed. Rio de Janeiro, Aide, 1994.

MARIA HELENA DINIZ. *Tratado Teórico e Prático dos Contratos*. v. 2, São Paulo, Saraiva, 1993.

JUAN CASSAGNE. "Los contratos de la Administración Pública". In: *Contratos Administrativos — Regímenes de Pago y Atualización*. t. I. Buenos Aires, ASTREA, 1988.

EDUARDO GARCÍA DE ENTERRÍA e TOMÁS-RAMÓN FERNANDEZ. *Curso de Direito Administrativo*. São Paulo, Ed. RT, 1991.

MIGUEL ÁNGEL BERÇAITZ. *Teoría General de los Contratos Administrativos*, 2ª ed., Buenos Aires, De Palma, 1980.

JOSÉ ROBERTO DROMI. *Instituciones de Derecho Administrativo*. Buenos Aires, ASTREA, 1983.

DIÓGENES GASPARINI. "Contratos de direito privado". *RDP* 83/267-269.

RUY CIRNE LIMA. "Contratos administrativos e atos de comércio". *RDA* 32/16-26.

FRANCIS-PAUL BÉNOÎT. *Le Droit Administratif Français*. Paris, Dalloz, 1968.

SYLVIO CAPANEMA DE SOUZA. *A Nova Lei do Inquilinato Comentada*. 2ª ed. Rio de Janeiro, Forense, 1992.

CONFERÊNCIAS & DEBATES

IX CONGRESSO BRASILEIRO DE DIREITO ADMINISTRATIVO
Em homenagem a HELY LOPES MEIRELLES
Fortaleza — Ceará
24 a 28 de setembro de 1995

CARTA DE FORTALEZA

Realizou-se em Fortaleza-CE, de 24 a 28 de setembro de 1995, o IX Congresso Brasileiro de Direito Administrativo, em homenagem a Hely Lopes Meirelles, sob a presidência do professor Valmir Pontes Filho e a coordenação técnica do professor Adílson de Abreu Dallari.

Ao final do evento, as conclusões mais gerais a respeito de cada tema tratado nas conferências e painéis foram reunidas em um documento denominado *Carta de Fortaleza*, cujo texto é o seguinte:

É absolutamente necessário restaurar a supremacia da Constituição e a observância dos princípios constitucionais da Administração Pública.

O princípio da legalidade não se encontra plenamente atendido pelo fato da edição torrencial de medidas provisórias, que não são substitutas adequadas das leis, visto que somente estas são produzidas pelos representantes do povo nas suas casas legislativas.

Além disso, é imperioso assegurar a participação popular tanto na elaboração legislativa quanto na atuação administrativa e, ainda, nos atos de controle.

Cumprir fielmente a Constituição exige a edição das leis complementares e ordinárias nela previstas, assim como a adaptação da legislação pretérita aos preceitos da nova Constituição.

No direito público brasileiro a expedição de regulamentos é ato privativo e indelegável do chefe do Poder Executivo (Constituição, art. 84, IV, parágrafo único). O regulamento deve conter apenas normas jurídicas secundárias que não podem afetar direitos e obrigações, cuja única fonte é a lei, nos termos do art. 5º, II, combinado com o art. 37, *caput*, da Constituição, que sujeita a Administração ao princípio da legalidade.

O princípio da legalidade não se compadece com atos viciados. A obediência a esse princípio se implementa tanto na convalidação quanto na anulação. Só podem ser convalidados os atos que puderem ser refeitos sem vícios.

O caminho para o Poder Público desempenhar suas atividades é a admissão de servidores através de concursos públicos, nos exatos termos da Constituição da República.

Apenas nos casos de realização material de serviços públicos é admissível a contratação de terceiros, mediante licitação.

Sempre que houver poder de decisão jurídico-político imputável ao Poder Público, é inviável a terceirização.

A privatização de empresas estatais encontra respaldo tácito ou subjacente na Constituição Federal, desde que autorizada por lei específica, dado que por lei específica é que se autoriza a criação de toda e qualquer empresa do governo. O processo de privatização há de obedecer ainda aos princípios constitucionais da impessoalidade, da moralidade, da publicidade e da Federação, devendo o edital de convocação dos arrematantes servir à realização dos princípios constitucionais da ordem econômica.

No concernente à atuação das entidades estatais, a atenção maior deve estar voltada ao controle finalístico.

O contrato de gestão deve ser encarado como uma nova postura na aplicação do direito administrativo, indicando caber ao Estado fiscalizar o cumprimento de suas metas.

Devem ser aperfeiçoados os mecanismos preventivos de combate à corrupção.

Na aplicação da Lei da Improbidade deve-se atentar para os princípios da proporcionalidade e da razoabilidade.

A ilegalidade praticada por ato culposo do servidor, que possa ser acoimado de "formal", não causando prejuízo ao Erário, não deve ser tida por ato de improbidade.

A competência da União para definir "crimes de responsabilidade" se limita aos cargos indicados na Constituição Federal. O Estado-membro e o Município, no exercício de suas respectivas autonomias, são competentes para definir "crimes de responsabilidade", para os quais se preveja, como sanção político-administrativa, a perda do cargo, inclusive para disciplinar o respectivo processo de apuração e julgamento.

Considera-se desnecessária e inoportuna a reforma da Constituição no tocante à disciplina da Administração Pública, e, especialmente, quanto ao regime jurídico único, à universalidade do concurso público, à estabilidade e à profissionalização dos servidores públicos civis.

Os administrativistas se devem colocar em alerta constante quanto aos atentados que se tem pretendido perpetrar contra a ordem constitucional, se preciso for com a adoção de posicionamento e procedimentos efetivos, em defesa dos interesses da sociedade.

Como cientistas do Direito, os administrativistas se devem conscientizar da responsabilidade de identificar, apontar e discutir, o mais amplamente possível, os atos e procedimentos de agentes públicos — administrativos e políticos — que se revelem lesivos à destinação maior do Estado e ao seu aprimoramento.

Em síntese, é necessário preservar e fortalecer os fundamentos do Estado Social e Democrático de Direito, presentes no texto constitucional em vigor, resultante do mais amplo e legítimo debate nacional constituinte.

JURISPRUDÊNCIA ANOTADA

SUPREMO TRIBUNAL FEDERAL

INCONSTITUCIONALIDADE DA LEI POR DESVIO ÉTICO-JURÍDICO DO LEGISLADOR (Comentários a acordão do STF na ADIn 1.158-8-AM)

MARCELO FIGUEIREDO
Professor de Direito Constitucional da Faculdade de Direito da PUC/SP

O controle jurisdicional do Poder é instrumento potente, apto a evitar abusos cometidos contra a ordem jurídica. A Constituição Federal oferece vários mecanismos protetivos de seus valores, princípios e regras. Dentre eles, lembramos a ação direta de inconstitucionalidade (art. 103), a via de defesa ou de exceção, exercida por qualquer juiz ou tribunal, mediante provocação, a ação declaratória de constitucionalidade (art. 103, § 4º), o recurso extraordinário (102, III).

O controle jurisdicional do Poder mereceu proteção constitucional notável. Trata-se da cláusula de bloqueio (ou pétrea) inserida no art. 60, § 4º, III e IV. A lógica do constituinte é sábia. Os direitos individuais e a separação dos Poderes não podem ser alterados. Sendo assim, preserva-se via de acesso à Constituição, podendo-se bater sempre às portas do Judiciário contra violações cometidas ao seu texto ou seu espírito.

A ordem fundamental de idéias que preside o raciocínio é simples. Vivemos em uma "República" (coisa do povo). Para preservá-la dos desvios, temos o controle do Poder. Todo aquele que, em nome do povo, exerce parcela de poder ou competência tem o dever de bem administrar, de bem julgar, de bem *legislar*.

Sempre foi um desafio do Direito responsabilizar, e sobretudo invalidar, atos abusivos praticados por delegados do poder. O legislador não foge à regra. Nessa medida, o Direito americano forjou instrumento notável — a cláusula do "devido processo legal" —, exemplo construtivo da Suprema Corte em defesa do Homem, do cidadão, contra arbitrariedades, os privilégios, as *leis irrazoáveis*.

Do mesmo modo, nos países europeus, as Cortes Constitucionais abrem espaço para o controle do Poder. Procura-se de todo modo preservar o "espírito vivo da Constituição", corrigindo rumos e rotas dos órgãos estatais.

No Brasil, recentes decisões do Supremo Tribunal Federal vêm controlando a razoabilidade das leis. Trata-se, à evidência, do controle do racional, da razão, do equilíbrio, do ético, do proporcional.

Carlos Ari Sundfeld (nota de jurisprudência, "Leis desarrazoadas são inconstitucionais", *RTDP*) ressaltou que a doutrina administrativa cuida do tema há algum tempo. Assim, o desvio de poder, o desvio de finalidade, a proibição de arbitrariedade, a análise dos motivos determinantes, são exemplos concretos de preocupação com o tema. Contudo, no direito constitucional, ao menos no Brasil, o controle judicial a partir do princípio da razoabilidade é recente.

Nesse contexto se insere o julgamento da ADIn 1.158-8-AM (requerente: Procurador-Geral da República, medida liminar, rel. Min. Celso de Mello, j. 19.12.94, m.v., *DJU* 26.5.95).

O Procurador-Geral da República suscitou o conflito constitucional em ação direta, questionando o art. 9º da Lei 1.897, de 5.1.89, do Estado do Amazonas. A norma em foco assegurara aos servidores inativos o direito à percepção de vantagem pecuniária consistente no pagamento de um adicional de férias, correspondente a 1/3 dos proventos mensais a que tais agentes aposentados fazem jus.

Sustentou-se que a norma estadual vulnerava a cláusula consubstanciada no art. 40, § 4º da Constituição Federal. O argumento de inconstitucionalidade fundou-se na alegação de que, não podendo a gratificação de férias servir de base para a determinação de proventos, tornar-se-ia inadmissível a atribuição aos servidores aposentados — que não mais desfrutam do direito a férias anuais remuneradas — desse benefício.

O ponto importante, objeto de nossa análise, está exatamente na percepção do Min. Celso de Mello ao detectar *abuso da função legislativa*. Interessante, ainda, que a Procuradoria requerente não o apontou. A norma jurídica constitucional posta em confronto (art. 40, § 4º) não sensibilizou o Relator. Contudo, verificou ele o aludido abuso de função legislativa.

No desenvolvimento da decisão do Relator pode-se notar expressa referência à cláusula do "devido processo legal" em sua dimensão material, substancial — "que impõe restrições de caráter ritual à atuação do Poder Público, mas, sobretudo, em sua *dimensão material*, que atua como decisivo obstáculo à edição de atos legislativos de conteúdo arbitrário ou irrazoável".

Lembrando Santi Romano e Caio Tácito, o Relator remarca a proibição do legislador de exercer sua competência de forma *ilimitada, imoderada, irresponsável*. Toda e qualquer legislação deve merecer a proteção substantiva do "devido processo", especialmente aquela destituída do necessário coeficiente de razoabilidade.

Acompanharam expressamente o Relator, *no ponto objeto de nossa análise*, os Mins. Maurício Corrêa e Sepúlveda Pertence. O primeiro invocando o "princípio moral", o segundo em nome do "princípio da moralidade, igualdade e sobretudo da razoabilidade".

A ementa do julgado acima, em sua parte final, afirma: "Incide o legislador comum em *desvio ético-jurídico*, quando concede a agentes estatais determinada vantagem pecuniária cuja razão de ser se revela absolutamente destituída de causa".

Com a decisão comentada, em síntese, o Supremo Tribunal Federal reafirma sua doutrina no sentido de que a razoabilidade da opção é aplicável a vantagem pecuniária dos servidores. Ademais, afirma que a *ética* (tal como plasmada no ordenamento) constitui-se um critério para aferir a razoabilidade da lei.

Deveras, cremos que o julgado, ainda que proferido em sede de liminar, deva ser ressaltado. Até bem pouco tempo, a idéia de inconstitucionalidade por desvio de poder, especialmente o legislativo, encontrava resistências jurisprudenciais, notadamente porque via-se nela uma "invasão" direta ou indireta no chamado "mérito do ato legislativo". Claro está que esse problema não se põe diante do amplo controle jurisdicional, extremamente dilargado pela Constituição de 1988. O fundamental está em sindicar-se a teleologia da norma em contraste com os valores constitucionais. Cremos que, ao controlar a razoabilidade das leis, está a Suprema Corte, como, de resto, na maioria dos casos, verificando a relação de compatibilidade, a conexão (se existente ou inexistente) entre a norma impugnada e a principiologia constitucional. O legislador, conquanto portador de mandato livre do povo, não tem idêntica liberdade para legislar. O conteúdo da produção normativa deve atender ao "racional", ao "razoável", ao "justo", tal como plasmados no ordenamento nacional e internacional (normas incorporadas ao ordenamento nacional).

Na verdade, sempre o parâmetro de confronto é a Constituição. Assim, não se trata de "aprovar" ou "censurar" o "mérito" da atividade legislativa. Cremos que ainda estamos nos domínios da interpretação constitucional. A questão de fundo a envolver todos os julgamentos das denominadas Cortes Constitucionais é sempre a mesma: conveniência ou inconveniência de conferir poderes ao Judiciário para controlar o Poder.

A delicadeza do trabalho da jurisdição constitucional foi acentuada por Levi, ao formular a pergunta: "Quem há de dizer o que significam os ideais constitucionais de maneira precisa? Certamente, não quem os formulou; eles cumpriram sua tarefa no momento de colocá-los por escrito. Ao que parece, a influência do "culto à Constituição" outorga grande liberdade aos tribunais, que podem sempre prescindir do decidido, para retornar à Constituição (...). Isto pode significar que uma Constituição escrita, que freqüentemente é concebida como fator de rigidez dentro do sistema, deve também ser dotada de um mecanismo de flexibilidade para possibilitar a supremacia judicial"(*Introducción a Razonamiento Jurídico,* trad. de Genaro Carrió, ed. H. Levi/Ed. Universitária de Buenos Aires, 1971, p. 78).

Como a decisão invoca a cláusula do *due process of law*, vale a pena recordar algumas noções do Direito americano a esse respeito.

O *due process of law* (devido processo legal), incorporado ao direito constitucional brasileiro (art. 5º, LIV), foi expressamente introduzido no Direito americano por intermédio da 5ª Emenda Constitucional, com a seguinte redação: "nor shall any person be deprived of life, liberty, or property, withouth due process of law" ("nenhuma pessoa será privada da vida, liberdade ou propriedade sem o devido processo legal").

Inicialmente aplicável exclusivamente à legislação federal e posteriormente aos Estados Federados (14ª Emenda), o devido processo legal (processual e substantivo) apresenta-se como cláusula (ou princípio) constitucional sem significado fixo.

Tanto na Europa como na América, embora por construções diversas, o papel do Judiciário tem-se revelado como verdadeiro "comisionado del poder constituyente para el sostenimiento de su obra, la Constitución, y para que mantenga a todos los Poderes constitucionales en su calidad estricta de Poderes constituidos" (Enterría, *La Contitución como Norma y el Tribunal Constitucional*, 3ª ed., Madri, Civitas, p. 198; v. ainda, Vezio Crizafulli, *Lezione di Diritto Costituzionale*, 4ª ed., v. 2, Pádua, CEDAM, 1976). No Direito americano, do mesmo modo, por intermédio da cláusula do *due process of law*, notáveis construções foram feitas. Como referência, lembramos a teoria da racionalidade, através da qual é considerada a relação entre meios e fins da legislação acoimada de inconstitucional (v. "Legislative purpose, rationality, and equal protection", 82, *Yale L.J.* 123 1972).

Como o devido processo é originário do Direito anglo-americano, útil se mostra rápida visão de como foi utilizado, notadamente na América do Norte.

A respeito do tema, remetemos o leitor aos notáveis trabalhos de Siqueira Castro (*O Devido Processo Legal e a Razoabilidade das Leis na Nova Constituição do Brasil*, Forense, 1989), José Alfredo Baracho (*Processo e Constituição. O Devido Processo Legal*, ed. Revista da Faculdade de Direito da Universidade Federal de Minas Gerais), San Tiago Dantas ("Igualdade perante a lei e *due process of law*", *RF* abril/48), Juan Francisco Linares (*Razonabilidad de las Leyes*, Buenos Aires, Astrea, 1989).

Verificamos, preliminarmente, que a cláusula do *due process of law* (devido processo legal) representa no Direito americano verdadeira súmula das conquistas maiores da democracia, da justiça, da razoabilidade. Serve-se a Suprema Corte americana do *due process* para proteger os indivíduos (nacionais ou estrangeiros) de inúmeras situações envolvendo os direitos fundamentais (vida, informações, voto, participação política, credo, raça, propriedade, dentre outros).

Tão rica é a construção americana que o juiz da Suprema Corte Frankfurter, a respeito do *devido processo*, declarou: "O devido processo legal, como a Constituição, vai-se ajustando às mudanças valorativas da jurisprudência. Ele deve ser respeitado e aplicado em períodos de calmaria e em períodos agitados; protege estrangeiros como cidadãos. Não tem conteúdo fixo desconectado do tempo, lugar e circunstâncias. Expressa-se de modo a assegurar o sentimento de tratamento justo que inspirou durante séculos a história constitucional anglo-americana. O devido processo não pode ser aprisionado em traiçoeiros limites de qualquer fórmula. Ele representa o profundo sentimento de justiça entre os homens, e mais particularmente entre os indivíduos e o Estado. O devido processo é um componente da história, poderoso instrumento de resistência do processo democrático que professamos. O devido processo não é um instrumento mecânico. Afigura-se como um delicado processo de ajustamento inafastável envolvendo a atividade judicial por aqueles a quem a Constituição confiou o desdobramento desse processo" (traduzi) (in *Law Dictionary*, Steven H. Gifis. Barron's 3ª ed., Nova York, verbete "*Due process of law*").

Seria no mínimo temerário dissertar em rápidas linhas a respeito de tema tão complexo e fecundo. Contudo, basta timbrar importante aspecto da questão de fundo que envolve a aplicação do devido processo legal — os limites do poder judicial. Se, por um lado, mostra-se necessário e louvável que haja instrumentos de controle jurisdicional a amparar e corrigir ofensas aos direitos fundamentais, aos princípios constitucionais, ao controle da cidadania, não menos preocupante se mostra o outro lado da questão. Como encontrar critérios ou balizas seguras para chegar-se ao "razoável"?

O Direito americano, segundo nos relata Siqueira Castro (ob. cit.), passou por, no mínimo, duas fases distintas ao aplicar a cláusula do "devido processo legal" *em sua feição substantiva*. Até por volta dos anos 30, a tendência da Suprema Corte foi no sentido de restringir judicialmente a legislação de ordem econômica constrangedora da liberdade de iniciativa. Posteriormente, com a doutrina do *Welfare State*, os exageros do liberalismo foram controlados. Assim, passou-se a cotejar a relação entre "meio e fim" da exigência legislativa, com o intuito de verificar sua *racionalidade*. A cláusula do devido processo legal passa a ser cada vez mais aplicada em assuntos não-econômicos, passando a enfrentar temas ligados à personalidade humana, às liberdades públicas.

O tema, além de fascinante, é extremamente delicado. Isto porque não é possível "importar" singelamente as lições americanas, senão aprender com elas de forma a adequá-las o quanto possível à realidade cultural brasileira. Nessa medida mostra-se extremamente proveitosa a aplicação do "devido processo legal" substantivo em nosso País, para, nas várias áreas do Direito, coibir abusos diretos e indiretos, frontais e velados, aos princípios constitucionais. A lei, como é cediço, usualmente discrimina. Contudo, deseja-se algo mais. O devido processo legal clama por justificativas exaustivas que possam sustentar as distinções pretendidas pelo legislador.

Assim, *v.g.*, poder-se-á construir criativamente jurisprudência dando concreção aos princípios constitucionais que, até o momento, não tiveram suficiente desenvolvimento doutrinário ou jurisprudencial. É o caso do princípio da capacidade contributiva, do princípio da moralidade administrativa e tantos outros constantes da Constituição sem que haja, até o momento, desenvolvimento jurídico desejável. Pelo controle da razoabilidade pode-se, em última análise, julgar inconstitucional lei ou ato normativo que descumpra aludidos princípios (como tantos outros). No dia-a-dia, vemos inúmeras normas jurídicas editadas pelo Parlamento e sancionadas pelo Executivo que, direta ou indiretamente, infringem esses como outros princípios constitucionais. Normalmente, o Judiciário, ao argumento de que aludidos princípios demandam integração normativa, acaba por dificultar o controle constitucional. Nesse aspecto, o controle da razoabilidade, do "devido processo", poderá ser aliado importante no controle da constitucionalidade. O legislador deve ser fiel ao sistema constitucional, não editando regras arbitrárias, caprichosas, irracionais, carentes de plausibilidade. Em suma, justas.

No Direito americano, por exemplo, ao longo de sua história constitucional, podemos recordar os seguintes julgamentos de inconstitucionalidade a partir da cláusula do devido processo legal:

— Julgou-se inconstitucional lei estadual que proibira a fabricação de charutos em conjuntos habitacionais. Fundamento: o ato legislativo interferia indevidamente com a liberdade individual e com a lucrativa utilização da propriedade (1885).

— Apesar de mantida a constitucionalidade da norma, afirmou a Suprema Corte americana, por intermédio do Juiz Harlan, que nem toda lei editada para promoção da moral, da saúde ou da segurança pública pode ser aceita como legítimo exercício de poder de polícia (1887).

— Assentou-se o princípio de que não pode haver confisco sem o devido processo legal. Tratava-se de questão tarifária remuneratória de serviço prestado ao Poder Público que, em virtude da insuficiência de montante, foi considerada "irrazoável", por não permitir a percepção de juros satisfatórios e compatíveis (1890).

— Julgou-se inconstitucional lei estadual que fixara jornada máxima de trabalho para os empregados de padaria, reconhecendo, para tanto, que a garantia do devido processo legal assegurava aos empregados e empregadores a faculdade de livremente contratarem a duração do trabalho diário, portanto, sem interferência do Poder Público. Considerou-se que a faculdade de contratar as condições de trabalho entre empregado e empregador configura uma liberdade individual protegida pela 14ª Emenda da Constituição americana (1905).

— Declarou-se a inconstitucionalidade de lei estadual que impunha a esterilização compulsória dos condenados reincidentes por crimes apenados com reclusão e que demonstrassem torpeza moral. Fundamento: o direito de procriar configura uma liberdade individual insubtraível e que, portanto, qualquer interferência legislativa em seu domínio somente poderia justificar-se por motivos superiores e imperiosos, o que, à evidência, incorria na espécie (1942).

— Declarou-se constitucional a lei estadual que, em resumo, proibia os óticos de realizarem ajuste ou duplicação de lentes sem prescrição de médico oftalmologista. O Juiz Douglas, após cotejar a relação entre "meio e fim" (*means ends relationship*) da exigência legislativa, reconheceu que a lei questionada com base na cláusula do devido processo legal, contida na 14ª Emenda, exibia satisfatória racionalidade (*rationality*), na medida em que objetivava corrigir distorções no mercado ótico em benefício da saúde pública (1955).

— Declarou-se a inconstitucionalidade de proibição legislativa da utilização de métodos anticoncepcionais, entendendo-a lesiva do direito de privacidade que, primariamente, deve reger as relações conjugais (1965).

— Declarou-se inconstitucional toda a legislação que punia criminalmente as práticas abortivas, com isso assegurando o direito insubtraível da mulher de decidir sobre ter ou não ter filho mediante a interrupção voluntária da gravidez (1973).

Todos os exemplos acima foram extraídos da obra de Siqueira Castro (ob.cit.)

Utilizando o princípio da razoabilidade na aplicação da lei há, ainda, alguns julgados recentes da Justiça Ordinária americana:

— Julgou-se "razoável" a punição corporal de um menino em escola pública (permitida por regulamento escolar) por estar jogando bola no ginásio escolar. Seu treinador advertiu o estudante duas vezes. Como não foi atendido, puniu-o, aplicando um "corretivo" nas nádegas. Inconformado, seu pai processou a escola e o "treinador", entendendo que a punição fora excessiva e ainda violadora do substantivo processo legal e de seus direitos civis. Todavia, a Justiça americana concluiu "que o treinador usou do castigo corporal de forma razoável nas circunstâncias, de modo a manter a disciplina no ginásio de esportes, não havendo propósitos sádicos ou maliciosos em sua ação; que um desconforto menor causado pelo castigo aplicado não era suficiente para violar o devido processo legal em sua feição substantiva. Violado estaria o devido processo na hipótese de invasão grave à segurança ou personalidade do estudante".

— A Corte de Apelação de Nova York julgou inválido em parte o programa de distribuição de "camisas-de-vênus" em escolas de segundo grau. Tratava-se de amplo programa não só de distribuição do produto, como de informações, aulas e seminários, pregando o sexo seguro. Decidiu aquela Corte que os pais têm o direito de proibir suas crianças de freqüentar aludidas aulas. Contudo, direito algum havia sido atingido no que tange ao programa de distribuição das "camisas-de-vênus". Entendiam os pais que o programa violava lei estadual que proibia dispensar serviços médicos ou similares a menores sem permissão ou autorização expressa. A Corte decidiu que violado estaria o devido processo legal, em sua feição substantiva, apenas na hipótese de existirem provas ou demonstrações de que os queixosos estariam proibidos de exercer ou praticar suas "religiões ou convicções pessoais".

— Julgou-se "razoável" a detenção com algemas e posterior soltura de motorista que, estacionando em local proibido, resistiu à lavratura de multa, argumentando com o policial que estava aguardando a mulher embarcar em aeroporto.

Pode-se, assim, ter uma idéia geral da importância da construção pretoriana americana. Destarte, especialmente no Brasil, como, de resto, em todas as Nações sem tradição de respeito às liberdades públicas, o controle judicial da atividade normativa apresenta-se como instrumento eficaz da garantia da aplicação da Constituição. A arraigada visão formalista do Direito deve ter um antídoto adequado, a "razoabilidade", instrumento delicado, porém importante à correção de injustiças e abusos do legislador amplamente considerado.

***EMENTA:* AÇÃO DIRETA DE INCONSTITUCIONALIDADE — LEI ESTADUAL QUE CONCEDE GRATIFICAÇÃO DE FÉRIAS (1/3 DA REMUNERAÇÃO) A SERVIDORES *INATIVOS* — VANTAGEM PECUNIÁRIA IRRAZOÁVEL E DESTITUÍDA DE CAUSA — LIMINAR DEFERIDA**

A *norma legal* que concede a servidor *inativo* gratificação de férias correspondente a um terço (1/3) do valor da remuneração mensal ofende o *critério da razoabilidade* que atua, enquanto projeção concretizadora da cláusula do *substantive due process of law*, como *insuperável* limitação ao poder normativo do Estado.

Incide o legislador comum em desvio ético-jurídico quando concede a agentes estatais determinada vantagem pecuniária cuja razão de ser se revela absolutamente *destituída* de causa.

TRIBUNAL PLENO

AÇÃO DIRETA DE INCONSTITUCIONALIDADE (MEDIDA LIMINAR) N. 1158-8-AMAZONAS

RELATOR: MIN. CELSO DE MELLO

REQUERENTE: PROCURADOR-GERAL DA REPÚBLICA

REQUERIDOS: GOVERNADOR DO ESTADO DO AMAZONAS E ASSEMBLÉIA LEGISLATIVA DO ESTADO DO AMAZONAS.

(*DJU*: 26.5.95)

ACÓRDÃO

Vistos, relatados e discutidos estes autos, acordam os Ministros do Supremo Tribunal Federal, em Sessão Plenária, na conformidade da ata de julgamentos e das notas taquigráficas, por maioria de votos, em deferir o pedido de medida liminar para suspender, até a decisão final da ação, a eficácia do § 2º do art. 9º da Lei n. 1.897, de 5.1.89, do Estado do Amazonas.

Brasília, 19 de dezembro de 1994.

OCTAVIO GALLOTTI (Presidente) — CELSO DE MELLO (Relator).

RELATÓRIO

O Senhor Ministro Celso de Mello — O Procurador-Geral da República ajuíza ação direta de inconstitucionalidade impugnando o § 2º do art. 9º da Lei n. 1.897, de 5 de janeiro de 1989, do Estado do Amazonas, cujo teor é o seguinte:

> "Art. 9º — Será concedido ao funcionário público estadual em efetivo exercício o valor correspondente a um terço da remuneração, no mês em que entrar no gozo de suas férias anuais.
>
> ....
>
> § 2º — A vantagem de que trata este artigo será paga aos inativos, de uma só vez, no mês de dezembro.

O emi. Chefe do Ministério Público da União, que ajuizou esta ação direta atendendo a representação de membros do Ministério Público do Amazonas e do próprio Procurador-Geral de Justiça do Estado, argumenta que a vantagem legal conferida aos aposentados extrapola a previsão do § 4º do artigo 40 da Constituição Federal, que assegura a equiparação entre proventos e vencimentos devidos aos servidores inativos e ativos, respectivamente.

Tendo em vista o pedido de medida liminar, para suspensão cautelar da eficácia do dispositivo impugnado, apresento o processo ao Plenário do Supremo Tribunal Federal.

É o relatório.

VOTO

O Senhor Ministro Celso de Mello (Relator) — A norma legal impugnada — que se acha em vigor há quase seis anos no Estado do Amazonas — assegurou aos servidores inativos locais o direito à percepção de vantagem pecuniária consistente no pagamento de um adicional de férias, correspondente a 1/3 dos proventos a que tais agentes aposentados fazem jus.

Sustenta-se que a norma estadual inscrita no art. 9º, § 2º, da Lei n. 1897, de 5.1.89, do Estado do Amazonas, por contemplar vantagem pecuniária que é insuscetível, por sua própria natureza, de extensão aos inativos, vulnera a cláusula consubstanciada no art. 40, § 4º, da Constituição, que assim dispõem, *verbis*:

> "Art. 40 — ....
>
> "§ 4º — Os proventos da aposentaria serão revistos, na mesma proporção e na mesma data, sempre que se modificar a remuneração dos servidores em atividade, sendo também estendidos aos inativos quaisquer benefícios ou vantagens posteriormente concedidos aos servidores em atividade, inclusive quando decorrentes da transformação ou reclassificação do cargo ou função em que se deu a aposentaria, na forma da lei."

Esse preceito constitucional, invocado como norma de parâmetro pelo Autor da presente ação direta, encerra verdadeira cláusula de garantia *instituída em favor dos servidores públicos inativos,* assegurando-lhes duas prerrogativas fundamentais: (a) *direito à revisão dos proventos*, em igual proporção e na mesma data, sempre que se modificar a remuneração dos servidores em atividade, e (b) *direito à extensão* de quaisquer benefícios e vantagens que venham a ser concedidos aos agentes públicos em atividade.

Note-se, portanto, que a norma constitucional em questão, longe de qualificar-se como estatuto restritivo de direitos, destina-se, em função de seu específico sentido teleológico, a proteger a situação jurídico-financeira dos servidores aposentados, tutelando-os inclusive no que se refere à outorga de vantagens pecuniárias concedidas aos agentes públicos *em atividade*.

Na realidade, o art. 40, § 4º, da Constituição, por encerrar um *conjunto irredutível* de direitos estabelecidos *em favor dos servidores aposentados*, não parece impedir o legislador de ampliar o rol mínimo de vantagens pecuniárias concedidas a essa categoria de servidores públicos.

O argumento de inconstitucionalidade funda-se na alegação de que, não podendo a gratificação de férias servir de base para a determinação dos proventos, tornar-se-ia inadmissível a atribuição, aos servidores aposentados — que não mais desfrutam do direito a férias anuais remuneradas — do benefício consistente no pagamento do adicional de férias.

Ainda que cause espécie a outorga, a agentes públicos *inativos,* de uma vantagem pecuniária apenas compatível com o regime jurídico dos servidores *em atividade,* não me parece ocorrente — na estrita perspectiva da norma de parâmetro tida por vulnerada (CF, art. 40, § 4º) qualquer situação de litigiosidade constitucional, especialmente se se reconhecer, como acentua MARIA SYLVIA ZANELLA DI PIETRO ("Direito Administrativo", p. 326, 1990, Atlas), o caráter essencialmente benéfico de que se reveste o preceito inscrito no art. 40, § 4º, da Constituição, invocado pelo autor como fundamento jurídico da presente argüição *in abstracto* de inconstitucionalidade.

Cumpre ressaltar, neste ponto, tal como salientado por DIÓGENES GASPARINI, que a *ratio* subjacente à *cláusula de garantia* constante do art. 40, § 4º, do texto constitucional traduz uma *exigência de tutela* destinada a preservar o valor dos proventos o mais próximo dos vencimentos percebidos na atividade" ("Direito Administrativo", p. 158, 3ª ed., 1993, Saraiva).

A norma legal ora impugnada, ainda que contenha esdrúxula outorga de adicional de férias a servidor *aposentado*, parece ajustar-se ao espírito que inspirou o legislador constituinte na formulação da norma de parâmetro invocada pelo autor como supostamente vulnerada pelo legislador do Estado do Amazonas.

De outro lado, é preciso ter presente que a definição da estrutura dos proventos, com a indicação dos elementos de ordem financeira que nela se incluem, traduz matéria de índole legal, não se revestindo, em conseqüência, *sob esse específico aspecto,* de qualquer qualificação constitucional.

A noção de *proventos* constitui, na especificação das parcelas que as compõem, matéria redutível ao plano estrito da legalidade, razão pela qual submete-se ao domínio normativo da lei formal a discriminação dos valores e das vantagens pecuniárias suscetíveis de inclusão na esfera de abrangência conceitual do *quantum* devido aos servidores públicos aposentados.

O acréscimo pecuniário de 1/3, devido a título de adicional de férias, ainda que pago uma vez por ano, não se desqualifica, em face de sua própria natureza, como vantagem pecuniária de caráter permanente, motivo pelo qual o pagamento dessa verba remuneratória ao servidor inativo não parece transgredir o preceito constitucional invocado pelo autor da presente ação direta de inconstitucionalidade como norma de parâmetro (CF, art. 40, § 4º).

É claro — tendo-se presente o conteúdo material da norma ora impugnada — que, sob fundamento jurídico diverso daquele invocado pelo autor desta ação direta, parece configurar-se a eiva de inconstitucionalidade.

Refiro-me, *nesse específico contexto,* à questão pertinente ao *abuso* da função legislativa.

Todos sabemos que a cláusula do devido processo legal — objeto de expressa proclamação pelo art. 5º, LIV, da Constituição — deve ser entendida, *na abrangência de sua noção conceitual,* não só sob o aspecto meramente formal, que impõe restrições de caráter ritual à atuação do Poder Público, mas, *sobretudo*, em sua *dimensão material*, que atua como decisivo obstáculo à edição de atos legislativos de conteúdo arbitrário ou *irrazoável.*

A essência do *substantive due process of law* reside na necessidade de proteger os direitos e as liberdades das pessoas contra *qualquer* modalidade de legislação que se revele opressiva ou, *como no caso, destituída do necessário coeficiente de razoabilidade.*

Isso significa, *dentro da perspectiva da extensão da teoria do desvio de poder ao plano das atividades legislativas do Estado,* que este não dispõe de competência para legislar *ilimitadamente,* de forma imoderada ou irresponsável, gerando, com o seu comportamento institucional, situações normativas de absoluta distorção e, até mesmo, de subversão dos fins que regem o desempenho da função estatal.

Daí, a advertência de CAIO TÁCITO (in *RDA* 100/11-12) —, que, ao relembrar a lição pioneira de SANTI ROMANO, destacou que a figura do desvio de poder legislativo impõe o reconhecimento de que, mesmo nas hipótese de seu discricionário exercício, a atividade legislativa deve desenvolver-se em estrita relação de harmonia com o interesse público.

Mesmo, contudo, que se possa atribuir *relevo jurídico* à tese que venho de referir — *e esse relevo é indiscutível* —, ainda assim entendo inocorrente a situação configuradora do *periculum in mora.*

Com efeito, no que concerne ao pressuposto do *periculum in mora,* devo observar que a presente ação direta somente veio a ser formalizada perante o Supremo Tribunal Federal *quase seis anos após a promulgação da lei estadual em cujo contexto se insere a norma impugnada.*

A jurisprudência do Supremo Tribunal Federal, em circunstâncias semelhantes, tem advertido que o tardio ajuizamento da ação direta de inconstitucionalidade, quando já decorrido lapso temporal considerável desde a edição do ato normativo impugnado, desautoriza — independentemente do relevo de que se possa revestir a tese de inconstitucionalidade deduzida —

o reconhecimento da situação configuradora do *periculum in mora,* em ordem a inviabilizar a concessão da medida cautelar postulada (ADIn 534-DF, Rel. Min. CELSO DE MELLO; ADIn 1100-RJ, Rel. Min. CELSO DE MELLO; *v.g.*).

Presente esse contexto, e considerando inocorrente o pressuposto configurador do *periculum in mora* — este, somente —, indispensável à concessão da medida cautelar *indefiro* o pedido de suspensão da eficácia da norma ora questionada.

É o meu voto.

VOTO

O Senhor Ministro Maurício Corrêa: Senhor Presidente, infelizmente sou obrigado a acompanhar o eminente Ministro-Relator, não pelos méritos evidentemente da decisão impugnada, mas pela evidência da situação jurídica. Assim sendo, indefiro a liminar.

VOTO

O Senhor Ministro Marco Aurélio — Senhor Presidente, peço vênia ao eminente Ministro Celso de Mello para não acompanhá-lo neste caso, porque, na verdade, a carta garante o gozo das férias, e aí, sim, tem-se o salário superior em um terço ao normal. A concluir-se que os aposentados estão, durante os doze meses do ano, em férias, teremos que reconhecer o direito ao acréscimo mês a mês.

Tenho presente, também, a repercussão que pode haver nas demais unidades da Federação, pois, se o Supremo Tribunal Federal não suspender o preceito, sinaliza como viável constitucionalmente o "plus" referente às férias, em que pese ao servidor já estar aposentado.

VOTO
(Retificação do voto)

O Senhor Ministro Maurício Corrêa: Senhor Presidente, peço vênia ao eminente Relator, o Senhor Ministro Celso de Mello, porque vou reconsiderar o meu voto.

Acho que o princípio moral justifica reversão dessa posição. O Brasil atravessa um momento importante de revisão de costumes e atitudes. Por isso, peço vênia ao Ministro-Relator para acompanhar o voto do Senhor Ministro Marco Aurélio, deferindo a medida liminar.

VOTO

O Senhor Ministro Sepúlveda Pertence: Sr. Presidente, pedirei vênia ao Ministro Celso de Mello para acompanhar os que dele dissentem. A lei questionada remunera férias do aposentado, que, evidentemente, não as tem.

Em nome do princípio da moralidade, ou em nome do princípio da igualdade, não se pode conceder remuneração absolutamente despida de causa no serviço público. A lei agride ao princípio da razoabilidade, a meu ver, patentemente. Como se trata de despesas que se renovam a cada ano, não darei maior consideração, no caso, ao tempo, já corrido, desde a sua vigência.

Defiro a liminar.

VOTO
(Medida Liminar)

O Senhor Ministro Sydney Sanches: Sr. Presidente, entendo que o terço relativo a férias não deve ser pago a aposentados, como também não devem ser pagos dois terços, nem três terços, pela própria natureza das coisas. O "periculum in mora" ainda ocorre, pois o Governo se vê premido a pagar, a cada ano; e, agora, com maior urgência, no mês de dezembro.

Acompanho o voto do Sr. Ministro MARCO AURÉLIO, concedendo a medida liminar.

VOTO

O Senhor Ministro Octávio Gallotti (Presidente) — Também estou de acordo com os eminentes ministros que divergiam do eminente Relator, a quem peço vênia para deferir o pedido de liminar.

Extrato de Ata

Ação Direta de Inconstitucionalidade n. 1.158-8 (Medida liminar)
Origem: Amazonas
Relator: Min. Celso de Mello
Reqte.: Procurador-Geral da República
Reqdos.: Governador do Estado do Amazonas e Assembléia Legislativa do Estado do Amazonas.

Decisão: Apresentado o feito em mesa, o julgamento foi adiado em virtude do adiantado da hora. Plenário, 24.11.94.

Decisão: Por maioria de votos, o Tribunal deferiu o pedido de medida liminar para suspender, até a decisão final da ação, a eficácia do § 2º, do art. 9º, da lei n. 1.897, de 5.1.89, do Estado do Amazonas, vencidos os Ministros Relator e Francisco Rezek, que indeferiam a medida liminar. Votou o Presidente. Ausente, ocasionalmente, o Ministro Carlos Velloso. Plenário, 19.12.94.

Presidência do Senhor Ministro Octávio Gallotti. Presentes à sessão os Senhores Ministros Sydney Sanches, Sepúlveda Pertence, Celso de Mello, Carlos Velloso, Marco Aurélio, Ilmar Galvão, Francisco Rezek e Maurício Corrêa. Ausentes, justificadamente, os Senhores Ministros Moreira Alves e Néri da Silveira.

Procurador-Geral da República, Dr. Aristides Junqueira Alvarenga.

Impressão e acabamento
Gráfica e Editora FCA
Tel. (011) 419-0200